Michael Armstrong

Die Geheimnisse erfolgreicher Manager

Erprobte Techniken und Strategien von A–Z

UEBERREUTER

CIP-Titelaufnahme der Deutschen Bibliothek

Armstrong, Michael:
Die Geheimnisse erfolgreicher Manager : erprobte Techniken und Strategien von A–Z / Michael Armstrong. – Wien : Ueberreuter, 1990
(Ueberreuter-Sachbuch)
Einheitssacht.: How to be an even better manager <dt.>
ISBN 3-8000-3368-2

AU 148/2

Aus dem Englischen von Business Language Center
Originaltitel »How to be an even better manager«, erschienen im Verlag Kogan Page, London

Umschlag von Beate Dorfinger

Printed in Austria

INHALTSVERZEICHNIS

VORWORT

Die zweite Ausgabe von »How To Be a Better Manager«, die mit verändertem Titel neu aufgelegt wurde, enthält elf neue Kapitel. Dank der hilfreichen Vorschläge eines Rezensenten konnte das Kapitel »Führung« noch ausführlicher gestaltet werden.
Seit der Veröffentlichung der Erstausgabe 1983 haben erfolgreiche Firmenvorsitzende wie Iacocca und Geneen oder Managementkonsulenten wie Peters und Waterman eine Veränderung im Managementdenken ausgelöst. Neuerdings liegt die Betonung auf Erfolg und dem Streben nach »Exzellenz« – Perfektion – sowie auf Menschenführung und gutem Management. Sowohl im Kapitel »Der Weg zur Perfektion« als auch in den Firmenfallstudien im Kapitel »Die Geschichte vom Erfolg« wurden die positiven Seiten dieses Denkens reflektiert, während in »Wie etwas mißlingt und wieder behoben wird« die Kehrseite der Medaille beschrieben wird.
Parallel dazu wurde dem Marketingkonzept von vielen Beobachtern, insbesondere von Theodore Levitt und Robert Heller, mehr Gewicht verliehen. Damit befaßt sich ein neues Kapitel mit dem Titel »Marketingmanagement«.
Der Begriff Unternehmenskultur wird nicht nur in Großbritannien von Persönlichkeiten in Politik, Handel und Industrie zunehmend ernst genommen. Diese neue Vision wurde vor allem in George Gilders »The Spirit of Enterprise« und Gifford Pinchot III »Intrapreneuring« ausführlich behandelt. Im Kapitel »Unternehmertum« werden die wichtigsten Überlegungen, die zu diesem Konzept in jüngster Zeit angestellt wurden, zusammengefaßt.
Die Rolle der Unternehmenskultur für die Zielsetzungen eines Unternehmens wurde ausführlich in »In Search of Excellence« und in »The Art of Japanese Management« behandelt und wird

hier in Kapitel »Unternehmenskultur und der Umgang damit« besprochen.
Schließlich gibt es mehrere Fähigkeiten, die in den letzten Jahren zunehmende Anerkennung fanden und sich dem Problem Mitarbeiterfühung, der Lösung von Problemen und dem Selbstmanagement widmen. Sie werden in den Kapiteln »Durchsetzungsvermögen«, »Beratung«, »Krisenmanagement« und »Mentoring« beschrieben.
Die Neuausgabe umfaßt die jüngsten Ansichten, wie Management noch besser gestaltet werden kann, und schließt an bereits erprobte Techniken an, denen die Erstausgabe gewidmet war.

EINFÜHRUNG

Die Rolle der Erfahrung

Auf die Frage »Wie kann ich ein besserer Manager werden?« lautet die übliche Antwort: »Manager lernen das Managen, indem sie unter der Anleitung eines guten Managers managen.« Aber ist Erfahrung wirklich der beste Lehrmeister? Mehrere Autoren haben diesbezüglich ihre Zweifel bereits angemeldet. Tennyson sprach gar von einem »schädlichen Kindermädchen«. Oscar Wilde vertrat die Ansicht, daß »sich hinter dem Wort ›Erfahrung‹ unsere Fehler verbergen«. Und der Historiker Froude schrieb, »die Erfahrung ist ein schwerfälliger Lehrmeister, den wir mit unseren Fehlern entlohnen«.

Die Erfahrung ist ein wesentlicher Bestandteil, aber kein perfektes Werkzeug des Lernprozesses. Der Mensch ist aber auf die Anleitung erfolgreicher Manager, aber auch anderer Menschen angewiesen, damit er bei der Interpretation seiner Erfahrungswerte unterstützt wird, aus Fehlern lernt und in Zukunft Erfahrung besser umsetzen kann.

Die Rolle der Persönlichkeit

»Manager werden geboren und nicht gemacht.« Diese andere, nicht unbedingt ermutigende Antwort erhalten jene Manager, die vorwärtskommen möchten. Hier wird angedeutet, daß weder Erfahrung noch Studium von Nutzen sein müssen; was freilich unhaltbar ist – wenngleich in diesem Satz ein Quäntchen Wahrheit enthalten ist: Unser Führungsstil und das, was wir damit erreichen, wird von unserer Persönlichkeit entscheidend beeinflußt.

Die Untersuchungen, die zu den Qualitäten erfolgreicher Spitzenmanager angestellt wurden, weisen laut Rosemary Stewart eine Reihe gemeinsamer Nenner auf:

- Die Bereitschaft, hart, in manchen Fällen immens hart zu arbeiten.
- Ausdauer und Beharrlichkeit bis hin zu fanatischer Zielstrebigkeit.
- Eine Risikobereitschaft, die zuweilen an die hohen Einsätze eines Glückspielers erinnert.
- Die Fähigkeit, dort Begeisterung auszulösen, wo Zusammenarbeit und Unterstützung wesentlich sind.
- Eine Härte, die zuweilen keine Rücksicht kennt.

Die Psychologie geht davon aus, daß eine Persönlichkeit in den ersten Lebensjahren geprägt wird. Angeblich lernen wir bereits in der Wiege, oder spätestens in der Kinderstube, wie wir uns durchsetzen. Wenn das der Fall ist, können wir im Erwachsenenalter wohl nicht mehr viel ausrichten, um eine gute Führungskraft zu werden. Dann nützt es auch nicht, jeden Morgen vor dem Spiegel autogenes Rücksichtslosigkeitstraining zu betreiben, und auch das gute Zureden unseres Chefs, es einmal mit anderen Persönlichkeitsmerkmalen zu versuchen, oder unsere Teilnahme an Vorträgen oder Managementseminaren werden uns nicht unbedingt weiterbringen. Was wir allerdings tun können, ist, unser Verhalten, die Art, wie wir unsere Persönlichkeit hervorkehren, bewußt zu verändern. Und die Anleitung – nicht das Zureden – Außenstehender, aber auch Firmenangehöriger sollte dabei hilfreich sein. Sobald wir wissen, wonach wir suchen, werden wir auch eher fähig sein, es zu finden.

Was ist zu tun?

Eine der wohl besten Antworten auf die Frage »Was ist zu tun?« stammt von Francis Bacon: »Studien perfektionieren die persönliche Substanz und erfahren ihrerseits Perfektion durch die Erfahrung.«

Die Kunst des Managements – und es ist zweifellos eine Kunst – will erlernt sein. Ziel dieses Lernprozesses ist es, unsere Persönlichkeit und Intelligenz besser einzusetzen und dafür zu sorgen, daß wir bereits gemachte Erfahrungen gezielter und umfassender umsetzen und zukünftige Erfahrungen rascher und zweckdienlicher verarbeiten können.
Im Management gibt es drei Aspekte, die, will man ein besserer Manager werden, zu beachten sind:

- Worum geht es im Management? – Kenntnisse und Fähigkeiten, die notwendig sind, um ein effektiver Manager zu sein.
- Grundsätzliche Managementtechniken.
- Die Fähigkeiten, die ein Manager einsetzt, um Menschen zu führen, Ergebnisse zu erzielen und Techniken in der Praxis anzuwenden.

Worum es im Management geht

Management, so hört man oft, ist die Fähigkeit, Menschen zur Erledigung einer Arbeit zu motivieren, oder, so Rosemary Stewart: »zu entscheiden, was getan werden muß, und andere Menschen zu veranlassen, es zu tun«. Diese Definition betont den Aspekt »Mensch im Management« und demnach die Kunst oder Fähigkeit, zu führen, zu motivieren, zu delegieren, zu organisieren usw.
Die Definition von Frederick Hooper widmet sich mehr dem »ausführenden« Aspekt und der Verantwortung eines Managers, alle zur Verfügung stehenden Ressourcen – Geld, Methoden, Betriebsmittel und Arbeitskräfte – effektiv einzusetzen:
»Die Geschäftsleitung hat die Aufgabe, innerhalb ihrer Möglichkeiten eine Unternehmenspolitik mit höchstmöglicher Effizienz in die Tat umzusetzen: das heißt, bei minimalem Kostenaufwand größtmögliche Erfolge zu erzielen. Die Geschäftsleitung muß Bedingungen herbeiführen, die dem Unternehmen in Form von Per-

sonal, Methoden und Material eine optimale Nutzung der vorhandenen Mittel ermöglichen.«

Der Manager hat im wesentlichen vier *Funktionen:*

Planen – den Kurs bestimmen, der zu den gewünschten Ergebnissen führen soll. Ein Plan konzentriert die Aufmerksamkeit auf vorgegebene Ziele und Maßstäbe sowie auf die Programme, die für die Zielumsetzung erforderlich sind.

Organisieren – Aufbau, Mitarbeiterselektion sowie den für die Zielumsetzung geeignetsten Organisationsablauf.

Motivieren – Führung ausüben, um Menschen zu motivieren, den Rahmen ihrer Möglichkeiten optimal zu nutzen und reibungslos in einem Team zusammenzuarbeiten.

Controlling – laufende Regelung des Arbeitsfortschrittes und Kontrolle durch Gegenüberstellung zur Planung sowie nötigenfalls steuernde Eingriffe.

Kenntnis der Managementtechniken

Alle Manager beginnen mit dem fachlichen, technischen oder funktionalen Wissen, dem sie ihre Position in einem bestimmten Unternehmen verdanken. Darüber hinaus eignen sie sich Führungstechniken an und entwickeln sie weiter, die ihnen helfen, die vier Funktionen planen, organisieren, motivieren, Controlling auszuüben. Diese Techniken beinhalten Mitarbeitergesprächsführung, Leistungsbewertungen und Produktivitätssteigerung.

Außerdem muß dem Manager sein Tätigkeitsumfeld vertraut sein. Dazu gehören die Auswirkungen organisatorischer Veränderungen von Konflikten, Motivation sowie Macht und Politik.

Managementfähigkeiten

Zu den Managementfähigkeiten gehören klares Denken, Kreativität, Delegation, Menschenführung usw.

Nutzen dieses Buches

Wenn Sie ein besserer Manager sein möchten, besteht Ihre erste Aufgabe darin, daß Sie sich zunächst selbst analysieren und herausfinden, wo Sie sich verbessern müssen – und zwar ausgehend von Ihren eigenen Erfahrungen und, wenn möglich, von den Ratschlägen Ihres Vorgesetzten oder Ihrer Kollegen.
In diesem Buch werden die Managementfunktionen sowie sämtliche Techniken und Fähigkeiten, die von einem Manager gefordert werden, einzeln behandelt. Obwohl kein Buch alle Antworten liefern kann, besteht die Hoffnung, daß Ihnen mit einem oder mehreren Kapiteln eine Grundlage für den Ausbau Ihrer Führungskenntnisse und -fähigkeiten geboten werden kann.*

* Aus Gründen der Einfachheit und Genauigkeit wurden männliche Pronomina verwendet, obwohl weibliche Fürwörter in den meisten Fällen ebenso gültig wären.

Kapitel 1

ERGEBNISORIENTIERUNG

Ergebnisse erzielen, Aufgaben erledigen, Dinge bewegen: das ist das Um und Auf des Managements.

Man kann sagen, daß es drei Managertypen gibt: solche, die für die Umsetzung sorgen, solche, die das Geschehen beobachten, und solche, die nicht wissen, was vor sich geht. Drei Fragen sind zu beantworten, bevor auf die erste Kategorie näher eingegangen wird.

- Ist die Fähigkeit, Dinge umzusetzen, bloß eine Frage der Persönlichkeit – muß man demnach mit Eigenschaften wie Engagement, Entschlossenheit und Ehrgeiz und Führungsqualitäten ausgestattet sein – mit denen vielleicht der eine gesegnet ist, aber der andere schon nicht mehr?
- Und was kann getan werden, wenn man die Voraussetzungen Engagement, Entschlossenheit und so fort nicht mitbringt?
- Inwieweit ist die Fähigkeit, für die Umsetzung zu sorgen, eine Frage der Technik, die erlernt und weiterentwickelt werden kann?

Persönlichkeit ist wichtig. Wenn Ihnen Willenskraft und Engagement fehlen, wird nichts erledigt werden. Denken Sie aber daran, daß Ihre Persönlichkeit sowohl von Ihrem Naturell als auch von Ihrer Erziehung geprägt ist. Bestimmte Eigenschaften sind angeboren. Der, der Sie sind, werden Sie jedoch erst durch Elternhaus, Erziehung und Bildung, doch vor allem durch Erfahrung.

Wir sind vielleicht nicht in der Lage, unsere Persönlichkeit zu verändern, von der Freud behauptete, sie werde in den ersten Lebensjahren geprägt. Aber wir können sie weiterentwickeln und anpassen, indem wir bewußt aus unserer eigenen Erfahrung lernen und das Verhalten anderer Menschen analysieren.

Techniken zum Erzielen von Ergebnissen, wie Planung, Organisation, Delegation, Kommunikation, Motivation und Controlling, können erlernt werden. Sie werden zu einem späteren Zeitpunkt in diesem Buch behandelt. Doch grundsätzlich sind sie nur so effektiv wie die Person, die sie anwendet. Sie müssen richtig angewandt und den Umständen entsprechend eingesetzt werden. Die Auswahl der richtigen Methode hängt jedoch erneut von Ihrer Lebenserfahrung ab, während Ihre Persönlichkeit bestimmend dafür sein wird, wie Sie sie anwenden.

Um jenen Menschen anzugehören, die dafür sorgen, daß etwas geschieht, müssen Sie daher in einem fortlaufenden Prozeß des Verstehens, Analysierens und Lernens die erforderlichen Fähigkeiten und Kenntnisse entwickeln. Vier Dinge sollten Sie tun:

1. Verstehen Sie, warum jemand Erfolg hat – erkennen Sie die Persönlichkeitsmerkmale, die zur erfolgreichen Beendigung einer Aufgabe führen.
2. Beobachten Sie, wie diese Menschen vorgehen – wie arbeiten sie, welche Methoden wenden sie an.
3. Analysieren Sie Ihr eigenes Verhalten (Verhalten, nicht Persönlichkeit), vergleichen Sie es mit dem der erfolgreichen Spitzenkräfte und überlegen Sie sich, wie Sie Ihre Effektivität erhöhen können.
4. Eignen Sie sich die vorhandenen Managementtechniken weitgehend an.

Was macht erfolgreiche Führungskräfte aus?

David McClelland von der Harvard-Universität erforschte in umfangreichen Untersuchungen die Beweggründe von Führungskräften. Er interviewte, beobachtete und analysierte viele Manager an ihrem Arbeitsplatz und hielt seine Beobachtungen fest, bevor er zu seiner Theorie gelangte. Bevor Sie sofort alles, was unter dem Deckmäntelchen Theorie verbreitet wird, von sich weisen, denken Sie an die Worte von Douglas McGregor vom Massachusetts Institute of Technology: »Nichts ist so praktisch wie eine gute Theorie.«

McClelland erkannte drei Bedürfnisse, die seiner Ansicht nach für die Motivation eines Managers entscheidend sind:

- das Leistungsbedürfnis,
- das Machtbedürfnis (Kontrolle und Einfluß über Menschen zu haben),
- das Anerkennungsbedürfnis (von anderen akzeptiert zu werden).

Alle erfolgreichen Manager haben diese Bedürfnisse bis zu einem gewissen Grad, doch die bei weitem entscheidendste Rolle spielt die Leistung.

Es zählt also die Leistung, und McClelland zufolge haben Spitzenkräfte folgende Eigenschaften:

- Sie setzen sich realistische Ziele, die sie mit einer gewissen »Extra-Anstrengung« erreichen können.
- Sie bevorzugen Situationen, die sie weitgehend selbst beeinflussen können, gegenüber solchen, wo der Zufall eine Rolle spielt.
- Die Qualität ihrer Leistungen ist ihnen wichtiger als die Früchte des Erfolgs.
- Für sie ist Leistung lohnender als Geld oder Lob. Das bedeutet nicht, daß sie auf Geld keinen Wert legen. Geld ist so lange eine Motivation, solange es als realistischer Maßstab für die erbrachte Leistung gilt.
- Spitzenkräfte sind immer dann am erfolgreichsten, wenn sie Entwicklungen selbst vorantreiben können.

Was tun Spitzenkräfte?

Spitzenkräfte erfüllen die meisten, wenn nicht alle folgenden 14 Punkte:

1. Sie definieren für sich selbst ganz genau, was sie zu tun beabsichtigen.

2. Dafür erstellen sie anspruchsvolle, jedoch nicht undurchführbare Zeitpläne.
3. Sie geben klare Anweisungen, was bis wann geschehen soll.
4. Sie sind bereit, den vorgesehenen Kurs zu diskutieren, zuzuhören und Ratschläge entgegenzunehmen. Sobald eine bestimmte Vorgangsweise beschlossen wurde, lassen sie sich jedoch nicht mehr davon abbringen, außer sie werden von den Ereignissen zu einer Kursänderung gezwungen.
5. Sie verfolgen ihr Ziel mit Ausdauer, und im Falle von Widrigkeiten beweisen sie Durchhaltevermögen und Entschlossenheit.
6. Sie fordern sich selbst ein hohes Maß an Leistung ab und sind insofern oft gefühllos, als sie von allen anderen ähnlich hohe Leistungen erwarten.
7. Unter Druck arbeiten sie hart und gut; de facto arbeiten sie dann am besten.
8. Mit dem Status quo geben sie sich in der Regel nicht zufrieden.
9. Mit ihrer eigenen Leistung sind sie nie wirklich zufrieden, und sie stellen sich ständig selbst in Frage.
10. Sie nehmen kalkulierte Risiken auf sich.
11. Rückschläge erschüttern sie nicht in ihrer Persönlichkeit, und es gelingt ihnen rasch, ihre Kräfte und Ideen neu zu sammeln.
12. Eine Aufgabe stimmt sie enthusiastisch, und sie vermitteln diese Begeisterung auch anderen.
13. Sie sind insofern entschlußfreudig, als sie Situationen rasch durchschauen und in der Lage sind, Alternativen zu finden, den erforderlichen Kurs zu bestimmen und ihren Mitarbeitern zu vermitteln, was geschehen soll.
14. Sie überwachen laufend ihre eigene Leistung und die ihrer Mitarbeiter, um jede Kursabweichung rechtzeitig korrigieren zu können.

Wie wird das eigene Verhalten analysiert?

Eine Analyse Ihres eigenen Verhaltens wird erst dann sinnvoll, wenn Sie Kriterien zur Leistungsbeurteilung zur Verfügung haben. Sie müssen sich selbst Maßstäbe setzen, und erst wenn Sie sie nicht erreicht haben, können Sie nach den Gründen der Nichterfüllung fragen. Die Antwort sollte eine Lehre für das nächste Mal sein.

Die wichtigsten Fragen, die Sie sich stellen sollten, sind:

- Was habe ich mir zum Ziel gesetzt?
- Habe ich es erreicht?
- Wenn ja, wie ist es mir gelungen und warum?
- Wenn nein, warum nicht?

Es geht darum, Ihre Erfahrungen effektiv einzusetzen. Nehmen Sie die Liste mit den 14 Führungseigenschaften zur Hand, und überprüfen Sie damit Ihr eigenes Verhalten und Ihre Arbeitsweise. Sollte Ihre Leistung irgendeinem dieser Punkte nicht gerecht werden, fragen Sie sich nach den spezifischen Ursachen und entscheiden Sie, wie Sie diese Schwierigkeit das nächste Mal bewältigen werden. Das ist nicht immer leicht. Es ist zum Beispiel schwer, sich selbst eingestehen zu müssen, daß man nicht mit der nötigen Begeisterung bei der Sache war. Noch schwerer wird es wahrscheinlich sein, diesem Mangel beizukommen. Sie wollen Ihren Enthusiasmus natürlich auch nicht übertrieben zur Schau stellen. Aber Sie können sich überlegen, wie Sie Ihre Begeisterungsfähigkeit verbessern können, um andere mitzuziehen.

Lernen

Es gibt eine Anzahl von Managementtechniken, die Sie kennen sollten. In den folgenden Kapiteln wird auf diese Techniken näher eingegangen werden. Die für Sie besonders wichtigen sind:

- Planung
- Zielfestlegung

- Entscheidungsfindung
- Delegation
- Kommunikation
- Motivation
- Koordination
- Controlling

Conclusio

Laufendes beobachten, analysieren und lernen wird Ihnen helfen, eine Spitzenkraft zu werden. Aber denken Sie daran, daß Sie Vereinbarungen, die sie mit sich und anderen getroffen haben, einhalten müssen, um zu Resultaten zu gelangen. Einen ausgezeichneten Rat gibt Robert Townsend in seinem Buch »Up the Organization«: »Halte Vereinbarungen ein! Wenn Sie gefragt werden, wann Sie etwas liefern können, bitten Sie um Bedenkzeit. Berücksichtigen Sie einen Sicherheitsrahmen, und nennen Sie erst dann einen Termin. Daraufhin liefern Sie früher als versprochen.«

Kapitel 2

LEISTUNGSBEWERTUNG

Ein Manager, heißt es, überträgt Menschen Arbeit. Wenn Menschen für Sie arbeiten, sind die Ergebnisse großteils von deren Leistungen abhängig. Sie müssen alles in Ihrem Rahmen mögliche tun, um diese Leistungen zu verbessern. Das wird Ihnen gelingen, wenn Sie:

1. Verantwortlichkeiten klären,
2. Ziele und Leistungsmaßstäbe definieren und vereinbaren,
3. für ein besseres Verständnis der Zielsetzungen, der vorhandenen Mittel, die zu den Zielen führen, und der damit einhergehenden Belohnungen sorgen und die Motivation anheben,
4. Anleitungen und Unterstützungen zur Verfügung stellen, damit Stärken weiterentwickelt und Schwächen überwunden werden,
5. Probleme und Schwierigkeiten aufdecken und deren Behebung vereinbaren,
6. die erforderlichen Trainings- und Entwicklungsmaßnahmen planen.

Die dafür erforderlichen Daten erhalten Sie durch Leistungsbewertungen. Nur wenn Sie die Leistung und ihr Zustandekommen bewerten, können Sie Menschen effektiv führen.

Zwei Fragen müssen beantwortet werden:

- Welchen generellen Ansatz wählen Sie?
- Welche Methoden, falls überhaupt, wenden Sie an?

Allgemeiner Ansatz

Jedesmal, wenn jemand etwas für Sie erledigt, werden Sie sich ein Bild davon machen, wie gut oder wie schlecht er es getan hat. Insgesamt werden diese Eindrücke das Bild prägen, das Sie sich von der Leistungsfähigkeit und dem Potential einzelner Mitarbeiter machen. Daher wird die Bewertung Ihrer Mitarbeiter ein fortlaufender, wenn auch manchmal intuitiver Prozeß sein. Sie meinen, das reiche aus? Tut es das wirklich? Fordern Sie sich mit den folgenden Fragen selbst heraus!

- Bin ich sicher, daß ich den guten oder weniger guten Leistungen der jüngsten Zeit nicht zu viel Bedeutung beimesse und daher die vergangenen Leistungen in ihrer Gesamtheit ignoriere oder zumindest unterschätze?
- Kenne ich wirklich die Umstände, unter denen die Arbeit erledigt wurde, d. h. wie sehr sie von Zufällen statt Management bzw. von Faktoren, die außerhalb der Beeinflussung eines einzelnen liegen, abhängen?
- Kann ich wirklich sicher sein, daß meine Beurteilungen nicht von meinen Vorstellungen bezüglich psychischer und physischer Faktoren geprägt sind? Bevorzuge ich zum Beispiel ein einnehmendes, extrovertiertes Verhalten und unterschätze dabei den stillen Mitarbeiter, der seine Arbeit ebenso gut erledigt?
- Kann es nicht sein, daß ich zu einem Mißerfolg beigetragen habe, da ich meine Erwartungen nicht deutlich genug definierte oder einem Mitarbeiter Freiraum, Unterstützung, Anleitung und Informationen nicht zukommen ließ, die er benötigte?

Nur wenige können diese Fragen ehrlich und zufriedenstellend beantworten. Alle, die sich noch nicht so sicher sind, sollten sich einen systematischeren Ansatz überlegen. Dabei müssen weder umständliche und zeitaufwendige Techniken ausgearbeitet werden noch muß der bürokratische Aufwand besonders hoch sein. Wie bei allen anderen Managementtechniken gilt das Motto: »So einfach wie möglich!«

Bewertungstechniken

Die Bewertung dient dem Zweck, die Leistung Ihrer Mitarbeiter zu verbessern, indem Sie sie objektiv über ihren Arbeitserfolg informieren und die Aufmerksamkeit auf besondere Entwicklungsfelder lenken.

Denken Sie daran, nicht nur die Stärken hervorzuheben, sondern auch auf die Überwindung von Schwächen Wert zu legen.

Die traditionelle Mitarbeiterbewertung bestand in einem ein- oder zweimal jährlich stattfindenden Vergleich der einzelnen Mitarbeiter mit einer Liste von Persönlichkeitsmerkmalen. Für die einzelnen Merkmale wurden Punkte oder Noten vergeben. Oft erhielten die Manager für die Bewertung ihrer Mitarbeiter Richtlinien.

Douglas McGregor deckte schließlich die Schwächen dieser Methode auf, als er seinen mittlerweile berühmten Artikel »An Uneasy Look at Perfomance Appraisal« im *Harvard Business Review* veröffentlichte. Er hob erstens hervor, daß eine Bewertung zunächst sinnlos sei, wenn der Manager die Ergebnisse seinen Mitarbeitern nicht mitteilt und so verabsäumt, sie zu einer besseren Leistung zu motivieren. Zweitens sei kein Manager daran interessiert, »Gott zu spielen« und an seine Mitarbeiter mittels Abstrahierungen und Verallgemeinerungen Kritik zu üben. Drittens verhalte sich die gewünschte Wirkung, die ein Gespräch von Vorgesetztem zu Mitarbeiter mit sich bringen sollte, verkehrt proportional zur Bereitschaft des Mitarbeiters, die Kritik anzunehmen. Je härter die Kritik, desto geringer die Bereitschaft, sie zu akzeptieren.

McGregor ging noch weiter, indem er hervorhob, daß derartige Probleme nur noch verstärkt würden, wenn sich die Kommentare in erster Linie auf Persönlichkeitsmerkmale wie Engagement, Initiative und Bereitschaft konzentrierten. Für gewöhnlich sei der Manager nicht in der Lage, sein Urteil zu belegen, und der Betroffene werde eine Kritik, die sich gegen seine Person richtet, mit großer Wahrscheinlichkeit nicht annehmen. Auch wenn der Manager versucht, seine Argumente konkret zu belegen, wird er sich wahrscheinlich in der Defensive befinden, während der Betroffene nichts unversucht lassen werde, mildernde Umstände geltend zu machen.

Management-by-Objectives

Als Antwort auf diese Probleme verwies McGregor auf das zuerst von Peter Drucker 1955 empfohlene Konzept, wonach sich die Bewertung nicht nach der Persönlichkeit, sondern nach der Leistung orientiert. Bei diesem System einigen sich Manager und Mitarbeiter auf bestimmte Ziele und stellen die Ergebnisse diesen Zielen gegenüber.
In »The Practice of Management« erklärt Drucker die Philosophie des Management-by-Objectives:
»Effektives Management setzt voraus, daß Visionen und Bemühungen aller Führungskräfte auf ein gemeinsames Ziel ausgerichtet sind. Es muß dem einzelnen Manager klarmachen, was von ihm gefordert wird. Es muß sicherstellen, daß der Vorgesetzte verstanden hat, was er von den ihm untergeordneten Managern zu erwarten hat. Es muß jeden Manager motivieren, seine Bemühungen uneingeschränkt auf ein bestimmtes Ziel auszurichten. Und während hohe Ansprüche an die Arbeit zu fordern sind, dürfen sie von einem erfolgreichen Manager als Mittel zum Zweck in der Betriebsleistung eingesetzt werden, jedoch nicht Zweck an sich sein.«
Im wesentlichen baut Management-by-Objectives auf den gesunden Menschenverstand, daß jemand, der sein Ziel kennt, eher in der Lage sein wird, es auch zu erreichen. Fügt man dem hinzu, daß jemand etwas lieber erledigen wird, wenn er es sich selbst ausgedacht hat, anstatt damit beauftragt worden zu sein, erhält man ein vollständiges Bild.
Daher fordert Management-by-Objectives von einem Manager und seinen Mitarbeitern, daß:
1. sie sich bezüglich der Ziele und Leistungsmaßstäbe einig sind,
2. die Ergebnisse mit den Zielsetzungen und Maßstäben vergli-

chen und die erforderlichen Verbesserungen gemeinsam erörtert und beschlossen werden,
3. neue Zielsetzungen und Maßstäbe gemeinsam beschlossen werden.

Leider entwickelte sich das Konzept des Management-by-Objectives zu einer Art Kult, mit einem riesigen Literaturangebot. Viele Manager versuchten, Zielsetzungen quantitativ festzulegen, die quantitativ nicht meßbar waren. Das periodische Mitarbeitergespräch schlug ebenfalls fehl, da die Manager die Mitarbeiter damit nicht motivierten, sondern eher entmutigten. McGregor meint, daß nur wenige Manager in Psychotherapie kompetent seien. Vielen ist die formelle Bewertung ein Greuel, und sie sehen darin eine pure Zeitverschwendung. Unter solchen Umständen wird eine Zielsetzung für den Mitarbeiter kaum ein Anreiz sein, mehr zu leisten.

Das Konzept des Management-by-Objectives scheiterte außerdem, weil es in ein jährlich stattfindendes Ritual umfunktioniert wurde, das lustlosen Linienmanagern von Personalchefs und Managementberatern aufgezwungen wurde, die in erster Linie ihre Eigeninteressen verfolgten und ihre Techniken gut verkaufen wollten. Der Gedanke, daß die Leistungsbewertung ein natürlicher und kontinuierlicher Prozeß sein sollte, ging in einem Durcheinander an Formularen und Vorgangsweisen unter.

Die aufgabenzentrierte Methode

Die aufgabenzentrierte Methode bezieht sich auf die eigentliche Leistung und wie sie zustande kommt. Vom Management-by-Objectives wurde dabei das Konzept der gemeinsam beschlossenen Zielsetzungen übernommen, nur auf den formellen periodischen Bericht, der zur Leistungsverbesserung eines einzelnen beitragen sollte, wurde verzichtet. In McGregors Worten:

»Die halbjährliche oder jährliche Bewertung ist kein besonders effektiver Lernanreiz. Auf ein bestimmtes Verhalten kann sie sich nur rückwirkend auswirken, da es bereits der Vergangenheit angehört. Der Mensch lernt und verändert sich mit Hilfe von Feedbacks (Rückkoppelungen). Doch das effektivere Feedback erfolgt unmittelbar nach einem Verhalten. Ein Untergebener kann sehr viel aus einem Fehler oder einem Mißgeschick lernen; vorausgesetzt, die Analyse findet unmittelbar danach statt, wenn die Beweislage noch eindeutig ist.«

Sie sollten Ihre Mitarbeiter daher kontinuierlich bewerten, indem Sie sie über den Verlauf und die Qualität einer Arbeit informieren. Erteilen Sie Ratschläge, wo, wie und wann etwas verbessert werden sollte. Ermutigen Sie Ihre Mitarbeiter, selbst zu entscheiden, was getan werden muß. Schreiben Sie ihnen nichts vor, solange Sie nicht müssen.

Vermeiden Sie die Bewertung von Persönlichkeitsmerkmalen. Konzentrieren Sie sich vielmehr auf die Zielsetzung und ob sie bewältigt wurde. Nehmen Sie sich zuweilen die Zeit für eine Bestandsaufnahme, um Ihre eigene Leistung und die Ihrer Mitarbeiter zu überdenken. Fassen Sie Ihre Schlußfolgerungen zusammen, wenn Sie möchten, aber tun Sie es auf einem Blatt Papier und nicht auf einem Formular. Sollte die Personalabteilung von Ihnen erwarten, daß Sie ihr Lieblingsformular doch ausfüllen, tun Sie ihr den Gefallen. Liefern Sie es ab, und vergessen Sie es, die Personalabteilung vergißt es auch.

Vermeiden Sie nach dieser Bestandsaufnahme formelle Gespräche. Die meisten Menschen haben Schwierigkeiten damit, und Sie könnten mehr Schaden anrichten, als Ihnen lieb ist. Doch sobald sich im normalen Arbeitsalltag eine Gelegenheit bietet, diskutieren Sie mit Ihren Mitarbeitern kurz und formlos jene Angelegenheiten, die Ihnen am Herzen liegen. Loben Sie dort, wo es angebracht ist, aber sorgen Sie auch dafür, daß Ihr Mitarbeiter bezüglich der erforderlichen Verbesserungen mit Ihnen einer Meinung ist.

Auf diese Weise wird die Leistungsbewertung zum natürlichen Bestandteil Ihres Managements und ist nicht länger ein lästiger Zwang, den sich andere ausgedacht haben. Die Mitarbeiter werden motiviert, sie lernen dazu und entwickeln sich weiter, anstatt mit künstlichen Belehrungen konfrontiert zu werden, die viel zu oft den gegenteiligen Effekt haben.

Eine Fallstudie

Für eine adäquate Bewertung ist es wichtig zu wissen, was Sie bewerten und wie Sie Ihre Erkenntnisse anderen vermitteln werden. Im *Harvard Business Review* erzählte Harry Levinson die Geschichte eines Konzernchefs, der einen seiner Topmanager mit einem vom Scheitern bedrohten Unternehmen beauftragte.
Seine einzige Anordnung bestand in den Worten: »Bringen Sie es in die schwarzen Zahlen.« In nur zwei Jahren gelang es dem neuen Geschäftsleiter, das Unternehmen aus seiner Verlust- in eine Gewinnzone von mehreren Millionen zu führen. Bestärkt durch den Erfolg, kündigte er seine Kandidatur für eine Beförderung an und deutete an, bereits einschlägige Angebote von anderen Firmen erhalten zu haben.
Der Konzernchef teilte die positive Selbstbewertung seines Managers jedoch nicht. Ganz im Gegenteil, ihn störte die Art, wie der Manager seine Aufgabe bewältigt hatte. Der Manager war natürlich enttäuscht, und als er wissen wollte, was er falsch gemacht habe, teilte ihm der Konzernchef mit, daß er zwar erreicht hätte, was ihm aufgetragen worden sei, doch dies sei ausschließlich im Alleingang geschehen und auf seine starke Persönlichkeit zurückzuführen. Weiters mußte er hören, daß er Angestellte, deren Mitarbeit die Firma sehr schätze, mit Leuten ausgetauscht hätte, die als willfährig galten. In Wirklichkeit habe er der Firma geschadet, indem er seine eigene Stärke übermäßig hervorgekehrt habe. Daher sei es unwahrscheinlich, so der Chef, daß er befördert werde, bevor er seine autoritäre Art nicht ändert.
Dies beleuchtet den Hauptfehler, der bei Leistungsbewertungen und Management-by-Objectives unterlaufen kann – ein fundamentales Mißverständnis dessen, was zu bewerten ist.

Kapitel 3
DURCHSETZUNGSVERMÖGEN

Durchsetzungsvermögen und Aggression

Ken und Kate Back definierten Durchsetzungsvermögen in »Assertiveness at Work« (McGraw-Hill, 1982) wie folgt:

- Den eigenen Rechten Geltung verschaffen, ohne dabei die Rechte anderer zu verletzen.
- Bedürfnissen, Ansprüchen, Ansichten, Gefühlen und Überzeugungen auf direkte, ehrliche und angebrachte Weise Gehör zu verschaffen.

Durchsetzungsvermögen zu haben, bedeutet jedoch nicht, aggressiv sein zu müssen, in diesem Fall würden Sie die Rechte anderer Menschen ignorieren und verletzen, um sich durchzusetzen und eine Situation zu dominieren. Aggressives Verhalten löst zwei konterproduktive Reaktionen aus: Kampf oder Flucht. Mit anderen Worten, Aggression nährt Aggression – womit Sie gar nichts erreichen –, bzw. der Betroffene zieht sich zurück und fühlt sich demoralisiert und unbefriedigt. Wenn Sie andere für gemeinsame Ziele motivieren wollen, wird ein solches Verhalten nicht zweckmäßig sein.

Selbstbewußtes Auftreten

Selbstbewußtes Verhalten ermöglicht Ihnen, andere Menschen entscheidend zu beeinflussen und positiv auf sie zu reagieren. Selbstbewußte Stellungnahmen:

- sind kurz und sachlich;
- verdeutlichen, daß Sie für sich selbst sprechen, wobei Formulierungen wie »Ich denke, daß ...«, »Ich bin der Ansicht,

daß ...«, »Mein Gefühl sagt mir, daß ...« hilfreich sind – Ihre eigenen Überzeugungen und Ansichten zählen;
- sind nicht mit Ratschlägen überladen;
- beinhalten Fragen, um die Ansichten anderer kennenzulernen und deren Reaktionen auf Ihr Verhalten zu testen;
- unterscheiden zwischen Faktum und Meinung;
- werden positiv und nicht dogmatisch vermittelt;
- bringen zum Ausdruck, daß Sie sich der unterschiedlichen Ansichten anderer Menschen bewußt sind;
- beinhalten, wenn notwendig, die Erwähnung negativer Gefühle, die das Verhalten anderer Menschen in Ihnen auslöst – wobei diese Gefühle nüchtern und sachlich vermittelt werden und ein von Ihnen bevorzugtes Verhalten vorgeschlagen wird;
- unterstreichen höflich, aber bestimmt die Konsequenzen dieses Verhaltens.

Umgang mit Aggression

Wenn Sie Aggressionen ausgesetzt sind, atmen Sie zunächst tief durch, zählen Sie bis zehn und dann:
- Fragen Sie in ruhigem Ton nach dem Grund für die Aggression.
- Stellen Sie deutlich und ruhig die Sachlage aus Ihrer Sicht fest.
- Beweisen Sie dem Aggressor Ihr Einfühlungsvermögen, indem Sie ihm Ihr Verständnis für seine Sicht der Dinge beweisen, doch erklären Sie ihm gleichzeitig mit der erforderlichen Sachlichkeit, wie sich die Diskrepanz zwischen seiner und Ihrer Ansicht für die tatsächliche Sachlage für Sie darstellt.
- Verweisen Sie für den Fall, daß das aggressive Verhalten anhält, erneut auf Ihre unterschiedlichen Ansichten oder Gefühle, aber entziehen Sie dem Aggressor nicht das Wort – oft sprechen oder schreien sich Menschen ihre Aggression vom Leibe, sobald sie erkennen, daß sie bei Ihnen keine Aggressionen auslösen und mit ihrem Verhalten nichts erreichen werden.
- Machen Sie, wenn alles fehlschlägt, den Vorschlag, die Dinge

einstweilen so zu belassen, wie sie sind, und sie nach einiger Zeit, wenn sich die Gemüter wieder abgekühlt haben, erneut zu besprechen.

Die Fähigkeit, Einfluß zu nehmen

Selbstbehauptung ist der Kampf aus der eigenen Ecke. Sie müssen von sich selbst und dem, was Sie tun, überzeugt sein und diese Überzeugungen entschieden und ohne zu zögern anderen weitergeben. Sie müssen also Ihren Einfluß gekonnt geltend machen.

Vier Stilformen bieten sich hierbei an:

1. Selbstbewußtes Vorgehen: Sie müssen Ihre Ansichten klar und deutlich vermitteln.
2. Überreden: Präsentieren Sie Ihren Standpunkt sachlich, logisch und vernünftig und betonen Sie die Pluspunkte (die Vorteile, die die Organisation oder Ihre Mitarbeiter daraus ziehen können), greifen Sie Einwänden, die sich gegen augenscheinliche Schwächen richten, vor und berufen Sie sich auf die Vernunft.
3. Überbrücken: Fordern Sie andere auf, Ihre Ansichten vorzubringen, demonstrieren Sie Verständnis, loben und würdigen Sie Ideen und Vorschläge und trachten Sie danach, einen Konsens zu finden.
4. Neugier erwecken: Begeistern Sie andere mit Ihren Ideen, vermitteln Sie Menschen das Gefühl, daß sie bei einem aufregenden Projekt mitarbeiten.

Kapitel 4

BUDGETIEREN

Die Notwendigkeit von Budgets

Budgets gewinnen keine Freunde, aber sie beeinflussen Menschen. Budgets können aufwendig sein und rauchende Köpfe bescheren, sie drücken unternehmenspolitische Maßnahmen in Geldeinheiten aus, und – ob es uns gefällt oder nicht – nur so werden Pläne ausgearbeitet und Leistungen in letzter Instanz kontrolliert und gesteuert.
Budgets sind aus dreierlei Gründen notwendig:

- als Illustration der finanziellen Konsequenzen der Planung,
- als Festlegung der für die Umsetzung der Planung erforderlichen Ressourcen und
- als Richtlinie, um Ergebnisse in Relation zum Vorhaben zu bewerten, zu überwachen und zu steuern.

Die Grenzen von Budgets

Die Hauptschwierigkeiten beim Budgetieren sind:

- eine nicht entsprechende grundsätzliche Vorgangsweise bei der Budgeterstellung: ungenaue Richtlinien, ungenügende Hintergrundinformationen, aufwendige Systeme, mangelnde technische Beratung und Unterstützung für die Manager, willkürliche Kürzungen durch das Spitzenmanagement;
- eine unqualifizierte oder schamlos-verletzende Annäherung an die Budgeterstellung durch die Manager; resultierend aus unangemessenen Verfahren, mangelhafter Führung, Einschulung und Motivation oder aus dem Gefühl, Budgets seien kein nützliches Werkzeug, sondern bloße Schikanen;

- eine unzureichende Einschätzung des zukünftigen Tätigkeitsumfanges;
- die Schwierigkeit, das Budget veränderten Umständen anzupassen;
- die fundamentale Schwäche, beim Budgetieren von Vergangenheitszahlen auszugehen, die einfach nur mit Zuschlägen »fortgeschrieben« werden, anstatt das Budget in seiner Gesamtheit einer kritischen Prüfung zu unterwerfen;
- ein mangelhaftes Berichtswesen und ein unzureichendes Controlling, wodurch ein Budget als Leistungsmaßstab verhindert wird.

Budgetvorbereitung

Diese Probleme können bereits im Zuge der Budgetvorbereitung großteils reduziert, wenn nicht gar eliminiert werden; vorausgesetzt folgende Schritte werden beachtet:

1. Bereiten Sie Budget-Richtlinien vor, aus denen hervorgeht, was Sie erreichen wollen und wie Sie vorzugehen beabsichtigen. Diese Richtlinien können in Form von Zielsetzungen für die absetzbare Produktion oder die Auslastung sowie die generelle Marketing- und Produktionsplanung ausgedrückt werden. Außerdem sollten auch Annahmen betreffend der allgemeinen Inflationsrate sowie der Kosten- und Erlössteigerungen bei der Budgeterstellung berücksichtigt werden.
2. Sorgen Sie dafür, daß diejenigen, die mit der Budgetvorbereitung betraut sind, vom Leiter des Rechnungswesens beraten und unterstützt werden. Dieser Experte sollte seine Hilfe zur Verfügung stellen und weder herumschnüffeln noch drohen.
3. Fordern Sie Ihre Mitarbeiter auf, über ihre Budgets gründlich nachzudenken. Unzulässig ist, das Vorjahrsbudget einfach nur auf den neuesten Stand zu bringen. Wann immer die Höhe eines Budgets beeinflußbar ist, sollten die Überlegungen der

Ausgangslage berücksichtigt werden und die Begründung für den aktuellen Wert genannt werden (Zero-Base-Budgeting).

4. Akzeptieren Sie im Vergleich zum Vorjahrsbudget keine wesentlichen Zuwächse oder gar Rückgänge, wenn diese nicht begründet werden.
5. Prüfen Sie nach, ob die Ihnen vorgelegten Budgets realistisch sind, und lassen Sie keine prozentuellen Spielräume gelten.
6. Kürzen Sie Budgets nicht willkürlich. Begründen Sie Ihre Kritik. Sie riskieren sonst budgetierte Spielräume oder ein Abstumpfen bei Ihren Mitarbeitern.
7. Bringen Sie die Budgets laufend auf den neuesten Stand, oder nehmen Sie »Anpassungen« vor, vor allem wenn Auslastung und Kosten großen Schwankungen unterworfen sind.

Zero-Base-Budgeting

Die traditionelle Vorgangsweise bei der Budgeterstellung neigt dazu, die Zahlen des Vorjahres fortzuschreiben. So dienen beispielsweise frühere Aufwendungen als Grundlage für die veranschlagten Kostensteigerungen und -senkungen. Dabei wird jedoch nur ein Teil des Budgets analysiert; und Führungskräfte widmen sich lieber der Rechtfertigung von Kostensteigerungen, anstatt die Notwendigkeit für eine bestimmte Aufwendung in ihrer gegenwärtigen Form zu hinterfragen.

Zero-Base-Budgeting verlangt den Budgetmanagern eine systematische Neubewertung aller Aktivitäten und Vorhaben ab, um festzustellen, ob sie überhaupt noch zweckmäßig sind oder ob sie mit verringertem, ähnlichem oder verstärktem Aufwand zu fördern sind. (Bei Plankosten müssen die direkten Personalkosten nicht inkludiert werden.) Das entsprechende Finanzierungsausmaß unterliegt den Prioritäten, die vom Topmanagement festgelegt werden, sowie der Verfügbarkeit von Mitteln.

Jede Aktivität wird genau definierten Entscheidungseinheiten zugeteilt, die jede für sich folgende Kriterien enthalten sollte:

- ihre Zielsetzungen,
- die Aktivitäten, die durchgeführt wurden,
- die aktuellen Kosten dieser Aktivität,
- der Nutzen jeder Aktivität,
- Normen und sonstige bestehende Leistungsmaßstäbe,
- alternative Maßnahmen zur Zielerreichung,
- Zielsetzungeshierarchien,
- die Vor- und Nachteile unterschiedlicher Kostenniveaus.

Diese Liste ist ziemlich umfangreich. Wie sehr Sie ins Detail gehen, wird davon abhängen, welche Bedeutung Sie einer strengen Überwachung Ihrer Kosten beimessen. Zero-Base-Budgeting ist kein Allheilmittel und scheitert oft deshalb, weil die Unternehmen übertrieben umständliche Vorgangsweisen einführen, die spurlos in der Papierflut versinken. Aber der Ansatz ist richtig: Kostenkontrolle bedeutet, Budgetansätze zu hinterfragen und zu rechtfertigen, aber auch die Notwendigkeit, die tatsächlichen Aufwendungen einer Prüfung zu unterziehen. Das sorgfältigst durchdachte Kontrollsystem der Welt ist zum Scheitern verurteilt, wenn es nicht auf festen Fundamenten steht. Mit den Techniken des Zero-Base-Budgeting gelangen die Führungskräfte zu der Einstellung, alle ihre Aktivitäten auszuwerten und zu kontrollieren. Die Techniken sollten nicht als Druckmittel dienen. Vielmehr sollten mit ihrer Hilfe Prioritäten richtig erkannt werden und dafür gesorgt werden, daß Kosten und Nutzen im Interesse aller Beteiligten ausgewertet werden.

Flexible Budgets

Wenn es möglich ist, Ertrags- und Kostenveränderungen mit der Auslastung in Beziehung zu setzen, rechnen sich flexible Budgets. Budgets werden »angepaßt«, indem die ursprünglichen Erträge und Kosten auf Grundlage der aktuellen Auslastung neu kalkuliert werden. Die Differenz zwischen ursprünglichem und voraussichtlichem (erwartetem) Niveau wird »Auslastungsvarianz« ge-

nannt. Die Differenz zwischen voraussichtlichem und aktuellem (tatsächlichem) Niveau ist die »steuerbare Varianz«. Diese »steuerbare Varianz« gibt ein realistisches Bild von der entscheidungsrelevanten Kostenentwicklung.
Wenn die flexible Budgetkontrolle nicht zur Gänze durchgeführt werden kann, weil es schwierig ist, einen genauen Bezug zwischen Kosten und Auslastung herzustellen, sollten Sie sich ein Updating-(Aktualisierungs-)System überlegen. Das heißt, daß das Budget mehrere Male im Jahr auf den neuesten Stand gebracht wird, um veränderten Umständen Rechnung zu tragen. Manchmal bezeichnet man das als »rollierendes Budget«. Es ist nicht so effektiv wie das flexible System, dafür leichter zu handhaben.

Budgetkontrolle

Eine systematische Budgetkontrolle ist keinesfalls einfach zu realisieren. Es ist kein Problem, ein System mit eleganten Formularen und einer Fülle von Informationen zu entwerfen. Viel schwieriger ist es dagegen, ein Schema, sobald es beschlossen wurde, in seiner nützlichen Form aufrechtzuerhalten. Der Anstoß dafür kann nur von oben kommen. Der Chef muß darauf bestehen, daß das Budget nach rigorosen Grundsätzen aufgebaut wird und daß ein Berichtswesen eingeführt wird, das belegt, ob die Arbeit in seinem Sinne getan wird. Zudem muß er dafür sorgen, daß jeder einzelne weiß, was von ihm erwartet wird, und daß er für jeden Leistungsrückgang Rechenschaft geben muß.

Kapitel 5

PRÄSENTATION EINES ANLIEGENS

Als Manager werden Sie von Zeit zu Zeit aus Ihren konkreten Vorstellungen ein Anliegen machen müssen. Sie müssen andere von Ihren Ideen und Empfehlungen überzeugen. Um dies zu erreichen, müssen Sie eine klare Vorstellung davon haben, was Sie zu tun beabsichtigen, und belegen, daß Sie selbst fest davon überzeugt sind. Die Wirkung Ihrer Präsentation wird vor allem von der Sorgfalt abhängig sein, mit der Sie sie vorbereitet haben.

Vorbereitung

Eine gründliche Vorbereitung ist wesentlich. Sie müssen sich nicht nur genau überlegen, was zu tun ist und warum, sondern auch, wie Ihre Mitarbeiter darauf reagieren werden. Erst dann können Sie entscheiden, wie Sie Ihr Anliegen präsentieren werden: Es gilt, den voraussichtlichen Nutzen bei gleichzeitiger realistischer Einschätzung der Kosten zu betonen und den möglichen Einwänden vorzugreifen.

Greifen Sie den Fragen vor, die Ihre Zuhörer mit großer Wahrscheinlichkeit stellen werden, und nehmen Sie die Antworten vorweg, oder haben Sie Ihre Antworten zumindest parat. Die wahrscheinlichsten Fragen sind:

Was – beinhaltet der Vorschlag?
– wird der voraussichtliche Nutzen sein?
– wird es kosten?
– sind die Fakten, Zahlen, Prognosen und Annahmen, von denen der Vorschlag ausgeht?
– sind die Alternativen?

Warum – soll der derzeitige Kurs verändert werden?

– ist dieser Vorschlag oder diese Lösung besser als die Alternativen?

Wie – soll die Veränderung bewerkstelligt werden?
– sollen die Hindernisse bewältigt werden?
– wurden die Alternativen untersucht?
– bin ich von der Veränderung betroffen?

Wer – wird von der Veränderung betroffen sein, und wie werden sie reagieren?
– wird sich am stärksten für oder gegen die Veränderung einsetzen, und warum?
– wird den Vorschlag durchführen?

Wann – soll das geschehen?

Um Ihr Anliegen durchzubringen, müssen Sie drei Dinge tun:

1. Aufzeigen, daß Ihrem Anliegen eine gründliche Analyse der Fakten und eine entsprechende Auswertung der Alternativen vorhergingen. Ihre Annahmen müssen von relevanten Erfahrungswerten und realistischen Projektionen ausgehen, die unbekannte Faktoren zulassen. Denken Sie an die Worte von Robert Heller, daß »ein Vorschlag nur so stark ist wie die schwächste Annahme, die ihm zugrunde liegt«.
2. Geben Sie detailliert den Nutzen an, von dem das Unternehmen und alle Betroffenen profitieren können. Wenn möglich, sollte der finanzielle Aspekt des Nutzens genannt werden. Die Kundenzufriedenheit oder die Arbeitsmoral sind abstrakte Werte, die sich nicht leicht verkaufen lassen. Unterlassen Sie es, Zahlen – finanzielle Rechtfertigungen – anzuführen, die keiner Prüfung standhalten würden.
3. Machen Sie aus den Kosten kein Geheimnis. Versuchen Sie auf gar keinen Fall, sie zu verbergen. Und seien Sie realistisch. Ihr Vorschlag hat keine Chance, sollte irgend jemandem der Beweis gelingen, daß Sie die Kosten unterschätzt haben.

Denken Sie daran, der Vorstand will genau informiert sein, was er als Gegenleistung für sein Geld erwarten kann. Die meisten Vorstände sind vorsichtig und oft nicht gewillt bzw. nicht in der Lage, Risiken einzugehen. Die Kosten/Nutzen-Aufstellung muß demnach exakt sein, da es andernfalls schwierig sein wird, Vorstand, Ausschüsse oder einzelne Mitarbeiter von den Vorteilen eines Experiments oder Pilotprojektes zu überzeugen.

Präsentation

Ihr Vorschlag wird in der Regel zwei Phasen durchlaufen: zunächst als schriftlicher Bericht, dem eine mündliche Präsentation folgt. Die Qualität der mündlichen Darstellung wird für Ihren Erfolg (oder Mißerfolg) entscheidend sein. Wie richtig präsentiert oder berichtet wird, behandelt Kapitel 41 bzw. 45; hier sollen einige Punkte hervorgehoben werden, die vor allem für die mündliche Darstellung besonders wichtig sind:

1. Ihre Präsentation soll keine reine Wiederholung der im schriftlichen Bericht enthaltenen Fakten sein. Sie sollten sich unter Ausklammerung der Details auf Ihre Hauptargumente konzentrieren.
2. Gehen Sie nicht davon aus, daß Ihre Zuhörer den schriftlichen Bericht gelesen oder verstanden haben. Erwähnen Sie den Bericht nicht, während Sie sprechen. Das könnte die Aufmerksamkeit der Zuhörer ablenken. Wenden Sie visuelle Hilfsmittel an, vorzugsweise Flip-chart, um Ihre Hauptargumente zu unterstreichen. Übertreiben Sie jedoch nicht den Einsatz von technischen Präsentationshilfsmitteln. Die Zuhörer werden sich von Ihnen und nicht von Ihren visuellen Kunstgriffen überzeugen lassen.
3. Wählen Sie Ihre einleitenden Worte so, daß Ihre Zuhörer sofort aufmerksam werden und das Interesse an Ihrer Präsentation geweckt ist. Beginnen Sie mit einem Umriß Ihres Vorhabens, mit Nutzen und Kosten, und deuten Sie an, wie Sie Ihren Fall zu entwickeln beabsichtigen.
4. Sprechen Sie Nachteile und mögliche Alternativen Ihrer Vorgangsweise an, damit man Ihnen später nicht nachsagen kann, Sie hätten etwas übersehen oder verborgen.

5. Vermeiden Sie Details. Seien Sie kurz, bündig und präzise.
6. Eine eindringliche Zusammenfassung ist ein Muß. Sie sollte klar sein und all das enthalten, was Vorstand, Ausschuß oder einzelne Ihrer Vorstellung nach tun sollen.

Die Wirkung Ihrer Präsentation wird in erster Linie davon abhängen, ob Sie sie entsprechend vorbereitet haben. Es geht nicht nur darum, ob Ihre Fakten, Zahlen und Argumente klar und deutlich auf dem Papier stehen, sondern was Sie bei einer Sitzung sagen und wie Sie es sagen.

Checkliste

1. Wissen Sie genau, was Sie wollen?
2. Sind Sie von Ihrem Anliegen wirklich überzeugt?
3. Haben Sie sämtliche Fakten, die Ihr Anliegen stützen, ausfindig gemacht und überprüft?
4. Was sind Ihre stärksten Argumente?
5. Warum muß die derzeitige Situation verändert werden?
6. Wer wird betroffen sein? Gewerkschaften, andere Sparten oder Abteilungen?
7. Was spricht gegen Ihr Vorhaben?
8. Was sind die Alternativen?
9. Wem muß der Plan vorgelegt werden? Haben Sie sich um eine Lobby gekümmert?
10. Haben Sie Experten konsultiert, um die finanziellen Aspekte zu besprechen?
11. Wissen Sie, wer Ihre wahrscheinlichen Verbündeten und wer Ihre Gegner sein werden?
12. Haben Sie Arbeitsblätter vorbereitet, aus denen die komplizierten Angaben hervorgehen?
13. Haben Sie sich über den bestmöglichen Zeitpunkt für Ihre Präsentation Gedanken gemacht?
14. Ihre Ideen waren gut, als Sie sie sich zum ersten Mal überlegten; sind sie das immer noch?

Kapitel 6

MANAGEMENT VON VERÄNDERUNG

Veränderung ist die einzige Konstante in einem Unternehmen. In »My Years with General Motors« meinte A. P. Sloan: »Die Bedingungen eines sich laufend im Wandel befindlichen Marktes und Produktes können jedes Unternehmen zu Fall bringen, wenn es nicht entsprechend gewappnet ist.«

Veränderungen sind unvermeidbar. Wie können Sie sich vorbereiten, und was sollte geschehen, sobald sich eine Veränderung ankündigt? Zur Beantwortung dieser Frage müssen folgende Aspekte vorausgeschickt werden:

- Der Veränderungsprozeß – Faktoren und Kräfte, die eine Veränderung verursachen.
- Der Widerstand gegen Veränderungen – warum und wie sich Menschen Veränderungen widersetzen.
- Wie dem Widerstand gegen Veränderungen zu begegnen ist.

Der Veränderungsprozeß

In einem Unternehmen werden Veränderungen durch interne und externe Faktoren verursacht. Eine die Unternehmen betreffende veränderte Umwelt ist oft nicht vorhersehbar. Man kann sich zwar bemühen, Ausmaß und Wirkung vorherzusagen, und Pläne vorbereiten, wie ihnen zu begegnen sein wird, doch bisher konnte kein Wirtschaftsmodell gefunden werden, mit dessen Hilfe etwa die Inflationsrate für einen längeren Zeitraum prognostiziert werden könnte.

Betriebsinterne Veränderungen können zum Beispiel im Produktions- oder Servicebereich, in der eingesetzten Technologie, bei den Mitarbeitern und in der Unternehmensstruktur – darunter

fallen Eigentumsverhältnisse und Organisationsformen – auftreten.
Interne und externe Faktoren stehen in einer komplexen Wechselwirkung zueinander. Die Unternehmensplaner machen viel Wind um die richtige Analyse der externen Gefahren und Möglichkeiten sowie der internen Stärken und Schwächen. Aber im Grunde handelt es sich dabei um nichts anderes als um die Befragung der Kristallkugel. Ein Weiser rechnet immer mit dem Unerwarteten.
Am liebsten würden jede Organisation und die ihr angehörenden Menschen in einem Gleichgewicht leben, doch das geht nicht. Sie sind Kräften ausgesetzt, die das Gleichgewicht regelmäßig stören und den reibungslosen Betrieb verhindern. Es sind daher Gegenkräfte nötig, die das Gleichgewicht wiederherstellen.

Widerstand gegen Veränderungen

Der Widerstand gegen Veränderungen ist einfach ganz natürlich, weil:

Stabile Verhältnisse werden bevorzugt

Im allgemeinen sucht der Mensch nach Stabilität. Sobald er von Veränderungen betroffen ist, ist sein erster Versuch, sein Gleichgewicht wiederherzustellen.

Gewohnheit

Sobald etwas zur Gewohnheit wird, fühlt sich der Mensch geborgen und zufrieden.

Konformität

Das Bedürfnis, sich den herkömmlichen und erwarteten Verhaltensnormen anzupassen, ist in den meisten Menschen vorhanden; sobald jeder weiß, was er vom anderen zu erwarten hat, funktioniert die Zusammenarbeit. Wird jedoch von der akzeptierten Norm abgewichen, ist das Gleichgewicht gestört.

Gefährdung der wirtschaftlichen Interessen oder des Ansehens

Es bestehen kaum Zweifel, daß die Gefährdung der wirtschaftlichen Interessen oder des Ansehens einer der wesentlichsten Gründe für den Widerstand ist. Joan Woodward verwies besonders eindringlich auf diesen Punkt, als sie schrieb:
»Wenn wir vom Widerstand gegen Veränderungen sprechen, implizieren wir damit für gewöhnlich eine irrationale Verhaltenstendenz. Einerseits gilt die Voraussetzung, daß die Betriebsleitung immer rational vorgeht, wenn sie, um zu besseren Resultaten zu gelangen, eine Kursänderung oder eine Modifizierung der Unternehmensziele vornimmt, während den Betroffenen nachgesagt wird, töricht, emotional und irrational zu sein, weil sie nicht so reagieren, wie sie sollten. Aber ein Individuum, das von den vorgeschlagenen Veränderungen offensichtliche oder versteckte Nachteile zu erwarten hat, reagiert nicht minder vernünftig, wenn es sich seinen eigenen Interessen entsprechend zur Wehr setzt. Die Interessen eines Unternehmens entsprechen nicht immer jenen des Individuums.«
Jeder Mensch konzentriert sich zunächst auf seinen eigenen Vorteil, und eine der gängigen Meinungen lautet, daß jede Veränderung nur Nachteile mit sich bringen könne. Hier zwei Beispiele:
Der Generaldirektor eines rasch wachsenden Unternehmens beschloß auf Grund des Betriebsumfanges eine neue Abteilung für Produktplanung und -entwicklung einzuführen, der ein eigener Direktor vorstehen sollte. Im Zuge dieser Veränderung sollten die

Entscheidungsbefugnisse für neue Produkte, die bisher den Direktoren der Marketing-, Technik- und Produktionsabteilung oblagen, großteils eliminiert werden. Da Produktneuheiten für dieses Unternehmen von entscheidender Wichtigkeit waren, empfanden die Direktoren die Veränderung als Angriff auf ihr Prestige. Während der zwei Monate, die dem Vorschlag des Generaldirektors für einen neuen Produktdirektor folgten, führte jeder der Direktoren sechs oder sieben Gründe an, warum die neue Einführung nicht funktionieren würde. Ihre Einwände wurden von Mal zu Mal heftiger, bis der Generaldirektor seine Idee wieder in der Schublade verschwinden ließ.
Ein Fertigungsunternehmen beschäftigte immer schon eine große Gruppe, die dem Personal als Berater oder »Beichtväter« zur Verfügung stand. Unter diesen Beratern herrschte eine hohe Arbeitsmoral, da aus den »unterstützenden Beziehungen« zu den Angestellten eine professionelle Befriedigung resultierte. Dann wurde ein neues Leistungsbewertungssystem eingeführt. Den Beratern wurde aufgetragen, jeden Angestellten alle sechs Monate zu bewerten und den Vorgesetzten Berichte vorzulegen, aus denen unter anderem die »emotionelle Reife«, das »Beförderungspotential« usw. des jeweiligen Angestellten hervorgehen sollte. Sie erkannten sofort, daß das neue System ihre Beziehung zu den Angestellten verändern würde. Anstatt zu helfen und auf gleicher Ebene zu stehen, würden sie nun die Position von Vorgesetzten und Bewertern einnehmen. Ihr Widerstand gegen die Veränderung war vorhersehbar. Mit dem Argument, das neue System nütze dem Unternehmen nicht in dem Maße wie das alte, übten sie so lange Druck aus, bis das neue System grundlegend verändert wurde.

Mißverständnis

Zuweilen verstehen die Menschen den Sinn und Zweck einer Veränderung nicht und glauben, dadurch mehr zu verlieren als zu gewinnen. Solche Situationen treten immer dann auf, wenn zwi-

schen der Person, die die Veränderung einleitet, und den betroffenen Angestellten ein Vertrauensmangel herrscht. Hier ein Beispiel:
Als der Vorsitzende eines kleinen Unternehmens seinen Führungskräften mitteilte, die Firma würde für alle Angestellten flexible Arbeitszeiten einführen, rechnete er nicht mit Widerstand. Er hatte das Konzept während eines Managementseminars kennengelernt und sich dafür entschieden, weil er vor allem in der Fabrik und in den Büros für bessere Arbeitsbedingungen sorgen wollte. Kurz nach seiner Ankündigung begannen in der Fabrik wilde Gerüchte zu kursieren, da kaum einer der Arbeiter wirklich sagen konnte, was es mit flexiblen Arbeitszeiten auf sich hat, und weil viele von ihnen dem Fabriksdirektor nicht trauten. So hieß es beispielsweise, flexible Arbeitszeiten ermöglichten den Vorgesetzten, Arbeitszeiten willkürlich zu beschließen, und zwar unabhängig davon, ob es sich dabei um Abende oder Wochenenden handelte. Die Gewerkschaft hielt eine Versammlung ab und legte der Firmenleitung daraufhin die Forderung vor, das Konzept der flexiblen Arbeitszeiten bedingungslos fallenzulassen. Der Vorsitzende, der auf Argumente dieser Art vollkommen unvorbereitet war, gab nach.

Unterschiedliche Auffassungen

Eine Situation kann von den Mitarbeitern anders beurteilt werden als von den Führungskräften oder den Initiatoren einer Veränderung. Die Mitarbeiter könnten zum Beispiel nicht nur für sich selbst, sondern auch für ihre Firma mehr Nachteile als Vorteile erwarten. Zum Beispiel:
Der Präsident einer mittelgroßen Bank in den USA war entsetzt, nachdem die Angestellten eine Analyse des Darlehensfonds der Bank für Grundstücksinvestitionen (REIT) vorgenommen hatten. Laut dieser komplizierten Analyse bestand große Gefahr, daß die Bank Verluste in der Höhe bis zu zehn Millionen Dollar erleiden

könnte und diese Verluste monatlich um zehn Prozent anwachsen könnten. Innerhalb einer Woche erstellte der Präsident einen Plan, der die für die REIT zuständige Abteilung neu organisieren sollte. Da er jedoch um den Börsenkurs der Bank besorgt war, zeigte er die Analyse der Angestellten nur dem neuen Leiter der REIT-Abteilung.

Die Neuorganisation stieß sofort auf massiven Widerstand. Eine Reaktion, die das Gefühl der Gruppe zum Ausdruck brachte, war: »Ist er verrückt geworden? Warum, um Gottes willen, reißt er gerade jetzt die Abteilung der Bank auseinander? Seine Maßnahmen haben uns bisher nicht nur drei hervorragende Kräfte gekostet (sie kündigten), sondern auch ein Programm zunichte gemacht, das wir einsetzen wollten (wovon der Präsident nichts wußte), um unsere Darlehensverluste zu reduzieren.«

Die Überwindung von Widerstand gegen Veränderungen

Obwohl die Menschen oft eine antagonistische oder negative Haltung einnehmen, sobald etwas verändert werden soll, wird ihr Verhalten gleichzeitig von dem Verlangen nach neuen Erfahrungswerten getragen. Und genau dort sollten Sie ansetzen, wenn Sie Widerstand gegen Veränderungen überwinden wollen. Menschen lassen sich auf drei Arten von der Notwendigkeit für Veränderungen überzeugen, durch:

- Einwilligung bzw.: »Mach es, weil ich es so will!« Der einzelne akzeptiert die Veränderung, weil er muß. Er ist nicht unbedingt davon überzeugt.
- Identifikation bzw.: »Mach es, weil ich es auch tue!« Der einzelne paßt seine Überzeugungen und Aktivitäten jemand anderem an. Identifikation bedeutet insofern Einwilligung, als der einzelne der Veränderung nicht aus sich heraus zustimmt. Sie unterscheidet sich von der Einwilligung jedoch insofern, als der einzelne tatsächlich an die von ihm übernommenen Ansichten und Aktivitäten glaubt.

- Wirkliche Zustimmung bzw.: »Tun Sie das, weil es sich lohnt!« Eine Veränderung wird akzeptiert, weil die neue Situation tatsächlich befriedigend ist oder weil sie im Einklang mit den eigenen Wertvorstellungen steht. Der einzelne mag in seinen Ansichten von anderen beeinflußt worden sein, doch ultimativ akzeptiert er die Veränderung, weil er und nicht irgend jemand sie für gut befindet.

Der Widerstand wird nicht so heftig ausfallen, wenn:

- die von der Veränderung Betroffenen das Gefühl haben, das Projekt akzeptiert zu haben, ohne dazu von Außenstehenden angehalten worden zu sein,
- die Veränderung vom gesamten Management unterstützt wird,
- die Veränderung mit den etablierten Wertvorstellungen vereinbar ist,
- die Veränderung den Eindruck vermittelt, Belastungen zu reduzieren, anstatt sie zu vermehren,
- die Veränderung von neuen Erfahrungswerten begleitet wird, die das Interesse der Betroffenen wecken,
- den Betroffenen das Gefühl vermittelt wird, ihre Autonomie und Sicherheit werden nicht bedroht,
- Probleme von allen gemeinsam diagnostiziert wurden,
- die Veränderung von der Gruppe einstimmig beschlossen wurde,
- diejenigen, die sich für die Veränderung einsetzen, für die Gefühle und Ängste der Betroffenen Verständnis aufbringen und sich bemühen, unbegründete Ängste zu zerstreuen,
- erkannt wird, daß neue Ideen immer Gefahr laufen, falsch interpretiert zu werden, und Sorge getragen wird, daß die Reaktionen auf die Vorschläge besprochen werden, damit Sinn und Zweck der Veränderung auch wirklich verstanden werden.

Eine Fallstudie

In einer Kundendienstabteilung war eine große Gruppe von etwa 40 Beschäftigten – mehrheitlich weibliche Angestellte – mit der Korrespondenz betraut. Viele Schreiben enthielten Beschwerden der Kunden über die Handhabung ihrer Konten.
Die Daten, die für die Beantwortung der Briefe benötigt wurden, waren jedoch nicht immer sofort verfügbar. Teils waren sie in der Firmen-EDV gespeichert, doch ein Großteil wurde in separaten Kundenakten abgelegt, die oft nach unterschiedlichen Standorten oder Produktgruppen aufgeteilt waren. Folglich traten bei der Beantwortung der Briefe Verzögerungen auf, und manche Antworten bezogen sich auf Grund der mangelhaften Information nicht eindeutig genug auf die Beschwerden, wodurch die Beschwerdekette immer länger wurde.
Die weiblichen Büroangestellten der Abteilung hatten sich im Laufe der Jahre an dieses System gewöhnt. Die Fluktuationsrate war sehr niedrig (unter zehn Prozent im Jahr), und niemand drängte nach Veränderungen.
Die Betriebsleitung wollte jedoch die Genauigkeit der Antwortschreiben verbessern und ihre Bearbeitung beschleunigen. Ein neues computerunterstütztes System sollte entwickelt werden, um einerseits die beiden Zielsetzungen zu verwirklichen und andererseits den Personalstand zu reduzieren. Die Arbeit sollte keinesfalls anstrengender werden, sondern sogar zu einer größeren Zufriedenheit auf dem Arbeitsplatz beitragen, da der einzelne Kunde umfassender und rascher und unter vollständiger Klärung aller Belange betreut werden könnte.
Daher wurde ein sorgfältig geplantes »Change-Management«-Programm ausgearbeitet. Zunächst wurden informelle Sitzungen mit kleinen Angestelltengruppen abgehalten, um herauszufinden, wie sie das gegenwärtige System beurteilten und wie sie es verbessern würden. Man teilte ihnen mit, daß es eine Reihe von Möglichkeiten gäbe, eine Verbesserung herbeizuführen, daß jedoch

keine endgültigen Pläne gemacht würden, bevor ihre Ideen nicht berücksichtigt worden seien.

Als das Personal zum ersten Mal mit den Vorstellungen des Managements bekannt gemacht wurde, lag die Betonung auf den Vorteilen für jeden einzelnen – weniger Probleme, die Information muß nicht länger aus weitentfernten Büroräumen angefordert werden und die Befriedigung, die jeder aus der größeren Verantwortung ziehen könnte. Die Belegschaft wurde weder mit der Aussicht auf höhere Gehälter bestochen, noch wurde aus den voraussichtlichen Entlassungen ein Geheimnis gemacht. Allerdings wurde betont, daß der Personalüberschuß durch den natürlichen Abgang abgebaut werden soll. Außerdem erfuhr die Belegschaft, daß das Schema von einer kleinen Gruppe Freiwilliger auf Herz und Nieren geprüft würde, die über den Verlauf des Projekts in regelmäßigen Abständen Bericht ablegen würde. Alle Angestellten der Abteilung würden ebenfalls regelmäßig über die Fortschritte informiert werden.

Die Belegschaft akzeptierte diesen Vorschlag, da sie erkannte hatte, daß die Firma mit dem neuen System eindeutig dazugewinnen würde, während sie selbst keine Verluste hätte und vielleicht sogar Vorteile daraus ziehen könnte. Das Pilotprojekt wurde durchgeführt, die Rücksprachen fanden wie vorgesehen statt, und das Schema konnte rechtzeitig und problemlos eingeführt werden.

Kapitel 7

KLARES DENKEN

Klares Denken ist logisches Denken. Es ist ein Prozeß der Einsicht, in dessen Verlauf Urteile aneinander gereiht werden, bis aus den vorhandenen Aussagen und Belegen die korrekten Schlüsse gezogen werden können. Klares Denken geht analytisch vor: Die Information wird sorgfältig überprüft, was von Relevanz ist, wird selektiert, Bezüge werden hergestellt und bewiesen.

Wenn Sie sagen, jemand sei logisch, meinen Sie, er ziehe die korrekten Schlußfolgerungen – seine Schlußfolgerungen können unter Berufung auf die Fakten, auf die sie sich stützen, belegt werden. Er vermeidet schlecht fundierte und tendenziöse Argumente, verallgemeinert nicht und bleibt sachlich. Seine Argumentationskette ist eindeutig, rational und basiert auf relevanten Tatsachen.

Klares Denken – ein logischer Ansatz zur Problemlösung, Entscheidungsfindung und Fallpräsentation – ist eines der wesentlichen Attribute des erfolgreichen Managers. Das heißt jedoch nicht, daß es die einzig richtige Denkweise ist. Edward de Bono vertritt ein laterales, d. h. kreatives Denken, das seiner Ansicht nach für den innovativen Manager ein notwendiger Denkvorgang ist, den er in Verbindung mit den traditionelleren vertikalen oder logischen Denkmustern (siehe Kapitel 15) anwenden sollte. Aber ein logischer Ansatz ist trotz alledem eine wesentliche Voraussetzung.

Ein weiteres Attribut des erfolgreichen Managers ist die Fähigkeit, überzeugend zu argumentieren und die Schwachstellen in der Argumentation anderer aufzuspüren. Klares Denken und überzeugende Argumentation setzen voraus, daß Sie erstens verstehen, wie eine Behauptung oder ein Einzelfall grundsätzlich aufzubauen ist; zweitens, wie Sie Ihre Behauptung prüfen; und drittens, wie

Sie irreführende Argumente vermeiden und Trugschlüsse anderer aufzeigen.

Eine Behauptung entwickeln

Im altbewährten »Training-Within-Industry«-Programm für Führungskräfte lautete die oberste Regel: »Beschaffen Sie sich Fakten!« Für klares Denken gilt sie nach wie vor. Die Fakten müssen für die in Betracht kommende Angelegenheit relevant sein. Wenn Vergleiche angeführt werden, muß Gleiches mit Gleichem verglichen werden. Trends müssen einem dafür geeigneten Ausgangsdatum entsprechen, und wenn Trends miteinander verglichen werden, sollte von derselben Basis ausgegangen werden. Gehen Sie mit Meinungen vorsichtig um, solange Sie keine Beweise haben. Vermeiden Sie oberflächliche Analysen oberflächlicher Daten. Gehen Sie in die Tiefe. Nehmen Sie nichts für gegeben. Überprüfen Sie die Beweisführung sorgfältig, und lassen Sie Unerhebliches weg.

Ihre Schlußfolgerungen sollten sich direkt auf die Fakten stützen. Wenn möglich, sollte ein Zusammenhang zwischen Fakten und Schlußfolgerungen bestehen, wobei dieser Zusammenhang durch relevante und verifizierbare Erfahrungswerte oder durch Information oder ähnlich gelagerte Fälle gestützt werden sollte.

Wenn – was sehr wahrscheinlich ist – aus den Fakten nicht nur eine, sondern mehrere Schlußfolgerungen gezogen werden können, sollte jede dieser Überlegungen einer Prüfung unterzogen werden, um festzustellen, welche am eindeutigsten den bereits gemachten Erfahrungswerten entspricht. Es ist jedenfalls müßig, »die Vernunft« oder »den gesunden Menschenverstand« anzurufen. Sie müssen Beweise bringen, die Ihre Schlüsse untermauern und das vage Konzept des »gesunden Menschenverstandes« mit den Informationen und Erfahrungswerten, die ihm zugrunde liegen, unterstützen. Descartes zufolge ist »gesunder Menschenverstand das meistverbreitete Gut der Welt, da jeder Mensch überzeugt ist, reichlich damit ausgestattet worden zu sein«.

Überprüfung der Behauptung

»Wir begnügen uns damit, jeden Glauben ohne Umschweife zu akzeptieren, solange er unseren Vorurteilen entspricht und sein Wahrheitsgehalt für die Befriedigung unserer Bedürfnisse notwendig ist.« Diese Worte stammen von Susan Stebbing. Klares Denken darf sich nicht in diese Falle locken lassen.

Bei der Formulierung einer Behauptung oder Überzeugung generalisieren wir ausgehend von unseren Beobachtungen – unserer eigenen Analyse oder Erfahrung – und folgern daraus, was nicht beobachtet wurde. Zudem beziehen wir uns auch auf Aussagen – die Beobachtungen und Erfahrungen anderer Menschen.

Wenn Ihre Behauptung oder Überzeugung von einer Generalisierung ausgeht, die auf besonderen Ereignissen basiert, sollten sie mit der Beantwortung der folgenden Fragen getestet werden:

- War der Bereich, den Sie erforscht haben, auch wirklich umfassend?
- Sind die Beispiele repräsentativ, oder wurden sie nur ausgewählt, weil sie eine Sichtweise unterstützen?
- Gibt es widersprüchliche Beispiele, nach denen nicht gesucht wurde?
- Steht die in Frage kommende Behauptung oder Überzeugung im Widerspruch mit anderen Überzeugungen, für die wir ebenfalls gute Gründe anführen können?
- Wenn es widersprüchliche Meinungen oder Fakten gibt, wurden sie in Gegenüberstellung zur ursprünglichen Behauptung einem adäquaten Test unterzogen?
- Können die Beweise oder die Beobachtungen zu gleichermaßen gültigen Schlüssen führen?
- Gibt es Faktoren, die nicht berücksichtigt wurden und die wo-

möglich die Beweismittel, und demnach die Schlußfolgerungen beeinflussen?

Wenn sich Ihre Überzeugung auf Beobachtungen stützt, sollten Sie ihre Zuverlässigkeit und ihre Relevanz einer sorgfältigen Prüfung unterziehen, um festzustellen, ob Ihre Überzeugung einer logischen Folgerung aus den Unterlagen folgt, d. h. ob sie den Fakten entspricht.

Trügerische und irreführende Argumente

Ein Trugschluß ist ein unhaltbares Argument, das zu einer fehlerhaften Beweisführung führt oder irreführende Eindrücke vermittelt. Die wichtigsten Trugschlüsse, die es zu vermeiden oder in der Argumentation anderer aufzudecken gilt, sind:

- ausschweifende Stellungnahmen,
- undifferenziertes Denken,
- besondere Plädoyers,
- zu starke Vereinfachungen,
- falsche Schlußfolgerungen,
- Petitio principii (Annahme einer erst zu beweisenden Sache),
- falsche Analogien,
- Zweideutigkeit bei der Wortwahl,
- Haarspaltereien.

Im folgenden werden die angeführten Punkte kurz besprochen.

Ausschweifende Stellungnahmen

Da wir uns nach Gewißheit sehnen und unsere Sache auf den Punkt bringen wollen, neigen wir oft zu ausschweifenden Stellungnahmen. Wir wiederholen uns und werden dabei von Mal zu Mal lauter und zorniger, bloß, weil wir unseren Gegner überzeugen wollen. Wenn wir das oft genug und entsprechend heftig tun, kann es sogar geschehen, daß wir uns selbst täuschen.

Es wurde bereits erwähnt, daß »es niemals fair, niemals weise und niemals sicher ist, zu generalisieren«. Aber das ist schon in sich eine Verallgemeinerung. Wissenschaftliche Methoden basieren auf Verallgemeinerungen. Solange sie aus adäquaten, relevanten und zuverlässigen Befunden gefolgert wurden, wird niemand ihre Gültigkeit bestreiten.
Verallgemeinerungen verlieren dann ihre Gültigkeit, wenn sie sich auf Fakten stützen, die extrem vereinfacht wurden, oder wenn Beispiele zugunsten der Argumentation ausgewählt wurden, während Widersprüche einfach ignoriert wurden. Die klassische Form einer »trügerischen Verallgemeinerung« besteht in der Behauptung, wenn ein Teil von A B ist, dann muß A zur Gänze B sein. Es kommt oft vor, daß jemand A ist gleich B sagt, obwohl er weiß, daß A nur zum Teil B ist oder im besten Fall A dazu tendiert, B zu sein. Das Argument wird irreführend, wenn der Hinweis »teilweise« bzw. »Tendenz« nicht ausdrücklich angeführt wird.
Viele der folgenden Trugschlüsse stellen besondere Formen der Verallgemeinerung dar, die das üblichste Symptom unseriöser Beweisführung ist.

Undifferenziertes Denken

Undifferenziertes Denken entsteht dann, wenn wir mit Schlagworten und leeren Phrasen argumentieren und wenn wir eine Behauptung ungebührlich in die Länge ziehen.
Es ist ein natürliches Anliegen, komplizierte Angelegenheiten zu vereinfachen und selbstsicher Vorschläge einzubringen bzw. Handlungen zu setzen. Und es ist ebenso natürlich, diese Überzeugungen in einem einzigen Satz oder Gedanken zu komprimieren. Aber es ist riskant, verkürzte Aussagen zu übernehmen, nur weil man sich selbst das Denken ersparen möchte. Sie können erst dann akzeptiert werden, wenn ihnen neuerliche Überlegungen vorangegangen sind.

Besondere Plädoyers

Wenn jemand zu Ihnen sagt: »Jeder weiß, daß«, »Es ist eindeutig, daß« oder «Niemand wird bestreiten, daß«, können Sie sicher sein, daß diese Person die Behauptung, die sie im Begriff ist aufzustellen, nicht in Frage stellt.
Wir greifen zum »besonderen Plädoyer (Appell)«, wenn wir unser Anliegen betonen und nicht bemerken, daß es auch noch andere Ansichten und Perspektiven gibt. Ein Appell dieser Art passiert dann, wenn wir uns von unserem eigenen Umfeld nicht distanzieren können. Oft stolpern wir, weil wir vergessen, daß sich unser Verhalten vom Verhalten anderer in der gleichen Situation nicht unterscheidet.
Gegen diese Art von Fehler kann man sich absichern, indem man vom «Sie« zum »Ich« übergeht. »Ich« empfinde also, daß »Sie« nicht sehen können, was offenbar nicht zu übersehen ist. »Sie« empfinden, daß »Ich« nicht sehen kann, was direkt vor meinen Augen passiert. Eine Regel, die, wird sie Ihnen auferlegt, Gültigkeit zu haben scheint, kann im umgekehrten Fall, wenn Sie von mir verlangen, daß ich sie mir selbst auferlege, ungeeignet scheinen.
Freilich kann übermäßiges Abwägen anderer Ansichten zu Unentschlossenheit führen. Ein Problem hat nicht unbedingt immer zwei Seiten, doch auch wenn es so ist, müssen Sie sich irgendwann – und meist rasch – für eine Seite entscheiden. Bevor Sie sich jedoch entscheiden, überprüfen Sie, ob die anderen Ansichten und Ansätze gültig sind, und berücksichtigen Sie sie in Ihren eigenen Ausführungen.

Zu starke Vereinfachungen

Bei »zu starken Vereinfachungen« handelt es sich um eine besondere Form des undifferenzierten Denkens oder des speziellen Appells. In den Worten von Susan Stebbing tritt die »Übervereinfachung« oft in Form einer »trügerischen Schwarzweißsicht« auf, also in der irrtümlichen Forderung nach einer exakten Linie, wenn diese de facto nicht vorhanden ist. Es ist zum Beispiel nicht möglich, zwischen dem Normalen und dem Verrückten oder dem Klugen und dem Unintelligenten klar zu unterscheiden. Unsere Neigung, solche Fehler zu begehen, kann von einem unehrlichen Gegner ausgenutzt werden, der von uns verlangen könnte, etwas präzise zu definieren, das keine Definition zuläßt.

Falsche Schlußfolgerungen

Zu den häufigsten Trugschlüssen gehört der Denkvorgang, wenn »ein Teil« so ist oder sein kann, muß folglich »alles« so sein. Eine Behauptung über mehrere Fälle wird auf eine Weise zurecht gerückt, daß sie für alle Fälle gleichermaßen gilt. Die Schlußfolgerung folgt nicht der Prämisse.
Die üblichste Form dieser fälschlichen Denkweise wird von den Logikern, die vom traditionellen Syllogismus Prämisse, Mittelglied und Schlußfolgerung ausgehen, *»Trugschluß in Folge eines falsch angewandten Mittelwerts«* genannt.
Ein gültiger Syllogismus sieht so aus:
Prämisse: Alle Kühe sind Vierbeiner.
Mittelwert: Alle Vierbeiner sind Wirbeltiere.
Schluß: Daher sind alle Kühe Wirbeltiere.
Das kann auch so dargestellt werden:
Prämisse: Jedes A ist gleich B.
Mittelwert: Jedes B ist gleich C.
Schluß: Daher ist jedes A gleich C.
Das ist logisch. Der Mittelwert wurde korrekt angewandt. Alles, das für A gilt, gilt auch für B, alles, das für B gilt, gilt auch für C, daher muß alles, das für A gilt, auch für C gelten.
Ein ungültiger Syllogismus würde so aussehen:
Alle Kühe sind Vierbeiner.
Alle Maultiere sind Vierbeiner.

Daher sind alle Maultiere Kühe.
Anders dargestellt sieht das dann so aus:
Jedes A ist gleich B.
Jedes C ist gleich B.
Daher ist jedes A gleich C.
Das ist insofern falsch, als zwar alles, das für A und C gilt, auch für B gilt, allerdings nichts darauf hindeutet, daß A und C durch eine Beziehung zu B in einem Zusammenhang stehen.
Den Unterschied zwischen wahren und falschen Syllogismen zeigt folgende Darstellung:

Wahrer Syllogismus

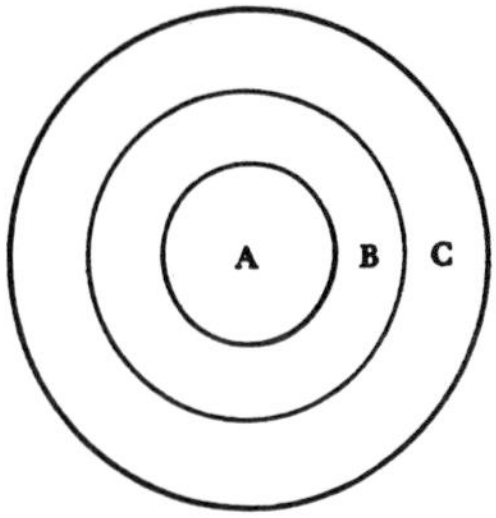

Falscher Syllogismus

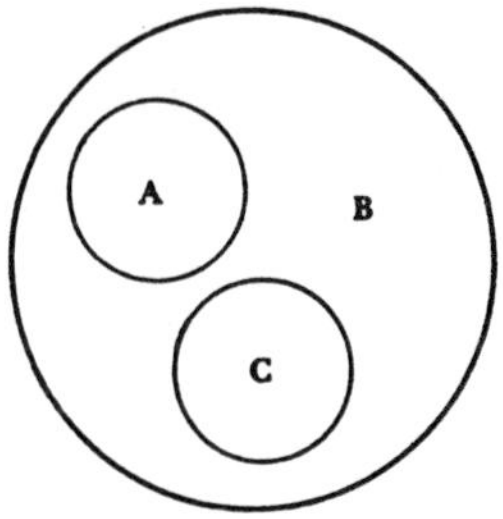

Beim wahren Syllogismus könnten A und C unterschiedliche Elemente darstellen, obwohl sie beide innerhalb B enthalten sind. Eine Verbindung der drei Elemente ginge über die ursprüngliche Evidenz hinaus. Denn auch wenn die Faktoren A und B in Relation zu einem anderen Faktor C stehen, bedeutet das nicht unbedingt, daß sie in Relation zueinander stehen. Wenn wir eine Beweisführung erarbeiten, ziehen wir viel zu oft den voreiligen Schluß, daß »etwas« »alles« bedeutet.
Schlußfolgerungen, die über die Evidenz hinausgehen, können auch dann entstehen, wenn die Wirkung (die logische Folge) bekannt ist und dadurch die Annahme entsteht, die Ursache (das Antezedens) sei ebenfalls bekannt. Doch mit dieser Annahme kann man völlig falsch liegen. Ein Effekt kann viele verschiedene Ursachen haben. Dieser »Trugschluß der logischen Folgerung«, wie er genannt wird, kann folgendermaßen illustriert werden:

Wenn er im Lotto gewinnt, fährt er in die Karibik.
Er ist in die Karibik gefahren.
Daher hat er im Lotto gewonnen.
d. h. Wenn L dann K,
K
Daher L.

Die Gründe, warum er in die Karibik fuhr, sind, abgesehen vom Lottogewinn, viel vielschichtiger. Ein klarer Schluß kann nur dann gezogen werden, wenn die Ursache in einer direkten Relation zur Wirkung steht, daher:

Wenn er im Lotto gewinnt, fährt er in die Karibik.
Er hat im Lotto gewonnen.
Daher wird er in die Karibik fahren.
d. h. Wenn L, dann K.
L
Daher K.

Hinzu kommt die Gefahr, daß man aus der Evidenz Schlüsse zieht und dabei außer acht läßt, wie ein Fall durch begleitende Umstände verändert werden kann. Was in der Vergangenheit geschah, muß nicht unbedingt noch einmal geschehen, außer die Umstände sind unverändert. Sie können freilich aus der Geschichte Schlüsse ziehen, doch verlassen können Sie sich darauf nicht. Die Zeiten ändern sich.

Petitio principii (Annahme einer erst zu beweisenden Sache)

Wir nehmen »eine erst zu beweisende Sache« an, wenn wir für erwiesen halten, was erst zu beweisen ist. Das kann so weit gehen, daß die zur Debatte stehende Sache ohne entsprechende Beweisführung postuliert wird. Die Logiker nennen das Petitio principii.

Wenn Ihnen auffällt, daß jemand eine Prämisse für gegeben hält, die in seiner Schlußfolgerung nicht aufscheint, müssen sie die Annahme in Frage stellen und darum bitten, über die Prämissen, von

denen die Schlußfolgerung ausgeht, informiert zu werden. So können Sie beurteilen, ob der Schluß eine logische Folgerung aus diesen Prämissen ist.
Annahmen in Frage zu stellen ist ein notwendiger Bestandteil des klaren Denkens. Sie sollten Ihre eigenen Annahmen ebenso in Frage stellen wie die, zu denen andere gelangen.

Falsche Analogien

Analogien bilden die Grundlage unseres Denkens. Wir bemerken, daß zwei Fälle ähnlich gelagert sind, und weiten in der Folge diese Ähnlichkeit aus. Analogien helfen auch unbekannte Themen verstehen.
Analogien können falsch sein, wenn sie nicht wirklich erwiesen sind. Nur weil A gleich B ist, wobei beide Faktoren bekannte Tatsachen sind, ist X nicht gleich Y, wobei X und Y unbekannte oder abstrakte Faktoren sind. Wenn wir mit Analogien argumentieren, behaupten wir, wenn:
x die Eigenschaften von p1, p2, p3 und f hat und
y die Eigenschaften von p1, p2 und p3 hat, dann hat
y auch die Eigenschaft f.
Das ist richtig, wenn y keine Eigenschaft hat, die mit f unvereinbar ist. In anderem Fall wäre das Argument falsch.
Analogien können als Vermutung für einen Schluß dienen, doch sie können ihn nicht herstellen. Sie können auch zu weit gehen. Manchmal ist ihre Relevanz mehr Schein als Wirklichkeit.
Wenden Sie Analogien argumentativ an, um eine Sache damit zu unterstützen, aber verlassen Sie sich nicht darauf. Erlauben sie auch sonst niemandem, weit hergeholte Analogien aufzustellen. Sie sollten getestet und ihre Relevanz unter Beweis gestellt werden.

Zweideutige Wortwahl

Lewis Carrolls Ansatz – »Wenn ich ein Wort verwende, hat es genau die Bedeutung, die ich ihm beizumessen wünsche, nicht mehr und nicht weniger.« – ist ein beliebter Trick all jener, die andere täuschen wollen. Sie wenden Worte an, um ihre Argumente wortkräftig zu unterstützen. Die Worte, die sie auswählen, mögen ein und dieselbe Bedeutung haben, doch sie können grundverschiedene Dinge ausdrücken. Wenn ich also behaupte, ich sei entschlossen, kann ich dasselbe Wort auf andere beziehen, indem ich den einen als eigensinnig, einen anderen dagegen als borniert und stur bezeichne.

Haarspaltereien

»Andererseits«, setzte Tweedledee fort, »wenn es so war, dann mag es so gewesen sein, und wenn es so wäre, dann würde es so sein; da es jedoch nicht so ist, ist es nicht so. Das nenne ich Logik.«

Haarspaltereien müssen nicht immer diese Form annehmen, doch irreführend ist sie allemal. Zum Disput dieser Art gehören folgende Argumentationsfinten:

- Die Argumente werden zugunsten einer Behauptung gewählt, wobei gleichzeitig alles, was der Behauptung widersprechen könnte, ignoriert wird.
- Das Argument eines Gegners wird so lange verzerrt, bis es eine ganz andere Bedeutung als die ursprünglich beabsichtigte hat – kurz: jemandem werden Worte in den Mund gelegt.
- Einen Gegner durch die Aufforderung ablenken, eine Behauptung, die er gar nicht aufgestellt hat, zu beweisen.
- Die zur Debatte stehenden Punkte bewußt ignorieren.
- Irrelevantes in die Diskussion einbringen.
- Immer wieder Dinge ansprechen, denen nicht zugestimmt wurde, und andere ignorieren, auf die man sich geeinigt hat.

Kapitel 8

KOMMUNIKATION

Zwar sind sich die Menschen der Notwendigkeit zur Kommunikation bewußt, doch fällt ihnen das Kommunizieren schwer. Wie Schopenhauers Igel wollen sie einander näher kommen, aber ihre Stachel hindern sie daran.
Worte mögen präzise klingen oder scheinen, aber sie sind es nicht. Erst wenn die vielfältigen Kommunikationsbarrieren zwischen Sender und Empfänger überwunden sind, ist der Empfänger in der Lage, eine Botschaft in ihrer wahren Bedeutung aufzunehmen.

Kommunikationsbarrieren

Wir hören, was wir hören wollen

Was wir im Gespräch mit anderen hören oder verstehen, hängt großteils von unseren Erfahrungen und unserer Herkunft ab. Anstatt zu hören, was uns gesagt wurde, hören wir, was unser Verstand uns mitteilt, was der andere gesagt hat. Wir bilden uns bereits eine Meinung, bevor jemand überhaupt etwas gesagt hat, und sollte das Gesagte unserem Bezugsrahmen nicht entsprechen, werden wir es so lange abstimmen, bis es paßt.

Widersprüchliche Informationen ignorieren

Wir neigen dazu, Mitteilungen, mit denen wir nicht einverstanden sind, zu ignorieren oder zurückzuweisen. Weisen wir sie nicht zurück, finden wir Wege, wie wir sie verzerren und formen können, bis sie in unser vorgefaßtes Meinungsbild passen. Wenn eine Mitteilung mit vorhandenen Meinungen nicht übereinstimmt, wird der Empfänger ihre Gültigkeit nicht anerkennen, sich nicht weiter damit auseinandersetzen, sie sogar vergessen oder sich an das Gehörte nur undeutlich erinnern.

Vorgefaßte Meinungen über den Sprecher

Es ist nicht leicht, das Gehörte von den Gefühlen zu trennen, die wir für den Menschen empfinden, der sich uns mitteilt. Womöglich unterstellen wir ihm Beweggründe, die gar nicht vorhanden sind. Wir sind eher bereit, eine Mitteilung unkritisch aufzunehmen und den Gehalt des Gehörten zu akzeptieren, wenn wir für den Sprecher Sympathien hegen, als wenn wir ihn nicht ausstehen können.

Einfluß der Gruppe

Die Gruppe, der wir uns zugehörig fühlen, beeinflußt unsere Ansichten und Gefühle. Was von einer Gruppe gehört wird, hängt von ihren Interessen ab. Ein Arbeiter wird eher seinem Kollegen, mit dem er den Arbeitsalltag teilt, zuhören als dem außenstehenden Manager oder Gewerkschaftsfunktionär.

Worte werden unterschiedlich aufgefaßt

Im wesentlichen bringt Sprache Tatsachen und Gefühle zum Ausdruck, wobei sie sich einer Reihe von Symbolen bedient. Genau genommen können wir nicht »Bedeutungen« vermitteln, sondern »Worte«. Zu glauben, daß eine Sache, die für den einen eine bestimmte Bedeutung hat, von einem anderen mit derselben Bedeutung aufgefaßt wird, ist daher ein Irrtum.

Nonverbale Kommunikation

Beim Versuch, die Bedeutung dessen zu verstehen, was jemand sagt, hören wir nicht nur auf die Worte, sondern wir nehmen auch andere Signale wahr, die eine Bedeutung vermitteln. Wir achten demnach nicht nur darauf, »was« jemand sagt, sondern auch »wie« er es sagt. Unsere Eindrücke werden von der sogenannten »Körpersprache« geprägt – von Augen, Mund, Gesichtsmuskeln, ja sogar von der Körperhaltung unseres Gegenübers. Diese Eindrücke vermitteln uns vielleicht sogar mehr vom tatsächlich Gesagten als die Worte, die wir hören. Dennoch ist die Wahrscheinlichkeit, das Gehörte falsch zu deuten, sehr hoch.

Emotionen

Unsere Emotionen beeinträchtigen unsere Fähigkeit, den eigentlichen Sinn einer Nachricht zu vermitteln oder zu empfangen. Wenn wir verunsichert oder in Sorge sind, scheint das Gehörte bedrohlicher, als wenn wir uns sicher und im Einklang mit unserer Umwelt fühlen. Wenn wir zornig oder deprimiert sind, neigen wir eher dazu, uns Ideen oder Anliegen zu verweigern, die wir unter anderen Umständen durchaus vernünftig oder gut fänden. Viele Dinge, die in einer hitzigen Diskussion zur Sprache kommen, werden vielleicht nicht verstanden oder nur verzerrt zur Kenntnis genommen.

Lärm

Jeder Eingriff in die Kommunikation ist »Lärm«. Es kann sich dabei um Lärm in dem Ausmaß handeln, der ein Hören der Botschaft unmöglich macht, oder aber auch um Geräusche, die ablenken oder verwirren und die Bedeutung des Gesagten verzerren oder trüben.

Umfang

Das Kommunikationsproblem wird um so größer, je größer und komplexer eine Organisation ist. Die ursprüngliche Bedeutung einer Botschaft läuft um so mehr Gefahr, verzerrt und mißverstanden zu werden, je mehr Führungsebenen von ihr durchlaufen werden müssen.

Kommunikationsbarrieren überwinden

Passen Sie sich der Welt des Empfängers an

Versuchen Sie vorherzusehen, welche Wirkung Ihre schriftliche Botschaft oder Ihre Worte auf die Gefühle und Einstellungen des Empfängers haben könnten. Passen Sie Ihre Mitteilung an Vokabular, Interessen und Werte des Empfängers an. Seien Sie sich bewußt, auf welche Weise die Information auf Grund von Vorurteilen, Einflußnahmen anderer und der menschlichen Neigung, Dinge abzuweisen, die man nicht zur Kenntnis nehmen will, falsch interpretiert werden kann.

Feedback

Sorgen Sie dafür, daß Sie vom Empfänger eine Nachricht erhalten, aus der hervorgeht, wieviel er verstanden hat.

Kommunizieren Sie von Angesicht zu Angesicht

Sofern es möglich ist, sollten Sie mit Ihren Mitarbeitern das Gespräch suchen, anstatt ihnen zu schreiben. Auf diese Weise erhalten Sie ein Feedback. An Hand der Reaktionen können Sie Ihre Botschaft entsprechend anpassen oder verändern. Außerdem haben Sie die Möglichkeit, Ihr Anliegen menschlicher und verständnisvoller zu vermitteln, wodurch Vorurteile überwunden werden. Verbale Kritik hat oft eine konstruktivere Wirkung als ein schriftlicher Tadel, der meistens schwerwiegender empfunden wird.

Untermauern Sie Ihr Anliegen

Um zu gewährleisten, daß Ihre Botschaft tatsächlich verstanden wird, werden Sie zuweilen unterschiedliche Mittel anwenden müssen. Verweisen Sie immer wieder auf die wichtigen Punkte, und führen Sie dann weiter aus.

Wenden Sie eine direkte und einfache Sprache an

Das dürfte klar sein. Und dennoch sorgen viele Menschen für ein heilloses Durcheinander, da sie sich von ihrem Jargon nicht lösen können und sich in endlos langen Worten und komplizierten Sätzen mitteilen.

Handeln Sie Ihrem Wort entsprechend

Kommunikation muß glaubwürdig sein, um eine Wirkung zu haben. Wenn Sie sagen, Sie werden etwas tun, dann tun Sie es. Beim nächsten Mal wird man Ihnen eher Glauben schenken.

Benutzen Sie verschiedene Kanäle

Manche Mitteilungen müssen schriftlich erteilt werden, damit sie prompt und unverändert ihr Ziel erreichen. Unterstützen Sie jedoch, wenn möglich, die schriftliche Nachricht mit dem gesprochenen Wort. Umgekehrt sollte ein mündliches Briefing schriftlich verstärkt werden.

Reduzieren Sie den Problemumfang

Reduzieren Sie, wenn möglich, die Anzahl der Führungsebenen. Fördern Sie ein vernünftiges Maß an informeller interner Öffentlichkeitsarbeit. Aktivitäten sollten von Gruppen wahrgenommen werden, damit die Kommunikation im Falle von Gemeinschaftsleistungen leichter fällt.

Kapitel 9

KONFLIKTMANAGEMENT

Sie werden in Ihrer Organisation zwangsläufig auf Konflikte stoßen. Konflikte lassen sich nicht vermeiden, da innerhalb eines Unternehmens Zielsetzungen, Wertvorstellungen und Bedürfnisse von Gruppen und einzelnen nicht immer unter einen Hut gebracht werden können.
Allerdings können Konfliktsituationen auch als Zeichen für eine gesunde Organisation gedeutet werden. Es wäre eher unnatürlich und nervenaufreibend, wenn immer und überall Einklang herrschen würde. Entgegengesetzte Vorstellungen und Uneinigkeiten hinsichtlich der Zielsetzungen und Vorhaben sollten nicht unterdrückt, sondern angesprochen werden. Nur so läßt sich feststellen, ob eine Sache gründlich abgewogen und Konflikte gelöst werden konnten. Ein Konflikt kann ohne weiteres kreativ sein. Er wird jedoch konterproduktiv, sobald er persönlicher Natur ist oder wenn er voreilig als Behinderung abgetan wird, die fehl am Platz ist und nicht als Problem anerkannt wird, das es zu beheben gilt.

Konflikte lösen

Für die *Konfliktlösung* gibt es grundsätzlich drei Vorgangsweisen.

Friedliche Koexistenz

Das Ziel bei der friedlichen Koexistenz besteht in der Schlichtung von Streitigkeiten und in der Betonung der gemeinsamen Interessen. Die Erlernung einer friedlichen Koexistenz soll gefördert

werden. Wesentlich in diesem Zusammenhang ist der Austausch von Informationen, Kontakten und Ansichten sowie die Möglichkeit jedes einzelnen, sich frei zwischen den verschiedenen Gruppen zu bewegen (z. B. zwischen Zentrale und Außendienst, Verkauf und Produktion).
Das wäre eine angenehme Ideallösung, doch in vielen Fällen ist sie nicht verwirklichbar. Die Erfahrung, daß ein Konflikt durch die Bildung von Gruppen nicht unbedingt gelöst wird, wurde oft genug gemacht. Verbesserte Kommunikationsformen und Techniken, wie etwa das Briefing von Gruppen, mögen gute Lösungsvorschläge sein, doch sie nützen gar nichts, wenn das Management nicht das sagt, was die Mitarbeiter hören wollen. Außerdem besteht die Gefahr, daß die eigentliche Problematik, die momentan in oberflächlichem Wohlwollen untergegangen ist, zu einem späteren Zeitpunkt wieder auftaucht.

Kompromißlösung

Hier wird ein Konflikt durch Verhandlungen und Vereinbarungen gelöst, wobei keiner der Beteiligten gewinnt oder verliert. Dieses Konzept der Aufteilung der Unterschiede ist im Grunde genommen pessimistisch, da sein eigentliches Merkmal im Nichtvorhandensein einer »richtigen« oder »optimalen« Lösung besteht. Vereinbarungen können einen Konflikt höchstens ruhigstellen, lösen können sie ihn nicht.

Problemlösung

Anstatt verschiedene Ansichten bloß in Einklang zu bringen, wird versucht, eine echte Lösung für das Problem zu finden. Hier kommt das Paradoxon des »kreativen Konflikts« zur Geltung. Konfliktsituationen können vorteilhaft genutzt werden, um bessere Lösungen zu ermöglichen.

Der Problemlösungsprozeß, der den Zweck hat, Lösungen zu entwickeln, muß von jenen Personen ausgehen, die für die Umsetzung von Lösungen zuständig sind. Der Aktionsverlauf ist folgender: Erstens definieren die Konfliktparteien das Problem und vereinbaren die Ziele, die mit einer Lösung erreicht werden sollen; zweitens entwickelt die Gruppe Lösungsalternativen und bespricht deren Nutzen; drittens einigt sich die Gruppe über die optimale Vorgangsweise und ihre Umsetzung.
An sich sind Konflikte, wie bereits erwähnt wurde, nichts Beklagenswertes; sie sind von Fortschritt und Wandel nicht zu trennen. Zu bedauern ist allerdings der Umstand, daß Konflikte nicht konstruktiv genutzt werden. Eine effektive Problembewältigung löst nicht nur Konflikte, sondern eröffnet zugleich Möglichkeiten, ein Vorhaben gemeinsam zu diskutieren und kooperativ zu realisieren.
Vor über 50 Jahren äußerte sich Mary Parker Follett, eine der Pionierinnen in der Management-Fachliteratur, zum Thema Konfliktmanagement auf eine Weise, die seither an Gültigkeit nichts eingebüßt hat. Sie schrieb: »Differenzen können der gemeinsamen Sache dienen, wenn sie integriert und nicht durch Machtausübung oder Kompromisse gelöst werden.«

Fallstudien

Wer soll für die Marktforschung zuständig sein?

Eine neue Marktforschungsleiterin wurde eingestellt. Von ihrem Vorgesetzten als »tüchtig« beschrieben, wollte sie sich in ihrer Position verständlicherweise so rasch als möglich etablieren.
Ihr Vorgänger, ein ruhiger Mensch, hatte mit dem Leiter der Abteilung für Operations Research vereinbart, die in der Marktforschung anfallende Arbeit zu teilen: Externe Feldstudien wurden vom Marktforschungsleiter betrieben, interne Studien über das Kundenverhalten wurden in der Abteilung für Operations Research durchgeführt.

Die neue Leiterin der Marktforschungsabteilung wollte von alldem nichts wissen. Sie war der Ansicht, daß das Kundenverhalten ausschließlich von ihrer Abteilung untersucht und analysiert werden sollte. Jede Kompetenzteilung wäre künstlich. Ihr Kollege von der Abteilung für Operations Research sah das ganz anders. Sein Argument lautete, die Information, die für die interne Forschung erforderlich ist, sei im Computer gespeichert, zu dem er unmittelbaren Zugang habe und für den er die nötigen Kenntnisse und Ressourcen mitbringe. Abgesehen davon, wollte er das Gefühl haben, er und seine Mitarbeiter nähmen am aktuellen Geschehen teil und würden nicht in einem kleinen Hinterzimmer von der Realität getrennt sein.
Die beiden Konfliktparteien fühlten sich gleichermaßen im Recht. Ihr Bereichsleiter versuchte nun, sie von einer Kompromißlösung zu überzeugen, die dem Leiter der Abteilung für Operations Research die Erstellung und Analyse der internen Daten zuteilte, während die Leiterin der Marktforschung die Information für die Marketingabteilung aufbereiten und kommentieren sollte.
Nachdem dieser Kompromiß fehlgeschlagen war, wandte sich der Bereichsleiter an einen befreundeten Managementberater, der für Problemsituationen dieser Art ein Experte war. Der Berater ließ sich von beiden Seiten eine vollständige Auflistung der Tatsachen und der jeweiligen Meinungen geben. Dann überredete er sie zu einem gemeinsamen Gespräch mit dem Bereichsleiter, mit dem Ziel, eine Lösung unter Einbeziehung aller Interessen zu finden, die alle glücklich machen sollte – ohne ein Kompromiß zu sein. Der Berater betonte, daß das Ziel darin bestünde, eine Lösung zu finden, die keinem der Beteiligten das Gefühl geben sollte, in irgendeiner Hinsicht Verluste hinzunehmen.
Die ersten Einzelgespräche, die der Berater mit den beiden Managern geführt hatte, halfen ihnen, ihre Emotionen beiseite zu lassen und sich auf eine Lösung zu konzentrieren, die von beiden akzeptiert werden konnte. Und so geschah es dann auch. Beide erklärten sich einverstanden, externe und interne Daten von ihren jeweiligen Quellen separat einzuholen. Daraufhin würden sie sie

gemeinsam analysieren und ihre Ergebnisse dem Marketingmanagement vorlegen. Diese Lösung wurde eingeführt und sie funktionierte. Die Rivalität zwischen den beiden löste sich großteils auf, und das Service für das Marketing konnte verbessert werden.

Die Krise in der Kantine

Als beschlossen wurde, ohne vorhergehende Mitteilung die Kantinenpreise aus Inflationsgründen anzuheben, geriet die Gewerkschaft in Aufruhr. Der neue Fabriksleiter meinte, es gehöre zur gängigen Praxis, Preise, ebenso wie Löhne, der Inflation anzupassen und daß in den Verfahrensvereinbarungen keine Rede davon sei, Konsultationen abzuhalten, bevor Preise erhöht würden.

Der Gewerkschaftsvertreter ließ den Einwand zwar gelten, daß für die Kantinenpreise keine Regelungen vorgesehen seien, doch er argumentierte, daß die Punkte des Arbeitsvertrages sehr wohl in den Verhandlungsbereich fielen und fragte: »Wenn die Kantinenpreise keine Satzungen und Bedingungen für die Einstellung sind, was sind sie dann?«

Der Fabriksleiter gab jedoch nicht nach, und die Gewerkschaft rief ein Verbot für Überstunden und Dienst nach Vorschrift aus, was zu dem Zeitpunkt besonders schädlich war.

Der Bereichsleiter für Personal wurde dringend aufgefordert, in die Fabrik zu kommen, um nach dem Rechten zu sehen. Er wollte eine Lösung, bei der keiner der Beteiligten das Gefühl haben sollte, dem anderen nachgegeben zu haben, und die ohne Kompromisse zur Zufriedenheit aller beitragen sollte. Er beschloß, ein Treffen zwischen Management und Gewerkschaft einzuberufen, um das Problem gemeinsam zu lösen. Von gegenseitigen Beschuldigungen sei abzusehen, vielmehr sollte analysiert werden, wie die ausweglose Situation überwunden und in Zukunft vermieden werden sollte.

Die Sitzung begann mit großem Tumult, doch der Bereichsleiter bestand darauf, daß man hier sei, um ein Problem zu diskutieren, und nicht, um sich gegenseitig anzuschreien. Er stellte der Gewerkschaft eine vollständige Analyse der Kantinenaufwände zur Verfügung, in der erklärt wurde, warum die Preiserhöhungen notwendig seien. Er erklärte sich bereit, die Erhöhungen überall dort zu modifizieren, wo die Gewerkschaft fand, daß sie nicht gerechtfertigt seien. Doch das wichtigste war, daß er eine Zusage für eine gemeinsame Überwachung der Kantinenaufwände erhielt und daß man sich darauf einigen konnte, erforderliche Preiserhöhungen gemeinsam zu beschließen, bevor sie in Kraft treten würden. Den Preiserhöhungen wurde in der Folge großteils zugestimmt, die Arbeit nahm wieder ihren normalen Verlauf, und die Gewerkschaft hatte das Gefühl, in einer stärkeren Position als vorher zu sein. Somit konnte allen Beteiligten Genüge getan werden.

Kapitel 10

CONTROLLING

Grundsätzlich wollen Sie zwei Bereiche kontrollieren – Input und Output – sowie deren Verhältnis zueinander, also Produktivität oder Leistung. Alle Manager kennen Murphy's Law: wenn etwas schiefgehen kann, wird es das tun; und von den Dingen, die nicht schiefgehen können, werden es dennoch einige tun.
Ziel einer guten Kontrolle ist es, Ihre Planung so weit als möglich vor der Wirkung dieser Gesetzmäßigkeiten zu schützen. Schwachstellen müssen entdeckt werden, bevor es zu spät ist. Zufällen, die nur darauf warten, einzutreten, muß vorgegriffen werden. Vorbeugen ist besser als Heilen.

Grundvoraussetzungen einer Kontrolle

Controlling ist relativ. Es orientiert sich nicht nach absoluten Werten, sondern unterscheidet nur zwischen guter und nicht so guter Leistung.
Meßbarkeit ist die Basis einer Kontrolle. Sie setzt voraus, daß über das zu Erreichende exakte Informationen vorhanden sind, denn sie dienen als Vergleichsbasis für das, was erreicht werden »sollte«, sowie für vergangene Leistungen. Aber damit wird nur der Anfang gemacht. Gute Kontrolle identifiziert außerdem Verantwortungen und zeigt die richtige Vorgangsweise auf.

Effektive Kontrolle

Wenn Sie gutes Controlling ausüben wollen, müssen Sie:
1. ihre Zielerreichung planen,

2. laufend Ergebnisse messen,
3. aktuelle Leistungen mit Soll-Leistungen vergleichen,
4. in Aktion treten, sobald aus dieser Information neue Möglichkeiten ersichtlich werden und um Abweichungen vom Plan zu korrigieren.

Bedenken Sie, daß Controlling nicht ausschließlich den Zweck hat, berichtigend einzugreifen. Sie hat auch ihre positiven Seiten – die eingeholte Information kann dazu beitragen, die Leistungen zu verbessern und zu steigern.

Probleme des Controllings

Es ist nicht einfach, ein gutes Controlling aufzubauen. Zwei Dinge sind wesentlich:

- Zielsetzungen, Normen und Budgets müssen fair und den Umständen entsprechend erstellt werden. (Bei beschränkter Quantifizierbarkeit oder Prognostizierbarkeit könnte das schwierig sein.)
- Entscheiden, welche Informationen für die Kontrollzwecke wesentlich sind, sowie Berichte verfassen, die die Information an all jene weiterleiten, die sie benötigen, um den weiteren Aktionsverlauf zu bestimmen. Das ist deshalb problematisch, weil zu viele Kontrollsysteme eine Übersättigung durch unverdaubare Datenmengen verursachen, die dann den falschen Personen zukommen und keine Maßnahmen zur Folge haben. Man kann zu wenige Informationen haben oder auch einen Informationsoverkill verursachen. Überdies neigen manche Menschen dazu, die guten Ergebnisse in ihren Berichten hervorzuheben und die schlechten zu verbergen. Jedenfalls kann es sein, daß die Zahlen nicht die ganze Wahrheit enthalten.

Überwindung des Problems

Für ein gutes Controlling sind fünf Schritte entscheidend:

1. Entscheiden Sie, was Sie kontrollieren wollen.
2. Entscheiden Sie, wie Sie Leistungen messen und überprüfen werden.
3. Führen Sie eine Kennzahlenanalyse durch, um Vergleiche herzustellen sowie Abweichungen und Probleme zu identifizieren.
4. Entwerfen Sie ein Frühwarnsystem.
5. Gehen Sie nach dem Prinzip »Management-by-Exception« vor.

Input-Output-Analyse

Wenn Sie Input und Output und demnach Produktivität kontrollieren, müssen Sie sich einen Überblick verschaffen. Es hat keinen Sinn, sich auf die Inputs zu konzentrieren, die in erster Linie in Kosten ausgedrückt werden, wenn Sie nicht gleichzeitig den Output dieser Ausgaben und die Wirksamkeit der Kosten untersuchen. Untersuchungen von Nutzen und Kostenwirksamkeit sind ein wesentlicher Bestandteil des Controllingprozesses.

Inputkontrolle

Wenn Sie die Inputs kontrollieren, sollte die Leistung folgender Aspekte gemessen und bewertet werden:

- Geld – seine Produktivität, der Zahlungsfluß, die -bereitschaft und seine Erhaltung. Es muß Ihnen bekannt sein, wie der Ertrag Ihrer Investitionen im Vergleich zum Ertrag, den Sie anstreben, ausfällt.

Sie sollten dafür sorgen, daß Sie genügend Bargeld und verfügbares Kapital zur Verfügung haben, um den Betrieb zu führen. Cash-Flow-Analysen sind wesentlich. Eine der goldenen Manage-

mentregeln wurde von Robert Heller aufgestellt: »Cash-Eingänge müssen höher ausfallen als Cash-Ausgänge.«
Sie müssen Geldmittel für die Finanzierung zukünftiger Absatz- und Entwicklungsprojekte sowie Kapitalanlagen zur Verfügung haben.
Die Firmenleitung muß laufend informiert werden, wie effektiv die Finanzierungsquellen für die Produktion von Gütern, Dienstleistungen und die Gewinnverwendung genutzt werden. Das erfordert eine kontinuierliche und genaue Kontrolle der direkten und indirekten und der allgemeinen Kosten.

- Menschen – die Effektivität der Mitarbeiter, die Sie ausgehend von ihren Qualitäten und Leistungen beschäftigen.
- Material – seine Verfügbarkeit, sein Zustand, seine Austauschbarkeit sowie sein Ausschuß und Abfall.
- Ausstattung – Nutzung und Kapazität der Maschinen.

Outputkontrolle

- Quantitative Kontrollmaßnahmen – die Einheiten, die produziert oder verkauft wurden, die Anzahl der zur Verfügung gestellten Dienstleistungen, die Höhe des Verkaufsumsatzes und die Gewinne, die erzielt wurden. Die Messung der Schlüsselleistungen wird von Unternehmen zu Unternehmen variieren. Die wichtigsten Indikatoren für Erfolg oder Mißerfolg müssen in Form von Analysen identifiziert werden.
- Qualitative Maßstäbe – der Beitrag eines Unternehmens (z. B. in einem öffentlichen Unternehmen) oder einer nichtproduzierenden Abteilung innerhalb eines Unternehmens (z. B. die Personalabteilung). In diesen Bereichen ist es schwieriger, geeignete Leistungsmaßstäbe zu finden, doch es sollte nicht unversucht bleiben.

Produktivitätskontrolle

Produktivität ist das Verhältnis zwischen Input und Output. Kosten-Nutzen-Untersuchungen sind insofern Produktivitätsstudien, als sie feststellen, welcher Nutzen (Ertrag) aus einem gegebenen Kostenfaktor (Leistung) gezogen werden kann.
Produktivität wird in Form von Verhältniszahlen ausgedrückt. Eine Produktivitätskennzahl kann – wie folgt – ermittelt werden:

$$\text{Produktivitätskennzahl} = \frac{\text{Output}}{\text{Input}} = \frac{\text{erzielte Leistung}}{\text{eingesetzte Mittel}}$$

Kennzahlenanalyse

Einheiten als Prozentsätze oder als Verhältnis zu anderen Einheiten auszudrücken ist die beste Methode, um Inputs, Outputs, Produktivität und die finanziellen Ressourcen der Firma im allgemeinen zu messen und zu steuern. Kennzahlen sollten jedoch nicht isoliert behandelt werden. Sie sollten immer den Bezug zwischen vergangenen und gegenwärtigen Leistungen herstellen. Und Sie sollten Ihre betriebsinternen Kennzahlen mit anderen Unternehmen der Branche vergleichen. Doch vor allem sollten Sie Ist-Kennzahlen mit den Plan-Kennzahlen vergleichen.
Es ist wesentlich, Schlüsselindikatoren für Ihr Unternehmen zu suchen und durch Kennzahlen auszudrücken. Zu diesem Zweck müssen Sie freilich nicht seitenweise Kennzahlen sammeln, doch wenn Sie eine Reihe von Kennziffern vor sich haben, sollten Sie wissen, welche Zahl mit welcher zu dividieren ist, um zu erfahren, was tatsächlich passiert. Es reicht nicht aus, bloß zu wissen, um wieviel der Absatz im letzten Quartal gestiegen ist. Sie müssen auch wissen, wie sich die Anzahl der Vertreter und das Verkaufsvolumen je Vertreter während dieses Quartals im Vergleich zum letzten Quartal und zum Vergleichquartal des Vorjahres verändert hat.

Die wichtigsten Kennzahlen für Finanz und Produktivität werden weiter unten beschrieben.

Kapitalrentabilität

Dieser Wert wird normalerweise als Nettogewinn im Verhältnis zum eingesetzten Kapital ausgedrückt. Er teilt Ihnen mit, wie rentabel eine Investition ist. Aus der Sicht der Aktionäre gilt dies für das gesamte Unternehmen; für einen Teil des Unternehmens oder für die Rentabilität einer bestimmten Investition. Verglichen mit der Rentabilität, die Sie mit alternativen Investitionen erzielen könnten, erhalten Sie das Verhältnis, in dem die Investition gerechtfertigt ist.

Daraus läßt sich eine Analyse der Opportunitätskosten ableiten, jener Kosten also, die sich aus dem Vergleich mit den erwarteten Gewinnen oder Verlusten einer anderwertigen Investition oder Maßnahme ergeben. Anders ausgedrückt hieße dies, wenn Sie eine Entscheidung unterlassen oder eine Gelegenheit nicht wahrgenommen haben, die ein besseres Ergebnis produziert hätte, als die von Ihnen getroffene Entscheidung, dann drückt sich der verlorene Ertrag in Form von »Opportunitätskosten« aus.

Wenn Sie die Rentabilität des Kapitaleinsatzes analysieren, versäumen Sie es nicht, die Grundlagen, von denen die Zahlen ausgehen, nachzuprüfen, um sicherzugehen, daß Sie Gleiches mit Gleichem vergleichen. Zu einer Analyse des Kapitaleinsatzes gehören üblicherweise das Aktienkapital, Rücklagen und Rückstellungen (ausgenommen kurzfristige Rückstellungen), langfristige Darlehen und Bankverbindlichkeiten. Die Rentabilitätszahl wird normalerweise Nettogewinn genannt, wobei Zinsen und Kapitalertragsteuer nicht enthalten sind.

Steuern werden deshalb nicht berechnet, weil ihre Sprunghaftigkeit einen alljährlichen Vergleich der Angaben behindert. Die Zinsen werden ausgeklammert, da ihre Miteinberechnung bedeuten würde, daß die Rentabilität gemessen wird, nachdem eine Rentabilität erzielt wurde. Denken Sie daran, daß Vergleiche verzerrt werden können, wenn es nur geringes bilanziertes Anlagevermögen gibt, wenn zum Beispiel die Mobilien und Immobilien gemietet oder geleast sind.

Handels-Rentabilitätskennzahlen

Hier wird die Rentabilität des Unternehmens als Handelsunternehmen gemessen. Ihre Kennzahl lautet:

$$\frac{\text{Nettohandelsgewinn (d. h. die Differenz zwischen Verkaufseinnahmen und -ausgaben)}}{\text{Verkaufserlös}}$$

Liquiditätskennzahlen

Liquiditätskennzahlen messen die kurzfristigen finanziellen Verbindlichkeiten eines Unternehmens – seine Fähigkeit, laufende Verbindlichkeiten fristgerecht zu erfüllen.

Die »laufende« Kennzahl wird, wie folgt, errechnet:

$$\frac{\text{Ungebundene Vermögenswerte (Aktien, Verbindlichkeiten und liquide Mittel)}}{\text{Laufende Verbindlichkeiten (Forderungen und Rückstellungen)}}$$

Wenn die aktuelle Kennzahl über 1 : 1 beträgt, dann sind die laufenden Vermögenswerte höher als die laufenden Verbindlichkeiten. Wäre ein Unternehmen gezwungen, alle laufenden Verbindlichkeiten zu erfüllen, hätte es ausreichende laufende Vermögenswerte, um dem nachzukommen.

Für eine exakte Bewertung der Zahlungsfähigkeit eines Unternehmens erwies es sich jedoch am besten, bei den laufenden Vermögenswerten die Aktienbestände nicht zu berücksichtigen und nur die liquiden Vermögenswerte anzuführen. Denn wäre ein Unternehmen gezwungen, seine Aktienbestände plötzlich zu veräußern, ist es fraglich, ob es den angesetzten Wert erzielen könnte. Die Kennzahl wird dann so errechnet:

$$\frac{\text{Ungebundene Vermögenswerte ohne Aktien}}{\text{Laufende Verbindlichkeiten}}$$

Hier spricht man manchmal vom »Säuretest«. Im idealen Fall sollte das Verhältnis zumindest 1 : 1 betragen, doch manchmal ist ein Verhältnis, das diesen Wert 1 : 1 nur annähernd erreicht, tragbar. Andererseits würde ein zu hohes Verhältnis bedeuten, daß ein Unternehmen von seinen finanziellen Möglichkeiten nicht ausreichend Gebrauch macht – Bargeld allein zeitigt keine großen Gewinne.

Lagerkennzahl

Ein Unternehmen, das zu hohe Lagerbestände hält, wird seine finanziellen Mittel als ungenutzte Vermögenswerte verschwenden. Zu geringe Lagerbestände reduzieren den Verkaufserlös, da die Kunden nicht bedient werden können.
Um zu erfahren, wieviel in Lagerbeständen gebunden ist, errechnen Sie die Kennzahl:

$$\frac{\text{Lager}}{\text{Ungebundene Vermögenswerte}}$$

Um den Lagerumschlag zu errechnen, lautet die Kennzahl:

$$\frac{\text{Verkauf}}{\text{Lagerbestand}}$$

Je höher der Lagerumschlag, desto besser. Wenn mit Gewinn verkauft wird, dann fällt der Erlös am Jahresende um so höher aus, je mehr verkauft wurde.

Andere finanzielle Kennzahlen

Sie können eine Reihe anderer finanzieller Kennzahlen anwenden. Die wahrscheinlich wichtigsten sind:

$$\frac{\text{Forderungen}}{\text{Durchschnittlicher Tagesumsatz}}$$

Hier wird gemessen, wie lang der Cash-Flow des Unternehmens zur Kundenfinanzierung reicht, d. h. wie lange den Kunden Kredit gewährt werden kann.

$$\frac{\text{Forderungen}}{\text{Verbindlichkeiten}}$$

Sobald die Zahl der Gläubiger die der Schuldner überwiegt, könnte dies ein Zeichen für übermäßige Handelsaktivitäten des Unternehmens sein. Die Kennzahl für uneinbringliche Forderungen (uneinbringliche Forderungen zu Umsatz) ist ebenfalls aufschlußreich.

$$\frac{\begin{array}{c}\text{Laufende Verbindlichkeiten}\\ \text{(ungebundene Vermögenswerte minus Aktien)}\end{array}}{\text{Gewinn vor Steuern und Zinsen}} \times 365$$

Das ist die laufende Liquiditätskennzahl. Sie zeigt an, wie viele Tage benötigt würden, um mit den laufenden Gewinnspannen das Defizit zwischen laufenden Verbindlichkeiten und liquiden Vermögenswerten auszugleichen.

Produktivitätskennzahlen

Die nützlichste Produktivitätskennzahl lautet:

$$\frac{\text{Ergebnisse}}{\text{Ressourcen}} \text{ d. h. } \frac{\text{Verkauf}}{\text{Angestellte}}$$

Andere wichtige Kennzahlen wären:

$$\frac{\text{Produzierte oder verarbeitete Einheiten}}{\text{Anzahl der Angestellten}}$$

$$\frac{\text{Wertschöpfung (d. h. Umsatz minus Umsatzkosten)}}{\text{Anzahl der Angestellten}}$$

$$\frac{\text{Gewinn nach Steuer}}{\text{Anzahl der Angestellten}}$$

Kostenkennzahlen

Kosten lassen sich am besten als Verkaufsprozentsatz ausdrücken. Daher muß grundsätzlich so vorgegangen werden:

$$\frac{\text{Gemeinkosten}}{\text{Umsatz}} \times 100$$

Oder:

$$\frac{\text{Lohnkosten}}{\text{Umsatz}} \times 100$$

$$\frac{\text{Materialkosten und zugekaufte Halbfertigprodukte}}{\text{Umsatz}} \times 100$$

$$\frac{\text{Verkaufsaufwendungen}}{\text{Umsatz}} \times 100$$

Anwendung der Kennzahlen

Wenden Sie die Kennzahlen so an, wie Sie es mit allen anderen Zahlenangaben tun würden. Sie sind nichts anderes als Indikatoren. Für sich belassen, erzählen sie nicht die ganze Geschichte. Sie müssen weiter vordringen. Ein Kennzahl ist nur ein Symptom. Es gilt, die echte Ursache einer Abweichung oder eines Problems ausfindig zu machen.

Kontrollsysteme

Der Nutzen eines Kontrollsystems

Ihre Grundvoraussetzung sind Berichte, die gute und schlechte Leistungsbereiche eindeutig identifizieren, damit entsprechend vorgegangen werden kann.
Für höhere Führungsebenen eignen sich »Ausnahmeberichte«, damit deutliche Abweichungen, auf die reagiert werden muß, rechtzeitig erkannt werden. Hier wird es auch notwendig sein, Soll-Ist-Vergleiche und Trends zusammenzufassen, obwohl auf diese Weise zugrunde liegende Abweichungen, die in einem Ausnahmebericht klar hervorgegangen wären, verborgen bleiben.
Die Berichte selbst sollten:

- exakte, gültige und zuverlässige Maßzahlen enthalten; ermöglichen Sie einen direkten und einfachen Vergleich zwischen geplanten und tatsächlichen Leistungen;
- Trends analysieren, wobei die Leistung eines Quartals mit jener des vergangenen Quartals oder desselben Quartals des Vorjahres verglichen wird und, wenn möglich, das Jahr bis zum laufenden Datum zusammengefaßt wird;
- jener Person zukommen, die für den jeweiligen Bereich verantwortlich ist;
- zeitgerecht fertig werden, um nötige Schritte in die Wege zu leiten;
- Erklärungen enthalten, die kurz und bündig auf jede Abweichung vom Plan eingehen.

Maßzahlen

Messungen sind an sich nichts Schlechtes, dennoch sollte allen Angaben mit Vorsicht begegnet werden. Sie könnten mehr verbergen, als sie aufzeigen. Die Schwachpunkte, die es zu beachten gilt, sind:

- Nichtrepräsentative Berichte – ausgewählte Daten, die die Schlüsselbereiche nicht enthalten, verbergen ungünstige Ergebnisse oder betonen die günstigen Leistungen zu stark.
- Gleiches wird nicht mit Gleichem verglichen – das »Apfel-und-Birnen-Syndrom«. Zum Beispiel werden in Trends oder Prognosen Veränderungen oder neue Faktoren, die seit der Einholung der Basisinformation die Situation verändert haben oder verändern werden, nicht berücksichtigt.
- Es wird nicht von einer gemeinsamen Basis ausgegangen. Dies ist eine Variante des Problems »Gleiches-mit-Gleichem«. Trendgegenüberstellungen sollten sowohl hinsichtlich des Quartals als auch der in der Information enthaltenen Elemente von einer gemeinsamen Grundlage ausgehen.
- *Irreführende Durchschnittswerte.* Durchschnittswerte sind nicht immer eindeutig. Sie könnten Leistungsextreme verbergen, die wichtig sind.
- Unbeabsichtigte Irrtümer – simple Fehler, die bei Kalkulationen, Präsentationen oder Beobachtungen unterlaufen.
- Kontextfremde Maßzahlen. Beinahe jede singuläre Messung wird von anderen Maßzahlen beeinflußt oder läßt sich nicht von ihnen trennen. Isolierte Angaben können bedeutungslos sein. Sie müssen sich der Beziehungen und zugrunde liegenden Einflüsse bewußt sein.

Management-by-Exception

Management-by-Exception ist ein System, das nur dann Alarm schlägt, wenn die Aufmerksamkeit des Managers erforderlich ist. Das Prinzip wurde vom Vater des wissenschaftlichen Managements, Frederick Taylor, erfunden. 1911 schrieb er:

»Unter dem Ausnahmeprinzip sollte der Manager nur kondensierte, zusammengefaßte und gleichbleibend komparative Berichte erhalten, die jedoch alle für das Management relevanten Elemente enthalten sollten. Bevor sie der Manager erhält, sollten sie noch einmal von einem Assistenten sorgfältig überprüft werden. Alle Ausnahmen gegenüber den vergangenen Durchschnittswerten und Standards, und zwar sowohl die außergewöhnlich guten als auch die außergewöhnlich schlechten Abweichungen, sollten deutlich hervorgehoben werden. Der Entscheidungsträger sollte sich daher in nur wenigen Minuten ein eindeutiges Bild über die erzielten Fortschritte oder Rückschläge machen können und den nötigen Freiraum haben, um den eingeschlagenen Kurs flächendeckender zu überdenken und das Wesen und die Qualitäten seiner wichtigen Mitarbeiter zu untersuchen.«

Management-by-Exception erlaubt dem Manager, sich auf das Wesentliche zu konzentrieren. Der Mitarbeiter erhält für seine Arbeit mehr Spielraum und weiß, daß ungewöhnliche Ereignisse nach oben weitergeleitet werden.

Zu entscheiden, worin eine Ausnahme besteht, ist an sich schon eine nützliche Übung. Schlüsselereignisse und Maßnahmen müssen selektiert werden, die gute, schlechte oder indifferente Ergebnisse aufzeigen und ersichtlich machen, ob die Leistung nach Plan verläuft oder nicht.

Die selektierten Indikatoren oder Kennzahlen können untersucht werden, damit die Bedeutung von Veränderungen und Trends rechtzeitig verstanden wird. Was jedoch noch wichtiger ist, potentielle Abweichungen und ihre Ursachen können analysiert und vorgemerkt werden. Untersuchungen werden dann rasch in die entsprechende Richtung gelenkt; die geeigneten Hilfsmaßnahmen folgen auf den Fuß.

Die meisten von uns hatten bereits die Gelegenheit, mit einem Chef oder Manager zu arbeiten, der aus einer Masse von Ziffern mit beinahe magischer Sicherheit die ausschlaggebende Abweichung oder falsche Angabe sofort entdeckt. Manchmal erinnert das an ein rein instinktives Vorgehen, das es freilich nicht ist. Solche Führungskräfte praktizieren die Kunst des Management-by-Exception, auch wenn sie das Kind kein einziges Mal beim Namen nennen. Sie wissen auf Grund ihrer Erfahrungen und analytischen Fähigkeiten, wie eine normale Leistung auszusehen hat.

Sie haben die Fähigkeit, eine von der Norm abweichende Angelegenheit auf hundert Schritte Entfernung sofort zu erkennen. Sie »wissen« genau, welche Indikatoren wichtig sind, und suchen so lange, bis sie sie gefunden haben. Das ist eine Fähigkeit, die jeder entwickeln kann. Und es lohnt sich ohne Zweifel, sie sich anzueignen.

Kapitel 11
KOORDINATION

Koordinieren – oder in Urwicks Worten »eine Einheit der Bemühungen erlangen« – ist keine separate Managementfunktion. Sune Carlson schrieb: »Das Konzept der Koordination umfaßt kein ›partikuläres‹ Vorgehen, sondern ›alle‹ betrieblichen Vorgänge, die zu einem bestimmten Ergebnis hinführen.«
Koordination ist erforderlich, weil individuelle Aktivitäten synchron verlaufen müssen. Manche Tätigkeiten folgen unmittelbar aufeinander. Andere müssen gleichzeitig und parallel zueinander verlaufen, um gemeinsam beendet zu werden.

Wie koordiniert wird

Wenn die Zusammenarbeit unter Ihren Mitarbeitern gut funktioniert, werden Sie eine gute Koordination erhalten. Das setzt voraus, daß Sie die einzelnen Teilbereiche zu einem einheitlichen Ganzen integrieren, gut kommunizieren, aktiv führen und die Teamarbeit fördern (dafür gibt es jeweils ein eigenes Kapitel). Dennoch sollten Sie die in der Folge diskutierten Techniken beachten.

Planung

Die Koordination oder Abstimmung aller Teilbereiche muß geplant sein. Sie müssen also entscheiden, was zu welchem Zeitpunkt getan werden muß. Daher muß die Gesamtaufgabe auf eine Reihe von aufeinander folgenden und verwandten Teilaufgaben aufgeteilt werden. Erst dann werden Prioritäten und Zeitpläne fixiert.

Organisation

Sie wissen, was getan werden muß. Nun entscheiden Sie, von wem es getan werden soll. Wenn Sie eine Arbeit aufteilen, sollten Sie jene Aufgaben, die miteinander in Verbindung stehen und nicht eindeutig voneinander getrennt werden können, so weit als möglich als Ganzes belassen.
Ihr größtes Problem wird darin bestehen, die Grenzen zwischen unterschiedlichen und dennoch verwandten Aktivitäten festzulegen. Sobald diese Grenzen zu rigide oder nur ungenügend definiert sind, könnten Sie Koordinationsprobleme haben. Stützen Sie sich nicht zu sehr auf die formale Organisation, wie sie in Anforderungsprofilen, Diagrammen und Handbüchern zu finden ist. Tun Sie es dennoch, können Starrheit und Kommunikationsbarrieren die Folge sein, die sich auf die Koordination fatal auswirken.
Informelle Organisationsformen, wie sie in jedem Unternehmen üblich sind, können bei der Koordination helfen, da die Menschen, sobald sie miteinander arbeiten, ein soziales Beziehungssystem entwickeln, das über die formale Organisation hinausgeht. Es entsteht ein Netzwerk informeller Gruppen, die dazu neigen, sich selbst zu disziplinieren. Das befreit die Geschäftsleitung von detaillierten Überwachungs- und Kontrolltätigkeiten und gestattet ihr mehr Zeit für Planung, Problemlösung und die Überwachung der Gesamtleistung.

Delegation

Die informelle Organisation kann hilfreich sein, doch es wird sich nicht vermeiden lassen, einzelnen Mitarbeitern Aufgaben zu über-

tragen, wobei eindeutig hervorgehen muß, was erwartet wird und wie über die Zusammenarbeit mit anderen ein koordiniertes Ergebnis erzielt werden muß.
Die Kunst dabei ist, allen Beteiligten die Verbindungsstellen verständlich zu machen sowie den Zeitpunkt, zu dem ihre Aktivitäten abzuschließen sind. Ihre Mitarbeiter sollten keiner «Anweisung« zur Koordination bedürfen, vielmehr sollte die *Koordination* wie von selbst zustande kommen. Delegieren Sie daher nicht nur spezifische Aufgaben, sondern sorgen Sie auch für eine reibungslose Zusammenarbeit.

Kommunikation

Nicht nur Sie sollten Ihre Erwartungen eindeutig vermitteln. Ermuntern Sie auch Ihre Mitarbeiter, miteinander zu kommunizieren. Vermeiden Sie Situationen, in denen jemand sagen kann: »Warum hat mir das niemand gesagt? Wenn ich das gewußt hätte, hätte ich einen Weg aus der Patsche gewußt.« Niemand sollte die Möglichkeit haben, den Rückzug in James Forsytes Entschuldigung »mir wird nie etwas gesagt« anzutreten. Jeder sollte selbst herausfinden, was er wissen muß, und nicht erst Instruktionen abwarten.

Controlling

Wenn Sie die oben angeführten Techniken erfolgreich anwenden, werden Sie theoretisch mit der Koordination keine Probleme haben. Die Praxis sieht freilich anders aus. Sie müssen Aktivitäten und Ergebnisse im Auge behalten, Probleme ausfindig machen und rasch die erforderlichen Korrekturmaßnahmen in die Wege leiten.
Koordination passiert nicht einfach. Sie erfordert kontinuierliche Arbeit, darf jedoch auch nicht zu offensichtlich sein. Erlauben Sie

Ihren Mitarbeitern einen möglichst großen Spielraum, indem Sie die Entwicklung horizontaler Beziehungen fördern. Die Koordination kann auf diese Weise viel effektiver gestaltet werden als durch eine rigide und autoritäre Steuerung von oben.

Eine Fallstudie

Die Koordination mehrerer Aktivitäten ist von Fall zu Fall verschieden. Sie hängt vom Wesen der Tätigkeiten und von den Umständen ab, in denen sie ausgeführt werden; so etwa von der gegenwärtigen Organisationsstruktur, dem Vorhandensein von Koordinationsgremien und davon, ob die Umstände eine Kommunikation zwischen den Beteiligten zulassen oder nicht. Schlußendlich setzt eine gute Koordination die Bereitschaft aller Beteiligten – zu koordinieren oder koordiniert zu werden – voraus. Mechanische Mittel wie Ausschüsse erfüllen nicht unbedingt den Zweck.
Ein Beipiel für gute Koordination fand in einer Firma statt, die für einen neuen Markt ein neues Produkt entwickelte. Da weder das Produkt noch der Markt mit der vorhandenen divisionalen Organisationsstruktur übereinstimmten, wurde beschlossen, einen Mitarbeiter als Projektleiter einzusetzen, um das Produkt auf den Markt zu bringen. Ihm standen zwei Angestellte – ein Produktmanager und eine Bürokraft – zur Verfügung. Entwicklung, Produktion, Marketing, Verkauf und Kundenbetreuung wurden den entsprechenden Abteilungen in den einzelnen Bereichen übertragen.
In den einzelnen Abteilungen hatte der Projektleiter Status und Autorität, um sich durchzusetzen. Außerdem stand der Vorstand hinter dem Projekt und hatte die erforderlichen Prioritäten und Ressourcen festgelegt. Doch nun mußten die einzelnen Aktivitäten koordiniert werden, und das konnte nur der Projektleiter tun. Das einfachste wäre gewesen, ein Gremium mit der Koordination zu betrauen und es dabei zu belassen. Das hätte nicht funktioniert. Derart komplexe Projekte können nicht durch Ausschüsse koordiniert werden.

Der Projektleiter entwickelte eine andere Vorgangsweise, die äußerst erfolgreich war. Zuallererst nahm er sich vor, alle Beteiligten für das Projekt zu begeistern. Er wollte sie von seiner Wichtigkeit überzeugen, damit sie eine enge Zusammenarbeit mit den anderen Abteilungen wie von selbst anstrebten.

Als nächstes besprach er das Projekt mit den einzelnen Abteilungsleitern, um ein vollständiges Verständnis für das Arbeitsprogramm, das für jeden Bereich erforderlich war, zu erlangen. Mit der Hilfe eines Projektplaners entwarf er daraufhin eine Übersicht, aus der die wichtigsten Ereignisse und Aktivitäten, deren Beziehungen zueinander und die Reihenfolge, in der sie für einen erfolgreichen Projektabschluß erledigt werden müßten, hervorgingen. Diese Übersicht wurde an alle Abteilungsleiter verteilt und enthielt Erklärungen, die die für jede Programmphase erforderliche Arbeit deutlich machten. Erst dann berief er eine Sitzung ein, um Schwierigkeiten vorzugreifen und dafür zu sorgen, daß jeder genau wußte, was er zu welchem Zeitpunkt zu tun hatte.

Er errichtete ein System laufender Lageberichte und traf sich mit den Abteilungsleitern, um die erzielten Fortschritte zu besprechen. Diese Versammlungen wurden aber nur bei Bedarf einberufen und dienten nicht als zuverlässiges Koordinationsinstrument. Er verließ sich vielmehr auf persönliche Kontakte mit den einzelnen Führungskräften. Mit ihnen besprach er Probleme und erforderliche Programmanpassungen, und bei Bedarf stimulierte er die Manager, sich noch mehr anzustrengen. All das war zwar zeitaufwendig, doch er verlor nie den Kontakt und konnte dadurch möglichen Verzögerungen, Rückschlägen oder Kommunikationsschwierigkeiten vorgreifen und jederzeit in Aktion treten. Sein wichtigstes Instrument war die Übersicht, denn sie half ihm, für die plangemäße Durchführung kritischer Ereignisse zu sorgen.

Das Projekt konnte deshalb erfolgreich koordiniert und abgeschlossen werden, weil nicht nur eine Methode, sondern mehrere für die Situation relevante Techniken kombiniert wurden. In diesem Fall waren es: Motivation, Planung, Teamentwicklung, Integration, Überwachung und laufendes Controlling.

Kapitel 12

UNTERNEHMENSKULTUR UND DER UMGANG DAMIT

Die Kultur eines Unternehmens ist im großen und ganzen die Art, wie Aufgaben umgesetzt werden. Sie beinhaltet Ziele und Ideologien, die in Ihrem Unternehmen vorherrschen, und setzt sich aus den Mythen, Helden, Überlieferungen, Spracheigenheiten und Ritualen Ihres Unternehmens zusammen.

Die Bedeutung der Unternehmenskultur

Unternehmenskultur ist wichtig, weil ein Großteil dessen, was Sie tun, direkt von ihr betroffen ist. Wenn Sie dieser Kultur nicht entsprechen oder wenn Sie mit ihr nicht einverstanden sind, werden Sie unter Garantie auf Probleme stoßen. Wenn Sie andererseits die Kultur Ihres Unternehmens nicht kennen bzw. nicht wissen, wie sie sich manifestiert, oder wenn Sie diese Kultur nicht zur Kenntnis nehmen, werden Ihre Ideen, Beiträge und Entscheidungen nicht anerkannt werden. Wenn Sie sich der Gefahren nicht bewußt sind, die durch eine Veränderung oder Bedrohung dieser Kultur ausgelöst werden, können Ihnen schwere Fehler unterlaufen, und Sie werden die Kontrolle verlieren. Sie müssen alles über Unternehmenskultur wissen, um ein besserer Manager zu werden.

Definition

Im Zusammenhang mit Unternehmenskultur spricht man oft von der Persönlichkeit eines Unternehmens, aber das ist eine unzureichende Definition.
Nick Georgiadis von British Airways machte folgenden Vorschlag:

»Unternehmenskultur ist ein System von Wertvorstellungen (was wichtig ist) und Überzeugungen (wie etwas funktioniert), die mit den Menschen eines Unternehmens, einer Firma, der Organisationsstruktur und den Kontrollsystemen, die zur Schaffung von Verhaltensnormen (wie Dinge bei uns getan werden) eingesetzt werden, zusammenspielen.«

Wie sich Unternehmenskultur manifestiert

Unternehmenskultur manifestiert sich in der Verhaltenskonformität einer Organisation – wie sich Führungskräfte und einzelne Angestellte oder Gruppen im Kontext des Unternehmens verhalten. Mit anderen Worten, »wie Dinge bei uns getan werden«. Die Kultur beeinflußt das Verhalten in drei Bereichen:

1. *Wertvorstellungen eines Unternehmens* – der Glaube daran, was für ein Unternehmen am besten oder gut ist und was passieren sollte oder müßte. Sie werden unter Bezugnahme auf die Zwecke (Ziele) als auch die Mittel (Aktionspläne zur Erreichung der Ziele) ausgedrückt.
2. *Betriebsklima* – wie die Arbeitsatmosphäre in einem Unternehmen von seinen Mitgliedern empfunden und erfahren wird, und wie Menschen auf die Merkmale und auf die Qualität der Unternehmenskultur und der ihr eigenen Werte reagieren.
3. *Führungsstil* – Verhalten und Autorität der Führungskräfte. Ihr Stil kann autokratisch oder demokratisch, hart oder umgänglich, formal oder informal sein. Michael Maccoby zufolge können Führungskräfte in vier Grundtypen eingeteilt werden:

Der Handwerker. Ein unabhängiger Perfektionist, der Qualität liebt und nach besseren Leistungen strebt.

Der Urwaldkämpfer. Ein machthungriges Raubtier, dem es gefällt, gefürchtet zu sein. Scheitert, sobald der Erfolg von Teamarbeit abhängig ist.

Der Firmenmann. Ein umgänglicher, loyaler Karrierist, der an die

Leistung und den Menschen glaubt – allerdings ist ihm Sicherheit wichtiger als Erfolg.
Der moderne Spieler. Ein schneller und flexibler Gewinner, der die Veränderung liebt. Stellt sich der Konkurrenz aus purem Vergnügen am Wettbewerb und weil er den Siegesrausch liebt.
Laut Maccoby verkörpert der kreative Spieler den idealen Typus – ein Löwe mit Herz, der flexibel genug ist, um sich in einer Vielfalt von Situationen entsprechend zu verhalten, und der trotz seiner mentalen Härte sein Mitgefühl nicht verliert.
Der Führungsstil, für den sich ein Manager entscheidet, wird von Kultur und Werten eines Unternehmens geprägt sein. Zum Teil wird er von den persönlichen Merkmalen eines Individuums abhängig sein, doch davon abgesehen, wird er von Situationen, die Führungsqualitäten voraussetzen, und im wesentlichsten vom Beispiel höherrangiger Führungskräfte, insbesondere vom Firmenvorsitzenden, geprägt werden. Das oberste Management kann mit seinem eigenen Verhalten den Führungsstil im gesamten Unternehmen entscheidend beeinflussen.
Ein Führungsstil, der mit großer Wahrscheinlichkeit Engagement und Kooperation fördern wird, neigt zu demokratischen, entspannten, freundlichen, formlosen und offenen Verhaltensweisen. Das heißt freilich nicht, daß Härte und Direktheit nicht angebracht sind, wenn sie erforderlich sind. Der Führungsstil sollte immer klar und entschlossen sein.

Die Relevanz der Unternehmenskultur

Verhalten kann durch Unternehmenskultur entscheidend beeinflußt werden. Wenn Markt und Marktposition des Unternehmens nicht richtig eingeschätzt werden und daraus ungeeignete Strategien entstehen, können die Auswirkungen schwerwiegend sein. Aber auch die korrekte Strategie kann mißlingen, wenn die Voraussetzungen für ihre Durchführung, etwa wie ein Produkt oder eine Dienstleistung zu verkaufen sind, wie der Betrieb zu organisieren ist oder wie die Menschen in ihm zu führen, motivieren, entwickeln, belohnen sind und wie mit ihnen zu kommunizieren ist, falsch definiert wurden. Eine Unternehmenskultur, die von falschen Annahmen ausgeht und dem Unternehmenszweck nicht entspricht, kann sich auf die Leistungsfähigkeit negativ auswirken und Unternehmenskultur-Veränderungsprogramme erforderlich machen.

Läßt sich Unternehmenskultur gestalten?

Die Unternehmenskultur spielt beim Erfolg eines Unternehmens eine Schlüsselrolle. Erfolgreiches Unernehmenskulturmanagement ist jedoch keine einfache Aufgabe. Und da sie über die Jahre langsam wächst und eine Reihe von Lernprozessen voraussetzt, ist eine tiefverwurzelte Kultur nicht ohne weiteres veränderbar. Alte Gewohnheiten sterben nur langsam aus. Die Antwort auf die Frage »Kann es bewerkstelligt werden?« lautet ja! Aber leicht ist es nicht.

Allerdings müssen Sie auch die Frage stellen, ob »es bewerkstelligt werden soll«, denn für die Gestaltung der Unternehmenskultur, so Howard Schwartz und Stanley Davies in »Matching corporate culture and business strategy« (MAP concept paper, 1983, Cambridge, Mass.), bieten sich eine Anzahl von Alternativansätzen an:

- Ignorieren Sie die Kultur!
- Umgehen Sie die Kultur!
- Versuchen Sie, einzelne Elemente der Kultur zu verändern, um sie der Strategie anzupassen!
- Verändern Sie Ihre Strategie!

Sie können auch die Kultur Ihres Unternehmens annehmen und Ihr Bestes tun, um ihre guten Seiten weitgehend aufrechtzuerhalten und konterproduktives Verhalten zu verändern.

In »Corporate Cultures« sagte Alan Kennedy, es gebe nur fünf Gründe, die umfassende Kulturveränderungen rechtfertigten:

1. Wenn Ihr Unternehmen von Wertvorstellungen beherrscht wird, die in einer sich veränderenden Umwelt keinen Platz haben.
2. Wenn in der Branche starke Konkurrenz herrscht und sie sich mit »Lichtgeschwindigkeit« verändert.
3. Wenn die Leistung Ihres Unternehmens mittelmäßig oder schlecht ist.
4. Wenn Ihr Unternehmen kurz davor steht, in die Reihen der weltgrößten Konzerne aufzusteigen.
5. Wenn Ihr Unternehmen klein ist, aber rasch wächst.

Ist keiner der fünf Gründe anführbar, sollte Kennedy zufolge nichts unternommen werden. Bei zehn Fällen, wo eine Kulturveränderung stattfinden sollte, zeigten seine Untersuchungen, daß die Ausgaben, die laufend für Verhaltensänderungen aufgebracht werden, um fünf bis zehn Prozent höher ausfallen und die Erwartungen nur zur Hälfte in Erfüllung gehen würden. Er warnt vor den hohen Kosten (für Zeit, Mühen und Geld) und betont, daß es sich um einen langwierigen Prozeß handelt.

Wie sollte Unternehmenskultur gestaltet werden?

Ein Kulturmanagementprogramm beinhaltet die folgenden Schritte, die weiter unten noch genauer beschrieben werden:

1. Identifizieren Sie Grundannahmen und Glaubenssätze und fordern Sie sie, wenn nötig, heraus.
2. Gelangen Sie zu einer Definition bzw. Neudefinition der Grundwerte – ausgesprochene oder unausgesprochene.
3. Analysieren Sie das Organisationsklima.
4. Analysieren Sie den Führungsstil.
5. Ausgehend von Schritt 1 bis 4, planen Sie, welche Unternehmenskulturaspekte im Sinne der Grundannahmen, Werte, des Klimas und Führungsstils verändert und welche aufrechterhalten oder verstärkt werden sollten – und dann setzen Sie Ihr Vorhaben um.

Das Topmanagement spielt bei diesem Prozeß die Schlüsselrolle. Mit Hilfe seines Teams strebt es Perfektion an, indem es den Unternehmensauftrag definiert, seine Vorstellungen allen weitergibt, die Werte, die seiner Ansicht nach richtig sind, festlegt und verbreitet, so führt, daß die Mitglieder der Organisation motiviert werden, und dafür sorgt, daß jeder die Zielsetzungen mit Engagement und Pflichtgefühl verfolgt.

Analyse der Grundannahmen

Die Fragen, die Sie über die Annahme der Unternehmenskultur stellen sollten, sind:

1. Was ist unser Geschäft?
2. Wie sieht der Markt aus? Wo machen wir Geschäfte? Wer sind unsere Abnehmer?
3. Ist unser Geschäftsstil:
   aggressiv oder zurückhaltend?
   angepaßt oder antwortend?
   dynamisch oder statisch?
   persönlichkeitsbetont oder mit dem Schwerpunkt auf fachliche Kenntnisse?
   Begegnen wir der Konkurrenz mit voller Kraft, oder ziehen wir uns lieber in Marktnischen zurück?
   Ist er markt- oder produktions-(technologie-)orientiert?
4. Wie sollte die Arbeit organisiert werden?
   strukturiert (mechanistisch) oder flüssig (organisch)?
   bürokratisch oder informell?
   vielschichtig oder mit eindimensionaler Struktur?
5. Welche Art Mitarbeiter benötigen wir in unserem Betrieb hinsichtlich Qualität, fachlicher und professioneller Qualifikationen?
6. Wie behandeln wir die Mitarbeiter?
   Sind sie Partner oder Handlanger?
   Ist der Kontakt eng oder distanziert?

Ist das Verhältnis offen (informativ) oder verschlossen (im »dunklen«)?
Als Menschen, die Verantwortung nicht nur akzeptieren, sondern auch suchen (Douglas McGregors Y-Theorie) oder Zwang, Kontrolle und Steuerung sowie die Androhung von Bestrafung brauchen, damit sie eine adäquate Leistung im Sinne der Unternehmenszielsetzungen erbringen (McGregors X-Theorie)?
Locken wir sie mit der Karotte, oder drohen wir ihnen mit dem Stock?

Die Grundannahmen könnten sich als unzulässig erweisen und müßten dann in Frage gestellt werden; oder im Falle einer Zulässigkeit, könnte die Handlungsgrundlage falsch sein und müßte verstärkt werden.

Wertvorstellungen analysieren

Bezüglich der Wertvorstellungen sollten Sie sich folgende Fragen stellen:

1. Sind die Angestellten auf ihre Firma, ihre Produkte oder Dienstleistungen stolz?
2. Steht die Produktion hochqualitativer Produkte in Ihrer Firma wirklich an oberster Stelle, und wie ist es um die Kundenorientierung bestellt?
3. Ist die Firma innovativ?
4. Sind Führungskräfte und Angestellte wirklich an einer Produktivitätssteigerung interessiert?
5. Sind die Führungskräfte wirklich von der Wichtigkeit der Mitarbeiter überzeugt? Fühlen sie sich verpflichtet, die Qualität am Arbeitsplatz zu verbessern, Gelegenheiten für Wachstum und Entwicklung zu schaffen, den Bedürfnissen der Angestellten individuelle Aufmerksamkeit zukommen zu lassen, sie über jene Bereiche zu informieren, die sie betreffen? Sind sie in den Entscheidungsprozeß involviert; ist ein faires Lohnsystem vor-

handen, das sich nach den Verantwortungen und Beiträgen der Angestellten zum Unternehmenserfolg orientiert?

Ein Glaube an diese Werte und an das Unternehmen als Ganzes wird entwickelt, wenn eine Arbeit, die sich lohnt, gut erledigt wird. Es bedarf oft langer Leistungs- und Qualitätstraditionen, um den Stolz der Belegschaft auf ein Produkt und auf ein Unternehmen zu fördern.

Doch dazu gehören Identifikation und Loyalität – die es zu pflegen gilt.

Werte werden nur dann akzeptiert, wenn an sie geglaubt und entsprechend gehandelt wird und wenn sie immer wieder als Voraussetzung dienen und als solche angestrebt werden. Ihre Vermittlung sollte von der Unternehmensspitze ausgehen, doch von allen Führungskräften und Vorgesetzten nicht minder verantwortungsbewußt verbreitet werden. Das japanische Beispiel mag Ihnen vielleicht zu extrem sein (87.000 Matsushita-Angestellte singen jeden Tag um acht Uhr früh die Firmenhymne und rezitieren den Ehrenkodex des Unternehmens), aber es ist zweifellos richtig, daß sich die totale Identifikation der Belegschaft mit dem Unternehmen gelohnt hat.

Das Organisationsklima analysieren

Die Fragen zum Organisationsklima lauten:

1. Haben die Mitarbeiter das Gefühl, genügend Verantwortung übertragen zu bekommen?
2. Wissen die Mitarbeiter, welche Erwartungen hinsichtlich der Zielumsetzung und der Leistung an sie gestellt werden?
3. Wird die Leistung der Mitarbeiter entsprechend gewürdigt, ob sie nun gut, schlecht oder indifferent ist?
4. Fühlen sich die Mitarbeiter von ihrer Arbeit herausgefordert, und wird genügend Betonung auf gute Leistungen gelegt (herrscht z. B. unter den Führungskräften ein hoher Anspruch auf Professionalität)?

5. Werden die Mitarbeiter von den Führungskräften und Vorgesetzten ausreichend unterstützt?
6. Liegen die Unternehmensschwerpunkte auf harter, engagierter Arbeit, oder wird das nicht so strikt gesehen?
7. Haben die Mitarbeiter das Gefühl, ihre Arbeit wird entsprechend belohnt?
8. Rechnen die Mitarbeiter mit fairen Aufstiegsmöglichkeiten?
9. Liegt der Schwerpunkt auf positiven oder auf negativen Rückmeldungen?
10. Ist der bürokratische Aufwand in Ihrem Unternehmen sehr hoch, oder wird die Arbeit eher flexibel und informell in Angriff genommen?
11. Werden kalkulierte Risiken gefördert, oder ist es üblich, auf Nummer Sicher zu gehen?
12. Wird seitens der Geschäftsleitung aus den Aktivitäten des Unternehmens ein Geheimnis gemacht?
13. Ist die Betriebsatmosphäre von Herzlichkeit und Kameradschaft geprägt?
14. Wie »bereitwillig« nehmen Führungskräfte und Mitarbeiter unterschiedliche Meinungen zur Kenntnis?
15. Werden Probleme offen angesprochen, oder neigt Ihr Unternehmen dazu, sie zu glätten bzw. zu ignorieren?
16. Haben die Mitarbeiter das Gefühl, einem Unternehmen anzugehören, das die Mühe wert ist, einen wertvollen Beitrag zur Teamarbeit zu leisten?

Führungsstil analysieren

Folgende Fragen sind zu beantworten:
1. Besteht ein Hang zur Autokratie, d. h. werden die Mitarbeiter in autoritärem Ton angewiesen, was sie zu tun haben; oder ist der Führungsstil demokratisch, indem die Mitarbeiter ermutigt werden, engagiert am Entscheidungsprozeß teilzuhaben?
2. Ist er eher aufgaben- oder menschenorientiert?

3. Sind die Führungskräfte distanziert und kühl oder zugänglich und freundlich?
4. Sind die Führungskräfte im Umgang mit Menschen unnachgiebig, oder geben sie gerne nach?

Das Unternehmenskultur-Veränderungs- oder -Verstärkungsprogramm

Nachdem Grundannahmen, Werte, Klima und Führungsstil analysiert wurden, sollten sämtliche Bereiche offengelegt geworden sein, die einer Veränderung bedürfen oder in ihrem gegenwärtigen Zustand zu verstärken sind. Im Falle einer Unternehmenskulturveränderung sollte zuallererst daran gedacht werden, daß sie schwierig, mühsam und langwierig sein kann. Rechnen Sie nicht mit raschen Ergebnissen. Grundlegende Veränderungen können Jahre beanspruchen. Und der Widerstand gegen die Veränderung darf auch nicht unterschätzt werden. Kulturelle Voraussetzungen und Werte können tief verankert sein und werden nicht ohne weiteres aufgegeben.

Es genügt nicht, eine Charta mit neuen Unternehmenswerten herauszugeben und von den Mitarbeitern zu erwarten, daß sie sie mit Herz und Seele und vor allem sofort übernehmen werden. Sie müssen von Relevanz und Gültigkeit dieser Werte überzeugt werden und wissen, daß sie selbst keinen Schaden dadurch erleiden werden.

Um eine Veränderung einzuleiten, gibt es zwei Möglichkeiten:

Die erste besteht darin, die vielfältigen Kulturmanifestationen generell zu verändern, wobei besondere Programme in die Wege geleitet werden. Die zweite Variante geht einen oder mehrere Bereiche direkt an, wobei Ihre Ziele bereits definiert sein müssen und feststehen muß, warum Sie welche Veränderung anstreben. Werden Sie nicht zu spezifisch, wenn Sie den Erfordernissen auf den Grund gehen. Sobald Sie wissen, welche Richtung Sie einschlagen wollen, können Sie die Einzelheiten in Erwägung ziehen. Aber nehmen Sie sich nicht zu viel auf einmal vor.

Allgemeine Unternehmenskultur-Veränderungsansätze

Im Zuge eines generellen Ansatzes werden folgende Punkte untersucht:

1. *Grundannahmen.* Sobald Grundannahmen in Diskussionen, Sitzungen oder Memos zur Sprache kommen oder eine schriftlich oder mündlich ausgedrückte Meinung zu untermauern scheinen, veranlassen Sie Ihre Mitarbeiter, sie in Frage zu stellen. Nehmen Sie die in diesem Abschnitt weiter oben angeführte Checkliste zur Hand, und überprüfen Sie neuerlich die darin enthaltenen Punkte. Damit alleine werden Sie freilich keine dramatische Veränderung herbeiführen, doch Ihre Mitarbeiter werden sich zumindest bewußt, was sie bisher für gegeben erachtet haben, und zeigen vielleicht die Bereitschaft, ihr Verhalten auf Grund anderer Anforderungen zu ändern.
2. *Werte.* Sprechen Sie bewußt und mit Absicht die wichtigsten Werte des Unternehmens an, und fördern Sie die Diskussion – sowohl auf Vorstandsebene als auch im gesamten Betrieb. Formulieren Sie sie ausgehend von diesen Diskussionen neu, doch sorgen Sie auch dafür, daß diese Werte durch andere kulturelle Veränderungsmaßnahmen, die weiter unten beschrieben werden, gefestigt und eingeführt werden.
3. *Organisationsklima.* Befragen Sie Ihre Mitarbeiter, was sie am gegenwärtigen Klima gut finden und was ihnen nicht gefällt. Dafür bieten sich betriebsinterne Umfragen oder Arbeitsgruppen an – spezielle, semistrukturierte Diskussionsgruppen, die die im Unternehmen herrschenden Ansichten und Einstellungen herausarbeiten.
4. *Führungsstil.* Eine Veränderung im Führungsstil läßt sich am besten am Beispiel von oben, beginnend mit der Unternehmensspitze, herbeiführen. Der Führungsstil wird außerdem

durch die neuformulierten Werte und das veränderte Klima entscheidend beeinflußt werden.

Im Zuge einer Bewertung der Führungskräfte sollte ihr Führungsstil zur Diskussion gestellt werden, wobei sich die Betroffenen hinsichtlich der erstrebenswerten Veränderungen einig sein sollten. Bewertungen sollten sowohl von oben nach unten – von der Betriebsleitung zum Angestellten – als auch von unten nach oben stattfinden. Der Angestellte sollte die Möglichkeit haben, seinen Manager zu bewerten. Die Selbstbewertung sollte ebenfalls gefördert werden.

Spezifische Unternehmenskultur-Veränderungsansätze

Die Schritte, die im speziellen zu einer Unternehmenskulturveränderung führen, sind:

1. Neuorganisation, um die Integration zu fördern, Abteilungen oder Arbeitsplätze für neue Tätigkeitsbereiche zu schaffen oder um überflüssige Führungsebenen abzuschaffen.
2. *Organisationsentwicklung* (OE), um Leistungsfähigkeit und Flexibilität bzw. Veränderungsbereitschaft einer Organisation zu steigern. OE-Programme sind auf eine Verbesserung der Zusammenarbeit, der Teamarbeit und des Engagements ausgerichtet. Sie befassen sich mit Management von Veränderungen und Konflikten.
3. Interne Öffentlichkeitsarbeit, um die Werte zu vermitteln und die Ziele eines internen Öffentlichkeitsarbeits-Programms zu verwirklichen. So waren etwa 1987 die Ziele des Book Club Associates folgende:
   die Identifikation der Belegschaft mit dem Unternehmen anzuheben und auf diese Weise das Engagement zu fördern;
   alle Mitarbeiter verstärkt in die Angelegenheiten des Unternehmens mit einzubeziehen;
   verschiedene Ideen der Mitarbeiter einzubringen, wie ihrer Ansicht nach das Unternehmen weiter zu entwickeln, die Kun-

denorientierung zu verbessern und die Produktivität zu erhöhen wären.

4. Training, um neue Einstellungen hinsichtlich Kundenbetreuung, Qualität, Management und Mitarbeitermotivation oder Produktivität zu fördern, das Engagement für die Firma und ihre Werte anzuheben, Grundannahmen zu revidieren und in Frage zu stellen und vorhandene Kenntnisse zu verbessern oder neue zu vermitteln.
5. Rekrutierung; Persönlichkeitsmerkmale, die der angestrebten Unternehmenskultur entsprechen oder die bestehende stärken, werden in Anforderungsprofile aufgenommen. Die Mitarbeiter werden bewußt nach diesen Kriterien ausgewählt.
6. Management-by-Objectives, um zu gewährleisten, daß die Führungskräfte wissen, was von ihnen erwartet wird.
7. *Leistungsorientiertes Management,* um ausgehend von der Leistung zu einer Bewertung der Führungskräfte, Vorgesetzten und Mitarbeiter zu gelangen und außerdem dafür zu sorgen, daß durch Leistungsverbesserungsprogramme, bestehend aus Selbstentwicklung, Führung, Beratung und Training, Stärken gefestigt und Schwächen überwunden werden.
8. *Prämienmanagement* zur Verstärkung der kulturellen Annahme, daß Prämien leistungsbezogen sein sollten, indem leistungsbezogene Prämien- und Entlohnungsmodelle eingeführt werden.

Beispiele für Unternehmenskultur-Veränderungsprogramme

British Airways

Während der 1987 in Lissabon stattfindenden »Management Centre Europe«-Konferenz sagte der Vorsitzende der Abteilung für Human Resources bei British Airways, Dr. Nicholas Georgiadis: »British Airways hat sich verändert. Nachdem das Unternehmen noch vor fünf Jahren krank war, ist es heute wieder gesund.

Die Voraussetzung für diese Gesundung (von Verlusten in der Höhe von 111 Millionen Pfund 1981/82 auf kumulierte Gewinne von 536 Millionen Pfund während der letzten drei Jahre) war das Kundenservice.«

Die bei British Airways vorherrschende Unternehmenskultur, so Georgiadis, sei militaristischer und bürokratischer Natur gewesen. Sein Kommentar dazu: »Man kann menschliches Verhalten nicht bestimmen, indem man sich auf Paragraph 3(9) ff. beruft. Gute Kundenbetreuung läßt sich nicht durch Befehle von oben herbeiführen. Sie ist nur dann möglich, wenn die Mitarbeiter zu einem definierten Handlungs- und Entscheidungsfreiraum ermächtigt sind und in ihren Entscheidungen von den Vorgesetzten unterstützt werden.«

Der Führungskader von British Airways beschloß, daß im Kundenservice eine Unternehmenskulturveränderung stattzufinden hat und daß ein erfolgreiches Kundenservice nur dann erreichbar wäre, wenn die Mitarbeiter zu sich selbst und zum Unternehmen eine positive Einstellung fänden. Kurz und gut, Kundenbetreuung erfordert ein aufmerksames, fähiges Management, um die Betreuungsfähigkeiten zu fördern, für die die Führungskräfte von British Airways weder »geschult noch genügend informiert oder belohnt« wurden.

Das Unternehmenskultur-Veränderungsprogramm bestand aus drei Teilen:

1. Der Mensch steht im Mittelpunkt – zwei Tage lang wurde für alle Angestellten mit Kundenkontakt ein Intensivkurs abgehalten, in dem sie aufgefordert wurden, über die Bedeutung der Kundenbetreuung nachzudenken. Der Kurs befaßte sich auch damit, wie anderen geholfen werden könnte, gute Kundenbetreuung zu leisten, wer für ein Kundenproblem zuständig ist und wie wichtig die Körpersprache im Umgang mit Menschen ist. Alle 40 000 Angestellten durchliefen dieses Programm.
2. Ein Tag im Leben – eine eintägige Veranstaltung vermittelte der Belegschaft, wie sehr sie voneinander abhängig ist. Etwa 30 000 Angestellte nahmen daran teil.

3. Als erstes wird der Mensch geführt – dafür wurde ein fünftägiges Managementseminar abgehalten, das sich mit den fünf Themen auseinandersetzte:
   - »Dringlichkeit« sollte von der Führungskraft ausgehen und nicht von den Ereignissen – für den Manager bedeutet das, daß er pro-aktiv sein muß und nicht nur dann in seinen Handlungen innehält, wenn er auf Ereignisse reagiert.
   - Visionen zu haben, also »die Kathedrale bereits vor uns zu sehen, während wir erst den Mörtel mischen« – Führungskräfte müssen sowohl im Hier und Jetzt (während sie den Mörtel mischen) präsent sein, als auch in die Zukunft blikken (die Kathedrale bereits vor Augen haben).
   - »Motivation«, d. h. Management-by-Exception – erwarte nur das Beste und ertappe Menschen dabei, wenn sie ordentliche Arbeit erbringen, da Menschen, die mit sich selbst und ihrem Manager zufrieden sind, gute Resultate erbringen.
   - »Vertrauen«, das dem einzelnen die Kraft gibt, alleine zu agieren – und der Gruppe die Bereitschaft, gemeinsam vorzugehen –, um einerseits das Gefühl aus der Welt zu schaffen, man würde mit einem Problem alleine gelassen, und anderseits, um das eigenständige Urteilsvermögen zu fördern.
   - Insbesondere »Verantwortung«, die zu dem Glauben führen muß, daß ich für mein eigenes Verhalten zuständig bin, daß ich also die Art, wie ich etwas realisiere, verändern kann.

Außer diesen Kursen wurde auch ein neues, auf dem Mentorsystem basierendes Leistungsbewertungsschema eingeführt, das die Betonung auf das Führungsverhalten, insbesondere in der Teamführung und in der Mitarbeiterführung, legte. Der Wert »Der Mensch steht im Mittelpunkt« wurde auch in die Leistungsbeurteilung aufgenommen und im Prämiensystem berücksichtigt.

London Life

Dr. John Evans, Verkaufsmanager der London Life Versicherung, beschrieb während der »Management Centre Europe«-Konferenz 1987 einen Fall, bei dem es durch die Inspiration eines dynamischen neuen Chefs gelungen war, eine eher altmodische und wohlbehütete Firma auf eine Wachstumsrate von jährlich 40 Prozent zu bringen. Als Dr. Evans zum Verkaufsleiter ernannt wurde, fand er eine Verkaufsbelegschaft vor, die zwar über hohe ethische Werte verfügte und stabil und produktiv war, die jedoch keine Provisionen erhielt, auch nicht der Führung eines Verkaufsmanagements unterstand und in einer Marketingumgebung mit niedrigen Absatzgewinnen agierte. Diese Umgebung oder Unternehmenskultur galt es zu verändern. Folgende Methoden wurden eingesetzt:

1. Das Entlohnungssystem wurde von Resultaten abhängig gemacht.
2. Eine neue Karrierestruktur wurde eingeführt, die dem besonders erfolgreichen Verkäufer in Aussicht stellte, mehr als sein Manager verdienen zu können; um weiterzukommen, mußte der exzellente Verkäufer nicht mehr Manager werden.
3. Die Managementsteuerung wurde entsprechend der Branchen neu strukturiert.
4. Fortbildungskurse und Schulungen für Crash-Management wurden eingeführt.
5. Ein neues Auswahlverfahren wurde entworfen, um Verkäufer mit einer potentiell hohen Produktivität ausfindig zu machen, wobei die Schwerpunkte auf Engagement, Initiative und Zuverlässigkeit gelegt wurden.

Kapitel 13

KOSTENSENKUNG

Kosten erfordern laufende Kontrollen. Sie sollten von der Annahme ausgehen, daß die Kosten zu hoch sind und gesenkt werden können. Manche Firmen sicherten sich durch drastische Kostensenkungsmaßnahmen nicht nur ihr Überleben, sondern es gelang ihnen sogar, in der Folge wieder zu florieren. Wenn Sie das Fett, das immer da ist, entfernen, wird Ihr Unternehmen schlanker und kräftiger daraus hervorgehen.
Die Kostensenkung erfordert folgende Grundansätze:

- Entscheiden Sie, wo und was zu kürzen ist.
- Planen Sie, Kürzungen vorzunehmen.
- Führen Sie die Kostensenkung durch.

Was gekürzt wird

Ihre Kostenangriffe sollten sich auf folgende fünf Bereiche konzentrieren:

- Arbeitskosten. In arbeitsintensiven Unternehmen können die Arbeitskosten über 50 Prozent der Einnahmen verschlingen. Ein zu hoher Personalbestand, insbesondere in den Dienstleistungs- und Personalabteilungen, ist eine der Hauptursachen für übermäßig hohe Kosten. Zu den Arbeitskosten gehören direkte Kosten für Gehälter, Löhne und Bonuszahlungen sowie indirekte Kosten für Personal- und Schulungsaufwendungen.
- Fertigungskosten. Das sind die eigentlichen Kosten, die bei der Produktfertigung anfallen; in ihnen sind Arbeits-, Material- und Betriebskosten enthalten, doch vor allem auch der Aufwand für die Produktentwicklung.

- Vertriebskosten. Diese werden zwar in erster Linie vom Verkaufskader verursacht und fallen unter die Arbeitskosten, aber zu diesen Aufwendungen gehören auch Werbung, Verkaufsförderung, Public Relations, Verpackung und Display.
- Entwicklungsaufwand. Das sind die Kosten für die Entwicklung neuer Produkte, Märkte, Verarbeitungsmethoden und Materialien sowie für Neuübernahmen.
- Material- und Lagerkosten. Kosten für Materialkauf und Halbfertigprodukte sowie für die Aufrechterhaltung optimaler Lagerbestände.
- Betriebsaufwand. Alle anderen im Betrieb anfallenden Kosten. Dazu gehören Raum, Computer, die Werksausstattung, Bürosysteme und sämtliche Dienstleistungen, die einen reibungslosen Betrieb ermöglichen.

Verschwendung von Ressourcen

Jede Kostenprüfung sollte den Zweck haben, verschwenderische Praktiken zu identifizieren. Jene Bereiche, wo Verschwendungen auftreten können, müssen vor der Beschließung der Kostensenkungsmaßnahmen identifiziert werden, damit Probleme verhindert werden. Konzentrieren Sie sich sowohl auf die Unternehmenspraktiken oder -vorgänge, die überflüssige oder sinnlose Kosten verursachen, als auch auf jene Bereiche, in denen das Personal Zeit verschwenden oder unnötige Ausgaben verursachen kann. Die Firma kann sich in einigen oder allen der folgenden Bereiche als unrentabel erweisen:

- Unnötige Formulare oder übertriebener bürokratischer Aufwand.
- Eine Arbeit wird zu oft überprüft oder verifiziert.
- Zu viele und/oder zu große Ausschüsse.
- Zu viele Führungsebenen.
- Engpässe und ineffiziente Arbeitsflüsse oder Beschaffungsmethoden.

- Verzögerung des Entscheidungsprozesses auf Grund mangelnder Autoritätsdelegation nach unten.
- Zu rigide Einhaltung von Regeln und Vorschriften.
- Zu sehr der Bürokratie verhaftet.

Zu den verschwenderischen Personalpraktiken gehören Zuspätkommen bzw. den Feierabend verfrüht in Anspruch zu nehmen, in die Länge gezogene Kaffee- oder Essenspausen, unnötige Pausen sowie die Erledigung persönlicher Angelegenheiten während der Arbeitszeit.

Kostenverursachende Praktiken sind Absentismus und häufige Abwesenheit aus Krankheitsgründen (die gerechtfertigt sein können oder auch nicht). Andere verschwenderische Praktiken sind übermäßige Inanspruchnahme der Firmenausstattungen, wie Kopierer, Telefone und Büromaterial.

Die Planung von Kostensenkungen

Erstens bauen Sie, wenn möglich unter Anwendung von Wertanalysen, Kostenwirksamkeit in Ihre Planung mit ein. Daraufhin sollten Verfahren eingeführt oder bereits vorhandene verbessert werden, wodurch die Kosten, die eingegangen werden können, definiert und zu einem späteren Zeitpunkt dem Budget gegenübergestellt und kontrolliert werden können. Die Technik des Zero-Base-Budgeting wurde bereits in Kapitel 4 beschrieben und eignet sich, um bei jeder Ausgabe »abzuwägen«, inwieweit sie gerechtfertigt ist.

Pläne

Pläne sollten sich auf Kosten/Nutzen-Aufstellungen stützen, mit denen die optimale Kennzahl zwischen Ausgaben und Resultaten, also minimale Kosten bei maximalem Nutzen, festgestellt werden. Legen Sie den Schwerpunkt dabei auf Sachlichkeit. Es lohnt sich,

vorauszudenken und unternehmerisch zu handeln. Wenn das jedoch zu Ihren persönlichen Merkmalen gehört, laufen Sie Gefahr, die Zukunft zu euphorisch zu bewerten, den Nutzen zu überschätzen und die Kosten zu unterschätzen. In der Planungsphase müssen Sie die Kosten realistisch einschätzen. Akzeptieren Sie keine Durchschnittswerte und angenommene Kostenangaben. Besorgen Sie sich aktuelle Angaben. Finden Sie heraus, was Sie wirklich ausgeben werden, und berücksichtigen Sie mindestens zehn Prozent für Zufälle. Denken Sie auch an Inflation und Preissteigerungen.
Nicht minder realistisch sollten Sie mit Nutzenprognosen vorgehen. Stellen Sie »Sensitivitätsanalysen« an, um die Auswirkungen optimistischer, realistischer und pessimistischer Leistungsprognosen festzustellen.

Entwurf

Sorgen Sie beim Entwurf von Produkten, Systemen oder Dienstleistungen dafür, daß die Kostensumme und -struktur während jeder einzelnen Phase ausgewertet wird. Wenden Sie zu diesem Zweck Wertanalysen an.

Wertanalyse

Produkte, Dienstleistungen und Systeme werden mit Wertanalysen detaillierten Untersuchungen unterworfen, damit unter Beibehaltung der Qualität mögliche Kostensenkungen aufgedeckt werden. Sie gehen von der Annahme aus, daß, was Sie erstellen oder kaufen, mit geringeren Kosten erledigt oder gekauft werden kann. Im Fertigungswesen werden Wertanalysen oft von einem Ausschuß durchgeführt, wobei unter Anwendung von Brainstorming-Techniken alternative und kostengünstigere Fertigungsmethoden für ein Produkt gefunden werden. Zu den Funktionen eines Produktes gehört sein Verwendungszweck, daher müssen nicht nur die Herstellungskosten, sondern auch Marketing und die Preispolitik berücksichtigt werden. Doch das Hauptziel der Wertanalyse besteht darin, die Kosten für Material, Verarbeitung und Arbeit zu reduzieren. Die folgende Checkliste enthält alle wichtigen Punkte:

1. Trägt der Verwendungszweck des Produktes zum Wert bei?
2. Sind die Herstellungskosten proportional zur Nützlichkeit?
3. Sind alle Produktmerkmale notwendig?
4. Gibt es für den Verwendungszweck bessere Alternativen?
5. Kann ein verwendbarer Teil kostengünstiger hergestellt werden?
6. Kann an seiner Stelle ein Standardteil oder ein kostengünstigerer Teil verwendet werden?
7. Ist ein anderer, zuverlässiger Lieferant billiger?
8. Gibt es für Material und Bestandteile billigere Alternativen?
9. Kann ein Teil unter der Verwendung weniger qualifizierter Arbeitskräfte oder billigerer Maschinen oder Ausstattungen hergestellt werden?
10. Kann er auf eine Art hergestellt werden, die die Anzahl der üblicherweise erforderlichen Arbeitsstunden reduziert?
11. Kann das Design vereinfacht werden, um die Fertigungskosten zu reduzieren?
12. Können die Toleranzgrenzen modifiziert werden, um die Fertigung zu vereinfachen und die Ausschußraten zu reduzieren?

Obwohl die Wertanalyse zunächst als Designtechnik für das Konstruktionswesen gedacht war, eignet sich diese Methode nicht minder für den Entwurf von Systemen und Dienstleistungen, bei denen die Teilkosten berechnet werden können.

Kostensenkungsmaßnahmen

Eine Kostensenkung muß geplant werden und hat zum Ziel, Kosten um einen bestimmten Betrag zu kürzen. Folgende Schritte sind dafür erforderlich:

- *Zielsetzungen,* entweder für unmittelbare Kürzungen in Krisensituationen oder für spezielle kurzfristige Kürzungen (die in Wochen und nicht in Monaten gerechnet werden). Ziele können für bestimmte Bereiche gelten, etwa eine zehnprozentige Personalkürzung, für eine umfassendere Kürzung der Kosten oder für Produktivitätssteigerungen.

Die signifikante Auswirkung der Kosten auf die Gewinne sollte allen klar sein. Interessanterweise würde eine Firma mit einem Umsatz von 200 000 Pfund, wobei die Gewinne zehn Prozent des Erlöses ausmachen, bei einer Verringerung der Kennzahl Arbeitskosten zu Erlösen von elf auf zehn Prozent (bei einem Arbeitskostenanteil von 50 Prozent an den Gesamtkosten) eine Gewinnsteigerung von zehn Prozent nach sich ziehen. Letztendlich zählt nur das, was unter dem Strich steht:

Erlös × Gewinn 200 000 £ × 10% = 20 000 £ Gewinn

$$\frac{\text{Arbeitskosten}}{\text{Erlös}} = \frac{22\,000\text{ £}}{200\,000\text{ £}} = 11\%$$

$$(22\,000\text{ £ minus }10\%) = \frac{20\,000\text{ £}}{200\,000\text{ £}} = 10\%$$

Gewinn = 22 000 £ entspricht + 10% von 20 000 £

Wenn Produktivitätszielsetzungen in finanziellen Werten ausgedrückt werden – zum Beispiel »Reduziere Kosten je Produktionseinheit um drei Prozent!« –, hat das vielleicht keinen unmittelbaren Sinn, doch als Langzeitziele könnten sie auf nützliche Weise in ein Kostenreduktionspaket eingebaut werden. Die Produktivität wird gesteigert, indem die Kosten im Verhältnis zur Produktion gekürzt bzw. die Produktion im Verhältnis zu den Kosten gesteigert oder vorzugsweise sowohl die Kosten reduziert als auch die Produktion gesteigert werden (siehe Kapitel 43). Es muß klar sein, daß die Kosten je Einheit jederzeit anzugreifen sind – am Ende aggregieren sie in den Gesamtkosten. Konzentrieren Sie sich, wo es möglich ist, auf die wesentlichen Dinge – auf den Fertigungsbereich und das Hauptbüro. Dort werden die höchsten

Kosten verursacht. Werden Sie nicht zu kompliziert. Prüfen Sie spezifische Aufwendungen. Wenden Sie Wertanalysen an. Vergleichen Sie, und stellen Sie gegenüber, um jene Bereiche zu identifizieren, wo die Kosten zu hoch ausfallen.

- Beschließen, wo gekürzt werden soll. Kürzungen werden wahrscheinlich beim Personalstand oder bei verschwenderischen Praktiken vorzunehmen sein. Abteilungsleiter, die sich zunächst mit Händen und Füßen gegen eine zehnprozentige Kürzung ihrer Belegschaft wehren, kommen in der Folge erstaunlich gut zurecht. Spezialisten behaupten sogar, daß sie jederzeit den Personalstand um 15 Prozent kürzen können, ohne die Leistung zu beeinträchtigen.

Wie verschwenderischen oder unnötigen Praktiken beizukommen ist, wurde von Sir Derek Rayner in seiner Kampagne für Marks & Spencer illustriert. Ein Angriff auf den bürokratischen Aufwand führte zur Eliminierung von jährlich 26 Millionen Formularen, während der Personalstand um 25 Prozent gekürzt werden konnte.

- Beschließen, wie gekürzt werden soll: Verantwortungen zuteilen, ein Programm entwerfen und es zum Einsatz bringen.

Verantwortung für die Kostensenkungsmaßnahmen

Das wichtigste dabei ist, eine möglichst hochrangige Führungskraft, vorzugsweise ein Vorstandsmitglied, mit der Durchführung der Kostensenkung zu betrauen. Sie sollte engagiert, energisch und entschlossen sein, doch vor allem sollte sie über Autorität und Courage verfügen, um auch die unangenehmsten Maßnahmen durchzuführen.

Als nächstes muß dieser Führungskraft ein Assistent zur Verfügung gestellt werden. Dafür könnten Managementkonsulenten in Frage kommen, die in speziellen Problembereichen mit Rat und Tat zur Seite stehen. Beauftragen Sie die Konsulenten jedoch nicht mit der Hauptaufgabe. Wenn Ihre Firma nicht fähig ist,

selbst die drastischsten Maßnahmen einzuleiten, verdient sie nicht zu überleben.
Sie sollten auch keinen Ausschuß für die Steuerung der Durchführung einsetzen. Ausschüsse sind für aktive Maßnahmen hinderlich. Sie könnten eine aus Führungskräften bestehende Projektgruppe (maximal drei Personen) einsetzen, die jedoch nicht als ständiger Ausschuß mit Tagesordnung, Protokoll usw. verstanden werden darf. Noch besser wäre es, einem Direktor die Durchführung zu übertragen, der nach eigenem Ermessen entscheidet, mit wem er arbeitet, wann er etwas zu tun gedenkt und wann Sitzungen erforderlich sind.
Der für die Durchführung zuständige Direktor benötigt Anhaltspunkte, an Hand deren er vorzugehen hat. Diese werden normalerweise in Form von Zielsetzungen vermittelt, die er zu einem bestimmten Zeitpunkt oder in einer bestimmten Zeitabfolge erreicht haben sollte. Wenn die Aufgabe mit Einschränkungen verbunden ist (z. B. »Kündigen Sie nicht den Schwiegersohn des Vorsitzenden!«), sollte er das sofort erfahren. Er sollte sich auch über das Ausmaß seiner Entscheidungsbefugnisse im klaren sein und wissen, wann und unter welchen Umständen er Bericht erstatten sollte. Dann kann er sich von den Erfordernissen ein Bild machen, Fakten einholen, die Inhalt und Aussagekraft des Bildes vervollständigen oder Widersprüche aufdecken, Problembereiche definieren, entscheiden, was zu tun ist, und ein Programm für die Durchführung entwerfen.

Wie vorzugehen ist

Das überaus erfolgreiche Kostensenkungsprogramm, das von Marks & Spencer durchgeführt wurde, ging mit möglichst einfachen Fragestellungen vor:

- Was ist zu tun?
- Warum muß es getan werden?
- Muß es überhaupt getan werden?

- Wenn es getan werden muß, kann es einfacher oder kostengünstiger durchgeführt werden?

Die Grundlage für diese Annäherung bildete ein Gedanke Wittgensteins: »Wenn überhaupt etwas getan werden muß, kann es einfacher getan werden.«

Die Erfahrung, die bei Marks & Spencer gemacht wurde, ergab eine Reihe von Grundsätzen, die universell anwendbar sind. Sir Derek Rayner faßte sie, wie folgt, zusammen:

- Spitzenkräfte müssen eine Revision der Verwaltungsaufgaben akzeptieren. Das Topmanagement hat der Verwaltung unzählige Regeln und Vorschriften auferlegt, um zu gewährleisten, daß die vom Betrieb angewandten Systeme und Methoden absolut sicher sind. Scheinbar gingen sie »großteils von der Annahme aus, daß alle Angestellten in zwei Kategorien einzuteilen sind: in Dumme und in Gauner«. Sir Derek schrieb: »Wenn Sie den Verwalter zum Bürokraten stempeln, wird er seine Rolle hervorragend spielen.« Die Begleiterscheinungen derartiger Verwaltungssysteme können nur vom Topmanagement beseitigt werden.
- Der Preis für Perfektion ist untragbar: ein vernünftiger Ansatz kostet weniger. Oder in Voltaires Worten: »Das Beste ist der Feind alles Guten.« Streben Sie nach Perfektion, doch übertreiben Sie nicht. Produktivität, übertragen auf den Verwaltungsbereich, bedeutet, daß ein Mensch sich vornimmt, 95 Prozent der Leistung zu erbringen und sein Ziel erreicht, anstatt daß zwei Menschen versuchen, 100 Prozent zu erbringen und nur 90 Prozent schaffen.
- Den meisten Angestellten kann man trauen. Setzt sich dieses Prinzip durch, kann auf viele Kontrollen und Überprüfungen verzichtet werden. Statt dessen können sich Manager dem Management und Vorgesetzte der Aufsicht widmen. Die täglichen Managementaufgaben könnten mit gründlichen Vor-Ort-Kontrollen unterstützt werden.
- Alle Angestellten können dazu beitragen, die gewünschten Veränderungen herbeizuführen. Die meisten Menschen haben eine

klare Vorstellung davon, wie ihre Arbeit vereinfacht oder rationalisiert werden kann. Man muß sie nur fragen.

- Mitarbeiter können zu spezialisiert werden. Zu viele Spezialisten schaffen unnötige Arbeit und behindern die Flexibilität. »Spezialisten sind dazu da, dem Betriebsablauf zu dienen und ihn zu vereinfachen, und nicht, um Initiativen in den Weg zu stellen, hinderlich zu sein oder gar die Papierkette zusätzlich zu verlängern.«
- Gesetze können niemals alles regeln. Trauen Sie so weit wie möglich dem gesunden Menschenverstand der Führungskräfte.
- Persönlich einer Sache auf den Grund gehen kann durch nichts ersetzt werden. »Sie werden merken, daß Ihre liebsten Dokumente und Berichte eine Fülle von Ungenauigkeiten und Versäumnissen aufweisen. Scheuen Sie sich nicht, probeweise eine unmittelbare Untersuchung vorzunehmen. Sie ist oft viel genauer, als die allesumfassende schriftliche Version – und verwechseln Sie eine persönliche Sondierung nicht mit einem Privatgespräch hinter verschlossenen Türen.«

Eine Fallstudie

Die Politik, die von Marks & Spencer eine lange Zeit hindurch verfolgt wurde, ist das beste Beispiel für ein firmenweites Programm, das sich zum Ziel gesetzt hat, die Produktivität durch Rationalisierungsmaßnahmen und die Beseitigung unnötiger Praktiken zu steigern.

Sir Derek Rayners Hauptangriff galt der bei Marks & Spencer anfallenden Papierflut, die unnötige Arbeit und die Beschäftigung überflüssigen Personals verursachte.

Die erste Kampagne wurde in den späten fünfziger Jahren ausgefochten. Wirtschaftlichkeit sollte nicht der Wirtschaft zuliebe erreicht werden, vielmehr ging es um eine bessere Nutzung der Ressourcen. So wurden 26 Millionen jährlich in Verwendung befindliche Formulare abgeschafft und der Personalstand laufend von

27 000 auf 20 000 reduziert. Dem raschen Wachstum von Marks & Spencer tat dies keinen Abbruch, im Gegenteil, der Betriebsumfang konnte zwischen 1963 und 1971 verdoppelt werden.
Ein Beispiel für die im Zuge der Kampagne erreichten Verbesserungen war eine vollständige Veränderung des Warenwirtschaftssystems in den Geschäften. Das vorhandene System, mit dem Verkauf, Wareneingang und Bestellungen aufgezeichnet wurden, war von seiner Theorie her in Ordnung. Doch der Zeitaufwand, bis die Information verdaut und entsprechend agiert wurde, war enorm. Zu viele Formulare mußten ausgefüllt werden, und die Angestellten sahen die Ware vor lauter Ziffern nicht mehr. Das System wurde zur Gänze abgeschafft, und den Angestellten wurde aufgetragen, sich mehr auf die Ware zu konzentrieren, wofür sie dann natürlich auch mehr Zeit hatten. Auf Grund der neuen Kurzberichte konnten Methoden entwickelt werden, die viel einfacher waren und eine vernünftige Warenversorgung zur Folge hatten.
Eine weitere, wichtige Veränderung bestand darin, das Spezialisierungsausmaß unter den Angestellten, das auf Grund der vielen Formulare und Systeme entstanden war, zu reduzieren. So gab es beispielsweise viele Lagerspezialisten, die Lagerräume waren von den Verkaufsebenen buchstäblich isoliert. Sobald eine Aufstokkung der Verkaufsregale erforderlich wurde, mußte das Verkaufspersonal Formulare ausfüllen. Dieser Praxis wurde ein Ende bereitet, und die Lager wurden für alle zugänglich gemacht, wodurch das Verkaufspersonal in der Lage war, seine Regale selbst aufzufüllen. Im Zuge dessen wurden nicht nur Zeit und Papier gespart und die Wareneingänge beschleunigt, sondern auch ein unerwarteter Gewinn realisiert, da das Verkaufspersonal plötzlich viel mehr Interesse an der Arbeit hatte.
Gleichzeitig mit diesem Angriff auf überflüssige Schreibarbeiten stellte Marks & Spencer alle Neueinstellungen ein, da sich im Zuge der Kampagne herausgestellt hatte, daß das System auf Grund der Vereinfachungen auch mit weniger Personal aufrechterhalten werden konnte. Während die Vereinfachungen fortgesetzt wurden, ging der Personalstand aus natürlichen Gründen

laufend zurück. Gleichzeitig wurden Mitarbeiter von unproduktiven Bereichen in produktive versetzt.
Der Sieg in einer Schlacht bedeutet freilich nicht, den ganzen Krieg gewonnen zu haben. Im *Harvard Business Review* (Jänner/Februar 1975) schrieb Sir Derek Rayner: »Obwohl unser Management der Ansicht war, sich der Gefahren übermäßiger und zu komplizierter Schreibarbeiten bewußt zu sein, traten die bekannten Probleme neuerlich auf und machten sich zum Beispiel in rasch ansteigenden Verwaltungsausgaben und im ewigen Ruf nach mehr Personal bemerkbar. Daher riefen wir 1973 unter dem Vorsitz von Sir Marcus Sieff eine neue Kampagne ins Leben, die mit dem Namen »Good Housekeeping« bekannt wurde. Die Resultate waren erneut herausragend. Formulare, Berichte, Erwiderungen, Papiere aller Art wurden millionenfach abgeschafft. Tausende Stunden, die mit belanglosen Details zugebracht wurden, konnten eingespart werden. Den Personalstand reduzierten wir von 27 000 auf 26 000, indem wir frei gewordene Arbeitsplätze nicht mehr besetzten . . . Die gute Haushaltsführung hat auch unsere Manager entlastet, die nun, anstatt sich mit der Interpretation von Schriftstücken herumzuplagen, mehr Zeit für die eigentlichen Führungsaufgaben haben. Wichtige Mitarbeiter hatten plötzlich öfter die Gelegenheit, ihren Schreibtisch zu verlassen und aus erster Hand über die Geschäfte und die Lieferanten zu lernen.«
Die neue Kampagne sparte jährlich 200 000 Formulare ein, indem die Kontrolle über die Kassenschalter vereinfacht wurde. Die Lagerkontrolle wurde ebenfalls einfacher gestaltet, und der Informationsaufwand für die Konzernleitung wurde um eine halbe Million Seiten pro Jahr reduziert. Das Untersuchungsteam machte 13 Millionen Formularen pro Jahr ein Ende, die für die Verarbeitung retournierter Waren verwendet wurden, bevor der Kunde sein Geld zurückerhielt. Warum, so wurde gefragt, kommt man den legitimen Forderungen nicht gleich am Kassenschalter nach? Die Personalkosten konnten um fünf Prozent reduziert werden, und auch der Kundendienst, so Sir Derek Rayner, wurde wesentlich verbessert.

Kapitel 14

BERATUNG

Probleme mit Menschen

Als Manager werden Sie immer wieder mit den Problemen anderer konfrontiert werden. Man wird sich mit Schwierigkeiten an Sie wenden, oder Sie werden selbst merken, daß etwas nicht stimmt und daß Sie eingreifen müssen.

Der Umgang mit Problemen

Problemen kann auf vier verschiedene Arten begegnet werden:

1. Befehle erteilen. Sie lösen die Probleme für andere. Sie sind der Experte. Sie sind die Autorität. Sie sprechen. Man hört Ihnen zu. Ihre Autorität in Frage zu stellen wäre sinnlos.
   Das ist der autoritäre Ansatz. Ihr Gegenüber mag sich fügen oder auch nicht, doch auch wenn er befolgt, was Sie ihm vorschreiben, wird er in Zukunft erst wieder nicht wissen, wie er mit einem Problem fertig werden soll.
2. Manipulieren. Sie kennen die beste Lösung oder glauben, sie zu kennen. Sie realisieren, daß der »Befehlsansatz« rüde ist und daß Sie mehr erreichen, wenn der Betroffene das Gefühl hat, etwas aus freiem Willen zu tun.
   Mit Manipulation steuern Sie Ihre Mitarbeiter in die von Ihnen gewünschte Richtung. Die eigentlichen Bedürfnisse der Betroffenen sind für Sie Nebensache. Zwar bieten Sie Ihre Hilfe an, doch nur, um Ihren eigenen Interessen zu dienen und Ihre Macht auszubauen.
   Manipulatoren haben keine gute Meinung von den Menschen, die sie manipulieren. Sie formen sie nach ihren eigenen Vor-

stellungen. Solche Menschen sind gefährlich, obwohl ihre Bemühungen, sobald sie durchschaut werden – und das ist oft der Fall –, konterproduktiv werden und sie in ein negatives Bild rücken.

3. Rat geben. Wenn Sie Ratschläge erteilen, erreichen Sie, daß der Betroffene am Problemlösungsprozeß teilnimmt. Sie geben ihm nicht genau vor, was zu tun ist, sondern analysieren die Situation gemeinsam, ohne dabei Bedürfnisse, Erwartungen, Hoffnungen und Ängste zu vernachlässigen.
   Menschen lernen mit der Hilfe eines Beraters, ihr Problem nicht nur momentan zu lösen, sondern sind auch für den Fall gewappnet, daß es neuerlich auftritt. Gute Berater involvieren ihre Klienten in die Diskussion über mögliche Alternativlösungen und überlassen ihnen die endgültige Wahl. Es besteht jedoch ähnlich wie bei den Experten die Gefahr, daß die Berater Für und Wider jeder Alternative so lange zugunsten ihres eigenen Lösungsvorschlages abwägen, bis ihr Klient so gut wie keine Wahl hat.
   Das ist der Grund, warum guter Rat nicht immer angenommen wird. Ein guter Rat in Ihren Augen wird vom Empfänger deshalb nicht zwingend als solcher gesehen. Er mag sich für den Moment auf Grund Ihrer Autorität damit einverstanden erklären, doch tief in seinem Inneren ist er anderer Ansicht. Sie glauben, die Lösung für das Problem vermittelt zu haben, doch in Wirklichkeit haben Sie womöglich nur gesagt: »Welche von ›meinen‹ Ideen gefällt Ihnen am besten?« Sie involvieren den Betroffenen nicht wirklich, wodurch ein Verständnis für das Problem nicht einvernehmlich erreicht wurde. Das Problem mag nur oberflächlich gelöst worden sein, und der Betroffene wird, sobald er darüber nachdenkt, das Gefühl haben, nicht weiter gekommen zu sein.
4. Beratschlagen. Wenn Sie den Weg der gemeinsamen Beratschlagung (Counselling) wählen, gilt Ihre Sorge zunächst dem Betroffenen und dann erst dem Problem. Sie wollen ihn wirklich in den Lösungsprozeß mit einbeziehen, und zwar nicht,

indem Sie ihm von oben kommende Vorschläge anbieten, sondern indem Sie ihn auffordern – mit Ihrer Hilfe –, selbst zu entscheiden, welche Lösung für ihn am besten wäre. Der Grund, warum Counselling mehr Wirkung hat als alle anderen Methoden, liegt darin, daß die Bereitschaft der Betroffenen, etwas zu unternehmen, viel echter sein wird, wenn sie das Problem und seine Lösung »besitzen«. Das wird der Fall sein, wenn sie sich selbst entschieden haben und persönlich von ihrer Vorgangsweise überzeugt sind. Befehle, Manipulation und die Erteilung von Ratschlägen kann Menschen unter Druck setzen und negative Reaktionen auslösen.

Warum wird beraten?

In Ihrer Führungsfunktion wird es immer wieder vorkommen, daß Sie andere auffordern müssen, etwas zu tun, und es wird viele Gelegenheiten geben, in denen Sie von der Richtigkeit, einen Rat zu erteilen, überzeugt sein werden, da Sie von dem Gefühl ausgehen, eine Situation am besten beurteilen zu können.
Aber Ratschläge werden oft nicht angenommen, und angesichts eines Problems sollten Sie sich immer überlegen, ob eine Beratung nicht angebrachter wäre. Dieser Ansatz ist zwar zeitaufwendig und mit Schwierigkeiten verbunden, doch wenn Ihnen an einer Person etwas liegt, wird sich der Aufwand lohnen.

Wie wird beraten?

Zwei Schwierigkeiten müssen überwunden werden, wenn Ihre Beratung zielführend sein soll. Erstens müssen Sie dem Betroffenen dabei helfen, den eigentlichen »Kern« des Problems zu identifizieren, was für ihn nicht immer leicht ist, geschweige denn für Sie. Zweitens müssen Sie die Angelegenheit an die Oberfläche bringen. Das bedeutet, daß Sie Gefühle ansprechen müssen, die nicht

jeder gerne zeigt, schon gar nicht, wenn es sich um den Chef handelt. Persönliche Gefühle können schwerer wirken, wenn keine Bereitschaft vorhanden ist, über sie zu sprechen. Der Berater muß einen Weg finden, diese Barrieren zu durchbrechen.
Es gibt keine Formel für die Überwindung von Schwierigkeiten dieser Art. Sie können höchstens einen flexiblen Ansatz anstreben, der der jeweiligen Situation entsprechend angepaßt werden kann. Folgende Schritte sind möglich:

1. Hören Sie aktiv zu. Aktives Zuhören ist mehr als bloßes Schweigen. Der Berater muß beweisen, daß er interessiert und aufmerksam ist, so daß der Ratsuchende das Gefühl hat, es gehe ausschließlich um ihn. Der Augenkontakt darf nicht abreißen. Aufmunternde Worte müssen folgen, sobald der Betroffene beginnt, sich zu öffnen. Er sollte nicht geführt werden, sondern es soll ihm geholfen werden, ein Thema zu seinen Gunsten zu entwickeln.
2. Beobachten. Beobachten Sie so gut, wie Sie zuhören. Die mündliche Darstellung kann ungeschickt und voller versteckter Bedeutungen sein. Achten Sie auf Gestik (Körpersprache), Manieren, Ton und Ausdruck, und hören Sie auf die Worte. Nehmen Sie Ihre Phantasie zu Hilfe, um herauszufinden, was gemeint ist.
3. Fragen. Durch sachliche, offen gelassene Fragen hilft der Berater, ein Problem zu verstehen und zu definieren. Sachlich insofern, als sich die Fragen auf die Information beziehen, die während der Besprechung an die Oberfläche kommt, und offen, weil er keine bestimmte Richtung angeben will, die die von ihm gewünschten Antworten andeuten würde. Die Fragen dienen als Ausgangspunkt, von wo aus der Betroffene das Problem und seine damit verbundenen Gefühle erforscht und klärt, damit er schließlich eigene Lösungen entwickeln kann.
   Fragen, die sich hierfür anbieten, lauten:
   - Was geschieht Ihrer Meinung nach?
   - Inwiefern betrifft Sie dieses Problem?
   - Wann wurden Sie sich zum ersten Mal dieser Schwierigkeit bewußt?

- Wo ist Ihnen dieses Problem begegnet?
- Wer ist sonst noch involviert?
- Warum glauben Sie, ist das Problem aufgekommen?
- Was sollte Ihrer Ansicht nach getan werden?

Stellen Sie diese Fragen nicht blindlings, vor allem die letzte nicht. Ihre Fragen sollten natürlich wirken und im Laufe der Besprechung Assoziationsmöglichkeiten und Hilfe bieten, um zur weiteren Erforschung des Problems, seiner Ursachen und Lösungen beizutragen.

4. Gefühle anerkennen. Ein Problem ist immer mit Gefühlen verbunden, außer es ist rein technischer Natur. Gefühle müssen ausgesprochen werden. Wenn Sie das zulassen, wird der Betroffene die Last seiner Gefühle ablegen und seinen Emotionen freien Lauf lassen. Sie helfen ihm wahrscheinlich mehr, wenn Sie den Ausdruck dieser Gefühle zulassen und Ihre Sympathien durch kommentarloses Zuhören kundtun. Zuweilen sollten Sie diese Gefühle »reflektieren«, d. h. eine Bemerkung mit Ihren eigenen Worten widergeben, etwa: »Sie haben also das Gefühl, daß ...« Dadurch demonstrieren Sie Ihr Verständnis oder ermöglichen, ein Anliegen neu zu formulieren.
5. Das Problem definieren. Damit sind wir bei der eigentlichen Herausforderung angelangt. Manche Menschen definieren Ihr Problem nur sehr weitläufig, um herauszufinden, ob sie überhaupt Verständnis dafür finden. Um einer Sache auf den Grund zu kommen, müssen Sie nach Hinweisen forschen und dem Betroffenen durch verständnisvolles Zuhören und kurze Zwischenfragen helfen, weiter in die Tiefe vorzudringen, damit er selbst zu einer Definition des Problems gelangt. Es kann sein, daß Sie eine gewisse Zeit nur zuhören und Fragen stellen werden, bevor etwas geklärt werden kann, da starke Gefühle und klare Ausdrucksformen nur in den seltensten Fällen Hand in Hand gehen. Sobald Sie glauben, den Standpunkt des Betroffenen zu verstehen, ist es oft hilfreich, zusammenfassende Fragen zu stellen, wie etwa, »Ist es das, was Sie meinen?«, ohne jedoch irgendein moralisches Urteil abzugeben.

Im Laufe der Besprechung sollten Sie sich schrittweise ein Bild von der Problematik machen. Zeigen Sie das dem Betroffenen nicht. Erforschen Sie statt dessen Ansichten, Meinungen, Reaktionen und Gefühle, um Ihre Hypothese auf die Probe zu stellen und sie entweder anzunehmen, zu modifizieren oder durch eine andere zu ersetzen. Diese Hypothese wird Ihr Leitfaden sein, um den Betroffenen zu helfen, sein Problem zu erkennen und damit fertig zu werden. Sie sollten die Angelegenheit auf keinen Fall vorzeitig beurteilen. Die Hypothese sollte ein Produkt dessen sein, was Sie hören und sehen, und Sie sollten bereit sein, davon abzukommen, sobald neue Informationen verfügbar werden.

Aber lassen Sie keinesfalls durchblicken, daß Sie möglicherweise eine Antwort gefunden haben. Ihr Hypothese dient ausschließlich als Richtschnur, um eine Antwort auf das Problem zu finden, wobei Ihre Aufgabe darin besteht, dem Betroffenen vor Augen zu führen, wie er es selbst lösen kann.

6. Lösungen erforschen. Gehen Sie von der Hypothese aus, warum das Problem – in der Definition des Betroffenen – existiert, und ermuntern Sie ihn, andere Wege zu finden, wie es gelöst werden könnte. Währenddessen sollten Sie bei keinem Punkt besondere Zustimmung oder Ablehnung vermitteln. Der Betroffene soll Für und Wider einer Sache selbst erkennen und sich ohne Ihre Hilfe entscheiden, welchen Kurs er einschlagen möchte. Solange Sie sicher sein können, daß weder der Betroffene noch sonst jemand zu Schaden kommen wird, können Sie der Lösung zustimmen. Doch seien Sie nicht zu enthusiastisch. Beschränken Sie sich auf eine ruhige, sogar kühle Stellungnahme, aus der hervorgehen sollte, daß Sie die Lösung gut finden. Nur wenn Sie wissen, daß die Lösung nicht durchführbar ist, weil sie der Politik des Unternehmens zuwiderläuft oder weil Sie überzeugt sind, daß der Betroffene oder andere zu Schaden kommen werden, verweisen Sie darauf, daß die Angelegenheit noch gründlicher überlegt werden müßte.
7. Durchführen. Wenn man Sie ausdrücklich um Hilfe bei der

Durchführung bittet, sollten Sie nicht nein sagen. Andernfalls überlassen Sie die Durchführung dem Betroffenen, aber stellen Sie sich auf weitere Beratungen ein, falls es den Anschein hat, falsche Schritte wurden unternommen.

Wann wird beraten?

Als Manager sollten Sie sich für den Beratungsansatz entscheiden, wenn einer Ihrer Mitarbeiter ein persönliches Problem hat, das sich auf seine Arbeit auswirkt. Es ist freilich nicht Ihre Aufgabe, Ihre Nase in die privaten Angelegenheiten anderer zu stecken, doch wenn Sie jemandem helfen können, eine Krise zu bewältigen, wird sich das auf das Verhalten und in der Folge auf die Leistung auswirken. Insofern kann sich die Beratung lohnen, und je wichtiger ein Mitarbeiter für die Firma ist, um so mehr Zeit sollten Sie für die Problembewältigung aufwenden.
Die Beratung ist jedoch nicht immer die geeignete Methode. Ihr Führungsstil muß flexibel sein, um sich in den unterschiedlichsten Situationen zu bewähren. Manchmal werden Sie einem Problem nur mit Weisungen beikommen können. Doch bevor Sie sich für diesen Kurs entscheiden, sollten Sie sich immer überlegen, ob Beratung nicht nur für den Betroffenen selbst, sondern auch für Sie in Ihrer Vorgesetztenposition nicht zielführender ist.

Kapitel 15

KREATIVES DENKEN

Walter Bagehot schrieb: »Man hört sehr oft, daß die Phantasie den Menschen regiert; doch es wäre richtiger, man sagte, er werde von der Untauglichkeit seiner Phantasie regiert.«
Phantasieloses Management ist zum Scheitern verurteilt. Mit kreativem Denken soll der Gefahr, von diesem Unvermögen beherrscht zu werden, entgegnet werden.

Kreatives und logisches Denken

Kreatives Denken ist phantasievolles Denken. Es produziert neue Ideen, neue Sichtweisen. Es relativiert Dinge oder Ideen, an die zunächst nicht gedacht wurde. Es ist sprunghaft und von der Norm abweichend. Edward de Bono prägte den Begriff »laterales Denken«, der sich bis heute erhalten hat; er impliziert eine Denkweise, die Seitensprünge erlaubt, anstatt einer logischen Vernunftkette Schritt für Schritt zu folgen.
Logisches oder analytisches Denken ist ein Prozeß, der Schritt für Schritt vorangeht. Es ist kontinuierlich, da ein Schritt auf den anderen folgt, bis im idealen Fall die einzig mögliche Lösung gefunden wird. Man spricht daher oft von »konvergentem« Denken; de Bono nennt es auch »vertikales Denken«, da der Informationsstand geradlinig aufgebaut wird.
Die Unterschiede zwischen vertikalem und lateralem Denken faßte de Bono folgendermaßen zusammen:

Vertikales Denken
Wählt aus.
Sucht nach dem Richtigen.
Eine Sache muß unmittelbar aus einer anderen hervorgehen.

Konzentriert sich auf Relevanz.
Schlägt den wahrscheinlichsten Weg ein.

Laterales Denken
Verändert.
Sucht nach dem anderen.
Ist bewußt sprunghaft.
Begrüßt zufällige Ereignisse.
Erforscht das Unwahrscheinliche.

Kreatives Denken ist logischem Denken nicht überlegen. Es ist bloß anders. Die besten Manager sind gleichzeitig kreativ und logisch. Mögen sie auch noch so kreativ sein, eine Entscheidung muß früher oder später getroffen werden. Und um zur richtigen Entscheidung zu gelangen, muß man logisch vorgehen.

Der Kreativitätsprozeß

Im »Schöpfungsakt« beschreibt Arthur Koestler den kreativen Prozeß als eine Form der »Bisoziation«; zwei Fakten oder Ideen, die in keinem Zusammenhang stehen, werden zu einer einzigen Idee verbunden. Die Herstellung des Bezuges oder der »Bisoziation« wird für gewöhnlich von einem Gefühl der Spannung begleitet. Blitzartig wird etwas erkannt, dem der Ausruf »Eureka!« oder zumindest »Aha!« folgt. Koestler verglich dieses Gefühl mit dem Spannungsnachlaß, der unmittelbar nach der Pointe eines Witzes eintritt – dem »Haha«-Erlebnis. Oder aber auch mit dem nicht ganz so dramatischen Spannungsnachlaß, der angesichts eines Kunstwerkes eintritt.
Wenn wir an unserem kreativen Denkvermögen arbeiten wollen, müssen wir drei Dinge tun:
1. Verstehen, welche Barrieren kreatives Denken behindern.
2. Die individuelle Kapazität für kreatives Denken ausbauen.
3. Die kollektive Kapazität der Gruppe einsetzen, um neue Ideen mittels »Brainstorming« zu fördern.

Barrieren des kreativen Denkens

Die wichtigsten Hindernisse im kreativen Denkprozeß sind:

- Ihre Gedanken werden von einem vorherrschenden Denkmuster konditioniert – Gedanken gehen nach einem bestimmten Muster vor, und es geschieht leicht, daß man sich durch fixe Ideen in eine Falle locken läßt. Von de Bono wird das »Gedankengefängnis« oder »Hindernisfaktor« genannt.
- Das freie Wachstum Ihrer Ideen wird auf Grund streng definierter Grenzen oder Restriktionen behindert.
- Annahmen, die zur Weiterentwicklung neuer Ideen beitragen, werden nicht wahrgenommen und überprüft.
- Alternativen werden polarisiert – d. h. jede Entscheidung wird auf »entweder/oder« reduziert, auch wenn andere Sichtweisen möglich sind.
- Anstatt lateral zu denken, ist man zu fortlaufendem Denken konditioniert, wobei man immer nach »besten« und nicht nach anderen Ideen sucht. In de Bonos Worten: »Viele verschiedene Ideen zu haben, von denen einige falsch sind, ist jedenfalls besser, als immer recht zu behalten und überhaupt gar keine Idee zu haben.«
- Das Offensichtliche wird nicht bewußt herausgefordert – die Versuchung ist groß, der einfachen Lösung nachzugeben.
- Auswertungen finden übereilt statt – man gelangt zu übereilten Schlüssen und läßt der Phantasie keine Zeit, andere, gleichermaßen mögliche Sichtweisen zu erforschen.
- Man will sich anpassen – die Antwort liefern, die erwartet wird.
- Die Angst überwiegt, wie ein Tölpel dazustehen und verächtlich behandelt zu werden.

Wie kreatives Denkvermögen weiterentwickelt wird

Wenn Sie kreativer denken wollen, müssen Sie sich zunächst selbst analysieren. Arbeiten Sie die Liste der Kreativitätsbarrieren durch, und fragen Sie sich: »Trifft das für mich zu?« Wenn ja, überlegen Sie sich, wie Sie Ihre eigenen Schwierigkeiten überwinden können, indem Sie sich auf folgende Dinge konzentrieren:

- Durchbrechen Sie alle Hindernisse.
- Öffnen Sie Ihr Denken für das Aufkommen neuer Ideen.
- Zögern Sie Ihr Urteil so lange hinaus, bis Sie alle Alternativen gründlich erforscht haben.

Der Durchbruch

Um zugunsten neuer Ideen alle Hindernissen zu durchbrechen, sollten Sie:

- vorherrschende Ideen, die Ihr Denken beeinflussen, identifizieren;
- die Einschränkungen definieren (d. h. vergangene Erfahrungswerte, Präzedenzfälle, Politik, Verfahren, Regeln), innerhalb deren Sie vorgehen und versuchen, sich von ihnen zu lösen, indem Sie sich folgendes fragen:
  - Sind die Einschränkungen legitim?
  - Kann ich mich auf vergangene Erfahrungswerte verlassen?
  - Was ist neu an der gegenwärtigen Situation?
  - Gibt es irgendeinen anderen Weg?
- sich Ihre Grundannahmen bewußt machen und all jene in Frage stellen, die die freie Entwicklung neuer Ideen behindern;
- »Entweder/oder«-Vorschläge verweigern und fragen: »Kann zwischen Alternativen wirklich so ohne weiteres ausgewählt werden?«
- immer wieder nach dem »Warum?« einer Entscheidung fragen (denken Sie jedoch daran, daß Sie andere verärgern können, wenn Sie zu direkt sind).

Wie neue Ideen entwickelt werden

Um neue Ideen zu entwickeln, müssen Sie sich öffnen. Sollte es Ihnen gelungen sein, einige der oben genannten Hindernisse aus dem Weg zu räumen, sind Sie nun in einer besseren Lage, um:

- sich einer Situation anders zu nähern und sie aus allen möglichen Blickwinkeln zu erforschen,
- möglichst viele Ansatzmöglichkeiten in Erwägung zu ziehen, ohne dabei die »einzig beste Möglichkeit« zu suchen (denn die gibt es nicht) und ohne zu voreiligen Auswertungen zu gelangen (die nur eine teilweise Befriedigung gestatten),
- in de Bonos Worten »Diskontinuität zu schaffen«, also der Norm bewußt zu entrinnen. Zu den Techniken, die neue Ideen auslösen, gehören:
  - Freies Denken, der Erwägung von Alternativen freien Lauf zu lassen und Situationen mit Denkvorgängen zu begegnen, die vielfach irrelevant erscheinen mögen.
  - Sich absichtlich neuen Einflüssen aussetzen. Das können Menschen, Zeitungsartikel, Bücher, de facto alle Gelegenheiten sein, die Ihnen neue Einsichten verschaffen, auch wenn sie nicht unmittelbar relevant sein mögen.
  - Von einem Problem zum nächsten überzugehen und dabei sich selbst und andere zu involvieren.
  - Dafür sorgen, daß eigene Ideen mit den Ansichten anderer vermischt werden.
  - Analogien als Ideenauslöser verwenden. Die Analogie sollte vom Problem ausgehen, doch in der Folge für sich selbst stehen, um einen anderen Ansatz an das Problem zu ermöglichen.

Urteilsverzögerung

Kreatives Denken sollte zum Ziel haben, die Ideenauswertung unabhängig von ihrer Entwicklung vorzunehmen. Ein übereiltes Verwerfen neuer Ideen ist der schlimmste Fehler, der Ihnen unterlaufen kann. Es ist immer leicht, auf zehn Arten »nein« zu sagen. Zum Beispiel:

- Es wird nicht funktionieren.
- Das tun wir bereits.
- Das haben wir schon früher erfolglos ausprobiert.
- Das ist unpraktisch.
- So werden wir das Problem nicht lösen.
- Das ist zu riskant.
- Das ist ja reine Theorie.
- Es wird zu viel kosten.
- Den Kunden/dem Chef/der Gewerkschaft/den Arbeitern/den Aktionären etc. wird das nicht gefallen.
- Das schafft mehr Probleme, als es löst.

Von diesen Einwänden sind sicher manche angebracht. Aber führen Sie sie erst dann an, wenn Sie möglichst viele Ideen entwickelt haben. Erlauben Sie den Ideen, ein wenig zu wachsen, und erwürgen Sie sie nicht gleich bei ihrer Geburt.

Sie machen es sich zu einfach, wenn Sie sofort »nein« sagen oder etwas, nur weil es neu oder anders ist, lächerlich machen. Bei kreativem Denken zählt das Endergebnis, und wenn Sie originell sein wollen, sollten Sie dem eingeschlagenen Kurs nicht allzuviel Beachtung schenken. Es macht gar nichts, wenn Sie hin und wieder stolpern oder die falsche Richtung einschlagen, vorausgesetzt, Sie ziehen Ihr Zögern nicht übermäßig in die Länge und gelangen am Ende dorthin, wo Sie ursprünglich hinwollten.

Dazu de Bono:

»*Vertikales Denken* setzt voraus, daß jeder Schritt korrekt ist. Das Endergebnis (Idee, Lösung, Schlußfolgerung) ist daher automatisch korrekt, wenn die Schritte, die dorthin führten, richtig waren ... Bei lateralem Denken sind die einzelnen Schritte unerheblich, solange einer, und zwar der letzte, richtig war.«

Eine Urteilsverzögerung erfordert starke Nerven, da sie gegen den Strich geht. Sie müssen sich bewußt anstrengen, Ihre Meinung bis zum richtigen Zeitpunkt zurückzuhalten, der eintritt, sobald Sie

das Gefühl haben, in der verfügbaren Zeit möglichst viele Ideen gesammelt zu haben.
Unsere Ausbildung, unsere Hemmungen und unsere Angst, als der Dumme oder angeschlagen aus einer Verhandlung hervorzugehen, sind Faktoren, die gegen uns arbeiten. Dennoch sollten wir uns und andere von diesen Hindernissen befreien. Diskontinuität treibt die Öffnung voran, und Brainstorming fördert neue Ideen an die Oberfläche.

Brainstorming

Brainstorming bedeutet, in nur kurzer Zeit die vielfältigen Ideen einer Gruppe festzustellen. Es ist im wesentlichen eine Gruppenaktivität, bei der möglichst viele Ideen entwickelt werden, ohne die Auswertung abzuwarten.
Die wichtigsten Merkmale einer Brainstorming-Konferenz sind:

1. Eine Gruppe von sechs bis zwölf Personen wird gebildet. Einige sollten unmittelbar mit dem Problem zu tun haben, während die anderen aus anderen Bereichen kommen sollten, um eigene Ideen und Erfahrungswerte einbringen zu können. Es gibt einen Vorsitzenden und einen Schriftführer.
2. Der Vorsitzende bestimmt die Regeln, wobei er folgende Punkte betonen sollte:
   - Es sollten möglichst viele Ideen gefunden werden.
   - Keine der Ideen wird ausgewertet.
   - Niemand soll sich scheuen, Vorschläge zu machen.
3. Wenn nötig, sollte eine Konferenz probeweise abgehalten werden, um die Gruppe mit dem Procedere vertraut zu machen. Beispielsweise könnten die vielfältigen Verwendungszwecke einer Büroklammer zum Thema gemacht werden.
4. Der Vorsitzende nennt das Problem, wobei er es nicht zu genau definieren sollte.
5. Der Vorsitzende eröffnet die Konferenz mit Worten wie: »Auf wie viele Arten können wir . . .?«

6. Der Vorsitzende ermuntert die Gruppe zu Beiträgen und verhindert jeden Ansatz, die Idee auszuwerten. Von Zeit zu Zeit kann er das Problem neuerlich beim Namen nennen.
7. Der Schriftführer faßt die Vorschläge zusammen und notiert sie auf Flip-charts. Er kümmert sich zu diesem Zeitpunkt weder um die Formulierung noch um Wiederholungen. Die Konferenz sollte nicht auf Band aufgenommen werden, da dies den Ideenfluß hemmt.
8. Der Vorsitzende ermuntert die Gruppe laufend zu Beiträgen und versucht, den Mitgliedern ihre Scheu zu nehmen und möglichst viele Ideen – gute, schlechte, indifferente, vernünftige, unvernünftige – zu fördern. Er hält das Tempo, gibt keine Kommentare ab und verhindert, daß andere einen Beitrag kommentieren. Jede Idee ist gleichermaßen relevant.
9. Nach etwa dreißig bis spätestens vierzig Minuten beendet der Vorsitzende die Konferenz. Einer Verlängerung darf nicht zugestimmt werden.
10. Die Auswertung findet zu einem späteren Zeitpunkt statt, wenn möglich mit einer anderen Gruppe. Bei dieser Konferenz ist das Ziel:
    - Ideen für den unmittelbaren Gebrauch auszuwählen.
    - Ideen zu identifizieren, auf die näher eingegangen werden sollte.
    - Verschiedene Ansätze zu untersuchen, die im Zuge der Konferenz vorgeschlagen wurden.

Brainstorming eignet sich besonders gut als Auslöser von Ideen, zum Abbau von Hemmungen, zum gewinnbringenden Ideenaustausch und zum Ausbruch aus gewohnten Denkmustern. »Ideenkonferenzen« müssen sorgfältig geplant und durchgeführt werden. Die entsprechende Auswertung ist ebenfalls wesentlich.

Gehen Sie bei ihrer Anwendung selektiv vor. Der Rahmen für verschiedene Ideen sollte entsprechend groß sein. Alle Probleme werden Sie damit zwar nicht lösen, doch zumindest dient die Methode als Hilfe, um Barrieren zu durchbrechen, die im Zuge der traditionellen Entscheidungsprozesse errichtet wurden.

Denken Sie daran, daß Ihre endgültige Entscheidung zählt. Brainstorming und andere Techniken zur Kreativitätsförderung werden Ihnen helfen, in neues Terrain vorzudringen, doch letztendlich müssen Sie klar und analytisch vorgehen und Für und Wider Ihrer Lösung abwägen, bevor Sie sich endgültig für eine Vorgangsweise entscheiden.

Kapitel 16

KRISENMANAGEMENT

Was ist Krisenmanagement?

Der Begriff »Krisenmanagement« wurde zur Zeit der Kubakrise von Robert McNamara geprägt, der damals sagte: »Von Strategie kann nicht länger die Rede sein, es gibt nur noch Krisenmanagement.«
Krisenmanagement ist vor allem in Diplomatenkreisen ein gängiger Begriff, doch er trifft auch auf jede andere Organisationsform zu, wo der Druck der Ereignisse – externer oder interner – das Management zwingt, dringende Entscheidungen zu treffen. Eine Krise stellt einen Wendepunkt oder einen Moment der Gefahr und Ungewißheit dar, und in unserem turbulenten Zeitalter gehören Wendepunkte und Gefahrenmomente zu unseren ständigen Begleitern.
Krisenmanagement kann, wie folgt, definiert werden:
Unter Druck einer Situation begegnen, wobei eine Reihe von miteinander verbundenen Operationen geplant, organisiert, dirigiert und kontrolliert werden und der Entscheidungsprozeß all jener, die zuständig sind, zu einer raschen, jedoch nicht übereilten Lösung des akuten Problems geführt wird.

Ursachen von Krisen

Krisen werden entweder durch menschliches Handeln oder durch Naturkatastrophen – Feuer, Flut, Erdbeben etc. – verursacht. Wenn Menschen eine Krise verursachen, dann wollen sie entweder als Außenstehende einer Organisation bewußt Schaden zufügen, oder sie haben, ebenfalls von außen, Handlungen in die

Wege geleitet, die auf indirektem Wege ein schwerwiegendes Problem auslösen. Interne Krisen können absichtlich von Menschen verursacht werden, die ein bestimmtes Anliegen verfolgen, oder zufällig auf Grund eines kolossalen Fehlurteils oder einer langen Geschichte aufeinanderfolgender Irrtümer auftreten.

Krisen können jedoch auch in Form plötzlicher, unvermuteter Ereignisse auftreten, die vermieden hätten werden können. Daher würde eine völlige Aufgabe strategischer Maßnahmen, wie es McNamara tat, wahrscheinlich zu weit gehen, aber Robert Burns meinte, daß »gar die besten Pläne des Menschen manchmal irren«, und das hat seit dem 18. Jahrhundert, als diese Zeile geschrieben wurde, nichts an Wahrheit eingebüßt.

In einer idealen Welt gäbe es keine Krisen. Man würde sein Ziel kennen und es erreichen, ohne vom Weg abzukommen. Probleme könnten vorhergesehen und mit Eventualplänen behoben werden. Aber die Welt, in der wir leben, ist natürlich nicht so. *Murphy's Law* wartet nur darauf, zuzuschlagen – wenn etwas mißlingen kann, wird es das tun.

Auch wenn Krisen scheinbar plötzlich auftreten, heißt das nicht, daß sie nicht vorhersehbar wären. Die Novelle von Garcia Marqez, »Chronik eines angekündigten Todes«, handelt von einer Krise. Ein junger Mann wird ermordet, und obwohl bereits aus dem Titel ersichtlich wird, daß alle wissen, was geschehen würde, scheint niemand fähig, etwas dagegen zu unternehmen. Katastrophen kündigen sich oft an. Nicht einmal ein Vulkanausbruch ereignet sich ohne Vorwarnung.

Es gibt ein Phänomen, das man »Krisenrutsch« nennen könnte. Schrittweise, unmerklich und unaufhaltsam schließen die Ereignisse aneinander an. Die Regenfälle werden immer heftiger; der Fluß geht über seine Ufer und vereinigt sich mit anderen Flüssen, die ebenfalls überfluten; der Druck wird größer. Die Gewalt des Wassers läßt sich kaum noch bewältigen, sie wächst ins Unermeßliche, und schließlich hält der Damm nicht mehr. Das Krisenmanagement hätte natürlich in dem Moment einsetzen müssen, ab dem die ungewöhnlichen Regenfälle beobachtet wurden. Doch menschliches Versagen schleicht sich ein, und Dämme stürzen ein. Der unaufhaltsame Rutsch in eine Krise muß nicht immer auf menschliches Versagen zurückzuführen sein, sondern kann auch durch menschliche Dickköpfigkeit verursacht werden. Wenn die Techniken des Krisenmanagements mit kühlem Kopf eingesetzt werden, um potentiell gefährliche Situationen zu beurteilen und die Beteiligten rechtzeitig zu versammeln, damit die Probleme diskutiert und eine Lösung gefunden wird, bevor die Lage kritisch wird, kann Sturheit im Keim erstickt werden. Das gilt nicht nur für die politische Arena, sondern auch für jedes Unternehmen. Vor Kuba wurde Präsident Kennedy auf 60 Beinahe-Nuklearkatastrophen einschließlich des Starts zweier Raketen mit atomaren Sprengköpfen aufmerksam gemacht. Er reagierte, indem er nicht nur das Frühwarnsystem der amerikanischen Abwehr verbessern ließ, sondern auch mit den Sowjets Gespräche für den gegenseitigen Informationsaustausch aufnahm. Während der Falklandkrise versagten die Briten jedoch insofern auf allen Ebenen, als sie einerseits die starken Gefühle der Argentinier für die Malvinas nicht verstanden und andererseits nicht wahrhaben wollten, daß Galtieris Tage in der Regierung gezählt waren.

Managementkrisen

Im Management können alle Arten von Krisen ausbrechen: Übernahmeangebote, Kursstürze, ein Medikament, das verheerende Nebenwirkungen hat, ein Manöver der Konkurrenz, die plötzlich auf dem Markt auftaucht und das Terrain mit einem Schlag für sich beansprucht, eine Innovation, die ein Produkt zum alten Eisen verdammt, ein plötzlicher Streik mit fatalen Auswirkungen, ein unehrlicher Manager, der das Unternehmen in die Schlagzeilen bringt, ein Feuer oder eine Flut, die Abwerbung wichtiger Führungskräfte durch die Konkurrenz usw. Die Liste ließe sich in alle Ewigkeit fortsetzen.
Zur Ehe sagte Tolstoi: »Die glücklichen Familien sind sich durch-

wegs ähnlich, aber eine unglückliche Familie ist immer nur auf ihre Weise unglücklich.« Dasselbe kann über Krisen gesagt werden. Jede Krise ist ein einzigartiges Ereignis und bedarf einer einzigartigen Lösung. Dennoch gibt es bestimmte Verhaltensformen, die sich für alle kritischen Situationen eignen, sowie mehrere allgemeingültige Grundsätze, die sich in Krisensituationen, bei denen es um Verhandlungen oder Konflikte geht, bewährt haben. Hinzu kommt eine Reihe von Krisenmanagement-Techniken, die, vorausgesetzt sie werden den besonderen Umständen angepaßt, allgemein anwendbar sind.

Verhalten im Krisenmanagement

Die wichtigste Regel in einer Krise lautet: »Bewahre einen kühlen Kopf!« In Kiplings Worten:

Wenn alle rundherum den Kopf verlieren, und Du den Deinen bewahrst,
Und sie Dir die Verantwortung übertragen,
Dann gehört Dir die Welt und alles auf ihr
Und – vor allem, mein Sohn – wirst Du ein Mann sein.

Zu den wohl besten Exponenten dieser Vorgangsweise gehörte Harold Macmillan, der auf dem Londoner Flughafen über eine Kabinettskrise befragt wurde und sagte: »Das vernünftigste, das wir meiner Ansicht nach tun konnten, war, diese unbedeutende lokale Angelegenheit zu regeln und uns dem schwerwiegenderen Problem Commonwealth zuzuwenden.« Ein anderer Premierminister, James Callaghan, ging freilich zu weit, als er, ebenfalls auf dem Londoner Flughafen (ein großartiger Ort für Aphorismen), wie nebenbei meinte: »Krise, welche Krise?«

Natürlich müssen Staatsmänner den Eindruck erwecken, sie hätten alles unter Kontrolle. Henry Kissinger, der seine gesamte diplomatische Karriere mit Krisenmanagement zubrachte, sagte einmal: »Nächste Woche kann keine Krise sein. Mein Terminkalender ist voll«. Doch Manager sollten nicht minder gelassen bleiben.

Zu den Kunstgriffen in Krisensituationen gehört die Fähigkeit, rundum den Eindruck zu erwecken, daß Sie die Lage im Griff haben. Sorglosigkeit, wie im Falle Macmillans, allerdings nicht wie bei Callaghan, ist eine Möglichkeit. Eine andere wäre, bewußt den Eindruck zu vermitteln, daß Sie es leicht nehmen – fast entspannt –, wenn Sie in Wirklichkeit unter Hochdruck arbeiten. In Situationen, wo es zugeht, wie im Narrenhaus und Menschen und Papiere in alle Richtungen durcheinanderstieben und drei Telephone auf einmal schrillen, lehnt sich ein guter Krisenmanager zuweilen zurück, trinkt eine Tasse Kaffee und plaudert unbekümmert über die Fußballübertragung vom Vorabend. Daraufhin nimmt er seine Arbeit mit doppelter Energie wieder auf. Robert Townsend fand in »Up the Organization« eine gute Beschreibung für diese Methode: »Es gibt eine Zeit für Engagement und eine Zeit für Rückzug. Eine Zeit, sich mit einer Sache gedanklich auseinanderzusetzen, und eine Zeit, darüber zu lachen.«

In »The Right Stuff« beschreibt Tom Wolfe Chuck Yeagers (der Mann, der als erster mit zwei gebrochenen Rippen die Schallmauer durchbrach) Einfluß auf den Krisenmanagementstil der Flugzeugpiloten und deren Ansatz mit den folgenden Worten:

»Alle, die in den Vereinigten Staaten oft mit dem Flugzeug unterwegs sind, kennen die Stimme des Piloten . . . sie ertönt aus dem Lautsprecher . . . ist betont langsam, betont gesellig und betont heimelig und gleichzeitig so übertrieben, daß sie sich selbst parodiert (sie ist deshalb nicht minder beruhigend!) . . . diese Stimme, die uns, während das Flugzeug von Stürmen gebeutelt wird, tausend Meter auf einmal auf- und niedersackt, höflich bittet, unsere Sicherheitsgurte anzulegen, denn «es könnte ein wenig böig werden«.

Auch bei Maschinen lohnt es sich, Ruhe zu bewahren, wie aus dem Hinweis an einem Fotokopiergerät ersichtlich wird:

!WARNUNG!
DIESE MASCHINE BRICHT IN ZEITEN KRITISCHER BELASTUNG LEICHT ZUSAMMEN

Diese Maschine verfügt über ein besonderes Schaltsystem, einen

»Krisendetektor«, der die emotionelle Verfassung des Benutzers aufspürt und erkennt, wie verzweifelt er oder sie das Gerät benötigt. Der Krisendetektor reagiert mit Fehlfunktionen, deren Schwere der Verzweiflung des Benutzers entsprechen. Gewaltandrohungen, schamlose Flüche oder Schimpfworte mögen zwar dem Benutzer Befriedigung verschaffen, doch den Krisendetektor wird das nicht beeindrucken, im Gegenteil, die Situation wird dadurch nur schlimmer. Ähnlich wird der Wechsel zu einem anderen Gerät dieses zu Fehlfunktionen veranlassen, da beide derselben Gewerkschaft angehören. Bleiben Sie ruhig, und seien Sie nett zum Kopierer. Das scheint die einzige Möglichkeit zu sein.

Verhandlungssituationen

Krisen, die durch Übernahmen, Arbeitnehmer-Arbeitgeber-Beziehungen, Rechtsstreitigkeiten und andere Probleme, bei denen zwei gegnerische Parteien aufeinandertreffen, verursacht werden, erfordern oft Verhandlungen. Die in Kapitel 34 beschriebenen Verhandlungstechniken eignen sich zwar, doch sie müssen wahrscheinlich beschleunigt werden.

In spannungsreichen Situationen wird man zuweilen besonders geschickt vorgehen müssen. Die »Trollope«-List ist nur ein Beispiel. Dabei wird ein Angebot, das nicht gemacht wurde, akzeptiert, um die gegnerische Partei zu veranlassen, die Akzeptanz zu akzeptieren. Der Begriff wurde von Robert Kennedy geprägt und geht auf die viktorianischen Romanheldinnen von Anthony Trollope zurück, deren List darin bestand, den Händedruck des Helden als Heiratsangebot zu deuten und diese Interpretation so lange zu verfechten, bis sie akzeptiert wurde. Sie wurde im Zuge der Kubakrise angewandt, als die Kommunikation mit Chruschtschow zu Zweideutigkeiten geführt hatte. Er hatte zwei Briefe geschrieben, wovon einer die amerikanische Blockade auf das schärfste verurteilte, während im anderen ein milder, beinahe einlenkender Ton vorherrschte. Die Verwirrung ging jedoch noch weiter, da nicht klar war, ob der »Habicht«-Brief, der erst nach dem »Tauben«-Brief eingelangt war, vorher oder nachher geschrieben worden war. Die Amerikaner beschlossen, den »Tauben«-Brief als die eigentliche Kommunikation anzusehen (hier kommt die Trollope-List ins Spiel) und den anderen, den »Habicht«-Brief, zu ignorieren, der wahrscheinlich erst nachher geschrieben wurde und die endgültige Haltung der Sowjets demonstrieren sollte. In »Thirteen Days: The Cuban Missile Crisis« (Macmillan 1969) berichtete Robert Kennedy, daß die Konfliktbeilegung dieser kreativen Auslegung der Zweideutigkeit zu verdanken war.

Von Verhandlungen kann tatsächlich gesagt werden, daß der Hauch einer Zweideutigkeit zuweilen ebenso wirksam sein kann wie wirkliche Stärke. Sie haben dadurch mehr Manövrierraum und können Ihre Taktik mehrmals ändern.

Konflikt

Häufig gehen Krisen mit Konflikten einher und erfordern Schlagfertigkeit. Als der Kampf um das Kaufhaus Harrods 1977 seinen Anfang nahm, fauchte Professor Rowland Smith Tiny Rowland mit den Worten an: »Warum nehmen Sie Ihre Panzer nicht von meiner Wiese?« Der damalige Übernahmekampf ist ein hervorragendes Beispiel dafür, wie entscheidend es ist, Nerven zu bewahren. Die Schlacht wurde erbittert und persönlich ausgetragen, und nur wenige wären bereit gewesen, weiterhin gegen die Kräfte anzukämpfen, denen Rowland ausgesetzt war, als er die Kontrolle über das angesehene Harrods-Kaufhaus übernehmen wollte. Er entschied sich für die Belagerungstaktik, um seinen Gegner mürbe zu machen, was ihm beinahe gelungen wäre. Doch die gegnerische Seite, die Fayed-Familie und, wie er behauptete, die Monopolkommission, nahm all ihre Kräfte zusammen und erreichte, daß, wie die *Sunday Times* es treffend nannte: »Tiny die falsche Karte ausspielte.« Er verkaufte schließlich seinen Anteil von 29,9

Prozent an Al Fayed. Wahrscheinlich war er einer Hinhaltetaktik in die Falle gegangen, aber im Konflikt war dies der Wendepunkt, denn, so die *Sunday Times:* »Hätte Rowland im Herbst 1984 Nerven bewahrt, würde Harrods heute ihm gehören.«

Wann wird gekämpft

In einer Krise ist der Beschluß, wann und wie hart zu kämpfen ist, eine Frage der Beurteilung. Sie können sich für eine aggressive Politik am Rande des Abgrunds oder für eine progressive Beschwichtigungstaktik entscheiden, doch in beiden Fällen müssen Sie darauf achten, daß Sie nicht zu weit gehen.

Hier wäre es vielleicht angebracht, sich an die Botschaft zu erinnern, die Chruschtschow während der Kubakrise an Kennedy sandte: »Wenn die Menschen nicht weise sind, dann werden sie am Ende wie blinde Maulwürfe aufeinander losgehen, und die gegenseitige Vernichtung wird ihren Anfang nehmen.«

Die Wahl der geeigneten Taktik ist niemals leicht. Clausewitz sagte: »Krieg ist nichts anderes als eine Fortsetzung der Politik mit anderen Mitteln«, und man sollte normalerweise erst dann angreifen, wenn man mit Sicherheit weiß, daß der Verlauf der friedlichen Verhandlungen nicht zielführend ist.

Die Wahl wird auch von Ihrer Fähigkeit abhängen, Strategien und Taktiken Ihres Gegners zu durchschauen. Im Krisenmanagement geht es hauptsächlich darum, Motive, Absichten und Listen anderer zu durchschauen und entsprechend zu reagieren. Hier ist ein weiteres Clausewitz-Motto angebracht: »Verachte den Feind strategisch, respektiere ihn taktisch.« Anders ausgedrückt, Sie können auf lange Sicht damit rechnen, Ihrem Gegner zu schaden, doch kurzfristig wird er hart kämpfen, und Sie werden ebenso hart zurückschlagen müssen. Der Verlust einer Schlacht ist nicht gleich der Verlust des Krieges, aber eine Aufeinanderfolge von Niederlagen macht Ihre Chancen zunichte, ganz egal, wie gerecht Ihre Sache oder wie überlegen Ihre Strategie sein mag.

Thomas Schelling, ein Experte für Krisenmanagement, kommentierte die Entscheidung »Kampf oder Flucht?« wie folgt:
»Normalerweise steht nicht das momentane Vorrecht zur Debatte, sondern die Erwartungen aller, wie sich einer der Beteiligten in Zukunft verhalten wird. Nachzugeben ist ein Signal, daß man damit rechnen kann, daß jemand nachgeben wird. Oft oder kontinuierlich nachzugeben, vermittelt die Erkenntnis, daß dies die Rolle ist, die man einnimmt. Bereitwillig bis zu einem gewissen Ausmaß nachzugeben und dann zu sagen, jetzt ist es genug, mag eine Garantie dafür sein, daß die zunächst gezeigte Härte den Verlust des Spiels für beide Seiten zur Folge hat.«
Krisenmanagement kann, muß aber nicht die Form einer sorgfältig überlegten Strategie annehmen, doch was auch immer passiert, die Taktik muß erarbeitet werden und setzt voraus, daß die Situation, aber vor allem die Aspekte, die die Absichten anderer betreffen, vollkommen verstanden wurden. Wenn Sie nachgeben, dann denken Sie an Schellings Worte, und sorgen Sie dafür, daß zur Kenntnis genommen wird, daß Sie Ihren Gegner mißverstanden oder unterschätzt haben, und er wird Ihre Lage nicht ausnutzen. Denken Sie auch an die Möglichkeit, daß am Ende beide verlieren können.
Wenn Sie sich für den Kampf entscheiden, sollten Sie sich die Regeln vom heiligen Augustinus und von Thomas von Aquin vor Augen halten, für die ein gerechter Krieg folgende Gründe haben sollte:

1. Er setzt eine gerechte Sache voraus.
2. Die Absicht muß gerecht sein.
3. Das Vorhandensein vernünftiger Erfolgschancen.
4. Im Falle des Erfolgs muß eine bessere Lage folgen als jene, die vorherrschen würde, wäre vom Kampf abgesehen worden.
5. Die zur Anwendung kommende (oder angedrohte) Gewalt sollte proportional zur Zielsetzung sein (oder zum Bösen, das es zu unterdrücken gilt).
6. Die Absicht sollte darin bestehen, jene zu verschonen, die nicht am Kampf teilhaben, oder zumindest vorgesehen sein.

Techniken im Krisenmanagement

Coral Bell schrieb in »The Conventions of Crisis«: »Rückblickend hat man angesichts sämtlicher Nachkriegskrisen das eigenartige Gefühl, die Entscheidungsträger hätten ihre ›Karten aus dem Ärmel geschüttelt‹, öfter ihre Intuition oder ihr Temperament zu Rate gezogen, als Planung oder Logik zum Maßstab gemacht.«
Für das Krisenmanagement in Handel und Industrie, aber auch in der politischen Arena ist übereiltes Handeln die größte Gefahr. Sie geben sich zu rasch dem Glauben hin, sofortiges und entschiedenes Handeln sei erforderlich. Unter akutem Druck stürmen sie einfach los, und ehe sie sich versehen, sind sie in die Elefantengrube gefallen.
Krisenmanagement beginnt vor der Handlung. Der Finger bleibt am Puls, damit man, sobald die Geschwindigkeit steigt – wenn die ersten Anzeichen eines Krisenrutsches sichtbar werden –, vorbeugende Maßnahmen treffen kann. Dadurch bleibt Ihnen genügend Zeit, um in aller Ruhe nachzudenken, Eventualpläne zu entwerfen und in die Tat umzusetzen.
Wenn Sie jedoch trotz aller Vorbeugemaßnahmen mit einer Krise konfrontiert sind, hilft folgendes Zehn-Punkte-Programm:

1. Bewahren Sie so weit als möglich Ruhe, und bewerten Sie die Lage. Auch wenn Sie das Gefühl haben, Ihre Analysen und Denkvorgänge müßten fünfmal rascher als sonst verlaufen, sollten Sie nicht die Ruhe verlieren. Es gilt festzustellen:
   - Was exakt passiert.
   - Warum es passiert.
   - Was geschehen wird, falls nichts unternommen wird.
   - Wie rasch Sie handeln müssen, um weiteren Schaden zu vermeiden.
   - Wer sonst noch involviert ist.
   - Wer wahrscheinlich involviert sein wird.
   - Welche Ressourcen Ihnen zur Verfügung stehen – Menschen, Ausstattung, Finanzen, Rückhalt von anderen Unternehmen, Zugang zu einflußreichen Persönlichkeiten.

2. Entwerfen Sie eine vorläufigen Aktionsplan, in dem Ihre Maßnahmen Schritt für Schritt ersichtlich sind, und bereiten Sie weitere Alternativpläne vor, um Eventualitäten vorzugreifen.
3. Bilden Sie ein Krisenmanagement-Team. Bestimmen Sie Rollen, Aufgaben und Handlungsbefugnisse (einigen Mitarbeitern müssen Sie vielleicht auf Grund der Notlage Autorität einräumen).
4. Richten Sie ein Krisenmanagement-Hauptquartier ein (Ihr Büro, die Vorstandsetage . . .).
5. Richten Sie ein Kommunikationssystem ein, damit Sie sofort über die Geschehnisse informiert werden und den Mitgliedern Ihres Krisenstabes und allen anderen, die in Aktion treten sollen, Nachrichten übermitteln können.
6. »Werfen Sie Balast ab«, wenn es möglich ist, und gehen Sie dabei nach dem Stromkreisprinzip vor, wonach teilweise Ladung abgegeben wird, sobald die Gesamtladung einen bestimmten Wert überschreitet. Das bedeutet also, sich nebensächlicher Probleme so rasch wie möglich zu entledigen.
7. Verweisen Sie Probleme in einen Bereich, der von der Krise nicht betroffen ist und wo eine Lösung mit Gelassenheit gefunden werden kann.
8. Bereiten Sie nun Ihre detaillierten Pläne mit folgenden Schwerpunkten vor:
   - Zeitpläne – handle jetzt oder später.
   - Spielraum für eine Abkühlungsphase.
   - Längerfristige Lösungen sollten rechtzeitig vorbereitet und durchgeführt werden.
   - Alternativpläne, um auf neue Entwicklungen oder Notfälle vorbereitet zu sein.
9. Seien Sie immer über die Geschehnisse genau informiert. Sorgen Sie dafür, daß Sie die erforderliche Information rasch erhalten, damit Sie rasch, aber nicht panisch reagieren können.

10. Werten Sie Handlungen und Reaktionen fortlaufend aus, damit Sie Ihren Plan modifizieren und rasche Korrekturmaßnahmen oder vorbeugende Schritte einleiten können.

Die Qualitäten eines Krisenmanagers

Gute Krisenmanager sind entschlossen. Sie reagieren rasch, doch ihr größtes Können besteht in der Beschleunigung des Entscheidungsprozesses. Sie unterlassen keinen einzigen Schritt in der Standardabfolge des Problemlösungs- bzw. Entscheidungsprozesses. Diese sind:

- Die Situation definieren.
- Die Zielsetzungen spezifizieren.
- Hypothesen entwickeln.
- Fakten ausfindig machen.
- Fakten analysieren.
- Mögliche Handlungsabläufe erwägen.
- Mögliche Handlungsabläufe auswerten.
- Entscheiden und durchführen.
- Die Durchführung überwachen.

Erfolgreiche Krisenmanager durchlaufen diese Schritte rascher, wenn sie ihre Erfahrungswerte, ihre Intelligenz und die ihres Teams einsetzen.

Krisenmanager erkaufen sich Zeit, indem Sie andere Angelegenheiten hintanstellen, doch wie alle guten Manager können sie dafür sorgen, daß etwas rasch geschieht, wenn sie es wollen. Sie sind gute Führer, inspirieren ihre Mitarbeiter, fördern deren Anstrengungen und geben ihnen die Kraft, an den erfolgreichen Ausgang des Krisenmanagements zu glauben.

Das wichtigste ist freilich, daß sie Ruhe bewahren. Sie geraten nicht in Panik, reagieren nicht übermäßig und verlieren nicht den Kopf. Wenn sie können, verlangsamen sie das Tempo sogar ganz bewußt, um den Eindruck zu vermitteln, alles sei unter Kontrolle und verlaufe nach Plan.

Zusammengefaßt ist Krisenmanagement nichts anderes als gutes Management unter Druck. Der Adrenalinfluß mag rascher als sonst sein, doch für die gedankliche Konzentration ist das wunderbar. Unter Druck entwickeln gute Manager ungeahnte Kräfte, und genau sie sind die guten Krisenmanager.

Kapitel 17

DELEGATION

Sie können unmöglich alles selbst tun, daher müssen Sie delegieren. Auf den ersten Blick sieht Delegation einfach aus. Man teilt jemandem bloß mit, was man erledigt wissen möchte, und läßt es ihn dann tun. Aber ganz so einfach ist es freilich nicht.

Es kann zuweilen vorkommen, daß Sie am liebsten alles an Ihren Mitarbeiter delegieren wollen, außer jenen Dingen, die er nicht tun kann. Aber Sie können sich dann nicht einfach zurückziehen. Sie haben zwar arrangiert, daß jemand anderer die Arbeit tut, aber Sie haben deswegen nicht die Verantwortung gleich mit abgegeben. Ihrem Vorgesetzten gegenüber sind Sie für die Handlungen Ihrer Mitarbeiter immer verantwortlich. Das ist auch der Grund, warum häufig davon die Rede ist, daß Verantwortung nicht delegiert werden kann.

Delegation ist schwierig. Es ist vielleicht sogar eine der schwierigsten Aufgaben im Management. Schwierig dabei ist, zwischen zu viel und zu wenig Delegation und zwischen übermäßiger und mangelhafter Überwachung abzuwägen. Wenn Sie jemandem einen Auftrag erteilen, sind Sie dafür verantwortlich, daß er auch erledigt wird. Dabei sollten Sie Ihrem Mitarbeiter jedoch nicht ständig im Nacken sitzen, Ihre eigene und seine Zeit verschwenden und im Weg herumstehen. Es muß eine ausgeglichene Mischung aus Vertrauen, Anleitung und Überwachung vorhanden sein.

Vorteile der Delegation

- Sie verschafft Ihnen bei Routinearbeiten und weniger kritischen Aufgaben Erleichterung.

- Sie gibt Ihnen Zeit für vorrangigere Aufgaben – für Planung, Organisation, Motivation und Controlling.
- Sie baut Ihre Führungskapazität aus.
- Sie beschleunigt den Entscheidungsprozeß – die Autorität muß jedoch innerhalb des Aktionsbereiches delegiert werden.
- Sie ermöglicht, daß Entscheidungen dort getroffen werden, wo die Details bekannt sind.
- Sie trägt entscheidend zur Weiterentwicklung der Mitarbeiter bei, da sie lernen, selbst Entscheidungen zu treffen, Arbeiten zu erledigen und Verantwortung zu übernehmen.

Wann delegiert wird

Sie sollten delegieren, wenn
- Sie mehr Arbeit haben, als Sie selbst effektiv bewältigen können;
- Sie für Ihre vorrangigen Aufgaben nicht genügend Zeit haben;
- Sie Ihre Mitarbeiter weiterentwickeln wollen;
- die Arbeit von Ihrem Mitarbeiter auch erledigt werden kann.

Wie delegiert wird

Wenn Sie delegieren, müssen Sie entscheiden:
- Was delegiert werden soll.
- An wen delegiert werden soll, entscheiden, wer die Arbeit tun soll.
- Wie der Mitarbeiter informiert und angewiesen werden soll – die Arbeit abgeben.
- Wie Sie seine Leistung überwachen werden.

Was delegiert wird

Sie delegieren Aufgaben, die Sie nicht unbedingt selbst erledigen müssen. Sie entledigen sich nicht bloß der schwierigen, mühsa-

men oder undankbaren Aufgaben, noch sollte ein angenehmeres Leben ihr Ziel sein. Im Gegenteil, durch Delegation wird Ihr Leben zwar schwerer, aber auch lohnender.
Sie delegieren also Routine- und wiederholende Arbeiten, von denen nicht erwartet werden kann, daß Sie sie selbst tun – solange Sie die gewonnene Zeit produktiv verwerten.
Fachliche Aufgaben können ebenfalls delegiert werden, allerdings muß der, der sie übernimmt, Können und Know-how mitbringen. Sie können nicht alles selbst tun, noch kann von Ihnen erwartet werden, allwissend zu sein. Sie müssen wissen, wie vorhandene Expertisen ausgewählt und eingesetzt werden können. Aber Sie müssen dem Experten auch klarmachen können, was Sie wollen und – wenn nötig unter Zwang – darauf bestehen, daß die Arbeit in einer nützlichen Form präsentiert wird. Dann werden Sie keine Probleme haben. Als Manager muß Ihnen klar sein, was der Spezialist für Sie tun kann. Sie sollten genügend Kenntnisse über ein Thema haben, um beurteilen zu können, ob seine Arbeit Ihren Vorstellungen entspricht.

Entscheiden, an wen delegiert wird

Im Idealfall sollte die Person, der Sie eine Aufgabe übertragen, Wissen, Können, Motivation und Zeit haben, um sie zu Ihrer vollen Zufriedenheit zu erledigen. Häufig wird Ihre Wahl jedoch auf einen Mitarbeiter fallen, der die idealen Voraussetzungen nicht ganz erfüllt. Dann sollten Sie sich aber für jemanden entscheiden, der Intelligenz und Begabung, jedoch vor allem die Bereitschaft mitbringt, bei entsprechender Hilfe und Anleitung etwas Neues zu lernen. Nur so entwickeln sich Menschen weiter, und die Entwicklung Ihrer Mitarbeiter sollte ein bewußtes Anliegen sein, wann immer Sie delegieren.
Sie suchen jemanden, dem Sie vertrauen können. Da Sie die Kontrolle nicht übertreiben wollen, müssen Sie bei der Person Ihrer Wahl davon ausgehen können, daß er oder sie die Arbeit verrich-

tet und genügend Verstand hat, sich an Sie zu wenden, falls Probleme auftreten oder bevor ein grober Fehler unterlaufen könnte. Wie wissen Sie, wem Sie vertrauen können? Die beste Methode ist, zunächst kleinere und weniger wichtige Aufgaben zu delegieren und den Rahmen systematisch auszubauen, damit Ihre Mitarbeiter lernen, wie weit sie gehen können, und Sie eine Möglichkeit haben, sie zu beobachten. Bewähren sie sich dabei, wird ihr Verantwortungsgefühl und ihr Urteilsvermögen davon profitieren, und Sie werden in der Lage sein, sie mit anspruchs- und verantwortungsvolleren Aufgaben zu betrauen.

Die Arbeit abgeben

Wenn Sie delegieren, sollten Sie dafür sorgen, daß Ihr Mitarbeiter folgende Dinge verstanden hat:

- Warum die Arbeit getan werden muß.
- Was von ihm erwartet wird.
- Wann er mit der Arbeit fertig sein muß.
- Welche Entscheidungsbefugnisse er hat.
- Die Probleme, die er melden muß.
- Die Fortschritts- und Abschlußberichte, die er vorlegen muß.
- Wie Sie sich die Führung und Überwachung vorstellen.
- Die Ressourcen und Hilfen, die ihm für die Arbeit zur Verfügung stehen.

Ihr Mitarbeiter benötigt vielleicht Ihre Anleitung, wie die Arbeit getan werden soll. Wie weit Sie dabei gehen, hängt klarerweise davon ab, wie viele Kenntnisse er für die Arbeit bereits mitbringt. Sie wollen Ihre Anweisungen nicht zu detailliert machen, da Sie dabei Gefahr laufen, die Eigeninitiative Ihres Mitarbeiters zu drosseln. Solange Sie wissen, daß er die Arbeit erledigen wird, ohne dabei gegen das Gesetz zu verstoßen, sein Budget zu überschreiten, Sie in peinliche Lagen zu versetzen oder andere zu verärgern, lassen Sie ihn gewähren. Halten Sie sich an die goldene Regel von Robert Heller: »Wenn Sie etwas nicht selbst erledigen können, finden Sie jemanden, der es kann – und dann lassen Sie ihn es auf seine Weise tun.«

Sie können zwischen »harter« und »weicher« Delegation unterscheiden. *Harte* Delegation findet dann statt, wenn Sie jemanden genau instruieren müssen, was zu tun ist, wie er es tun soll und wann Sie die Ergebnisse erwarten. Sie machen Ihre Anweisungen, formulieren sie schriftlich und notieren sich das Datum, wann die Arbeit erledigt zu sein hat. Und dann verfolgen Sie den Verlauf in regelmäßigen Abständen.

Weiche Delegation findet statt, wenn Sie sich mit Ihrem Mitarbeiter generell einig sind, was zu tun ist, und ihm alles andere überlassen. Sie sollten jedoch auch die Grenzen seiner Entscheidungsbefugnisse festlegen und definieren, was Sie selbst entscheiden wollen. Zudem sollten Sie feststellen, ob er Ihnen Ausnahmeberichte (siehe Kapitel 10) vorlegen soll, und andeuten, wie Sie den Verlauf verfolgen werden. Dann warten Sie ab, bis die Ergebnisse fällig sind, und beobachten von der Ferne. Schreiten Sie erst dann ein, wenn die periodischen Zwischenkonferenzen stattfinden oder wenn aus den Ausnahmeberichten hervorgeht, daß eine Sache einer genaueren Prüfung bedarf oder wenn ein Problem oder eine Entscheidung an Sie weitergeleitet wird.

Ihre Delegation sollte sich immer nach den Ergebnissen richten, die Sie erwarten. Auch wenn Sie nicht exakt spezifizieren müssen, wie die Ergebnisse zu erzielen sind, ist es keine schlechte Idee, Ihren Mitarbeiter zu fragen, wie er das an ihn delegierte Problem zu lösen beabsichtigt. Sie können Ihre Anleitungen dann gleich zu Beginn anbieten; zu einem späteren Zeitpunkt könnten sie als Einmischung verstanden werden.

Anleitung und Entwicklung

Delegation hilft Ihnen nicht nur, Ihre eigene Arbeit zu erledigen; sie kann auch zur Leistungsverbesserung Ihrer Mitarbeiter, und folglich zu Ihrem Vertrauen in ihre Fähigkeiten, verantwortungsvollere Aufgaben auszuführen, beitragen. Instruktionen, Training und Entwicklung sind Teil des Delegationsprozesses.

Leistungsmonitoring

Zu Beginn müssen Sie die Leistung Ihres Mitarbeiters wahrscheinlich sorgfältig überwachen. Doch je eher Sie sich entspannen können und den Verlauf nicht mehr aus der Nähe verfolgen müssen, um so besser.
Sie haben Liefertermine vereinbart, die sie in Ihrem Terminkalender vermerken sollten, damit sie auch wirklich eingehalten werden. Erlauben Sie Ihren Mitarbeitern keinesfalls, diese Termine nicht mit der erforderlichen Sorgfalt zu beachten.
Ebenso sollten Sie dafür sorgen, daß die Fortschrittsberichte wie gewünscht vorgelegt werden und daß Abweichungen vom ursprünglichen Vorhaben rechtzeitig besprochen werden. Sie haben Ihrem Mitarbeiter das Ausmaß seiner Handlungsbefugnisse deutlich erklärt, daher müßte er wissen, daß er mit einem Verweis zu rechnen hat, sollte er seine Befugnisse überschreiten bzw. Sie nicht fortlaufend informieren. Sie können sich keine Überraschungen leisten, und Ihr Mitarbeiter muß wissen, daß Sie es nicht tolerieren werden, im unklaren belassen zu werden.
Versuchen Sie, sich möglichst wenig in den Arbeitsverlauf einzumischen. Am Ende zählen nur die Ergebnisse. Natürlich müssen Sie einschreiten, sobald die Gefahr einer Entgleisung besteht. Die Nelson-Methode ist nicht schlecht, wenn Ihr Mitarbeiter auch wirklich ein Nelson ist. Aber wie viele Nelsons haben Sie? Übereilte Entscheidungen, Budgetüberschreitungen und die Nichteinhaltung festgelegter Einschränkungen und Regeln müssen verhindert werden.
Eine Gleichgewicht zu finden, bei dem der Betroffene weder in einem Dickicht an Vorschriften herumtappt noch in den Genuß der Narrenfreiheit kommt, ist ein delikates Unterfangen. Sie müssen sowohl Ihren Mitarbeiter als auch die Umstände kennen, um

für einen entsprechenden Ausgleich zu sorgen. Die besten Delegierer sind jene, die über ein umfassendes Verständnis für die Stärken und Schwächen Ihre Mitarbeiter und für deren Arbeitssituation haben.
Vermeiden Sie auf alle Fälle *»den Stoß ins kalte Wasser«*. Das geschieht, wenn ein Chef eine Aufgabe delegiert, die mehr oder weniger undurchführbar ist. Während der Mitarbeiter bereits »zum dritten Mal untergeht«, kann man seinen Chef beobachten, wie er von einer entfernten und geschützten Stelle am Ufer dem Ertrinkenden zuruft: »Es ist wirklich nicht so schwer, Sie müssen sich nur ein bißchen mehr anstrengen.«

Die Gedanken einiger erfolgreicher Delegierer

John H. Johnson, Herausgeber und Chefredakteur der Johnson Publishing Company, Vorsitzender der Supreme Life Insurance Company sowie Vorstandsmitglied mehrerer bedeutender US-Konzerne, sagte über seine Delegationstechniken: »Ich will groß sein und noch größer werden, und ich kann nicht alles selbst tun. Daher versuche ich so weit wie möglich, nur die Dinge zu tun, die außer mir sonst niemand tun kann.«
Franklin D. Roosevelt wandte eine besonders unbarmherzige Methode an, wenn er von seinem Stab Informationen erhalten wollte, da sie auf dem Konkurrenzverhalten seiner Mitarbeiter basierte. Einer von ihnen erinnert sich: »Er rief einen von uns zu sich und forderte ihn auf, Informationen über eine besonders komplizierte Angelegenheit einzuholen. Nach ein paar Tagen Schwerstarbeit kam man dann wieder und präsentierte Erkenntnisse, die man unter irgendeinem Stein ausgegraben hatte, und was geschah? Er war längst davon informiert und wußte sogar noch mehr. Er ließ natürlich nicht durchblicken, wo er seine Informationen herhatte, doch nachdem das ein oder zweimal vorgekommen war, ging jeder einzelne von uns verdammt vorsichtig mit seinen Informationen um.«

Als Robert Townsend Vorsitzender bei Avis war, bestand seine Delegationsphilosophie darin, »möglichst viele wichtige Angelegenheiten zu delegieren, da auf diese Weise ein Klima geschaffen wird, in dem die Menschen wachsen können«.
Als Robert Magaven den Vorsitz bei Safeway Food übernahm, richtete er sich mit folgenden Worten an seine Abteilungsleiter: »Im Gegensatz zu Ihnen kenne ich das Lebensmittelgeschäft überhaupt nicht. Daher werden Sie Ihre Abteilungen von nun an so führen, als handelte es sich um Ihr eigenes Unternehmen. Sie nehmen keine Anweisungen entgegen, außer sie kommen von mir, und ich werden Ihnen nichts vorschreiben. Ich mache Sie höchstens verantwortlich.«
Franklin Moore erzählte das folgende Beispiel einer starken Delegation: Ralf Cordiner, seit zehn Jahren Vorsitzender von General Electric in den Vereinigten Staaten, hatte einen Vizepräsidenten, der ihn wegen eines Problems dringend sprechen wollte. Der Vizepräsident schilderte sein Problem und welche Möglichkeiten er in Erwägung zog. »Nun, Mr. Cordiner«, sagte er, »Was soll ich tun?« – »Tun?« erwiderte Cordiner, »Sie werden sich in das nächste Flugzeug setzen, in Ihr Büro zurückkehren und eine Entscheidung treffen. Und wenn Sie das nicht können, werden wir jemanden finden, der es kann.«
Als Peter Drucker über Verantwortung schrieb, bezog er sich auf ein Zeitungsinterview mit einem jungen amerikanischen Infanteriehauptmann im vietnamesischen Dschungel. Die Frage des Reporters lautete: »Wie können Sie in dieser chaotischen Lage Ihr Kommando aufrechterhalten?« Der Hauptmann erwiderte: »Hier habe ich als einziger die Verantwortung. Wenn diese Männer nicht wissen, was sie tun sollen, sobald sie im Urwald auf den Feind treffen, bin ich zu weit weg, um es ihnen zu sagen. Meine Arbeit ist es, dafür zu sorgen, daß sie es wissen. Wofür sie sich letztlich entscheiden, hängt von der Situation ab, die nur sie beurteilen können. Die Verantwortung liegt immer bei mir, doch die Entscheidung muß dort getroffen werden, wo etwas passiert.«

Eine Fallstudie

Eine Gruppe von Wissenschaftern, die sich mit den Delegationsmethoden von Führungskräften auseinandersetzte, fand in einem der Unternehmen, die sie untersuchte, folgende Lage vor:
Die Leute, die wir interviewten, befanden sich in Situationen, wo der Chef für gewöhnlich gehetzt und manchmal unbeständig war. Seine Anweisungen waren oberflächlich und kurz gehalten, und er erwartete von seinen Mitarbeitern, daß sie von selbst den Sinn erkannten. Er erwartete außerdem, daß sie selbst entschieden, welche Informationen sie benötigten, diese ausfindig machten und ihre Aufgaben in Angriff nahmen. Bei repetitiven Aufgaben rechnete der typische Chef damit, daß seine Mitarbeiter von selbst wußten, wann eine Arbeit getan werden mußte.
Der Chef wußte oft selbst nicht genau, welche Angelegenheiten in seiner Abteilung einer genaueren Beachtung bedurften. Und obwohl er wußte, was früher oder später erledigt werden mußte, wußten seine Mitarbeiter oft besser Bescheid als er. Daher war es nicht ungewöhnlich, daß der Chef ungenau oder gar ungeduldig wurde, wenn im Zuge einer Arbeit sein Rat erforderlich wurde. Um so genauer wurde er mit seinen Vorstellungen, sobald eine Arbeit erledigt war.
Der Produktionsdirektor kam von einer Vorstandssitzung zurück, bei der er heftig kritisiert worden war, nicht das Beste aus seiner Abteilung rausgeholt zu haben. Er berief sofort eine Mitarbeitersitzung ein und sagte: »Ich beabsichtige keinesfalls, mich noch einmal einer solchen Erniedrigung auszusetzen. Sie werden für Ihre Arbeit bezahlt, und es ist nicht meine Aufgabe, sie an Ihrer Stelle zu tun. Ich habe keine Ahnung, womit Sie Ihre Zeit zubringen, und ich beabsichtige auch nicht, das herauszufinden. Sie kennen Ihre Verantwortung, und diese Zahlen zeigen klar und deutlich, daß Sie sie nicht wahrgenommen haben. Sollte der nächste Bericht keine eindeutige Verbesserung aufzeigen, werden wir hier demnächst ein paar neue Gesichter sehen.«

Kapitel 18

MITARBEITERENTWICKLUNG

In Mitarbeiter investieren

Der Vorsitzende einer Werbefirma sagte einmal, sein »Inventar« fahre »mit dem Lift auf und ab«. Menschen waren seine primäre Ressource – sein Arbeitskapital. Dasselbe läßt sich über jede andere Organisation sagen: Geld mag wichtig sein, aber ohne menschliches Potential funktioniert gar nichts.

Wenn Sie Menschen gegenüber eine pragmatische Haltung einnehmen wollen, betrachten Sie sie als Investition. Ihr Ankauf und ihre Wartung kostet Geld, und diese Ausgabe sollte sich gelohnt haben; je mehr sie in ihrer Arbeit leisten und je fähiger sie sind, Verantwortungen zu übernehmen, um so höher steigt ihr Wert. Aus finanzieller Sicht können Menschen wie jeder andere Vermögenswert in der Bilanz geführt werden; als Kosten, die für die Einstellung aufgebracht werden, und als Wertsteigerung, die mit zunehmender Erfahrung einhergeht.

Die Lernkurve

Der Wert einer Belegschaft wächst entsprechend ihrer natürlichen Fähigkeiten, ihrer Motivation und ihrer Eignungspotentials, beschäftigt oder befördert zu werden. Unter der Entwicklung von Menschen versteht man eine Beschleunigung dieser Wachstumsrate bei minimalem Kostenaufwand. Es dauert immer eine Weile, bevor eine Arbeit effektiv ausgeführt wird. Dieser Prozeß kann in Form einer Lernkurve dargestellt werden:

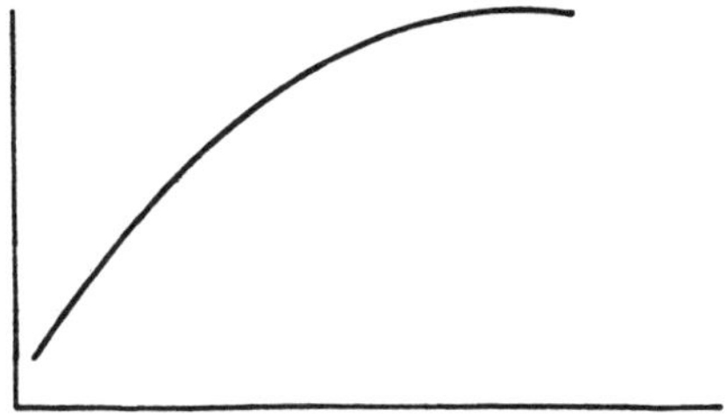

Eine Karriere ist oft die Aufeinanderfolge einzelner Lernkurven, die, wie folgt, dargestellt werden kann (x = Beförderung):

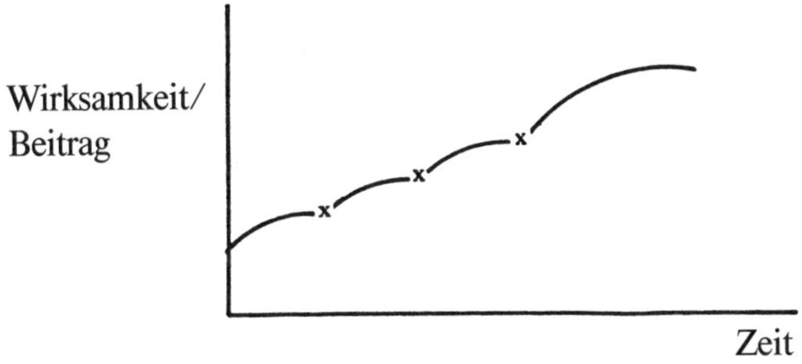

Entwicklungsziele

Folgende Ziele sollten Sie anstreben:

1. Die Lernkurve muß zunehmend steiler werden, d. h. der Zeitaufwand, der erforderlich ist, um wirksamer zu werden, wird verkürzt.
2. Die Lernkosten zu minimieren – die Opportunitätskosten eines Mitarbeiters, würde er voll ausgebildet werden, und die tatsächlichen Trainingskosten.
3. Die momentane Leistungsfähigkeit fördern und dadurch ein Potential für die Zukunft schaffen.

Um diese Ziele zu erreichen:

- Wenden Sie systematische Trainingstechniken an (für manuelle Tätigkeiten und Büroarbeiten).

- Planen Sie bewußt die Weiterentwicklung Ihrer gegenwärtigen und zukünftigen Führungskräfte.
- Nehmen Sie jede Gelegenheit wahr, die Leistungsfähigkeit Ihrer Belegschaft zu fördern und das vorhandene Potential weiterzuentwickeln. Das ist im Fall von potentiellen Führungskräften besonders wichtig.

Training

Definieren Sie zunächst die Trainingsbedürfnisse, und gehen Sie von dieser Grundlage aus, wenn Sie sich für ein bestimmtes Training entscheiden.

Trainingsbedürfnisse definieren

Ein Trainingsbedürfnis besteht dann, wenn zwischen dem, was jemand erfüllt, und dem, wozu er fähig sein sollte, eine Lücke auftritt. Das Training sollte so konzipiert sein, daß es diese Lücke schließt. Trainingsbedürfnisse können, wie folgt, definiert werden:

1. Identifizieren Sie die Gesamterfordernisse Ihres Unternehmens an Arbeitskraft und Können, indem Sie die Verflechtungen von Expansionsvorhaben oder technologischen Veränderungen untersuchen.
2. Identifizieren Sie sonstige Firmenerfordernisse anhand einer Analyse der Betriebsprobleme, um herauszufinden, ob sie die Folge nicht entsprechender Leistungen sind, die durch adäquates Training korrigiert werden könnten.
3. Führen Sie eine Arbeitsanalyse durch, um die individuellen Erfordernisse bezüglich fachlichem Können und Wissen zu definieren.
4. Wenden Sie Leistungsbewertungen an, um das Ausmaß, in dem einzelne oder Gruppen hinsichtlich ihrer Kenntnisse

oder Qualifikationen Lücken aufweisen, festzustellen und mit entsprechendem Training zu korrigieren.
5. Bestimmen Sie in Form von Leistungsbewertungen die individuellen Trainingserfordernisse und identifizieren Sie anhand der Ergebnisse die generellen Trainingserfordernisse.
6. Bewerten Sie die Erfordernisse für die Nachfolge ins Management und das Beförderungspotential einzelner Mitarbeiter.

Wie trainiert wird – Arbeiter und Büroangestellte

Arbeiter und Büroangestellte, an die keine zu hohen Anforderungen bezüglich Können und Wissen gestellt werden, sollten mit Arbeitsanweisungstechniken instruiert werden. Für diesen Zweck werden Arbeitsanalysen vorgenommen, wobei die Arbeit in einzelne Phasen aufgeteilt wird und jede Phase die Operationen, die durchzuführen sind, sowie das dafür erforderliche Können und Wissen auflistet. Die zu erlernenden Schlüsselaufgaben sollten betont werden, ebenso spezielle Schwierigkeiten, Sicherheitsmaßnahmen und aus der Norm fallende Ausnahmen.
Nach dieser Analyse sollten Sie einen Instruktionsplan mit Berücksichtigung folgender Punkte entwerfen:
1. Erklären Sie dem Trainee, welchen Zweck das Training verfolgt, was es beinhalten wird und welchen Nutzen der Trainee daraus ziehen kann. Auf diese Weise erwecken Sie sein Interesse und nehmen ihm die Nervosität.
2. Finden Sie heraus, was der Trainee bereits weiß und kann.
3. Erklären und – wenn möglich – demonstrieren Sie, was und wie etwas zu tun ist. Gehen Sie schrittweise vor und erst dann zum nächsten Punkt über, wenn Sie sicher sind, der Trainee hat den Unterricht absorbiert. Betonen Sie Schlüsselpunkte, und besprechen und demonstrieren Sie alles klar und deutlich.
4. Überprüfen Sie während jeder Phase, ob Ihr Unterricht verstanden wurde. Der Trainee soll eine Arbeit selbst demonstrieren und Ihnen erklären, was getan werden muß.

5. Fordern Sie den Trainee auf, jede Arbeitsphase zu üben, bis die erforderlichen Genauigkeits- und Geschwindigkeitsnormen erreicht werden. Manchmal ist es am besten, dies fortlaufend zu tun. Sobald also zwei sukzessive Phasen separat zum gegebenen Standard erledigt werden können, sollte der Trainee sie so lange gemeinsam üben, bis der Standard für beide Phasen gemeinsam erreicht wird. Dann kommt eine dritte Phase usw. hinzu, bis der gesamte Arbeitsverlauf erlernt ist.
6. Schicken Sie den Trainee nun an die Arbeit, aber nehmen Sie bei Bedarf Prüfungen, Auswertungen und neuerliches Training vor.

Denken Sie daran, daß Training grundsätzlich ein Transfer ist, bei dem qualifizierte Kräfte ihre Fähigkeiten anderen vermitteln, die sie noch nicht haben. Das bedeutet jedoch nicht, daß jeder, der über die Fähigkeiten verfügt, auch gleich ein guter Trainer ist. Man muß wissen, wie man Kenntnisse oder Fähigkeiten am besten weitergibt, und dafür sind die oben angeführten Techniken hilfreich.

Bedenken Sie auch, daß die Person, die Sie gerade ausbilden, womöglich gar nichts lernen will oder sich gar vor dem Lernen fürchtet. Daher ist es wichtig, dem Trainee die Nervosität zu nehmen und sein Interesse zu wecken. Er muß erkennen, daß vor allem er selbst von der Ausbildung profitiert und nicht nur die Firma. Er darf sich nicht bedroht fühlen.

Der Trainingsort

In »Up the Organization« schlägt Robert Townsend einen einfachen Trainigsansatz vor: »Ich kenne nur eine Methode, wie jemand ausgebildet wird – direkt am Arbeitsplatz.«

Dieser Satz enthält eine fundamentale Wahrheit. Am meisten lernt der Mensch aus der Praxis. *Training, das nicht am Arbeitsplatz stattfindet,* ist oft irrelevant, und Schwierigkeiten, das im Kurs Erlernte zurück zum Arbeitsplatz zu transferieren, sind an

der Tagesordnung. Ein effektiver Lerntransfer an den Arbeitsplatz wird dann möglich, wenn im Training die Arbeitsbedingungen simuliert werden, wobei der Präzisionsgrad weitgehend eingehalten werden sollte, und gerade das ist nicht immer der Fall.
Unter bestimmten Umständen ist *auswärtiges Training* gar nicht so ungeeignet. So ist es zweifellos billiger und rascher, die Grundausbildung für Monteure und Maschinenarbeiter in einer separaten Werkstatt durchzuführen. Manche Dinge, etwa die Bedienung einer neuen Maschine, können zuweilen nur außerhalb des Betriebes erlernt werden.
Dennoch bleibt unumstritten, daß die größten Lernerfolge direkt am Arbeitsplatz erzielt werden, während die Effizienz, mit der das Erlernte umgesetzt wird, davon abhängen wird, ob Vorgesetzte und Manager ihren Trainingsfunktionen einen vorrangigen Platz einräumen.

Management-Trainees

Außerbetriebliche Weiterbildung kann für Manager und Vorgesetzte von Vorteil sein. *Aktionsorientierte Techniken,* die den Trainee direkt mit echten Betriebsproblemen konfrontieren, während er gleichzeitig von externen Ausbildnern unterstützt und geführt wird, sind erwiesenermaßen sehr effektiv.
Manager können ebenfalls von externen Kursen profitieren, da ihnen die Möglichkeit eingeräumt wird, ihre eigenen Erfahrungswerte zu überdenken und auszubauen, und vor allem, weil sie die Gelegenheit haben, mit anderen Führungskräften zusammenzukommen und Gedanken auszutauschen. Machen Sie sich keine Sorgen, wenn sie zurückkommen und berichten, mehr an der Bar als im Seminarraum gelernt zu haben. Was sie lernen, zählt – nicht, wie sie lernen.
Trotzdem werden die Fähigkeiten eines Managers optimal am Arbeitsplatz weiterentwickelt. Das Training muß allerdings entspre-

chend aufgebaut sein. Wenden Sie die weiter unten beschriebenen Techniken »geplante Erfahrung« und »Coaching« an.

Weiterbildung von Führungskräften

Die Weiterbildung von Führungskräften hat den Zweck, die Leistungsfähigkeit der vorhandenen Führungskräfte auszubauen, ihnen die Gelegenheit für Weiterentwicklung und -bildung zu bieten und möglichst dafür zu sorgen, daß ein zukünftiger Führungsstab aufgebaut wird.
Manager müssen die Gelegenheit zur Weiterbildung haben. In Peter Druckers Worten:
»Entwicklung ist immer Selbstentwicklung. Für ein Unternehmen ist jedoch nichts absurder, als für die Weiterentwicklung eines Menschen die Verantwortung zu übernehmen. Die Verantwortung liegt ausschließlich bei jedem selbst, bei seinen Fähigkeiten und Anstrengungen ... In jedem Betrieb hat der Manager Gelegenheit, die Selbstentwicklung entweder voranzutreiben, zu drosseln oder ihr die richtige oder falsche Richtung zu geben. Es sollte seine vorrangige Aufgabe sein, den Bemühungen seiner Mitarbeiter, sich weiterzuentwickeln, Unterstützung, produktive Förderung, Richtungsangabe und Umsetzung zukommen zu lassen. Und jeder Betrieb kann seinen Managern systematische Weiterbildungsprogramme zur Verfügung stellen.«
Douglas McGregor behauptete, Manager würden ähnlich einer Pflanze gezüchtet – sie sind also weder geboren noch gemacht. Und Sie müssen die günstigen Wachstumsbedingungen für diese Pflänzchen schaffen. McGregor:
»Das Arbeitsumfeld ist die wichtigste Variable in der individuellen Weiterentwicklung. Wenn die Umgebung nicht wachstumsfördernd ist, werden alle unsere Bemühungen keine Wirkung zeigen. Daher ist in der Weiterbildung von Führungskräften der «landwirtschaftliche« Prozeß der »Fertigungs«-Methode vorzuziehen. Letztere führt unter anderem zu der unrealistischen Erwartungs-

haltung, Manager im Klassenzimmer schaffen und entwickeln zu können.
Die Weiterbildung von Führungskräften beinhaltet drei Hauptvorgänge – Leistungsbewertung und Management-by-Objectives, die beide in Kapitel 2 besprochen wurden, sowie geplante Erfahrung.

Geplante Erfahrung

Der Mensch lernt hauptsächlich aus der Erfahrung. Es kann daher nur in Ihrem Interesse sein, wenn Sie einen Teil Ihrer Zeit mit der Planung von Erfahrungswerten zubringen, die ein Mitarbeiter, bei dem sich die Weiterbildung lohnt, haben sollte.
Die Erfahrung eines anderen zu planen, bedeutet, ihm zusätzliche Aufgaben zu übertragen, die ihn entweder herausfordern oder mit neuen Kenntnissen ausstatten. Man könnte ihn beauftragen, ein Projekt abzuschließen oder in einem Projektteam mitzuarbeiten, in dem neue Entwicklungen oder Probleme untersucht werden, die über die Unternehmensgrenzen hinausgehen. Besonders nützlich sind Erfahrungsaustauschprojekte, in denen beispielsweise der Marketingleiter im Finanzwesen Erfahrungen sammelt und umgekehrt. Geplante Erfahrung funktioniert am besten, wenn sie in Verbindung mit Coaching zum Einsatz kommt, da die Beteiligten aus dem Rat der Experten maximalen Nutzen ziehen können.

Coaching

Management erlernt man dann am besten, wenn man unter der Anleitung eines guten Managers Management praktiziert. Coaching ist eine informelle, jedoch bewußte Methode, Anleitung zur Verfügung zu stellen. Sie sollte mit der Leistungsbewertung und der anschließenden Beratung, die Teil der Bewertung ist, Hand in Hand gehen.

Coaching ist allerdings ein viel weit reichender Prozeß. Jedesmal, wenn Sie an jemanden eine Aufgabe delegiert haben und das Ergebnis besprechen, haben Sie die Gelegenheit, Coaching einzusetzen. Bei der Delegation können Sie Ihre Anleitung anbieten, wie eine Arbeit auszuführen ist. Wenn Sie mit Ihrem Mitarbeiter Fortschritte besprechen oder wenn er Ihnen Bericht erstattet, können Sie ihn fragen, wie gründlich er sich seine Vorgangsweise überlegt hat, womit er gerade beschäftigt ist, und Alternativvorschläge machen (bieten Sie jedoch keine Lösungen an) sowie konstruktive Kritik anbringen, falls etwas mißlungen ist.
Sie können Menschen bei ihrem Weiterbildungsprozeß unterstützen, indem Sie Probleme mit ihnen besprechen, die auf höherer Ebene auftreten, sie in den Entscheidungsprozeß involvieren und ihr Verständnis für höher gelegene Aufgabenbereiche, für die sie normalerweise nicht zuständig sind, fördern.
Jeder Kontakt mit Ihren Mitarbeitern liefert Ihnen die Gelegenheit für Coaching. Sie können ohne besondere Anstrengung bedeutend zur Leistungsverbesserung und zum Wachstum ihres Mitarbeiters beitragen, wenn Sie die Gelegenheiten, die sich Ihnen bieten, optimal nutzen.

Kapitel 19

EFFIZIENZ UND EFFEKTIVITÄT

In »Summer Lightening« nennt P. G. Wodehouse den Sekretär von Lord Emsworth »den effizienten Baxter«. Er erklärt, warum: »Wir nannten Rupert Baxter effizient, denn effizient war er. Das Wort, wie wir es verstehen, impliziert nicht nur eine Fähigkeit, die alltäglichen Aufgaben im Leben mit gleichbleibender Beständigkeit zu meistern, sondern außerdem eine geistige Wachsamkeit, ein geniales Gespür für Gelegenheiten und die Fähigkeit, richtig zu interpretieren und rasch zu denken, sowie die Einstellung, was du heute kannst besorgen, das verschiebe nicht auf morgen.«

Diese Definition stellt Effizienz in ein besonders günstiges Licht. Gleichzeitig hebt sie die Bedeutung der einhergehenden Effektivität hervor, der im Streben nach Effizienz oft nicht die Bedeutung zugemessen wird, die ihr eigentlich zustünde.

Die Tatsache, daß eine Verlagerung der Konzentration von Effektivität auf Effizienz einschränkend und demnach gefährlich sein könne, wurde auch von Peter Drucker nachdrücklich hervorgehoben. Er schrieb:

»Management, so heißt es im allgemeinen, sollte Effizienz zum Ziel haben, also die Verbesserung einer Sache, die bereits getan wurde. Die Konzentration sollte demnach auf den Kosten liegen. Aber der unternehmerische Ansatz geht von Effektivität aus, d. h. sein Anliegen gilt den korrekten Entscheidungen. Er konzentriert sich auf günstige Situationen, also auf die Produktion von Gewinnen und Märkte sowie auf die Veränderung wirtschaftlicher Merkmale bei vorhandenen Produkten und Märkten. Er fragt nicht: »Wie sollten wir dies oder jenes tun?«, sondern: »Mit welchen Produkten werden tatsächlich außergewöhnliche wirtschaftliche Resultate erzielt, bzw. welche Produkte haben das Potential

dafür? Welche Märkte und/oder Nutzungen eignen sich für die-Produktion außergewöhnlicher Resultate?« Die nächste Frage lautet: »Wie sollten demnach die Ressourcen und Anstrengungen des Unternehmens zugeteilt werden, um außergewöhnliche Ergebnisse zu erzielen, anstatt der «gewöhnlichen«, zu denen Effizienz für sich belassen führt.
Bill Reddin setzte diesen Gedanken fort, als er meinte, daß der Manager, der sich vorrangig auf Effizienz, anstatt auf Effektivität konzentriere, folgende Neigungen aufweise:

- Etwas richtig zu tun, anstatt das Richtige zu tun.
- Probleme zu lösen, anstatt kreative Alternativen zu schaffen.
- Ressourcen zu schützen, anstatt den Einsatz der Ressourcen zu optimieren.
- Kosten zu kürzen, anstatt Gewinne zu steigern.

Wenn Effizienz zu stark betont wird, besteht die Gefahr, daß das Ziel, das man vor Augen hat, im bürokratischen Aufwand, der für eine Umsetzung betrieben wird, untergeht. Ihr Ziel sollte sein, wie Drucker meinte, Resultate herbeizuführen. Natürlich entscheiden Sie sich dabei für den effizientesten Weg, aber denken Sie immer daran, das Ergebnis zählt und nicht die Mittel.

Fallstudien

In einer Versicherungsanstalt wurde die »Effizienz« der Inspektoren (d. h. der Vertreter) anhand der Anzahl der Versicherungspolizzen, die sie verkauften, sowie der Prämien, die sie einnahmen, gemessen. Sie konzentrierten sich natürlich darauf, die einfachsten Polizzen zu verkaufen und möglichst viele Einnahmen zu erzielen. Doch das Volumen – obwohl es als Maßstab für Effizienz galt – diente nicht als Maßstab für die Effektivität, die nur anhand der relativen Rentabilität der unterschiedlichen Polizzen gemessen werden konnte. Ohne darauf aufmerksam gemacht zu werden, welche Polizzen am rentabelsten waren, waren die Inspektoren zwar effizient, was das erzielte Volumen anlangte, aber

hinsichtlich des einzig wahren Leistungsmaßstabes, der Rentabilität, waren sie uneffektiv.
Die Buchhaltung war auf die Effizienz ihrer umfangreichen Formulare stolz, mit denen zwei Wochen vor dem Monatsende die Kosten, die in jeder Kostenstelle anfielen, im Vergleich zum Budget analysiert wurden. Die Information war jedoch insofern nicht effektiv, als sie den Kostenstellenverantwortlichen nicht half, einige ihrer wichtigsten Positionen zu kontrollieren. Das geschah, weil derart viele Posten als Zugänge galten (d. h. die Kosten konnten nur angenommen werden, da viele Fakturen bis dahin nicht verarbeitet waren), so daß viele der bei den Schlüsselbereichen gemachten Angaben bedeutungslos waren. Das führte dazu, daß die Manager eine Zweitaufstellung der Kosten vornahmen.
Der Vorsitzende des Ausbildungszentrums, das Ausbildungsbeiträge von den der Industrie angehörigen Firmen einhob und sie in Form von Ausbildungsstipendien rückverteilte, war in Sorge, da die Beiträge die Stipendienaufwendungen überschritten hatten. Viele Firmen beklagten sich bitterlich, daß das Ausbildungszentrum auf ihre Kosten große, nutzlose Reserven anhäufte. Der Vorsitzende rief daher eine landesweite Kampagne mit dem Slogan »Hol Dir Deinen Kies zurück . . .« ins Leben und forderte die Firmen auf, die Trainingsmöglichkeiten wahrzunehmen und ihre Abgaben in Anspruch zu nehmen. Die Firmen fertigten mit großer Effizienz dutzende Formulare an, mit denen sie um die verschiedensten Ausbildungsstipendien ansuchten. Aber ein Großteil des Trainings war irrelevant und bloß Show.
Ein Versandhaus beschloß, für den Verkauf seiner Produkte eine Art »Partyservice« einzurichten. Es hatte bis dahin mit Aktivitäten dieser Art keine Erfahrung. Es galt, Vorführer zu rekrutieren, daher wurde beschlossen, Anwärter dafür direkt aus den Versandslisten auszuwählen. Dies schien mit weniger Risiken verbunden zu sein, als die Demonstratoren anhand von Ausschreibungen zu finden, da die in Frage kommenden Anwärter bereits ihr Interesse an den Produkten bewiesen hatten. Die Rekrutierungskampagne wurde sorgfältig geplant und mit größtmöglicher Effizienz durch-

geführt. An alles war gedacht worden, und alles verlief nach Plan, außer daß so gut wie niemand reagierte. Die Methode erwies sich als vollkommen ineffektiv, da sie von den falschen Annahmen ausgegangen war. Die beste Methode, gute Partyservice-Vorführer zu finden, ist über direkte Kontakte oder über Annoncen in der Lokalpresse. Eine Nachforschung, warum die Versandmitglieder nicht reagiert hatten, zeigte, daß die briefliche Annäherung das natürliche Mißtrauen der Menschen gegenüber Partyplanung nicht überwinden konnte.

Eine Regierungsbehörde, die für die Einstellung großer Mitarbeiterzahlen verantwortlich war, beauftragte ein Organisations- und Methodikteam mit der Untersuchung ihrer Verfahrensweise. Es wurde darauf hingewiesen, daß es eine Reihe von Rekrutierungsdirektoren gab, wovon jeder einzelne für besondere »Ausschreibungen« verantwortlich war, für die er eigene Belegschaften rekrutieren mußte. Jeder Direktor hatte einen eigenen Stab, um die verschiedenen Phasen einer Ausschreibung zu verwalten. Doch manche Arbeiten, wie etwa die Entgegennahme und Durchleuchtung von Bewerbungen, wurden von den jeweiligen Direktoraten zweifach durchgeführt. Das Organisations- und Methodikteam entschloß sich daher für die »effiziente« Methode, wonach eine Anzahl von Gruppen eingeführt wurde, denen die Bearbeitung der unterschiedlichen Aktivitäten zugeteilt wurde: Bewerbungen durchleuchten, zur Kenntnis nehmen, Referenzen einholen etc. Jede dieser Gruppen diente allen Rekrutierungsdirektoren, doch alle wurden separat von einem Verwaltungsdirektor kontrolliert. Diese Lösung war sicherlich insofern effizient, als sie assoziierte Aktivitäten zu Gruppen zusammenschloß und Personal einsparte. Doch sie war gleichzeitig ineffektiv: Da niemand für die Kontrolle und Koordination der einzelnen Ausschreibungen zuständig war (in den Augen der Verwaltung spielten die Rekrutierungsdirektoren nur eine Randrolle), kam es in jeder Phase zu Verzögerungen. Die Ausschreibungen benötigten viel mehr Zeit, um abgeschlossen zu werden, und gute Anwärter gingen verloren, da sie nicht länger warten wollten.

Eine Baufirma geriet in Schwierigkeiten und beschloß, bei der Anzahl von Hilfskräften eine generelle Kürzung um 20 Prozent vorzunehmen. Ein hochrangiger Manager wurde mit der Durchführung beauftragt. Er ging bei der Umsetzung seiner Aufgabe überaus effizient vor. Jeder wußte ziemlich genau, was er zu tun hatte, das Programm wurde planmäßig durchgeführt, und die Dokumentation war präzise und vollständig. Doch der Beschluß, eine 20prozentige Personalkürzung durchzuführen, hatte Nachwirkungen, denen während der Planung nicht voll Rechenschaft getragen wurde. Mehrere wichtige Forschungsabteilungen, die nur indirektes Personal beschäftigten, erkannten, daß sie wichtige Angestellte entlassen mußten, um den Zielsetzungen zu entsprechen. Daher war ihre Möglichkeit, zur längerfristigen Entwicklung des Unternehmens beizutragen, ernsthaft in Gefahr. Die Aufgabe war zwar auf effiziente Weise durchgeführt worden, doch sie trug auf bedenkliche Weise gerade dort zum Abbau der Effektivität bei, wo es um die Zukunft ging.

Kapitel 20

UNTERNEHMERTUM

Dieser Begriff wurde um 1800 von dem französischen Wirtschaftswissenschafter J. B. Say geprägt: »Der Unternehmer verlagert wirtschaftliche Ressourcen von niedrigeren Produktivitätsbereichen in höhere und ertragreichere.« In »The Spirit of Enterprise« gab George Gilder dem Begriff eine moderne Bedeutung: »Unternehmer sind Innovatoren, die für eine Nachfrage sorgen.« Sie schaffen Märkte und Kapital, machen sich Gelegenheiten zunutze und produzieren neue Technologien. Ihr Streben gilt dem einzigartigen Produkt, dem Marktdurchbruch und dem Design neuer Produkte. Sie dringen in technologisches Neuland vor und verändern Bedürfnisse. Sie schaffen Reichtum und Arbeitsplätze. Sie schließen sich auch nicht der gängigen Meinung an, die Firmen sollten vom Markt bestimmt werden. Denn den Markt bestimmen »sie«.

Unternehmer sind oft der Kritik ausgesetzt, sie seien egoistische Ausbeuter. Adam Smith, der ihren gesellschaftlichen Beitrag nicht verleugnete, schloß sich dieser Ansicht teils an, als er schrieb: »Trotz ihres natürlichen Egoismus und ihrer Habgier und trotz der Tatsache, daß sie nur ihr eigenes Wohl im Sinne haben und die Mühen all der tausenden, die für sie arbeiten, ausschließlich zur Befriedigung ihrer eigenen eitlen und unstillbaren Bedürfnisse unternommen werden . . . werden sie doch von einer unsichtbaren Hand geführt, und ohne es zu beabsichtigen, tragen sie zu den Interessen der Gesellschaft bei.«

Wer ist ein Unternehmer?

Ein Unternehmer ist jemand, der für sein Geschäft Visionen hat und diese auch verwirklicht. Einstein behauptete immer, ein Lichtstrahl habe ihn zur Relativitätstheorie geführt. Unternehmer verdanken ihre Leistungen ihren visionären Fähigkeiten.
George Gilder meinte, daß sich Unternehmer aus den folgenden Gründen durchsetzen:
»Nicht, weil sie eine gegebene Situation in ihrer ganzen Komplexität verstehen, sondern weil sie eine neue Situation schaffen und voraussetzen, daß sie von anderen verstanden wird. Unternehmer leben in einer Welt, wo der letzte der erste ist, wo das Angebot die Nachfrage schafft und wo Überzeugung vor Wissen kommt.«
Die besonderen Eigenschaften erfolgreicher Unternehmer bestehen darin, daß sie:

- aktionsorientiert sind und laut Peters und Waterman in »In Search of Excellence« »etwas in Angriff nehmen, sich darauf fixieren und es ausprobieren«;
- die Fähigkeit besitzen, die Schritte von der Idee bis zu ihrer Verwirklichung zu visualisieren;
- bereit sind, »aus der Reihe zu fallen«;
- sowohl Denker als auch Ausführende, Planer als auch Durchführende sind;
- sich engagieren – es stört sie nicht, selbst »Hand anzulegen«;
- Zweideutigkeit tolerieren können – »Unternehmungen bestehen immer aus Ungewißheiten« (Gilder);
- Risiken akzeptieren, diese jedoch gleichzeitig verstehen und handhaben können;
- Fehler überwinden, anstatt sie zu vermeiden – sie geben sich nicht geschlagen;
- ihr Schicksal selbst in die Hand nehmen – sie sind engagiert und setzen sich ihre Ziele selbst;
- die Ansicht vertreten, Märkte für ihre Ideen zu schaffen, anstatt bloß auf vorhandene Marktbedürfnisse zu reagieren.

»Intranehmertum«

Mit dem Buch »Intrapreneuring« schuf Gifford Pinchot III ein neues Wort, um zu verdeutlichen, wie das unternehmerische Innovationsengagement innerhalb einer Organisation funktionieren kann. Einen »Intranehmer« beschreibt er folgendermaßen:
»Alle, die ihre ›Träume verwirklichen‹, die ihre Verantwortung, in einem Unternehmen innovative Maßnahmen aller Art zu setzen, aktiv wahrnehmen. Der ›Intrapreneur‹ kann Erschaffer oder Erfinder sein, aber er bleibt immer der Träumer, der sich überlegt, wie er aus einer Idee eine gewinnbringende Wirklichkeit machen kann.«
Sein Erfolgsrezept für den »Intrapreneur« lautet:

1. Wählen Sie eine gute Idee.
2. Entwerfen Sie einen Unternehmensplan, der:
   - eine Auswertung Ihrer Idee enthält – warum ist gerade sie gut?
   - aufzeigt, was Sie vorhaben und wie Sie beabsichtigen, dorthin zu gelangen;
   - die erforderlichen Ressourcen (Investition) definiert;
   - Kosten/Nutzen festlegt, letzteren in bezug auf die Rentabilität der Investition.
3. Engagieren Sie andere in Ihr Vorhaben.
4. Finden Sie einen Sponsor, der dafür sorgt, daß Ihrer Idee die nötige Unterstützung zukommt.
5. Stellen Sie ein Team zusammen, um die Idee weiterzuentwickeln – begeistern Sie sie mit Ihrer Vision, und führen Sie sie auf positive Weise zum Erfolg hin.

Unternehmertum – wie macht man das?

Der Erfolg eines Unternehmers wird entscheidend von seiner Intelligenz, seiner Phantasie und seiner Entschlußkraft beeinflußt. Manchmal mag etwas Glück dabei sein, doch es kann ebenso ar-

gumentiert werden, daß man mit Glück allein nicht erfolgreich wird – man «macht« sich höchstens sein eigenes Glück. Visionen lassen sich nur durch harte Arbeit und sicherlich nicht durch Glück verwirklichen.
Die japanischen Unternehmer waren deshalb so außergewöhnlich erfolgreich, weil sie harte Arbeit, Phantasie und Können miteinander verbanden. Die herausragendste Beispiele dafür sind sicherlich Sony und Honda.

Die Sony-Geschichte

Akio Monto, der Vorsitzende von Sony, sagte immer wieder: »Sony tut, was andere unterlassen, wir führen, sie folgen.« So unwahrscheinlich das klingen mag, aber Sonys Erfolg hatte nichts mit dem technologischen Durchbruch auf dem Halbleitersektor zu tun; in den USA gab es Firmen wie Texas Instruments, die viel innovativer waren. Die Sony-Genialität bestand vielmehr in der Verbindung seiner technologischen Kenntnisse mit einer klaren Vorstellung dessen, was der Markt benötigte und wozu er überredet werden konnte. Das war auch der Grund, warum sich Sony von den aufregenden Aussichten auf dem Halbleitermarkt abwandte und das Transistorradio zu seinem wichtigsten Produkt erkor. Die allererste Priorität galt der Kundenzufriedenheit. Zur Illustration erzählt Monto eine Anekdote: »Zwei Schuhverkäufer begegnen einander im Hinterland von Afrika. Der erste Verkäufer telegraphiert sofort an seinen Chef: ›Keine Verkaufsaussichten. Eingeborene tragen keine Schuhe.‹, während das Telegramm des zweiten folgenden Wortlaut hatte: ›Hier trägt niemand Schuhe. Wir können den Markt beherrschen. Schicken Sie, was das Lager hergibt.‹«
Der primäre Unterschied zwischen Sony und anderen Elektrofirmen bestehe, wie ein amerikanischer Verkaufsdirektor meinte, darin, daß »die anderen einen Markt entdecken und dafür das passende Produkt entwickeln, während die Sony-Philosophie das

Ziel verfolgt, ein Produkt zu entwickeln, solange es keinen Markt gibt und diesen erst in der Folge zu schaffen.«
Sony baute sein meisterhaftes Können bei den Transistoren und in der Miniaturisierung immer weiter aus, bis es über eine lange Konsumartikelserie verfügte, die 1960 mit dem ersten Transistor-Fernsehgerät ihren Anfang und 1968 mit dem einzigartigen Trinitron-Farbfernsehgerät, 1975 mit dem Betamax-Videorekorder und schließlich 1980 mit dem Walkman ihren erstaunlichen Verlauf nahm. Hinter jedem dieser Fälle stand nicht die Forderung nach der Entwicklung neuer und billigerer Produkte, sondern nach einer noch größeren Kundenzufriedenheit. Die Frage, die man sich bei Sony stellte, lautete: »Wie sehr entspricht dieses Produkt der vom Kunden geforderten ›objektiven Funktionalität‹?« Mit anderen Worten, Sony konnte im Vergleich zur Konkurrenz mehr Stunden Leistungszufriedenheit pro Yen, Dollar oder Pfund erzielen?
George Gilder zufolge kann der unternehmerische Erfolg von Sony, wie folgt, zusammengefaßt werden: »Das tun, was andere nicht tun, Märkte auf Grund menschlicher Bedürfnisse erschließen und sich die Verzweiflung des Experten zunutze machen.«

Die Honda-Geschichte

Honda gehört den großen unternehmerischen Firmen an, die scheinbar vom Widerstand Nahrung und Kraft beziehen. Seit Henry Ford war Honda der einzige Unternehmer, der, was die Mechanik betrifft, an Brillanz und Erfolg vergleichbare Maßstäbe setzte. Tatsächlich begann er damit, für Toyota eigene Kolbenringe zu entwickeln. Später kehrte er der Automobilindustrie den Rücken und versuchte sich im Design von Textilmaschinen, doch irgendwann gingen ihm die Mittel aus. Solche Rückschläge sind für die Karrieren vieler Unternehmer bezeichnend. Sie durchlaufen oft eine ganze Serie an Mißerfolgen und Rückschlägen und sind nur auf Grund ihres außergewöhnlichen Mutes und

ihrer Entschlossenheit in der Lage, weiterzumachen. Soichira Hondas Kommentar dazu: »Viele Menschen träumen vom Erfolg. In meinen Augen kann Erfolg nur durch kontinuierliches Versagen und gleichzeitige Selbstkontrolle erreicht werden. Tatsächlich besteht Ihre Arbeit nur zu einem Prozent aus Erfolg und ist zu 99 Prozent ein Ergebnis dessen, was man Mißerfolg nennt.«
Nach seinem Rückschlag in der Textilbranche wandte sich Honda fast zufällig neuerlich der Motorradbranche zu. Alles begann während einer Benzinkrise, die ihn veranlaßte, sein Fahrrad mit einem Motor auszustatten. Es funktionierte. Er ersann einen Motorrad-Notbehelf, für den er überschüssige Motoren verwendete und so lange in seiner Werkstatt verkaufte, bis ihm die Motoren ausgingen. Mit dem Gewinn ging er daran, ein richtiges Motorrad zu entwerfen. Damals bestand in Japan zwar keine Nachfrage nach einem solchen Produkt, doch, wie Honda sagte: »Wir stellen unsere Produkte nicht her, weil die Nachfrage bzw. der Markt vorhanden ist. Mit unserer Technologie können wir Nachfrage und Markt kreieren.« George Gilder zufolge schafft »das Angebot seine eigene Nachfrage«.

Hondas Erfolg, die moribunde Motorradindustrie in eine der aufsehenerregendsten Wachstumsbranchen des 20. Jahrhunderts verwandelt zu haben, ist längst bekannt. Doch eine der noch bemerkenswerteren Errungenschaften bestand in der Art und Weise, wie er in den Automobilmarkt vordrang. Er begann mit Autorennen, und seine Strategie bestand darin, mit der Hilfe des besten Technikers, den er in Japan auftreiben konnte, eine Reihe technologischer Durchbrüche zu erzielen. Das Unternehmen war ein Erfolg. Damals schrieb ein Journalist in der *Sunday Times:* »Die Präzision der Honda-Mechanik gleicht einer mit Juwelen bestückten Uhr und hat jeden Techniker, mit dem ich sprach, in Erstaunen versetzt.«

Daraufhin entschloß sich Honda für den klassischen Schritt eines Unternehmers, »dorthin zu gehen, wo die anderen nicht sind«. Er entwickelte ein umweltfreundliches Auto. Er erkannte bald, daß er eine einzigartige Technologie gefunden hatte, und zögerte nicht

lange, eine neue, riesige Fabrik zu errichten, um den antizipierten Absätzen vorzugreifen. Er hatte zwar Reserven, doch nachdem er schon das Risiko auf sich genommen hatte, mit einem brandneuen Produkt in einen unbekannten Markt vorzudringen, ging er noch weiter, indem er seine Rivalen unterbot – er hielt seine Preise, während sie ihre erhöhten. Und trotz einer mehr oder weniger nicht vorhandenen Marktstärke hatte er Erfolg. In nur einem Jahr verzeichneten Nissan und Toyota Umsatzrückgänge von 40 Prozent, während der Umsatz von Honda im selben Zeitraum um 76 Prozent in die Höhe katapultiert werden konnte.
Hondas Erfolgsgeschichte ist noch lange nicht zu Ende, auch wenn es seinem Protegé Kiyoshi Kawashima zu verdanken war, daß Honda hinsichtlich seines Markenansehens und seiner Qualität heute in der Position ist, zu den weltweiten Marktführern in der Motorindustrie gezählt zu werden.

Kapitel 21

DER WEG ZUR PERFEKTION

In »Up the Organization« von Robert Townsend wurde bereits fast alles, was es zum Thema Perfektion zu sagen gibt, gesagt. Er schrieb: »Wenn Sie etwas nicht exzellent tun können, tun Sie es erst gar nicht. Denn wenn es nicht exzellent ist, ist es weder gewinnbringend, noch macht es Spaß, und wenn Sie nicht aus Spaß oder Gewinn im Geschäft sind, was zum Teufel tun Sie dann hier?«

Exzellenz heißt, vortreffliche Arbeit zu leisten und dadurch die erforderlichen Resultate zu erhalten.

In der jüngsten Zeit wurden mehrere Methoden entwickelt, die bei der Erlangung von Exzellenz hilfreich sein sollen. Die folgenden stellen eine Zusammenfassung der drei wichtigsten Studien dar.

»In Search of Excellence«

Der Untertitel dieses Buches von Tom Peters und Robert Waterman lautete: »Die Lehren, die man aus den bestgeführten US-Unternehmen ziehen kann.« Das Buch baut auf den sieben Elementen auf, die in »The Art of Japanese Management« von Richard Pascale und Anthony Athos als die sieben »S« bekannt wurden:

1. Strategy – der Plan, mit dem die Ziele erreicht werden sollen.
2. Structure – die Merkmale der Organisationsstruktur – funktional, dezentralisiert etc.
3. Systems – die Datenverarbeitungs- und Kommunikationsroutine.
4. Staff – die Angestelltenkategorien.

5. Style – das Verhalten der Führungskräfte bei der Zielumsetzung.
6. Skills – die Fähigkeiten der Schlüsselkräfte.
7. *Superordinate goals* – die wesentlichen Merkmale oder Führungskonzepte, die eine Organisation seinen Mitgliedern vermittelt (z. B. Werte).

Zwischen den «harten« Elementen – Strategie, Struktur und Systeme –, auf die sich in erster Linie die amerikanischen und britischen Firmen konzentrieren, und den übrigen »weichen« Elementen, die Pascale und Athos zufolge den japanischen Managern besonders liegen sollen, wurde ein Unterschied gemacht.

Peters und Waterman bauten diese Faktoren in ihre Untersuchungen von 75 hochangesehenen Firmen ein und identifizierten die folgenden acht Attribute, die ein exzellentes Innovationsunternehmen charakterisieren:

1. Eine Vorliebe für Aktion. Das exzellente Unternehmen stürzt sich ins Geschehen. Es geht bei seinen Entscheidungen analytisch vor, ohne davon paralysiert zu werden, wie das bei manchen Firmen der Fall ist.
2. Kundennähe. Der Kunde ist bekannt und kann auf Qualität, Zuverlässigkeit und Service zählen.
3. Autonomie und Unternehmertum. Führungskräfte und Innovatoren werden gefördert und erhalten Freiraum.
4. *Produktivität durch Menschen.* Es herrscht die Überzeugung vor, daß die Arbeiter die Grundlage für Qualität und Produktivität bilden. Der Slogan »Menschen sind unser wichtigster Vermögenswert« ist kein bloßes Lippenbekenntnis. Er wird durch Aufforderung zu Engagement und durch die Involvierung aller in die Tat umgesetzt.
5. Aktive Beteiligung/wertbezogen. Die Geschäftsleitung gewährleistet durch laufenden Mitarbeiterkontakt, daß die Unternehmenswerte verstanden und übernommen werden.
6. Der Schuster bleibt bei seinem Leisten. Das Erfolgsunternehmen bleibt seinen Geschäften im großen und ganzen treu.

7. Einfache Form, schlanker Personalstand. Die Organisationsstruktur ist einfach, der Personalstand wird auf einem Minimum gehalten.
8. Gleichzeitig loses/enges Eigentum. Sie sind gleichzeitig dezentralisiert und zentralisiert. Entscheidungen und Autonomiestatus werden so weit als möglich nach unten hin zu den individuellen Einheiten und Gewinnzentren verlagert. Doch, wie Peters und Waterman betonen, »wenn es um die wenigen Schlüsselwerte geht, die ihnen lieb sind, werden sie zu fanatischen Zentralisten«.

»The Winning Streak«

Dieses Buch von Walter Goldsmith und David Clutterbuck basiert auf einer Analyse, die die Autoren in mehreren britischen Firmen angestellt hatten. Sie erarbeiteten eine Liste mit acht gewinnenden Eigenschaften.

1. Führung. Dieses Merkmal wurde als zentrale Voraussetzung für das Betriebswachstum erachtet. In den Worten von Goldsmith und Clutterbuck:
   »Der Geschäftsleiter muß nicht charismatisch sein (tatsächlich ist die Katastrophe vorprogrammiert, wenn Charisma nicht mit Wissen einhergeht). Wozu er allerdings fähig sein muß, ist, seine Mitarbeiter zu motivieren, der Organisation insgesamt eine missionarische Aufgabe zu verleihen und dafür zu sorgen, daß sämtliche Führungsebenen bis ganz hinunter klare Zielsetzungen verfolgen, damit sie wiederum ihre eigenen Mitarbeiter motivieren und dirigieren.«
2. Autonomie. Menschen die Freiheit einzuräumen, die sie benötigen, um ihre Arbeit möglichst effektiv zu verrichten. Zwischen Autonomie und Kontrolle muß ein geeignetes Mittelmaß gefunden werden. Es variiert von Firma zu Firma und gelegentlich sogar von Abteilung zu Abteilung.
3. *Kontrolle.* Effektive Kontrollmaßnahmen ermöglichen das

Aufkommen von Autonomie. Es soll weder zu viel noch zu wenig kontrolliert werden. Ein Gleichgewicht muß gefunden werden, doch eine begrenzte Anzahl effektiver Kontrollen ist besser als eine Vielzahl loser Maßnahmen. »Wenige (Kontrollen), so Tom Peters, die nicht in Frage gestellt werden, sind viel effektiver als viele, die in erster Linie zur Übertretung verleiten.«

4. *Involvierung.* Erfolgreiche Unternehmen fördern auf sämtlichen Ebenen ein hohes Maß an Engagement und Loyalität. Das gelingt, indem die Mitarbeiter am betrieblichen Geschehen und den Unternehmenszielen aus nächster Nähe teilhaben.
5. *Marktorientierung.* Goldsmith und Clutterbuck zufolge »lebten die gescheiterten Firmen in ihren Märkten, während die erfolgreichen ihre Märkte lebten«.
6. Den Grundsätzen treu bleiben. Sieger wissen, warum sie in welchem Geschäft sind. Und sie wissen, wie es zu positionieren ist und wie sein Marktsektor angesprochen wird.
7. Innovation. Erfolgreiche Unternehmen schaffen für Innovationen ein Wachstumsklima. Ist eine Idee erfolgversprechend, wird sie auch verwirklicht.
8. Integrität. Die besten Unternehmen genießen bei ihren Mitarbeitern, Kunden, Lieferanten und im weitesten Sinne in der Öffentlichkeit den Ruf, fair und vertrauenswürdig zu sein.

»The Business of Success«

In »The Business of Success« bespricht Robert Heller Untersuchungen, die in 250 Unternehmen der Druckindustrie durchgeführt wurden. Die Stars dieser Gruppe, die anhand ihres Investitionsrückflusses, des Gewinn/Umsatz-Verhältnisses und der Wertschöpfung ausfindig gemacht wurden, hatten fünf gemeinsame Eigenschaften, die das Akronym OMMIT* prägten.

* (Anm. d. Ü., das englische »omit«: unterlassen, versäumen)

1. Objectives (Ziele) – Geschäftsziele waren definiert und der Betrieb auf eine Umsetzung ausgerichtet.
2. Market (Markt) – *Marktchancen* waren identifiziert und die Handelsaktivitäten derart koordiniert, daß die geplanten Resultate eintraten.
3. Money (Geld) – seine Rolle und Anwendbarkeit als Mittelquelle waren eindeutig verstanden.
4. Information – gute Informationssysteme dienten als Unterstützung für gute Entscheidungsprozesse.
5. Team – das Management war als Team konzipiert, Führungskräfte wurden weitergebildet, um den wandelnden betrieblichen Bedürfnissen zu entsprechen.

Heller ist der Ansicht, daß sich ein Unternehmen, das eine Berücksichtigung dieser Faktoren versäumt (omit), in Gefahr bringt. Es fällt Ihnen sicher auf, daß dem Faktor Mensch keine spezifische Beachtung zukommt. Effektives Human-Resource-Management ist jedoch in jedem einzelnen Punkt impliziert. Sogar Geld ist nur dann ertragreich, wenn es vom Menschen adäquat eingesetzt wird.

Kapitel 22

VORWÄRTSKOMMEN

Ich bin ein junger Manager und meine Weste, die ist blütenweiß;
Mein Koffer ist von Louis Vuitton, und auch der Firmenwagen ist brandheiß.
In jedem Hotel von hier bis Bremen
bin ich bekannt und gerne gesehn.
Ihr fragt, was ich denn tue. Ich weiß nicht, wie ich es sagen kann,
Ich bin PROFI und auch Verbindungsmann,
Import und Export sind mein Geschäft.
Und davon lebe ich nicht schlecht.
(John Betjeman, Collected Poems, John Murray, Publishers, Ltd.)

Vorwärtskommen sollte nicht unbedingt gleichbedeutend mit dem jungen Geschäftsführer von Betjeman sein. Doch irgendwohin wollen wir gelangen. Die Frage ist nur, wie wir das bewerkstelligen. Der traditionelle Anfangspunkt ist die Selbstkenntnis. Für Carlyle stellte dies jedoch eine »unmögliche Voraussetzung« dar. Er vertrat die Ansicht, daß »eine Kenntnis des eigenen Könnens« ein besserer Ansatz sei. Um vorwärtszukommen, müssen Sie wissen, was Sie können – Ihre Stärken und Ihre Schwächen. Erst dann können Sie entscheiden, was Sie tun wollen, und damit beginnen.

Der richtige Weg wird demnach eingeschlagen, wenn man sich selbst und die Situation, in der man sich befindet, analysiert.

Darüber hinaus gibt es bestimmte Ansätze, die Ihnen helfen werden, vorwärtszukommen. Manche bedürfen keiner näheren Ausführung, andere schon. Wie Sie sie anwenden, hängt davon ab, wie Sie Ihre Lage und Ihr Können bewerten. Unter entsprechender Würdigung der beiden Männer, die dieses Thema mit der erforderlichen Sachlichkeit behandelten – Peter Drucker und Robert Townsend –, werden die Vorgangsweisen im folgenden beschrieben. Zunächst die drei Überschriften:

- Wissen, was man will.
- Entwicklung und Einsatz des erforderlichen Könnens, um das zu bekommen, was man will.
- Persönliche Qualitäten und Verhaltensmerkmale so entfalten, daß sie zum Erfolg beitragen.

Wissen, was man will

1. Finden Sie heraus, worin Sie gut sind, und tun Sie es.
2. Analysieren Sie nicht nur Ihre Stärken, sondern auch Ihre Schwächen: »Nichts hilft dem Menschen im Leben mehr als die Kenntnis seiner eigenen Charakterschwächen« (William Hazlitt).
3. Entscheiden Sie, was Sie tun wollen, und zögern Sie nicht, es zu tun. Glauben Sie fest daran, daß Sie erreichen können, was Sie sich vorgenommen haben, und handeln Sie entsprechend.
4. Setzen Sie sich selbst anspruchsvolle Ziele und Termine. »Der Mensch wächst entsprechend der Anforderungen, die er an sich selbst stellt« (Drucker). Übertreiben Sie Ihr Engagement jedoch nicht. Schätzen Sie den Rahmen Ihrer Möglichkeiten realistisch ein.
5. Streben Sie nach Perfektion. »Wenn Sie etwas nicht exzellent tun können, tun Sie es erst gar nicht« (Townsend).
6. Konzentrieren Sie sich darauf, welchen Beitrag Sie leisten können. »Die Frage, was kann ich beitragen, heißt, das ungenutzte Potential in einer Arbeit ausfindig zu machen« (Drucker).
7. Legen Sie die korrekten Prioritäten fest. Halten Sie sich an die Regeln von Drucker, um sie zu identifizieren:
   – widmen Sie sich mehr der Zukunft als der Vergangenheit,

- konzentrieren Sie sich mehr auf Gelegenheiten als auf Probleme,
- wählen Sie selbst die Richtung – anstatt auf den nächstbesten Wagen aufzuspringen,
- streben Sie hoch hinaus, verfolgen Sie ein Ziel, das anders ist, und nicht eines, das »auf sicherem Wege« und leicht erreichbar ist.

8. Erlauben Sie sich hinsichtlich Ihres Vorhabens und dessen, was andere für Sie tun sollen, keine Ungenauigkeiten.
9. Seien Sie unkompliziert. Konzentrieren Sie sich. Überdenken Sie Ihre Aufgaben, und befreien Sie sie von Unerheblichkeiten. Erledigen Sie alte Aufgaben, bevor Sie neue in Angriff nehmen. »Konzentration ist der Schlüssel zu wirtschaftlichen Resultaten ... kein anderes Leistungsprinzip wird heutzutage so oft verletzt wie die Grundvoraussetzung Konzentration ... Unser Motto scheint zu lauten: ›Tun wir von allem ein wenig.‹« (Drucker).
10. Erweitern Sie Ihren Horizont, aber vernachlässigen Sie dabei nicht die wesentlichen Details: »Schlecht regiert der das Große, der das Kleine nicht sieht« (Spenser). Es ist zuweilen notwendig, unter die Oberfläche zu gehen, um herauszufinden, was wirklich los ist – in der Fabrik ebenso wie im Außendienst. Doch gehen Sie dabei selektiv vor.
11. Passen Sie sich veränderten Anforderungen an. »Der Geschäftsführer, der fortsetzt, womit er früher Erfolg hatte, wird höchstwahrscheinlich scheitern« (Drucker).

Fähigkeiten entwickeln

Jedes Kapitel in diesem Buch behandelt eine bestimmte Fähigkeit, die sich ein Manager aneignen muß, wenn er vorwärtskommen will. Die wichtigsten sind:

- Kommunikation – Sie müssen sich eindeutig, präzise und überzeugend ausdrücken.

- Problemlösung – eignen Sie sich für die Problemlösung einen logischen Ansatz an, vergessen Sie aber nicht, daß laterales Denken für den Erhalt neuer Ideen sehr ertragreich sein kann.
- Entscheidungsfindung – arbeiten Sie an Ihren analytischen Fähigkeiten und Ihrem Selbstvertrauen, um Ihre Urteilskraft zu schärfen.
- Zuhören – hören Sie sich Ideen an, und setzen Sie die guten in die Tat um. Hören Sie zu, und geben Sie Ihrem Gesprächspartner das Gefühl, daß Sie interessiert sind und daß das, was er sagt, wichtig ist.
- Motivieren – Sie sollten wissen, wozu Ihre Mitarbeiter fähig sind und was sie motiviert. Machen Sie aus Ihren Erwartungen kein Geheimnis, legen Sie Maßstäbe fest, die von den Erfordernissen der Zielsetzungen und nicht von Ihren persönlichen Vorstellungen ausgehen, und belohnen Sie Ihre Mitarbeiter leistungsgerecht.
- Personalentscheidungen – gehen Sie bei der Selektion Ihrer Mitarbeiter von ihren Stärken aus, akzeptieren Sie aber auch, daß der Mensch Schwächen hat. Mittelmäßigkeiten sollten Sie nicht zulassen.
- Selbstmanagement – Sie müssen sich Ihren Arbeitstag einteilen können. Trennen Sie auf Ihrem Schreibtisch Wesentliches vom Unwesentlichen. Sie müssen Ihre Arbeit vereinfachen können – wo immer es möglich ist, sollten Sie Abkürzungen in Erwägung ziehen.

Persönliche Qualitäten und Verhaltensmerkmale

- Machen Sie aus Ihrem Enthusiasmus kein Hehl.
- Seien Sie innovativ und kreativ – tragen Sie selbst mit neuen Ideen bei, und reagieren Sie positiv auf die Ideen anderer. Empfinden Sie eine Zurückweisung Ihrer Ideen nicht als persönliche Beleidigung. Versuchen Sie es ein anderes Mal mit anderen Mitteln noch einmal.

- Zeigen Sie Ihre Bereitwilligkeit – es gibt nichts Unangenehmeres als Menschen, die jedesmal, wenn Sie einen Auftrag erhalten, nörgeln. Sagen Sie nicht: »Wie, um alles in der Welt, soll ich das auch noch tun?« Antworten Sie statt dessen: »Nun, ich schlage folgendes vor – entspricht das Ihren Vorstellungen?«
- Seien Sie positiv – wie heißt es doch in einem alten Lied von Bing Crosby: »Betone das Positive und kümmre Dich nicht um das Negative.«
- Arbeiten Sie hart – Menschen, die vorwärtskommen, sind Schwerarbeiter. Doch sie arbeiten nicht der Arbeit zuliebe. Effektivität hat nichts damit zu tun, wie lange Sie im Büro bleiben, sondern was Sie tun, während Sie dort sind.
- Präsentieren Sie sich vorteilhaft – es geht im Leben zwar nicht immer darum, ob man einen guten Eindruck hinterläßt, aber sorgen Sie dennoch dafür, daß Ihre Leistungen bekannt und anerkannt sind. Und wenn sich Menschen von einem Vorgesetzten beeindrucken lassen, weil er entschlossen, pünktlich und schlagfertig ist, warum auch nicht? Schaden wird es jedenfalls nicht.
- Zeigen Sie Ihren Ehrgeiz – »Das Streben eines Menschen sollte über seine Möglichkeiten hinausgehen, wozu gibt es sonst einen Himmel?« (Robert Browning). Übertreiben Sie jedoch nicht. Vermitteln Sie keinesfalls den Eindruck, daß Ihnen Ihre Zukunftsaussichten wichtiger sind als Ihre momentane Effektivität.
- Zeigen Sie Mut – nehmen Sie kalkulierte Risiken auf sich, glauben Sie fest an Ihre Unternehmungen, und bleiben Sie sich selbst treu.
- Zeigen Sie Durchsetzungsvermögen, doch werden Sie nicht aggressiv.
- Vermitteln Sie Ihre Ansichten klar und deutlich sowie kurz und bündig.
- Sprechen Sie nicht zu viel. Sie sollten Ihr Engagement nie übertreiben. Sparen Sie sich Ihre Worte bis zum geeigneten Moment. Halten Sie Ihr Schießpulver im Trockenen. Sprechen Sie nicht

voreilig. »Wo man nicht mitreden kann, sollte man still sein« (Wittgenstein).

- Lernen Sie, mit Streß umzugehen. Streß läßt sich nicht vermeiden. Sie müssen damit leben. Wenn Dinge plötzlich und unvermutet an Sie herangetragen werden, sollten Sie versuchen, zurückzuschalten. Entspannen Sie sich. Vertreten Sie sich ein wenig die Beine, und suchen Sie nach der richtigen Perspektive.
- Wenn eine Sache scheitert, sollten Sie sich gleich wieder davon erholen. Rückschläge sollten Sie nicht aus der Fassung bringen. Überlegen Sie sich eine Vorgangsweise, und nehmen Sie sie dann – gleich – in Angriff. Unter solchen Umständen müssen Sie zweckgebunden vorgehen.
- Sorgen Sie dafür, daß man Ihnen traut. Wenn Sie niemals lügen oder sich in Halbwahrheiten flüchten, wenn Sie sich aus der Politik raushalten und Ihre Vereinbarungen einhalten, dürfte das kein Problem sein.
- Akzeptieren Sie konstruktive Kritik.
- »Geben Sie Ihre eigenen Fehler offen und sogar freudig zu« (Townsend). Entschuldigen Sie nichts. Akzeptieren Sie die Verantwortung und die Schuld, wenn Ihnen ein Fehler unterläuft.

Kapitel 23

WIE ETWAS MISSLINGT UND WIEDER BEHOBEN WIRD

Theodore Roosevelt sagte einmal: »Mache mit dem, was du hast, dort, wo du bist, das, was du kannst.« Leider halten sich die Menschen nicht immer an diesen Rat. Dinge mißlingen, weil sich jemand nicht so anstrengt, wie er könnte, oder weil die Ressourcen nicht richtig eingesetzt bzw. weil Ort oder Zeitpunkt nicht richtig gewählt wurden. Situationen werden falsch beurteilt und haben die falschen Maßnahmen zur Folge.

Zum Thema Inkompetenz wurden zwei interessante Analysen angestellt, die bei eingehender Befassung einige wertvolle Ratschläge geben, wie Sie Fehler vermeiden oder zumindest auf ein Minimum reduzieren können. Es handelt sich um »The Peter-Principle« von Dr. Lawrence J. Peter sowie um »On the Psychology of Military Incompetence« von Norman F. Dixon.

The Peter Principle

Dr. Lawrence J. Peter vertritt in seinem Buch »The Peter Principle« die Ansicht, daß der einzelne in einer Hierarchie dazu neige, die Grenzen seiner eigenen Kompetenz zu überschreiten. Diese wohl eher pessimistische Ansicht basierte auf der von ihm gemachten Erfahrung, daß dieser Umstand vom System gefördert werde, da der Mensch immer wieder hören müsse, eine Arbeit, die ihm leicht von der Hand gehe, sei nicht anspruchsvoll genug, und er solle in die nächste Ebene aufsteigen. »Das Problem«, so Peter, »liegt darin, daß man, sobald man etwas tun muß, wofür man nicht unbedingt zuständig ist, ungeschickt wird, die Kollegen frustriert und die Effektivität der Organisation untergräbt.«

Zur gängigen Redewendung wurde das Peter-Prinzip deshalb,

weil es ein Grundproblem in der Bewertung von vorhandenem Potential reflektiert. Wir wissen, oder glauben zu wissen, daß jemandem seine derzeitige Arbeit gut von der Hand geht. Reicht das aus, um den Erfolg auf der nächsthöheren Ebene zu garantieren? Vielleicht, vielleicht aber auch nicht. Wissen können wir es freilich nicht, denn die Fähigkeiten, die zum Beispiel von einem erstklassigen Wissenschafter erwartet werden, unterscheiden sich gewaltig von den Erfordernissen, die an den Leiter der Forschungsabteilung gestellt werden. Technische Kompetenz heißt noch lange nicht, daß jemand führungskompetent ist.

Das Peter-Prinzip überlisten – in Ihrem Fall

Kann das Peter-Prinzip überlistet werden? Die Antwort lautet ja, aber leicht ist es nicht. Einer Beförderung entzieht man sich für gewöhnlich nicht. Tut man es doch, macht man sich verdächtig. Außerdem will man den Eindruck vermitteln, widerstandskräftig zu sein. Aber es ist vollkommen legitim, im Falle einer Beförderung ihre Folgen zu überprüfen. Auf Ihre Fragen, was von Ihnen erwartet werden wird, welche Ressourcen Ihnen zur Verfügung stehen und auf welche Probleme Sie stoßen werden, sollten Sie präzise Antworten erhalten. Wenn Sie meinen, diese Anforderungen seien zu hoch, sollten Sie den Arbeitsbereich besprechen, um herauszufinden, wie sie ihn eventuell modifizieren können.

Akzeptieren Sie eine Arbeit erst, wenn Sie mit gutem Gewissen sagen können, daß Sie ihr gewachsen sind bzw. daß Sie sie innerhalb eines annehmbaren Zeitraumes erlernen können. Sie können ohne weiteres fragen, welches Training und welche Unterstützung in der ersten Zeit zu Ihrer Verfügung stehen werden. Sollte Ihr Vorgänger gescheitert sein, fragen Sie nach den Ursachen, damit Ihnen nicht derselbe Fehler unterläuft.

Das Peter-Prinzip überlisten – im Fall anderer

Sollten Sie in der Position sein, andere zu befördern oder neu einzustellen, muß Ihnen das Peter-Prinzip, und wie es umgangen wird, bewußt sein. Sie müssen die Fähigkeiten des Kandidaten mit den Anforderungen der in Frage kommenden Arbeit vergleichen und gleich zu Beginn eine gründliche *Analyse der geforderten Fähigkeiten* vornehmen. Diese sollte ausgehend von dem zusammenfassenden Begriff *»MATCH«* (Managerial, Analytical, Technical/Professional, Communications und Human Resource Management/Personal) vorgenommen werden:

1. Führung (Managerial) – für die Zielumsetzung sorgen, Menschen führen, inspirieren und motivieren, Teamaufbau und Aufrechterhaltung der Arbeitsmoral, Leistungen koordinieren und dirigieren, Ressourcen produktiv einsetzen und laufendes Controlling der Ereignisse, um zu den erforderlichen Resultaten zu gelangen.
2. Analytisch (Analytical) – Probleme zerlegen und zu den korrekten Schlüssen hinsichtlich dessen, was geschieht und was geschehen sollte, gelangen.
3. Technisch/Funktional (Technical/professional) – Kenntnis der Branche, einschließlich sämtlicher Tricks, sowie die Fähigkeit, die Gutachten anderer effektiv zu verwerten.
4. Interne Öffentlichkeitsarbeit (Communications) – die Fähigkeit, sich mitzuteilen.
5. Human Resource Management/Personal – Überredungskünste, Begeisterungs- und Motivationsfähigkeit, Vertrauenswürdigkeit, Integrität, Engagement.

Sobald Sie die genauen Anforderungen kennen, sollten Sie den Kandidaten, ausgehend von diesen Kriterien, bewerten. Besorgen Sie sich Empfehlungsschreiben, damit Sie sich ein Bild von seinen momentanen Leistungen machen können. Dadurch erhalten Sie einen zusätzlichen Hinweis, ob er kompetent ist. Bitten Sie um Information über Erfolge und Mißerfolge und die jeweiligen Gründe.

Dieser Vergleichsprozeß sollte eventuelle Schwächen ans Licht bringen. Diese können in der Folge besprochen werden, um Trainingsmaßnahmen zu beschließen, die dem Kandidaten helfen sollen.
Überwachen Sie während der ersten Monate seine Fortschritte sorgfältig. Sie sollen gefährliche Tendenzen rechtzeitig erkennen, damit Sie rasch berichtigend eingreifen können.

Military Incompetence

Norman Dixon zufolge gibt es zwei Grundtypen der militärischen Inkompetenz. Zur ersten Gruppe zählte er die Generäle Elphinstone (erster Afghanistan-Krieg), Raglan (Krim-Krieg), Butler (Buren-Krieg) und Percival (Singapur). Das waren durchwegs sanfte, höfliche und friedliebende Menschen, denen die Entscheidungsfindung im Kampfgeschehen über den Kopf wuchs. Zur zweiten Gruppe zählte er Menschen wie Haig, Joffre und eine Reihe anderer Generäle aus dem Ersten Weltkrieg. Ihr Markenzeichen war ein maßloser Ehrgeiz, verbunden mit einer erschrekkenden Gefühllosigkeit, wenn es um das Leiden anderer ging. Weit davon entfernt, im entscheidenden Moment den Kopf zu verlieren, waren sie aktiv, doch auf eine eitle, abwegige, intrigante und unehrliche Art. In »Leaders we deserve« zitiert Alastair Mant den katastrophalen Ausgang des Krimkrieges, bei dem ein Mitglied der ersten Gruppe (Raglan) das Kommando über ein der zweiten Gruppe angehöriges Mitglied (den Graf von Cardigan, dem von einem Zeitgenossen das »Gehirn eines Pferdes« nachgesagt wurde) hatte.
Norman Dixon teilt die Elemente militärischer Inkompetenz, wie folgt, ein:

- Besorgniserregende Vergeudung menschlicher Ressourcen.
- Fundamentalistisch konservativ und veralteten Traditionen und vergangenen Erfolgen verhaftet.
- Neigung, Informationen, die mit vorgefaßten Ansichten nicht

vereinbar oder unangenehm sind, von sich zu weisen oder zu ignorieren (z. B. Firmen-Jasager).

- Tendenz, den Feind zu unterschätzen.
- Unentschlossenheit und die Neigung, von den Pflichten der Entscheidungsfindung zurückzutreten.
- Störrisches Festhalten an einer Aufgabe trotz starker Gegenbeweise.
- Unvermögen, einen Sieg richtig auszunutzen, sowie eine Neigung, nicht mit voller Kraft zuzuschlagen.
- Unvermögen, adäquate Erkundungen einzuholen.
- Eine Vorliebe für Frontalangriffe, die sich oft gegen den stärksten Punkt des Feindes richten (vergleichbar maßloser Überbesetzung einst rentabler Märkte).
- Glaube an brutale Gewalt statt listenreicher Tricks.
- Unvermögen, Überraschungen und Irreleitungen auszunutzen.
- Übertriebene Bereitschaft, einen Sündenbock zu finden.
- Nachrichten, die von der Front kommen, werden unterdrückt oder verzerrt, insbesondere jene, die die Moral oder die Sicherheit betreffen.
- Glaube an übernatürliche Kräfte – Schicksal, Unglück usw.

Diese Eigenschaften lassen sich ohne weiteres auf das Handeln oder Unterlassen von Unternehmern oder Managern übertragen.

1. Vergeudung der Ressourcen. In den meisten Fabriken und Büros herrscht ein Personalüberschuß, und zwar um durchschnittlich zehn Prozent und darüber.
2. Konservatismus. »Mit dieser Methode sind wir seit jeher gut gefahren.« Wir beherrschen seit 20 Jahren den Markt, warum also etwas verändern?
3. Unangenehme Informationen nicht wahrhaben wollen. »Was haben Sie über unseren schwindenden Marktanteil gesagt? Das glaube ich nicht; diese Schreibtischuntersuchungen sind doch immer ungenau.«
4. Den Feind unterschätzen. »Was höre ich da? Bloggs & Co. bedrohen unsere Palette mit einem neuen Produkt? Und Sie glauben auch noch, daß es konkurrenzfähig ist? Also hören

Sie, die sind doch zu nichts zu gebrauchen. Nicht einmal einen Stall voller Schnecken könnten Sie führen.«
5. Unentschlossenheit. »Darüber müssen wir noch nachdenken.« »Ich brauche noch mehr Information.« »Ich denke mir manchmal, solche Probleme verschwinden von alleine wieder. Man muß sie nur lange genug in der Ablage für ›zu schwierig‹ aufbewahren.« »Ich denke, es gibt da mehrere Alternativrouten (sich!). Halten wir nächste Woche oder so eine Sitzung ab, um Für und Wider zu besprechen.« »Das muß der Vorstand entscheiden.«
6. Dickköpfigkeit. »Verwirren Sie mich nicht mit den Tatsachen. So wird es geschehen.«
7. Unvermögen, eine Situation auszunutzen. »Sie glauben also, daß wir mit dieser Einführung Gefahr laufen, unser Budget zu überschreiten, und das Programm beschleunigen sollten. Nun, wir sollten nicht zu hitzig sein und nichts übereilen.«
8. Unvermögen, sich zu erkundigen. »Ich glaube nicht an die Marktforschung.«
9. Eine Vorliebe für Frontalangriffe. »Bloggs geht es also ausgezeichnet mit diesen Geräten. Ja, ja, mir ist schon klar, daß wir damit bisher keine Erfahrung gemacht haben, aber das kann sich rasch ändern. Wenn wir uns beeilen, holen wir Bloggs von seinem Sockel.«
10. Ein Glaube an brutale Gewalt. »Sagen Sie der Gewerkschaft, sie kann entweder die fünf Prozent nehmen oder sonstwas tun ... Was soll das heißen, ein Produktivitätspaket? Ich halte nichts von Halbheiten. Entweder ist das ein Angebot oder gar nichts ... Sie werden streiken? Das glaube ich nicht. Bei der hiesigen Arbeitslosigkeit von 15 Prozent ...«
11. Unvermögen, Überraschungen auszunutzen. »Ich bin keine Spielernatur. Fangen wir endlich an ... Sie glauben, wir haben eine bessere Ausgangsposition, wenn wir die Konkurrenz im unklaren lassen? Aber was, wir sind denen doch um Kilometer voraus.«
12. Einen Sündenbock suchen. »Das ist nicht unsere Schuld, das

liegt am Wechselkurs.« »Die Regierung ist uns in den Rücken gefallen.« »Warum umgebe ich mich auch immer nur mit inkompetenten Idioten?«

13. Nachrichten unterdrücken. »Sagen Sie Ihnen ja nicht, wie gut es uns zur Zeit geht. Sie werden uns nur um Geld bitten.«
14. Ein Glaube an übernatürliche Kräfte. »Ich spüre es in meinen Knochen, daß jetzt der richtige Moment dafür ist.«

Warum etwas mißlingt – eine Zusammenfassung

Die Hauptursachen, warum etwas scheitern kann, sind:

- Unfähigkeit, aus Fehlern zu lernen.
- Völlige Inkompetenz auf Grund von Überbeförderung.
- Schlechte Selektion, inadäquates Training.
- Zu viel Selbstvertrauen.
- Zu wenig Selbstvertrauen.
- Faulheit.
- Mangelnde Voraussicht.

Was können Sie dagegen unternehmen?

Unfähigkeit, aus Fehlern zu lernen

Denken Sie an *Murphy's Law*, das besagt, wenn etwas mißlingen kann, wird es das auch tun. Fehler werden unterlaufen. Unverzeihlich ist, wenn Sie denselben Fehler zweimal machen. Aber Sie können aus Ihren Fehlern lernen, wenn Sie sie analysieren – Entschuldigungen oder Alibis gelten nicht – und sich merken, was Sie beim nächsten Mal tun oder unterlassen sollten.

Inkompetenz

Sie müssen dafür sorgen, daß mögliche Inkompetenzen unter Ihren Mitarbeitern auf ein Minimum reduziert werden. Sie sollten sich laufend für verbesserte Selektionsmethoden und Leistungsmaßstäbe einsetzen sowie die besonderen Schwächen durch Training und Coaching schrittweise beheben.
Wenn Sie Zweifel bezüglich Ihrer eigenen Fähigkeiten haben, nehmen Sie eine Analyse Ihrer eigenen Stärken und Schwächen vor, und lassen Sie keine Gelegenheit aus, von Menschen, denen Sie vertrauen, zu lernen und beraten zu werden. Nützt das auch nichts, bleibt Ihnen nur noch der rechtzeitige Abschied.

Zu viel Selbstvertrauen

Dies ist eines der schwierigsten Probleme. Bei der Royal Airforce wird immer wieder darauf hingewiesen, daß die Piloten mit dem stärksten Selbstvertrauen gleichzeitig die unfallgefährdetsten sind. Sie müssen sich selbst und Ihrer Belegschaft vertrauen können. Wie kann ein übertriebenes Maß an Vertrauen vermieden werden?
Es bedarf einiger Zeit, um zu verstehen oder zu beweisen, daß Fehlurteile deshalb auftreten, weil man sich der korrekten Antworten so sicher ist, daß erst gar nichts unternommen wird, um dem Unerwarteten Rechnung zu tragen. Menschen mit zu großem Selbstvertrauen neigen zu einer Tunnelsicht der Dinge. Sie erkennen zwar das Ende klar und deutlich, doch was sich zu beiden Seiten oder unterhalb tut, dafür haben Sie keine Augen. Und erkennen sie erst das Licht am Ende des Tunnels, vermögen sie oft nicht zu unterscheiden, daß es sich um einen entgegenkommenden Zug handelt.

Zu wenig Selbstvertrauen

Dieses Problem kann überwunden werden, vorausgesetzt, der einzelne ist grundsätzlich kompetent. Ein Mensch mit geringem Selbstvertrauen ist oft auf die Unterstützung eines Kollegen angewiesen, der seine Leistungen anerkennt und ihn auffordert, so weiter zu machen. Mentoren können Hilfe leisten, aber es eignet sich auch eine bewußte Politik der laufenden Weiterbildung, wobei jedoch berücksichtigt werden muß, daß sich der Betroffene nicht plötzlich in eine Position katapultiert sieht, mit der er nicht fertig wird. Beginnen Sie mit Aufgaben, die er mit seinen Fähigkeiten ohne weiteres meistern kann, und steigern Sie die Anforderungen Schritt für Schritt, allerdings in einem durchführbaren Rahmen.

Sorglosigkeit

Das Problem der Sorglosigkeit ist universell. Es kann durch übermäßiges Selbstvertrauen verursacht werden, aber auch, weil wir alle dazu neigen, unter Druck oder weil wir eine Aufgabe für einfacher erachten, als sie in Wirklichkeit ist, Fehler zu begehen. Doch oft genügen relativ unbedeutende Fehler, um den Ruf eines Menschen zu gefährden oder regelrecht zu zerstören. Wenn Sie dem Vorstand einen Bericht vorlegen, aus dem ein Rechenfehler wie ein Brandmal hervorsticht, kann die Glaubwürdigkeit Ihres gesamten Berichtes dahin sein, auch wenn der Fehler an sich unbedeutend war. Legen Sie niemals einen Bericht oder ein wichtiges Schriftstück vor, ohne nicht vorher mindestens einmal jede Zahl und jedes Faktum mit größter Sorgfalt überprüft zu haben. Wenn irgend möglich, sollte das jemand anderer für Sie tun.

Faulheit

Niemand würde jemals seine eigene Faulheit zugeben. Aber Menschen sind entweder von ihrem Wissen her faul oder weil sie nicht entsprechend angeleitet werden bzw. in einer Position sind, die nur ungenügend definiert wurde. Wenn Ihre Belegschaft faul ist, muß etwas geschehen. Faulheit darf auf keinen Fall toleriert werden.

Mangelnde Voraussicht

Das ist eine der üblichen Fehlerursachen. Als Manager besteht eine Ihrer primären Verantwortungen darin, vorauszudenken. Sie müssen versuchen, allen Eventualitäten vorzugreifen, damit Sie adäquate Alternativpläne entwerfen können. Immer werden Sie nicht recht behalten, und zuweilen wird Krisenmanagement unvermeidbar sein. Aber zumindest sind Sie besser vorbereitet, wenn Sie möglichen Ereignissen, wenn auch nicht allen, gedanklich vorgegriffen haben.

Kapitel 24

INNOVATION

Innovationen sind der Lebenssaft einer Organisation. Eine Organisation – oder die Menschen, die ihr angehören – kann sich keine größere Blöße geben als durch die Behauptung, die alten Methoden seien seit jeher die besten. Unternehmen, die sich im Stillstand versuchen, haben keine Überlebenschancen.
Erneuerungen erfordern Kreativität, klares Denken und die Fähigkeit, etwas zu Ende bringen zu können. Denker und Ausführende müssen eng zusammenarbeiten, und die Unternehmensspitze muß ein Klima schaffen, in dem die Manager nicht nur neue Ideen entwickeln können, sondern auch die für die Durchführung erforderlichen Mittel zur Verfügung haben.
Der Erfolg eines innovativen Projektes ist daher von zwei Dingen abhängig: von den Eigenschaften der einzelnen Führungskräfte und vom Organisationsklima.

Individuelle Eigenschaften

Um ein effektiver Erneuerer zu sein, müssen Sie:

- Zunächst eine klare Vorstellung von den Ergebnissen haben, die sie sich vorgenommen haben – Sie sollten sich zu Beginn nicht so sehr darum kümmern, wie sie dorthin gelangen werden.
- Ziele und Nutzen des Projektes klar definieren.
- Sinn und Zweck des Projektes überzeugend vortragen.
- Nicht nur von Ihrem Vorgesetzten, sondern auch von Ihren Kollegen und Mitarbeitern unterstützt werden – Sie müssen eine Koalition aufbauen, in der jeder von der Nützlichkeit des Projektes gleichermaßen überzeugt ist.

- Mut haben, kalkulierte Risiken einzugehen und sich dem Sturm entgegenzustellen, wenn die unvermeidbaren Rückschläge eintreten.
- Fähig sein, Menschen zu aktivieren – sie müssen sie mobilisieren, das Projekt mit allen Mitteln zu unterstützen. Dafür eignet sich der partizipative Führungsstil.
- Die Kraft haben, Unterstützung und Ressourcen zu mobilisieren und eine Umsetzung der Arbeit zu erreichen.
- Die Fähigkeit besitzen, Widerstand oder Einwände, die sich gegen das Projekt richten, aus der Welt zu schaffen – zuweilen kommt der Widerstand offen zum Ausdruck, doch oft tritt er in passiver oder versteckter Form auf: Einzelheiten des Plans werden kritisiert, Anfragen verspätet beantwortet oder die Zuweisungen für Zeit und Ressourcen verzögert. Versteckter Widerstand zählt zu den gefährlichsten.
- Die Charakterstärke beweisen, die erforderlich ist, damit die anfängliche Begeisterung für das Projekt nicht abreißt, sobald die ersten Unannehmlichkeiten auftreten.

Eigenschaften der Organisation

Die organisatorischen Merkmale, die innovative Maßnahmen fördern, sind:

- Ein freier Informationsfluß, der die Führungskräfte in unerwarteten Bereichen auf neue Ideen stoßen läßt und sie veranlaßt, Informationsfragmente zu kombinieren.
- Die einzelnen Abteilungen stehen in einem engen und häufigen Kontakt zueinander. Laterale als auch vertikale Beziehungen werden durch die freie Verfügbarkeit von Ressourcen, Informationen und Unterstützung gefördert.
- Teamarbeit und gleiche Anerkennung für alle sind Tradition.
- Spitzenkräfte, die an die Notwendigkeit von Innovationen glauben und die dafür erforderlichen Mittel verfügbar machen.
- Manager, die die Fähigkeit und den Wunsch haben, Gelegen-

heiten beim Schopf zu packen und sich für Innovationen Zeit zu nehmen.

Fallstudien

Flußglas

Die Entwicklung bei Pilkington wird manchmal als Ein-Mann-Kampagne von Alistair Pilkington bezeichnet. Das stimmt nicht ganz. Tatsächlich bewies Alistair Pilkington die Eigenschaften eines erfolgreichen Innovators und setzte die Innovationen auch um. Er wußte, was er wollte und wann es sich lohnen würde, und ging entsprechend hartnäckig vor, um sein Vorhaben allem Widerstand zum Trotz durchzusetzen. Aber er war in der glücklichen Lage, in einem Unternehmen zu arbeiten, in dem Innovationen vorangetrieben wurden. Ihm stand eine Forschungsabteilung zur Verfügung, die zu den hervorragendsten der Welt zählte und über Können und Einrichtungen verfügte, die er für die Durchführung des enormen Entwicklungsprogramms benötigte. Gleichermaßen ausschlaggebend war die Pilkington-Tradition, Führungsgremien einzusetzen. Obwohl diesem Führungsstil oft nachgesagt wird, Innovationen und Leistungen zu bremsen, erwies er sich für die Forschung und Entwicklung als äußerst hilfreich. Da alle relevanten Abteilungen – Forschung, Entwicklung, Produktion und Verkauf – vertreten waren, war das Flußglas-Projekt vom ersten Moment an voll integriert. Mißverständnisse und Kooperationsprobleme, die ansonsten bei jedem wichtigen Projekt unvermeidbar sind, konnten erst gar nicht aufkommen. Die traditionellen Rivalitäten zwischen Forschung, Entwicklung und Produktion verflogen zwar nicht über Nacht, doch die Bereitschaft, Spannungen auf ein Minimum zu reduzieren, war gegeben. Das Projekt war ein triumphaler Erfolg.

Innovation in der Weiterbildung von Führungskräften

John Raimes war Personalleiter der zur British Aircraft Corporation gehörenden Filton-Division. Bereits zwölf Jahre, bevor die Weiterbildung von Führungskräften als die große Neuentdeckung galt, war es ihm gelungen, Projekttraining und »Do-it-yourself«-Schulungen einzuführen.

Raimes war mit dem herkömmlichen Training für Führungskräfte nicht mehr zufrieden. Er war der Ansicht, daß die Führungskräfte von einem direkten Engagement in echte Firmenbelange weit mehr profitieren würden. Eine adäquate Gruppierung der Manager würde nicht nur der Firma in Form eines Ideenauslösers Gewinn bringen, sondern den Managern ermöglichen, voneinander zu lernen, ihr Verständnis für die Betriebsführung auszubauen und ihre eigenen Fähigkeiten für die Problem- und Ideenauswertung zu testen. Ein »Do-it-yourself«-Element könnte eingeführt werden, um den an den Projekten teilnehmenden Managern die Möglichkeit zu geben, Kurse zu besuchen, sich (begrenzt) an auswärtige Berater zu wenden und ihren Informationsstand zu erweitern.

Raimes mußte seine Idee dem Topmanagement schmackhaft machen, das an den konventionellen Trainingsmethoden bis dahin nichts auszusetzen gehabt hatte. Er mußte all seine Überredungskünste einsetzen, um glaubhaft zu machen, daß sein Konzept der Firma und den Führungskräften mehr Nutzen bringen würde als die konventionellen Methoden. Beweisen konnte er das allerdings nicht. Er konnte seine Idee nur kraft seiner totalen Überzeugung vorbringen, und es gelang.

Seine feste Überzeugung war der Hauptgrund, warum er sich erfolgreich durchsetzen konnte. Doch zweifellos half ihm das in der Firma vorherrschende Klima, da sie als Teil der Luftfahrtindustrie auf Innovationen und Kreativität angewiesen war. Im Vorstand saßen Leute, die erkannten, daß die Managementbedürfnisse dieser Branche anderer Natur waren und daher einen originellen Ansatz erforderten.

Kapitel 25
INTEGRATION

Ein Unternehmen wird nur dann koordiniert vorgehen können, wenn seine Mitarbeiter fähig sind, effektiv zu kooperieren. Allerdings muß zu diesem Zweck eine bewußte Anstrengung unternommen werden, die die Integration der Aktivitäten aller Unternehmensteile vorantreibt.

Vertikale und horizontale Integration

Die Integration muß sowohl vertikal als auch horizontal verlaufen. Zur vertikalen Integration sagte Douglas McGregor:
»Das herausragende Merkmal moderner, innerbetrieblicher Beziehungen ist ihr hohes Maß an Interdependenz. Nicht nur die Mitarbeiter sind auf ihre Vorgesetzten angewiesen, um ihren Bedürfnissen und einer erfolgreichen Zielerreichung Rechnung zu tragen, sondern umgekehrt müssen sich die Manager aller Führungsebenen auf ihre Mitarbeiter verlassen können, um ihre eigenen und die Unternehmensziele zu verwirklichen.«
Ausschlaggebend für eine zufriedenstellende *vertikale Integration* ist die Art der Mitarbeiterführung. Dabei geht es nicht so sehr um strukturelle Maßnahmen, wenngleich eine Integration um so problematischer sein wird, je mehr Führungsebenen vorhanden sind bzw. je mehr Mitarbeiter einer Führungskraft unterstellt sind.
Die vertikale Integration ist insofern problematisch, als sie großteils vom Führungsstil bestimmt wird. Die Führungs- und Motivationsfähigkeiten eines Managers variieren von Fall zu Fall, und es sind die schlechten und gleichgültigen Manager, die eine vertikale Integration behindern (siehe Kapitel 27).

Die *horizontale Integration* findet zwischen den unterschiedlichen Aufgabenbereichen und Abteilungen statt. Es sollen nicht nur unterschiedliche Aktivitäten koordiniert werden; der viel wichtigere Aspekt ist, eine gute Zusammenarbeit zwischen den Mitarbeitern herzustellen. Hier kommt es zu Problemen, weil der Mensch vorrangig um die Aufrechterhaltung seiner Unabhängigkeit besorgt ist und die Interdependenz in ihrer eigentlichen Bedeutung nicht wahrnimmt. Das gilt insbesondere für die Beziehungen zwischen den Linienabteilungen wie Produktion und Personal oder den funktionalen Abteilungen des Finanzwesens.

Eine verbesserte horizontale Integration muß erarbeitet werden, und auch dafür bieten sich mehrere Methoden an. Im folgenden werden die wichtigsten genannt:

- Koordination. Das ist der traditionelle Ansatz. Manager koordinieren die verwandten Aktivitäten verschiedener Einheiten oder Mitarbeiter. Das müßte eigentlich funktionieren, nur tut es das oft nicht, weil entweder die Kompetenzen schlecht verteilt sind oder weil die Zusammenarbeit nicht unbedingt auf Befehl erfolgt.
- Strukturelle Integration. Aktivitäten werden nach Produkt oder Kunde gruppiert, wodurch die Mitarbeiter einen Bezug zwischen Aufgabe und gemeinsamem Ziel herstellen können, anstatt nach Abläufen, wo die Arbeit eher als Zweck an sich gesehen wird.
- Freiwillige Integration. Die Mitarbeiter kommunizieren miteinander und integrieren ihre Aktivitäten selbst, ohne dazu die Autorisierung von oben zu benötigen. Die Vorgesetzten werden erst verständigt, wenn auf Grund von Meinungsverschiedenheiten eine Entscheidung getroffen werden muß.
- Konferenzen. Berufen Sie Konferenzen ein, oder setzen Sie Arbeitsgruppen für Planungs- und Betriebsangelegenheiten ein, die eine Integration erforderlich machen. Um die Gefahren des »Management-by-Committee« zu vermeiden, muß dafür gesorgt werden, daß nur jene Bereiche zur Sprache kommen, die gemeinsame Entscheidungen erfordern, und nicht der Versuch

gemacht wird, die normalen Aufgaben der Geschäftsleitung zu übernehmen.

- *Projektteams.* Mit Teams oder Arbeitsgruppen können Probleme oder besondere Themen, die außerhalb der Routine liegen – beispielsweise Produktentwicklung, Qualitätskontrolle und Systementwicklung –, behandelt werden. Wenn die Mitglieder verschiedener Abteilungen zusammenarbeiten, entsteht zudem ein besseres Verständnis für die gemeinsame Sache.
- Kommunikation. Verbessern Sie die Qualität der internen Öffentlichkeitsarbeit. Das ist teils eine Frage der Einstellung (die Bereitschaft, zu kommunizieren und zuzuhören, muß gegeben sein), teils der Struktur (zu viele Führungsebenen oder zu viele separate Einheiten oder Abteilungen behindern den Kommunikationsablauf) und teils der angewandten Systeme und Techniken (der effektivere Gebrauch des geschriebenen oder gesprochenen Wortes). Das ist alles leichter gesagt als getan. Der Mensch kommuniziert nicht unter Zwang. Er läßt sich höchstens dazu ermutigen, und Sie können versuchen, Kommunikationsbarrieren abzubauen.
- *Training.* Training eignet sich zuweilen, um die Notwendigkeit für die Integration bewußt zu machen und um Techniken zu verbessern (interne Öffentlichkeitsarbeit sowie effektive Konferenzen). Kurse, die von Mitgliedern der verschiedenen Abteilungen besucht werden, fördern das Verständnis ebenfalls. Teamentwicklungstraining mit Schwerpunkt auf eine bessere Zusammenarbeit kann hilfreich sein.
- Rollenverständnis. Fördern Sie das Rollenverständnis einzelner Mitarbeiter, der Betriebseinheiten und der Träger verwandter Funktionen. Häufig läßt sich das ohne Formalitäten bewerkstelligen. Sie können jedoch auch allen Betroffenen formelle Rollendefinitionen zukommen lassen, doch das funktioniert nur in den seltensten Fällen: Die Empfänger werden sie zwar lesen, aber ob sie in dieser unpersönlichen Form zur Kenntnis genommen wurden, ist sehr unwahrscheinlich. Management-

durch-Zureden ist das letzte Refugium des inkompetenten Managers.

- Planung. Entwerfen Sie Planungsverfahren, die die Mitarbeiter der verschiedenen Abteilungen und der einzelnen Ebenen involvieren, damit gemeinsam Maßnahmen formuliert und Pläne vorbereitet werden.
- Managementinformation. Installieren Sie Managementinformationssysteme, die jene Bereiche identifizieren, in denen gemeinsame Vorgangsweisen erforderlich sind.

Eine Fallstudie

Zwei Fachinstitute wurden zusammengelegt, wovon das eine zwei und das andere drei Abteilungen hatte, die unterschiedliche Berufszweige betreuten. Das neue Institut hatte daher fünf Abteilungen, von denen jede darauf bedacht war, ihre eigenen Interessen zu fördern.
Der Vorstand, das Entscheidungsgremium des Instituts, wußte sehr wohl, daß die Abteilungen zwar die finanziellen Vorteile der Fusion erkannt hatten, daß aber keine ihre Unabhängigkeit oder eigene Identität aufzugeben bereit war.
Allerdings gab es mehrere Bereiche, etwa die Beziehungen zur Regierung, die Berufsethik, das öffentliche Ansehen und der Bildungsstandard, die ein einheitliches Auftreten erforderten, auch wenn die Abteilungen unterschiedliche Ansichten zum Thema vertraten. Es mußte also eine Lösung gefunden werden, wie die widersprüchlichen Vorstellungen von Einheit und Unabhängigkeit auf einen gemeinsamen Nenner gebracht werden konnten. Außerdem hatten sich Unruhe und Aufsässigkeit bemerkbar gemacht, und dem mußte Einhalt geboten werden.
Die unmittelbarste Lösung wäre, eine Integration der Aktivitäten über die verschiedenen Gremien des Institutes zu erarbeiten. Für politische Fragen, die alle etwas angingen, gab es ein übergreifen-

des Komitee, während abteilungsspezifische Fragen vom Leitungsgremium der jeweiligen Abteilungen behandelt wurden.

Um die mannigfaltigen Bildungsaktivitäten, auf die das Institut zu Recht stolz war, zu integrieren, wurde dem übergreifenden Komitee ein Beirat für allgemeine Bildungsfragen unterstellt. Jede Abteilung hatte ihren eigenen Bildungsbeirat und war im übergreifenden Bildungsbeirat vertreten. Ähnlich wurde bei anderen wichtigen Bereichen vorgegangen.

Doch diese Lösung scheiterte. Die Gremien der Abteilungen gingen weiterhin ihre eigenen Wege und ignorierten die Notwendigkeit, ihre Aktivitäten abzustimmen. Die zentralen Sondergremien wurden untergraben, da die Vertreter der Abteilungen nicht daran interessiert waren, Fragen zu diskutieren oder ihnen zuzustimmen, wenn sie den Interessen ihrer Abteilungen in irgendeiner Weise zuwiderliefen. Das übergreifende Komitee war nicht informiert, was in den Abteilungen vor sich ging, und fürchtete um seine Kontrollfunktion.

Andere Integrationsmethoden mußten ausprobiert werden. Zunächst wurden die Vorteile eines starken, vereinten Institutes auf allen Ebenen unter der Leitung der Komiteemitglieder diskutiert, um die Vertreter der Abteilungen vom Wert einer derartigen Interessensvertretung zu überzeugen. Dann wurde eine Arbeitsgruppe beauftragt, eine detaillierte Analyse der wichtigsten Maßnahmenbereiche durchzuführen, mit der festgestellt werden sollte, welche Entscheidungen auf Abteilungs- und welche auf Komitee-Ebene zu treffen seien. Die Arbeitsgruppe entwarf schließlich ein strategisches Planungssystem, das von der Abteilungsebene ausging und im Falle von Fragen, die das Institut als Gesamtheit betrafen, auf die zentralen Gremien überging. Das Planungsverfahren basierte auf einem Iterationsprinzip, d. h. initiierte Ideen sollten auf Abteilungsebene flottgemacht werden und, sobald sie das Institut in seiner Gesamtheit betrafen, an den geeigneten Zentralausschuß weitergeleitet werden. Bei Uneinigkeiten sollte die Angelegenheit zunächst an das Abteilungsgremium zurückgeleitet werden, bevor sie erneut in der Zentrale zur Sprache käme. Um diesen Prozeß für das übergreifende Komitee zu koordinieren, wurde ein Planungsgremium eingesetzt, um die Pläne für jeden Bereich zu revidieren und zu integrieren, bevor sie dem Ausschuß für den endgültigen Beschluß vorgelegt wurden.

Der Vorteil dieser Annäherung bestand nicht unbedingt in der Planung selbst, die sich als ziemlich umständlich herausstellte. Was sie jedoch sehr wohl bewirkte, war, daß Fragen genereller Natur auf allen Ebenen diskutiert wurden. Keine Entscheidungen, die die Zukunft des Institutes betrafen, wurden gefällt, bevor nicht die Ansichten aller Abteilungen eingeholt worden waren. Auf diese Weise konnte das übergreifende Komitee bei Fragen, die alle angingen, Stellung nehmen, da jede Abteilung in die Entwicklung der grundsätzlichen Linie des Institutes einbezogen worden war. Außerdem konnte ein Sinn für die gemeinsame Sache entwickelt werden, der für die Integration der Institutsaktivitäten eine feste Basis schuf.

Kapitel 26
INTERVIEWTECHNIKEN

Jeder glaubt, ein guter Interviewer zu sein. So wie jeder glaubt, ein guter Autofahrer zu sein. Sieht man sich jedoch die Unfallstatistiken an, erhält man ein ganz anderes Bild. Ebenso verhält es sich mit falschen Personalentscheidungen – auch dazu gibt es Aufzeichnungen –, die vielfach auf ein Versagen bei der Selektion zurückzuführen sind. Die Forschung ergab, daß die häufigsten Ursachen dafür falsche Prognosen sind, die aus den Interviews auf Grund von Voreingenommenheit, unrichtiger Informationen oder Fehlinterpretationen der erhaltenen Information hervorgehen. Um diese Probleme weitgehend zu vermeiden, sollten Sie sich für eine systematische Vorgangsweise entscheiden, die sich auf die vom Bewerber zu erfüllenden Anforderungsprofile und Anstellungsspezifikationen stützen sollte. Dann sollten Sie sich eine Interviewmethode überlegen, und zwar ausgehend davon, wie Sie das Interview führen und wie Sie die daraus resultierenden Informationen auswerten werden.

Der Interviewansatz

Ein Interview ist ein Gespräch, das einen bestimmten Zweck verfolgt. Es ist ein Gespräch, bei dem der Bewerber veranlaßt werden soll, frei über sich und seine Karriere zu sprechen. Der Interviewer sollte sich, abgesehen von den erforderlichen Kommentaren zu Stellung und Firma, auf Fragen und Ermutigungen beschränken. Fragen, die offengelassen werden, fördern Antworten mit dem höchsten Informationsgehalt; »Ja-oder-Nein«-Fragen sollten möglichst vermieden werden. Mit der Aufforderung, »erzählen Sie mir von Ihrer jetzigen Arbeit«, werden Sie mehr erfah-

ren. Lücken können mit Folgefragen aufgefüllt werden. Vermeiden Sie Suggestivfragen, die die von Ihnen erwartete Antwort bereits andeuten.
Sinn und Zweck eines Interviews ist es, ausgehend von den vorhandenen Belegen, die richtige Prognose zu erstellen, inwieweit sich ein Kandidat für einen Posten eignet. Es verfolgt jedoch noch weitere zwei Ziele: Der Kandidat soll über die Arbeit und die Firma informiert werden und einen vorteilhaften Eindruck erhalten. Damit wird bezweckt, daß sich der geeignete Kandidat veranlaßt sieht, der Firma beizutreten, während der zurückgewiesene Bewerber keinen Grund erhält, verärgert zu sein.

Die Interviewführung

Sie müssen das Interview planen, um vom Kandidaten die entsprechenden Informationen zu erhalten, ob seine Erfahrung, Qualifikationen und persönliche Eignung dem Anforderungsprofil entsprechen. Für den Ablauf eines Interviews gibt es keine optimale Methode. Ein mehr oder weniger typischer Ansatz wäre folgender:

1. Der Bewerber soll seine Nervosität ablegen – er wird mit Sicherheit nervös sein, und Ihre Aufgabe ist es, ihn zu entspannen, damit er frei sprechen kann.
2. Erklären Sie ihm, wie Sie das Interview gestalten werden.
3. Beschreiben Sie zunächst kurz die Arbeit und die Firma. Halten Sie sich aber nicht zu lange damit auf, vor allem wenn es sich um einen Randkandidaten handelt. Ausführlich können Sie am Ende des Interviews werden.
4. Setzen Sie beim Lebenslauf an. Der Bewerber soll seinen Bildungsweg und seine bisherige Karriere selbst erzählen. Konzentrieren Sie sich nicht zu sehr auf die Vergangenheit, sondern in erster Linie auf seine gegenwärtige Tätigkeit. Wenn nötig, stellen Sie ihn auf die Probe, um ein einheitliches Bild zu erhalten. Natürlich wird er versuchen, weniger erfolgreiche Ab-

schnitte seiner beruflichen Laufbahn zu beschönigen. Er soll Ihnen nicht nur mitteilen, was er tat, sondern warum er es tat. Das ist vor allem dann von Relevanz, wenn Berufswahl und Gründe für den Stellungswechsel besprochen werden. Das ermöglicht Ihnen, seine Motivation zu bewerten.
5. Geben Sie ihm Gelegenheit, über seine Erfolge zu sprechen und eventuelle Rückschläge zu erklären.
6. Nehmen Sie sich am Ende des Interviews Zeit für seine Fragen.

Der informative Teil des Interviews sollte je nach Anforderungsniveau nicht länger als 20 bis 40 Minuten dauern.
Wenn es um Schlüsselpositionen geht, wäre es ratsam, ein zweites Interview mit einem höherrangigen Mitglied der Firma zu arrangieren.

Die Interviewauswertung

Die einzigen Fragen, die am Ende des Interviews noch offen sein sollten, lauten:
- Entspricht dieser Kandidat den Anforderungen?
- Wie gut ist dieser Kandidat im Vergleich zu anderen Bewerbern?

Qualifikationen können relativ leicht bewertet werden, außer es geht nicht klar hervor, woher sie stammen. Die Auswertung der Erfahrungswerte sollte ebenfalls kein Problem sein, vorausgesetzt, Sie haben die Behauptungen des Bewerbers auf ihre Richtigkeit überprüft. Funktionsbezeichnungen sind irreführend; Sie müssen sich über das tatsächliche Verantwortungsniveau informieren, damit Sie es mit den Schlüsselbereichen der Arbeit, für die der Bewerber in Frage kommt, vergleichen können. Dabei helfen Informationen über besondere Aufgaben und Erfolge.
Seine bisherigen Fortschritte sind ein Hinweis dafür, wie er in Zukunft weiterkommen wird. Sie wollen herausfinden, ob seine berufliche Laufbahn gleichbleibend kontinuierlich verlief. Jeder

kann einmal versagen, und die Gründe sind nicht immer unbedingt bei ihm zu suchen. Ist diese Linie allerdings immer wieder durch Arbeitsplatzwechsel unterbrochen, dann ist das höchst verdächtig. Wenn die Karriere des Bewerbers Lücken aufweist, finden Sie heraus, wo er war und was er tat.

Eine Bewertung der persönlichen Qualitäten eines Bewerbers gehört zu den Schwierigkeiten der Interviewführung. Zu entscheiden, ob Ihnen seine Manieren zusagen oder nicht, mag nicht schwer sein, aber Merkmale, wie Engagement, die Fähigkeit zur Zusammenarbeit mit anderen, sowie Führungseigenschaften sind nicht so leicht feststellbar.

Interviewer werden immer vor dem »Echo-Effekt« gewarnt. Man soll tunlichst vermeiden, sich vom Erscheinungsbild oder den Manieren eines Bewerbers beeindrucken zu lassen und dabei die Beurteilung wesentlicher Aspekte seines Charakters oder seiner Fähigkeiten zu vernachlässigen. Ebenso gefährlich ist der »Hörner-Effekt«, bei dem den unattraktiven Merkmalen zu viel Bedeutung eingeräumt wird. Es zählt nicht nur der erste Eindruck, wenngleich er für die Arbeit selbst entscheidend sein könnte, sondern alle Aspekte sind von Bedeutung, die aus der Laufbahn des Bewerbers hervorgehen.

Persönliche Stärken und Schwächen werden aus einer Analyse der Karriere und der Interessen des Bewerbers ersichtlich. Jemand, der sich viel vorgenommen hat und bisher alles erreichen konnte, ist klarerweise entsprechend motiviert. Ein Mensch aus armen Verhältnissen, der über frühe Rückschläge triumphieren konnte, verfügt sicherlich über mehr Engagement als jemand, der aus den Gelegenheiten, die sich ihm boten, nicht das meiste herausholte. Die Interessen des Bewerbers können als Hinweis dienen, ob er gerne mit anderen Menschen verkehrt und bereit ist, eine Führungsposition zu übernehmen. Seine Freizeitgestaltung kann auch als Hinweis für sein Engagement und seine Entschlossenheit dienen. Schwerpunkt Briefmarkensammler mag nicht unbedingt reizvoll klingen, doch wenn sich herausstellt, daß er auf Grund seines Eifers in Großbritannien zur ersten Instanz für Kolonialbriefmar-

ken aus der Mitte des 19. Jahrhunderts avancierte, können Sie sich ein Bild von seinen Umsetzungsfähigkeiten machen.
Sie können mehr über einen Bewerber erfahren, wenn Sie ihn sprechen lassen – das kann sogar so weit gehen, daß er seine Inkompetenz für die Stellung selbst enthüllt. Wenn jemand beispielsweise erzählt, daß er die letzten drei Male gekündigt hat, weil er mit seinem Chef nicht zurecht kam, ist das ein Hinweis dafür, daß er entweder eine Abneigung gegen Vorgesetzte hat oder zur Paranoia neigt oder beides. Er hat auf ein Verhaltensmuster aufmerksam gemacht, das sich jederzeit wiederholen könnte.

Die endgültige Bewertung

Das für die Bewertung eines Kandidaten erforderliche Beweismaterial setzt sich aus den vielfältigen Interviewaspekten, dem Bewerbungsschreiben oder dem Bewerbungsformular zusammen. Es muß dem Anforderungsprofil gegenübergestellt und auf einem Bewertungsformular zusammengefaßt werden, insbesondere wenn sich mehrere Kandidaten um die Stellung beworben haben.

Richtige bzw. falsche Vorgangsweise bei einem Interview

RICHTIG
Das Interview planen.
Für ein entspanntes, formloses Gesprächsklima sorgen.
Den Bewerber zum Sprechen ermuntern.
Das Terrain wie vorgesehen erforschen.
Falls nötig, den Bewerber auf die Probe stellen.
Karriere und Interessen analysieren, um Stärken, Schwächen und Verhaltensmuster zu enthüllen.
Richtung und Zeitaufwand des Interviews unter Kontrolle halten.

FALSCH

Das Interview unvorbereitet beginnen.

Zu rasch auf schwierige Fragen übergehen.

Suggestivfragen stellen.

Zu Schlußfolgerungen gelangen, die sich auf unangemessene Aussagen stützen.

Isolierten Stärken oder Schwächen zu viel Bedeutung einräumen.

Zulassen, daß der Bewerber wichtige Tatsachen beschönigt.

Zu viel reden.

Kapitel 27

FÜHRUNG

Was ist Führung?

Führung heißt, andere Menschen zu veranlassen, etwas zu tun. Geführt wird, wenn ein Ziel erreicht oder eine Aufgabe durchgeführt werden muß und wenn mehrere Personen dafür erforderlich sind. Definitionsgemäß sind alle Manager Führungskräfte, da sie ihre Aufgaben nur mit Hilfe ihres Teams erfüllen können und es zu diesem Zweck inspirieren und überzeugen müssen. Führung bedeutet daher, einzelne und Teams zu ermutigen und sie von der Notwendigkeit zu überzeugen, ihr Bestes zu geben, um ein gewünschtes Ergebnis zu erzielen.
Führung ist erforderlich, weil jemand die Richtung angeben und gewährleisten muß, daß alle Beteiligten ans Ziel gelangen. Organisatorische Effektivität hängt von der Führungsqualität ab.

Die Ziele einer Führungskraft

Das vorrangige Ziel einer Führungskraft besteht darin, gemeinsam mit seiner Gruppe eine Arbeit erfolgreich zu vollenden. Die Führungskraft hat drei Hauptaufgaben, will sie dieses Gesamtziel erreichen:
1. Sie muß ihr Team einsatzfreudig und kooperationswillig stimmen.
2. Sie muß die Gruppe zur Umsetzung der vereinbarten Zielsetzungen veranlassen.
3. Sie muß Fähigkeiten, Energien und Talente des Teams optimal nutzen.

Die Führungskraft hat zum Ziel, Menschen durch bereitwillige

Kooperation und nicht durch mürrische Unterwerfung zur Umsetzung seiner Vorstellung zu veranlassen. Außerdem muß sie zur Moral der Gruppe beitragen, die um so höher sein wird, je produktiver die Gruppe ist und je besser die einzelnen Mitarbeiter zusammenarbeiten. Dabei geht es nicht darum, daß sie sich wohl fühlen, sondern, daß sie häufiger einem höheren Leistungsdruck ausgesetzt werden, als wenn sie sich selbst überlassen blieben. Aber sie werden das Gefühl haben, gemeinsam wertvolle Arbeit befriedigt zu leisten.

Wie werden diese Ziele erreicht?

Eine der üblichsten Aussagen zum Thema Führung lautet: »Führungseigenschaften sind angeboren und werden nicht erworben.« Wie bei allen Klischees ist auch in diesem ein Quäntchen Wahrheit enthalten, doch buchstäblich darf man es nicht nehmen. Es gibt viele erfolgreiche Führungspersönlichkeiten, die ihre Fähigkeiten bereits in jungen Jahren bewiesen und seither nie mehr zurückblickten. Sie haben ein natürliches Talent, und auch wenn sie nicht damit geboren wurden, so wurde es bereits im Elternhaus und später in Schule, Universität und im Zuge des Militärdienstes durch hinzugewonnene Erfahrungswerte gefördert. Ihr Charisma, ihre Fähigkeit zur Inspiration und ihr Umgang mit Menschen verleiten zu dem Ausruf: »Dieser Mensch ist der geborene Anführer!«

Ihr Verhalten kann den Anschein von Mühelosigkeit vermitteln, doch das ist es natürlich nicht. Im 6. Jahrhundert vor Christus schrieb Lao Tse: »Von den großen Führungspersönlichkeiten merken die Menschen gar nicht, daß es sie gibt.«

Effektive Führungskräfte gehen zunächst von einer natürlichen Begabung aus, die sie im Laufe ihrer Karriere immer weiter ausbauen. Sie haben ein gutes Gefühl dafür, wie sie vorgehen können und wo ihre Grenzen liegen. Sie lernen aus der Erfahrung und hören nie auf zu lernen. Von ihnen kann sicher nicht gesagt werden, »hier ist jemand, dessen 20jährige Erfahrung die Erfahrung eines Jahres ist, die sich 20mal wiederholt«. Gute Führungskräfte strengen sich an, ihre Erfolge und Mißerfolge zu analysieren und daraus zu lernen.

Vorausgesetzt, Sie haben bestimmte natürliche Führungsqualitäten, wie verbessern Sie sie? Durch die Praxis, das ist klar, doch auch indem Sie sich selbst und andere genau beobachten und analysieren. Dieses Kapitel kann Ihnen als Modell dienen. Doch zuallererst gilt es, drei Schlüsselfragen zu beantworten:

1. Was ist eine Führungskraft?
2. Was tut eine Führungskraft?
3. Wie führen Führungskräfte?

Danach können die Methoden, mit denen Führungseffektivität maximiert werden kann, zusammengefaßt werden.

Was ist eine Führungskraft?

Auf diese Frage gibt es viele Antworten. Den amerikanischen Management-Autoren Warren Bennis und Burt Vanus zufolge, gibt es rund 250 Definitionen zu diesem Thema, die von den unterschiedlichsten Autoren verfaßt wurden. Allerdings konnte keine einzige die erforderliche Klarheit und Vollständigkeit für sich verbuchen.

Die meisten Definitionsansätze konzentrieren sich auf die Qualitäten, die gefordert werden, die Faktoren, die zum Erfolg führen, sowie die Persönlichkeitsmerkmale erfolgreicher Führungskräfte bzw. die Führungstypen, die es heute gibt. Jeder dieser Ansätze wird in diesem Abschnitt zur Sprache kommen. Die Definitionen gehen jedoch allesamt vom Standpunkt des Unternehmens aus; aber die Definition einer Führungskraft setzt voraus, daß es Geführte geben muß; geht man von ihrem Standpunkt aus, erhält man einen tieferen Einblick in das Können einer Führungspersönlichkeit.

Führungsqualitäten

Der britische Führungsexperte John Adair zitiert zwölf Attribute, die auf höchster Führungsebene als entscheidend gelten:

1. Entschlossenheit.
2. Führung.
3. Integrität.
4. Enthusiasmus.
5. Phantasie.
6. Bereitwilligkeit, hart zu arbeiten.
7. analytische Fähigkeiten.
8. Verständnis für andere.
9. Fähigkeit, Möglichkeiten zu erkennen.
10. Fähigkeit, Unannehmlichkeiten auf sich zu nehmen.
11. Fähigkeit, sich Veränderungen rasch anzupassen.
12. Bereitschaft, Risiken einzugehen.

Auflistungen dieser Art sind oft insofern problematisch, als es schwer fällt, Eigenschaften zu definieren. John Adair beruft sich noch auf eine andere Untersuchung, bei der 75 Spitzenkräfte aufgefordert wurden, den Begriff Zuverlässigkeit zu definieren. Das Ergebnis waren 147 verschiedene Begriffe.

Nicht minder problematisch ist die Tatsache, daß der Einsatz dieser Qualitäten von den Umständen abhängt und daher wohlüberlegt sein muß. Ausdauer ist beispielsweise eine gute Eigenschaft, vorausgesetzt, jeder weiß, wo er steht, Ihre Entscheidungen bringen keine unangenehmen Überraschungen mit sich, und Sie sind für Ihre Fairneß bekannt. Wird dem Grundsatz Ausdauer jedoch zu viel Gewicht gegeben, kann Unflexibilität die Folge sein. Und es gibt keinen Führungstypus, der unter allen Umständen immer gleich erfolgreich ist. Winston Churchill war in Kriegszeiten die geeignete Führungspersönlichkeit, da er die natürlichen Qualitäten mitbrachte, die die Sitution erforderlich machte. Er war kühn, kämpferisch und ausdauernd. Doch in Friedenszeiten leisteten sie ihm keine besonderen Dienste.

Sein Nachfolger, Clement Attlee, hatte zwar nicht das Charisma

von Winston Churchill, er hätte wahrscheinlich auch keinen effektiven Premierminister in Kriegszeiten abgegeben, und dennoch ging er als einer der besten Kabinettsführer in Friedenszeiten in die Geschichte ein.
Führungspersönlichkeiten gehen aus bestimmten Situationen hervor, da sie Qualitäten und Know-how mitbringen, die momentan erforderlich sind – Autorität kommt dem zu, der Wissen hat. In »The Admirable Crichton« von Barrie wurde der Butler zum Anführer ernannt, nachdem die Familie auf einer verlassenen Insel Schiffbruch erlitten hatte und er momentan als einziger der Situation gewachsen war.

Faktoren, die den Erfolg beeinflussen

Erfolgreiche Führung scheint daher davon abzuhängen, ob man zum rechten Zeitpunkt die richtigen Qualitäten hat. Aber wie lassen sich diese Qualitäten beeinflussen und weiterentwickeln? Charles Margerison führte eine Untersuchung durch, in der die befragten Spitzenkräfte die Einflüsse auf den Erfolg folgendermaßen klassifizierten:

		Bewertung von 100
1.	Fähigkeit, mit Menschen zu arbeiten	78
2.	Frühe Verantwortung für wichtige Aufgaben	75
3.	Das Bedürfnis, Ergebnisse zu erzielen	75
4.	Führungserfahrung zu Beginn der Karriere	74
5.	Erfahrungsreichtum dank vielfältiger Funktionen vor dem 35. Lebensjahr	68
6.	Fähigkeit, zu handeln und zu verhandeln	66
7.	Bereitschaft, Risiken einzugehen	63
8.	Fähigkeit, ideenreicher als die Kollegen zu sein	62
9.	Talente mit Hilfe unmittelbarer Vorgesetzte weiter zu entwickeln	60
10.	Fähigkeit, den Führungsstil an die Situation anzupassen	58

In dieser Liste werden die Fähigkeiten oder Kenntnisse (1, 3, 6, 7, 8 und 10) und Erfahrungswerte, die die Weiterentwicklung dieser Fähigkeiten vorantrieben (2, 4, 5 und 9), miteinander vermischt. Aus ihr geht eindeutig hervor, daß natürliche Fähigkeiten nicht alles sind. Sie werden durch die Erfahrung und durch Situationen genährt, in denen potentielle Führungskräfte auf erfahrene Führungspersönlichkeiten treffen.
In seinem Buch »Managerial Moxie« betont Lance Secretan den letzten Punkt. Er meint, daß Führung in erster Linie eine erworbene Fähigkeit sei. Am Anfang, schrieb er, müsse eine Führungskraft über Intelligenz, eine positive Einstellung und eine Mischung aus Courage, Scharfsinn und gesundem Menschenverstand verfügen (»moxie« ist ein englischer Slangausdruck für diese Qualitäten). Je mehr Erfahrung eine erfolgreiche Führungskraft habe, desto mehr werde sie diese natürlichen Qualitäten ausbauen und sich die erforderlichen Fähigkeiten aneignen.

Merkmale erfolgreicher Führungspersönlichkeiten

Wenn es auch wahrscheinlich nicht möglich ist, Fähigkeiten oder Kenntnisse zu definieren, die erfolgreiche Führungspersönlichkeiten in allen Situationen gleichermaßen charakterisieren, spricht doch einiges dafür, daß es bestimmte persönliche Führungsgrundmerkmale gibt, die für viele Situationen zutreffen. Generell sind Führungskräfte intelligenter als die von ihnen Geführten, wenn auch nur zu einem bestimmten Grad, da sie sonst entrückt erscheinen oder Kommunikationsschwierigkeiten haben könnten und unverstanden blieben. Führungskräfte neigen auch dazu, angepaßter, dominanter, aufgeschlossener und liberaler zu sein und ein besseres Menschenverständnis zu haben. Interessant dabei ist, daß diese Eigenschaften manchmal nur latent vorhanden sind und sich erst manifestieren, wenn jemand in die Führungsposition versetzt wird: »Manche werden groß geboren, manche werden groß, und manchen wird die Größe auferlegt.«

Führungstypen

Führungspersönlichkeiten können anhand von Eigenschaften, Erfolgsfaktoren und Persönlichkeitsmerkmalen definiert werden. Um die Frage »Wer ist ein Führer?« zu beantworten, hilft es vielleicht, diese Faktoren zu kombinieren und auf diese Weise die unterschiedlichen Führungstypen festzustellen.
Da Führungstypen auf mannigfaltige Weise klassifiziert werden können, sollen im folgenden nur die typischsten Kategorisierungen genannt werden:

1. Charismatisch/nicht charismatisch. Der charismatische Anführer verläßt sich auf seine Ausstrahlung, seine Persönlichkeit und seine anregenden Fähigkeiten. Dies sind durchwegs natürliche Eigenschaften, obwohl er wahrscheinlich im Laufe der Erfahrung gelernt hat, wie er sie optimal einsetzt. Der nichtcharismatische Anführer verläßt sich in erster Linie auf sein Know-how, seine Fähigkeit, Vertrauen zu erwecken, und auf seine gelassenen, analytischen Problemlösungsfähigkeiten.
2. Autokratisch/demokratisch. Der autokratische Anführer ordnet seine Entscheidungen an und umgibt sich mit Ja-Sagern. Er nutzt seine Position aus, um die Leistung seiner Mitarbeiter zu erzwingen. Der demokratische Anführer fördert die Teilnahme und das Engagement anderer im Entscheidungsprozeß. Er wird seine Autorität anwenden, um dafür zu sorgen, daß Aufgaben erledigt werden, doch er wird sich mehr auf Know-how und Motivation verlassen als auf die Machtausübung.
3. Der Visionär/Ermöglicher oder Kontrollor/Manipulator. Dr. Nicholls identifiziert den Visionär/Ermöglicher als echte Führungspersönlichkeit, da er andere mit seinen Zukunftsvisionen inspiriert und ihre Teilnahme und ihr Engagement unter Anwendung »fürsorglicher Zuneigung« fördert. Der Kontrollor/Manipulator hingegen ist ein Verwalter, dem es im wesentlichen um die Aufrechterhaltung des internen Systems geht und der seine »Untergebenen« mit »kaum verhohlener Verächtlichkeit« behandelt.

Natürlich kann keiner dieser Vergleiche als Beschreibung für die typische Führungspersönlichkeit dienen. Die meisten Führungskräfte erledigen ihre Arbeit, indem sie diese Methoden kombinieren. Wie sie das tun, wird eine Frage ihres Naturells und der Umstände sein, unter denen sie tätig sind.

Aus der Sicht des Wurms – was die Geführten von Führungskräften erwarten

Grundsätzlich wollen Geführte das Gefühl haben, in die richtige Richtung geführt zu werden. Sie wollen informiert sein, wohin sie gehen und warum. Sie wollen wissen, wo sie stehen und welche Anforderungen an sie gestellt werden, aber auch was für sie rausspringt. Ihre Arbeit muß die Mühe wert sein. Deshalb erzielt die visionäre Führungskraft, die ihr Team inspirieren kann, für gewöhnlich die besten Resultate.
Krech und Crutchfield befragten Mitarbeiter, welche Erfordernisse ihrer Ansicht nach eine Führungskraft erfüllen müsse, um erfolgreich zu sein, und faßten die folgenden vier Grunderfordernisse zusammen:

1. Der Anführer muß »einer von uns« sein. Er teilt mit den Mitgliedern seiner Gruppe bestimmte Eigenschaften und gilt nicht als Außenseiter.
2. Der Anführer muß das »meiste von uns« sein. Er muß die Normen und Werte, die den Kern der Gruppe ausmachen, zu einem bestimmten Grad übernommen haben. Mit Hilfe seiner visionären Fähigkeiten kann er diese Werte beeinflussen, entfernt er sich jedoch zu weit von ihnen, kann er als Anführer versagen.
3. Der Anführer muß der »Beste von uns« sein. Er muß unter Beweis stellen, daß er der Experte in der Gruppe ist. Das Team gelangt erst durch ihn zu den Fähigkeiten, die für die Gruppenaufgabe relevant sind, d. h. er muß die Gruppe veranlassen, zweckentsprechend zusammenzuarbeiten. Dazu benö-

tigt er nicht unbedingt mehr Untersuchungen als irgend jemand anderer im Team, aber er muß beweisen, daß er es ist, der diese Aussagen zum Zwecke der Gemeinschaftsleistung entsprechend dirigieren und einsetzen kann.

4. Der Anführer muß den Erwartungen der Geführten entsprechen. Die von ihm Geführten werden eher mit ihm kooperieren und ihn respektieren, wenn sein Verhalten ihren Erwartungen von einer guten Führungskraft entspricht. Diese Erwartungen werden je nach Gruppe verschieden sein, aber in der Regel soll er geradlinig, fair und streng sowie rücksichtsvoll und freundlich sein.

Freilich reicht es nicht aus, eine Führungskraft danach zu definieren, wer eine ist und was ihr Team von ihr erwartet. Die erbrachten Leistungen sind nicht minder entscheidend – wie jemand seine Rollen spielt, ob er die Anforderungen, die an ihn gestellt werden, erfüllt und wie er Autorität ausübt. Diese Führungsaspekte werden im nächsten Abschnitt dieses Kapitels behandelt.

Was tun Führungskräfte?

Zu führen, ist kein einfacher Prozeß, denn er beinhaltet komplizierte Situationen und komplizierte Menschen. Außerdem erfordert effektive Führung eine ganze Reihe verschiedener Rollen.

Führungsrollen

Führungsrollen können in zwei Gruppen eingeteilt werden:

1. Primäre Funktionen, die für den Führungsprozeß wesentlich sind, und zwar:

- Der Anführer als Visionär. Er hat eine Zukunftsvision und vermittelt diese Überzeugung seinem Team.
- Der Anführer als Chef. Er bestimmt die Ziele der Gruppe, gibt die Richtung an und koordiniert ihre Aktivitäten, um diese Ziele zu verwirklichen.
- Der Anführer als Planer. Er entscheidet, wie die Gruppe ihre Ziele erreichen soll.
- Der Anführer als Maßnahmenträger. Er nimmt an der Formulierung von Maßnahmen teil, indem er der Gruppe fortlaufend Richtlinien zur Verfügung stellt, die für ihre Aktivitäten entscheidend sind.
- Der Anführer als Experte. Die Gruppe ist auf seine Kenntnisse und Informationen angewiesen.
- Der Anführer als Kontrollinstanz für die Gruppenbeziehungen. Er entscheidet, wie die Gruppe organisiert sein soll, und übt auf ihre Zusammenarbeit Einfluß aus.
- Der Anführer als Belohner und Bestrafer. Er hat die Macht, zu belohnen und zu bestrafen, und übt insofern Kontrolle über die Gruppenmitglieder aus.

2. Untergeordnete Funktionen, die eine Führungskraft auf Grund ihrer Führungsposition ausübt oder aufgetragen bekommt:
   - Der Anführer als Beispiel. Er dient den Gruppenmitgliedern als Verhaltensmodell.
   - Der Anführer als Gruppensymbol. Er ist der Mittelpunkt der Gemeinschaft.
   - Der Anführer als Vaterfigur. Er wird zum Vorbild, mit dem man sich identifiziert oder dem man sich sogar unterwirft.
   - Der Anführer als Sündenbock. Er wird zur Zielscheibe einer frustrierten, enttäuschten und desillusionierten Gruppe.

Anforderungen an die Führungskraft

Wie eine Führungkraft diese Rollen spielt, wird davon abhängen, ob sie zwei wesentliche Forderungen erfüllt. Sie muß:

1. Das Ziel erreichen – deshalb gibt es sie und die Gruppe. Die Rolle der Führungskraft besteht darin, dafür zu sorgen, daß die Gruppe ihren Zweck erfüllt. Geschieht das nicht, wird Frustration, Disharmonie, Kritik und irgendwann sogar die Auflösung der Gruppe die Folge sein.
2. Effektive Beziehungen pflegen – und zwar seine eigenen zur Gruppe und den einzelnen Mitgliedern sowie zwischen den Mitgliedern. Diese Beziehungen sind dann effektiv, wenn sie die Zielerreichung zur Folge haben. Man kann sie in solche, die die Gruppe, ihre Moral und ihren Sinn für einen gemeinsamen Zweck betreffen, und solche, die den einzelnen und seine Motivierbarkeit betreffen, aufteilen.

John Adair teilte diese Anforderungen in drei Bedürfnisbereiche ein, die die Führungskraft befriedigen muß. Diese sind:

1. Aufgabenbedürfnisse – dafür sorgen, daß eine Aufgabe erledigt wird.
2. Gruppenbedürfnisse – den Teamgeist aufbauen und aufrechterhalten.
3. Individuelle Bedürfnisse – die Bedürfnisse einzelner Mitglieder mit Aufgaben- und Gruppenbedürfnissen in Einklang bringen.

Die Interdependenz dieser drei Bedürfnisse läßt sich am besten in Form dreier überlappender Kreise darstellen.

Das Dreikreis-Modell der Führungsbedürfnisse (John Adair)

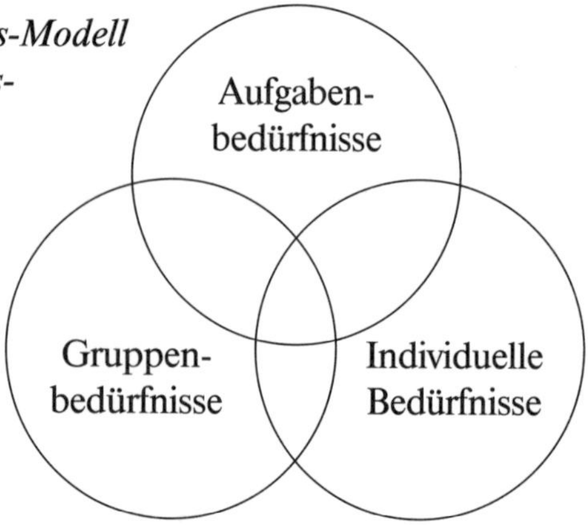

Die Vorgangsweise der Führungskraft in einem dieser Bereiche beeinflußt direkt die anderen. Werden Ziele erfolgreich umgesetzt, wirkt sich das automatisch auf den Zusammenhalt im Team und die Motivation des einzelnen, sein Bestes zu geben, aus. Die Berücksichtigung der Gruppen- und individuellen Bedürfnisse resultiert unweigerlich aus dem Bedürfnis der Führungskraft, zum Ziel zu gelangen. Die Vernachlässigung eines der Bedürfnisse wird die übrigen in Mitleidenschaft ziehen und den Erfolg der Führungskraft beeinträchtigen.

Die Führungsautorität

Wann immer der Anführer in einem dieser Bereiche aktiv wird, aber vor allem wenn er die Aufgabenbedürfnisse wahrnimmt, wird er auf dreierlei Arten Autorität ausüben:

1. Die Autorität der Stellung – Funktionsbezeichnung oder Rang.
2. Die Autorität der Persönlichkeit – die Fähigkeit, Impulse zu setzen, zu überzeugen und die Menschen zu veranlassen, sich »führen« zu lassen.
3. Die Autorität des Wissens – Führungskenntnisse, technische oder funktionale Fähigkeiten.

Autorität auf Grund der Position mag am Anfang nützlich sein, aber sie kann nur aufrechterhalten und effektiv eingesetzt werden, wenn sie mit der Persönlichkeits- und Wissensautoritätsausübung in Verbindung tritt. Und das bedeutet, natürliche Fähigkeiten und Know-how ins Spiel zu bringen, und zwar im Lichte eines Verständnisses dafür, wie Führungskräfte ihre Funktionen ausüben, wobei ihren Methoden, wie sie entsprechend den situationsbedingten Anforderungen mit Aufgaben und menschlichen Bedürfnissen umgehen, besondere Aufmerksamkeit gebührt. Damit wird sich der nächste Abschnitt dieses Kapitels auseinandersetzen.

Wie Führungspersönlichkeiten vorgehen

Chester Barnard, Vorsitzender bei General Electric, meinte: »Von einem guten Führer mag man zuweilen den Eindruck haben, er müsse ein rechter Tor, ein willkürlicher Funktionär, ein bloßer Kommunikationskanal und ein Ideendieb sein. Damit hätte man nicht einmal so unrecht. Er muß Tor genug sein, um immer wieder zuzuhören, er muß sicherlich seine Willkür walten lassen, um die Ordnung aufrechtzuerhalten, und zuweilen dient er als bloßes Zentrum der Kommunikation. Ließe er nur seine eigenen Ideen gelten, wäre er bald ein Ein-Mann-Orchester, anstatt die Funktion eines guten Dirigenten auszuüben, die das eigentliche Wesen eines Führers ausmacht oder zumindest ausmachen sollte.«

Die Analyse der Führungsfunktionen unterstreicht die entscheidende Bedeutung der Interdependenz zwischen Führungskraft und Gruppe. Die Führungskraft führt, die Gruppe folgt. Beide sind aber aufeinander angewiesen. Die Ansichten von Ed Carlson, die in Kapitel 47 zitiert werden, sind hier besonders relevant. Er meint, daß eine Führungskraft ihren Mitarbeitern mit Respekt und Vertrauen begegnen müsse, während sie ihren Einfluß geltend mache. Und er ist mit Chester Barnard einer Meinung, daß die Mitarbeiter die Autorität für organisatorische Entscheidungen gewissermaßen nach oben delegieren und somit jenen, die an der Spitze stehen, das Recht einräumen, über sie zu bestimmen.

Aus der Analyse geht jedoch nicht hervor, wie Führung nun wirklich ausgeübt wird. Der Begriff Führung scheint immer noch einen abstrakten Beigeschmack zu haben, und eine Führungsanalyse birgt insofern Gefahren, als dadurch Verwirrung aufkommen kann. Robert Graves zitiert einen Offizier aus dem Ersten Weltkrieg, der meinte: »Die Soldaten werden diesem jungen Offizier folgen, und wenn ihr einziger Grund der wäre, daß sie wissen wollen, wohin er geht.«

Über das Verhalten von Führungskräften wurden zahlreiche Theorien entwickelt. Und wenn Sie nun das Wort Theorie lesen, machen Sie es nicht wie Göring, der beim Wort Kultur zur Waffe griff, sondern denken Sie daran, daß nichts der Praxis mehr dient als eine gute Theorie. Natürlich müssen der Theorie entsprechende Beobachtungen, Untersuchungen und Analysen zugrunde liegen, wobei tatsächliche Ergebnisse und Verhaltensformen, die den Erkenntnissen vorangehen, von Experten untersucht werden müssen. Zwei dieser Forschungsarbeiten werden weiter unten beschrieben. Sie bauen die Unterscheidung zwischen Aufgaben- und Mitarbeiterbedürfnissen aus und berücksichtigen das Verhältnis zwischen Führungsverhalten und Produktivität. Die Forscher tragen zu einem besseren Verständnis der einzelnen situationsbedingten Führungsfunktionen bei und geben die Richtung an, wie *»das Gesetz der Situation«* zu analysieren ist und wie hoch der Bedarf für situationsbezogene Führung ist.

Führung in der Luft

Die beiden amerikanischen Wissenschafter Halpin und Winer wurden beauftragt, das Führungsverhalten von Flugzeugcrews zu untersuchen, um für die Auswahl von Piloten Richtlinien zu finden. Zunächst wurden Daten eingeholt, wie die vorhandenen Piloten ihre Führungsfunktionen ausübten und was sowohl ihre Vorgesetzten als auch ihre Mitarbeiter davon hielten.
Die Untersuchung enthüllte zwei wichtige Führungsaspekte, die folgendermaßen beschrieben wurden:

1. Strukturbegründend (zielorientiert) – Aufgabe sowie Beziehungen zwischen Pilot und Crew organisieren und definieren.
2. Rücksichtnahme (mitarbeiterorientiert) – Verhaltensindiz für freundschaftliche, vertrauensvolle, respektvolle und herzliche Beziehungen zwischen Pilot und Crew. Das wird auch die »Wartungs«-Funktion genannt, d. h., daß gute Beziehungen gepflegt werden müssen.

Zu den typischen Merkmalen, die unter den Begriff »strukturbegründend« fielen, gehörten:

- Er teilt seine Einstellung seiner Crew deutlich mit.
- Er regiert mit eiserner Hand.
- Er sorgt dafür, daß seine Rolle von der Crew verstanden wird.
- Er hält bestimmte Leistungsmaßstäbe aufrecht.

Zu den typischen Merkmalen, die unter den Begriff »Rücksichtnahme« fielen, gehörten:

- Er nimmt sich Zeit, um der Crew zuzuhören.
- Er kümmert sich um das Wohl einzelner Crewmitglieder.
- Er behandelt die Mitglieder seiner Crew als Gleichberechtigte.
- Er ist freundlich und kooperativ.

Eine der interessantesten Erkenntnisse dieser Untersuchung war, daß die Vorgesetzten unter einer »effektiven Führungskraft« jemanden verstanden, der vor allem den strukturbegründenden Anforderungen entsprach, während die Mitglieder der Crew meinten, ein guter Pilot müsse den zielorientierten Anforderungen ebenso entsprechen wie den personalbetonten.

Diese Unterscheidung zwischen ziel- und mitarbeiterorientiertem Verhalten stellt keine Schwarzweißmalerei dar, vielmehr fallen die meisten Führungskräfte zwischen diese Extreme. Blake und Mouton entwarfen einen Raster, das dem Manager zeigt, wo er steht. Entsprechend ihrer Position im Raster charakterisierten Blake und Mouton die Führungsstile folgendermaßen:

9:1-Stil. Ist aufgabenfixiert, ignoriert den Menschen. »Ich tue meine Arbeit, die Mitarbeiter sind mir egal.«

1:9-Stil. Pflegt eine gemütliche Arbeitsatmosphäre, kümmert sich um Mitarbeiter und schätzt freundschaftliche Beziehungen höher ein als Produktivität. »Unsere Crew ist in Hochstimmung, dafür konnten wir nicht viele Motoren reparieren.«

1:1-Stil. Menschen oder Produktivität kümmern ihn kaum. »Mein wichtigstes Ziel ist, meinen Job nicht zu verlieren und mich aus Schwierigkeiten rauszuhalten.«

9:9-Stil. Erreicht hohe Produktivität, da er das Engagement fördert. »Wie kann ich den Einsatz der Gruppe nutzen, um eine hohe Produktivität zu erlangen?«

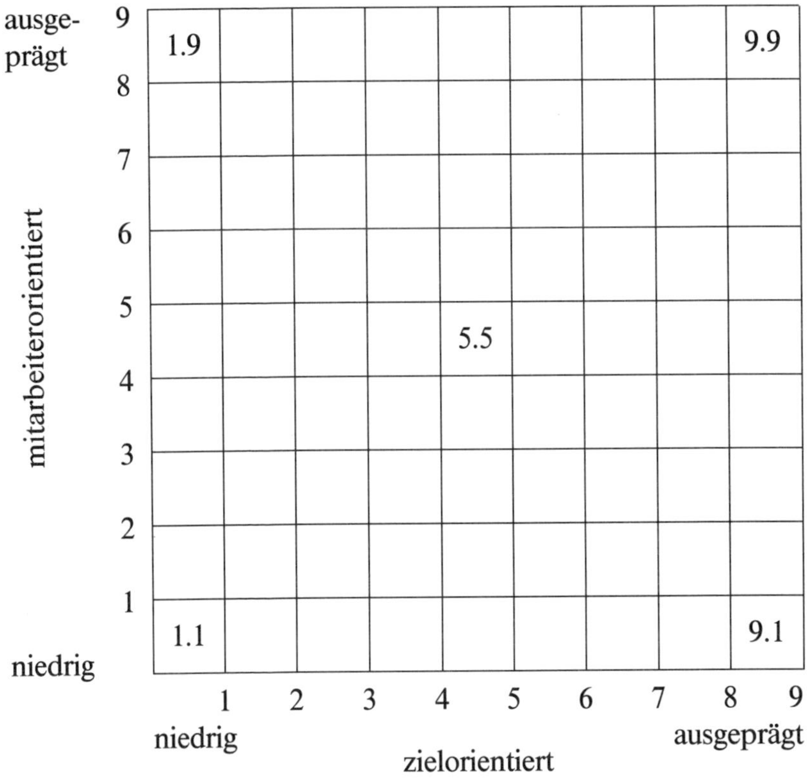

Führungsraster

5:5-Stil. Der Kompromißmensch, der den Rahmen seiner Möglichkeiten ausschöpft, ohne andere zu verärgern. »Solange wir eine vernünftige Tagesleistung erbringen, müssen wir keine allzu hohen Anforderungen stellen.«

Führung und Produktivität

Zu Führung und Produktivität führten Katz und Kahn unter den Belegschaften im Bahn-, Bau- und Versicherungswesen mehrere Untersuchungen durch. Sie fanden heraus, daß in Verbindung mit Produktivität drei Aspekte des Führungsverhaltens wiederholt auftraten.

1. Annahme der Führungsrolle. Manager, die die Führungsfunktionen aktiv umsetzten, gelangten zu besseren Ergebnissen als jene, die dieselben Funktionen annahmen wie die Gruppenmitglieder. Die Führungskraft muß sich vom Team etwas distanzieren. Sie kann nicht als einer von ihnen gelten.
2. Nähe der Überwachung. Es stellte sich heraus, daß hochproduktive Vorgesetzte weniger aus der Nähe überwachen als ihre weniger produktiven Kollegen. Letztere neigten dazu, die Freiheit der Mitarbeiter, eine Arbeit auf ihre Weise zu erledigen, einzuschränken. Sobald größere Autonomie auf dem Arbeitsplatz genehmigt wurde, wurde mehr produziert.
3. Angestelltenorientiert. Hochproduktive Vorgesetzte waren in der Regel mehr angestellten- und weniger produktivitätsorientiert. Doch die Orientierung nach dem Angestellten kann übertrieben werden. Die besten Vorgesetzten waren vorrangig an ihrer Belegschaft als effektive Produktionskraft interessiert. Weder verhätschelten sie sie, noch kümmerte es sie, ob sie beliebt waren. Sie hielten die von Fiedler geprägte »psychologische Distanz« zwischen sich und den Gruppenmitgliedern aufrecht. Sie ließen keinen Zweifel aufkommen, wer der Chef war, und unterschieden deutlich zwischen kompetenten und inkompetenten Mitarbeitern; um erstere kümmerten sie sich und genehmigten ihnen mehr Handlungsfreiraum, während sie letztere sanktionierten und in ihrer Autonomie einschränkten.

Das Gesetz der Situation

Die Art der Führung, die Sie ausüben, und ihr Erfolg als Führungskraft wird vorrangig von der Situation und Ihrer Fähigkeit, sie richtig einzuschätzen und entsprechend vorzugehen, abhängig sein. Die Situation umfaßt das Wesen der Aufgabe, die Wirkungskraft der Organisation, Politik, Kultur und Umwelt, inwieweit die Situation klar oder mehrdeutig ist, die Teammitglieder sowie die Art der Führungsautorität.

Die Leistung der Gruppe, so Fiedler, bezieht sich sowohl auf den Führungsstil als auch darauf, inwieweit die Situation dem Führenden ermöglicht, Einfluß auszuüben. Fiedlers Untersuchung ergab, daß sich ein zielorientierter/strukturbegründender Ansatz am ehesten für Führungskräfte eignet, die besonders günstige Umstände vorfinden. Unter optimalen Voraussetzungen hat die Führungskraft Macht, formalen Rückhalt und eine relativ gut strukturierte Aufgabe und arbeitet mit einem Team, das bereit ist, sich führen und anweisen zu lassen.

Unter ungünstigen Umständen, etwa in einer Notlage, wird der zielorientierte Führende effektiver sein als der rücksichtsvolle, dem die interpersonellen Angelegenheiten am Herzen liegen. Letzterer wird in unstrukturierteren oder unbestimmten Situationen oder dort, wo seine Führungsmacht eingeschränkt ist, erfolgreicher sein.

Fiedler nannte dies seine *Alternativtheorie* zum Thema Führung, wobei die situationsbezogenen Aspekte einer Führungskraft besonders hervorzuheben seien:

»Daher hängt die Führungsleistung nicht minder von der Organisation wie von den Eigenschaften der Führungskraft selbst ab. Es ergibt mit wenigen Ausnahmen einfach keinen Sinn, vom effektiven oder ineffektiven Führer zu sprechen. Es kann nur von einem Führer die Rede sein, der dazu neigt, in einer Situation effektiv und in einer anderen ineffektiv zu sein.«

Es wurde bereits zuvor darauf hingewiesen, daß die Situation nicht nur die Führungserfordernisse bestimmt, sondern auch Bedingungen schafft, unter denen neue und andere Führungspersönlichkeiten hervorkommen werden, die entsprechend qualifiziert sind, um den veränderten Anforderungen zu begegnen. Vorsitzende wie Lee Iacocca von Chrysler, John Harvey-Jones von ICI und Michael Edwardes von British Leyland hatten die Aufgabe, kränkelnde Unternehmen irgendwie zu transformieren. Noel Tichy und Mary Devanno beschrieben in »Transformational Leader« diese Art der Situation: »Die strategische Transformation eines Unternehmens ist keine Aufgabe, die ausschließlich mit dem eigenwilligen Verhalten eines charismatischen Genies wahrgenommen werden kann. Sie ist nur eine weitere Disziplin, die auf einer Reihe vorhersagbarer Schritte aufbaut.« Führungskräfte, die eine Transformation durchführen, haben Tichy und Devanno zufolge eine neue Vision und gehen dann daran, sie zu vermitteln und zu institutionalisieren. Sie warten die Gefahr erst gar nicht ab. Statt dessen sorgen sie in der Organisation für ein Gefühl von Dringlichkeit, und zwar noch bevor der Notfall eintritt. Sie sind die ersten, die eine bedrohliche Lage spüren und das übrige Unternehmen davon in Kenntnis setzen, damit die erforderlichen Maßnahmen getroffen werden.

Führungsfähigkeiten

Wenn Sie eine effektive Führungskraft sein wollen, müssen Sie sechs Dinge tun:

1. Sich selbst kennen.
2. Ihre Situation kennen.
3. Führungsstile auswählen, die der Situation entsprechen (sie werden in Kapitel 28 besprochen).
4. Aufgabenbedürfnisse befriedigen.
5. Teambedürfnisse befriedigen.
6. Individuelle Bedürfnisse befriedigen.

Selbstkenntnis

Sie haben Ihre Führungsaufgaben zunächst ausgehend von Ihren natürlichen Fähigkeiten wahrgenommen und später durch die Erfahrung weiterentwickelt. Um Ihre Führungsqualitäten zu verbessern, müssen Sie sich zuallererst selbst analysieren. Im folgenden werden zehn Qualitäten und Fähigkeiten aufgelistet, anhand deren Sie sich selbst überprüfen können:

1. Die Fähigkeit zur Zusammenarbeit mit anderen.

2. Die Fähigkeit, anderen Respekt und Unterstützung abzuverlangen.
3. Entschlossenheit.
4. Enthusiasmus.
5. Phantasie.
6. Die Fähigkeit, andere durch Ihren Enthusiasmus und Ihre Visionen zu inspirieren.
7. Die Bereitschaft, hart zu arbeiten.
8. Analytische Fähigkeiten.
9. Integrität.
10. Die Fähigkeit, den Führungsstil den Umständen entsprechend zu verändern.

Gehen Sie von den jeweiligen Punkten aus, um Ihre Stärken und Schwächen einzuschätzen. Analysieren Sie eine Situation, die Sie erfolgreich meisterten oder an der Sie scheiterten, und fragen Sie sich nach dem Grund. Versuchen Sie eine Bewertung vorzunehmen, wie Sie diese Fähigkeiten und Kenntnisse geltend machten, und beantworten Sie die folgenden Fragen:

- Waren sie richtungweisend?
- Waren sie unterstützend?
- Entsprachen sie der Situation?
- Hat es funktioniert? Wenn ja, warum? Wenn nein, warum nicht?

Wenn Sie ausgehend von dieser Analyse zu einer Kenntnis Ihrer Fähigkeiten gelangten und sie weiterentwickeln können und wenn Sie erst einmal wissen, was in einer bestimmten Situation gut funktioniert, werden Sie in ähnlich gelagerten Situationen (sie müssen aber wirklich ähnlich sein) die nötige Vorgangsweise parat haben. Wenn Sie sich Ihrer Schwächen bewußt werden, können Sie Ihr Möglichstes tun, um an ihnen zu arbeiten, wobei Sie jedoch nicht vergessen sollten, daß der Versuch, eine vollkommen neue Person zu erfinden, nichts bringt. Wie Robert Browning sagte: »Das Beste ist, Sie bleiben Sie selbst, souverän, schlicht und echt.«

Kenntnis der Situation

Nachdem Sie etwas über Ihre Eigenschaften als Führungskraft gelernt haben – Ihre Stärken und Schwächen –, sollten Sie nun Ihre analytischen Fähigkeiten einsetzen, um die Situation zu verstehen, damit Sie Ihre Stärken entsprechend einsetzen, Ihre Schwächen auf ein Minimum reduzieren und den geeignetsten Führungsstil finden können. Für die Situationsanalyse sollten Sie folgende Fragen beantworten:

1. Die Aufgabe
   - Was muß geschehen und warum?
   - Welche Resultate müssen erzielt werden?
   - Welche Probleme müssen überwunden werden?
   - Ist die Lösung für diese Probleme eindeutig, oder gibt es Zweideutigkeiten?
   - Handelt es sich um eine Krisensituation?
   - Wie lautet der Zeitplan für die Ausführung der Aufgabe?
   - Welchem Druck werde ich ausgesetzt sein?
2. Das Team
   - Wie setzt sich das Team zusammen?
   - Wie gut ist das Team organisiert?
   - Arbeiten die Mitglieder des Teams gut zusammen?
   - Welche Erwartungen haben die Mitglieder?
   - Wie fördere ich den Einsatz dieses besonderen Teams?
   - Wie werde ich unter Berücksichtigung seiner Bedürfnisse Resultate erhalten?
   - Wie werden sie voraussichtlich auf die verschiedenen Führungsstile oder Vorgangsweisen, für die ich mich entscheiden könnte, reagieren?
3. Die einzelnen Teammitglieder
   - Wie verhält es sich mit den Stärken und Schwächen jedes einzelnen Teammitgliedes?
   - Womit lassen sie sich am ehesten motivieren?
   - Wie wird jeder einzelne voraussichtlich auf die verschiede-

nen Führungstechniken oder Stile, für die ich mich entscheiden könnte, reagieren?

Wählen Sie einen geeigneten Führungsstil

Wenden Sie eine situationsbezogene Annäherung an die Führungsaufgaben an, indem Sie Ihre Analysen Ihrer Selbst, der Aufgabe, des Teams und seiner individuellen Mitglieder zur Hand nehmen und sich für den oder die geeignetsten Stile entscheiden. Die Stilformen, die Ihnen zur Verfügung stehen, sind:

- anweisen,
- verkaufen,
- testen,
- konsultieren,
- verbünden.

Ihr Stil sollte jedoch flexibel sein, denn Sie müssen sich den wandelnden Bedürfnissen von Aufgabe und Gruppe und den vielfältigen individuellen Bedürfnissen, die bei den Mitgliedern Ihres Teams vorhanden sind, anpassen.

Aufgabenbedürfnisse befriedigen

Aufgabe, Autorität und Rang für ihre Durchführung werden Ihnen übertragen, doch es liegt an Ihnen, Ihre Gruppe dafür zu begeistern und ihren Respekt einzufordern, um erfolgreich zu sein. Führung durch Inspiration hat jedoch nicht nur mit Charisma zu tun, obwohl es in jedem Fall hilfreich ist. Vielmehr geht es dabei um eine kühle und bewußte Befriedigung der Aufgabenbedürfnisse. Um diese zu gewährleisten, sollten Sie:

1. Wissen, wohin Sie gehen. Sie vermitteln Ihr Vorhaben in Form einer Vision und Ihre Begeisterung dafür. Sie definieren präzise, welche Zielsetzungen in der Aufgabe enthalten sind.
2. Wissen, wie Sie dorthin gelangen werden. Sie strukturieren Ihr

Team entsprechend und erstellen und kommunizieren klare Pläne zur Erreichung Ihrer Ziele.
3. Wissen, welche Leistung Sie von jedem Mitglied Ihres Teams erwarten können. Sie müssen daher Arbeitsprogramme, Ziele und Leistungsmaßstäbe klar definieren und dafür sorgen, daß sie von allen Beteiligten verstanden wurden.
4. Wissen, was Sie zu tun haben – Sie begegnen Problemen, sobald sie auftreten, treiben die Aufgabenumsetzung voran und richten sich dabei nach Ihrem Programm, passen die Aufgabe bei Bedarf an und stellen den weniger erfahrenen Mitgliedern Ihres Teams Expertise und Führung zur Verfügung.

Teambedürfnisse befriedigen

Teambedürfnisse werden befriedigt, wenn die Teamstruktur eine gute Zusammenarbeit ermöglicht. Das erfordert einen guten Teamgeist und eine hohe Arbeitsmoral. Sie müssen Ihrem Team das Gefühl vermitteln, daß für die Zielerreichung alle gleich verantwortlich sind. Das gegenseitige Vertrauen muß aufgebaut und aufrechterhalten und ein Gefühl für Interdependenz geschaffen werden. Das geschieht, wenn:

1. die Gruppe an der Festlegung der Ziele und der Revision der Ergebnisse teilnimmt;
2. die interne Öffentlichkeitsarbeit für alle Mitglieder gleichermaßen zugänglich ist;
3. formlose Treffen und Kontakte zwischen den Mitgliedern gefördert werden;
4. Schritte unternommen werden, um unnötige Konflikte zu lösen, wobei jedoch berücksichtigt werden sollte, daß Meinungsverschiedenheiten produktiv sein können, wenn sie auf vernünftige Weise diskutiert werden;
5. trotz einer gewissen Nähe genügend Distanz zur Gruppe aufrechterhalten wird, damit Sie Ihre Autorität bei Bedarf ausüben können.

Individuelle Bedürfnisse befriedigen

Zur Befriedigung individueller Bedürfnisse sollten Sie dafür sorgen, daß jedes Mitglied Ihres Teams:

1. das Gefühl hat, bei seiner Arbeit persönlich etwas zu leisten;
2. seine Leistungen entsprechend anerkannt werden;
3. das Gefühl hat, die Arbeit fordert ihn heraus, verlangt das Beste von ihm ab und gibt ihm die Gelegenheit, seine Fähigkeiten einzusetzen;
4. weiß, daß es auf Grund seiner Erfahrungen und seines Wissenstandes weiterkommt, jedoch gleichzeitig zur Kenntnis nimmt, was er tun muß, um seine Leistung zu verbessern;
5. versteht, wie er für eine gute Leistung entlohnt wird und was passieren wird, sobald er versagt, daß also sein Erfolg entsprechend gelobt und belohnt wird, während er im Falle eines Mißerfolges mit konstruktiver Kritik oder disziplinären Sanktionen zu rechnen hat.

Kapitel 28

FÜHRUNGSSTIL

Wie Sie sich in Ihrer Führungsposition verhalten werden, ist bis zu einem gewissen Ausmaß eine Frage Ihrer Persönlichkeit. Wenn Sie von Natur her ein extrovertierter Mensch sind und mit Ihrer Begeisterungsfähigkeit Ihre Umgebung begeistern können, wird Ihr Stil charismatisch sein. Wenn Sie hingegen ein ruhiger Mensch sind, der eine Situation lieber kühlen Kopfes bewertet und dabei den Intellekt anruft, anstatt auf seine Gefühle zu hören, dann wird Ihr Stil zurückhaltender und analytischer sein. Beide Beispiele – oder ihre Vermischung – können wirksam sein. Jedenfalls ist keiner besser als der andere.
Doch ganz abgesehen von Ihrer Persönlichkeit können Sie von Situation zu Situation aus den verschiedenen Ansätzen auswählen:

Grundsätzliche Führungsstile

Die grundsätzlichen Führungsstile sind:

- *Autokratisch* – Sie berufen sich auf Ihre Autorität, damit die Mitarbeiter tun, wozu sie angewiesen werden.
- *Demokratisch* – die Mitarbeiter werden ermutigt, aktiv an der Entscheidungsfindung teilzunehmen.

Autokratisch klingt hart, doch das muß es nicht unbedingt sein. Wenn etwas getan werden muß, sind Sie zuweilen gezwungen, Ihre Mitarbeiter vor vollendete Tatsachen zu stellen: keine Diskussion.
Andererseits mag der demokratische Ansatz an Weichheit erinnern. Auch das ist nicht unbedingt richtig. In manchen Fällen wird der Einsatz der Mitarbeiter höher ausfallen, wenn sie wissen, warum sie etwas tun, und das Gefühl haben, zum Ganzen einen

Beitrag zu leisten. Auf diese Weise befriedigen sie gleichzeitig ihre eigenen Bedürfnisse und die der Organisation.
Es gibt keinen guten oder schlechten Stil. Allerdings sollte Ihr Führungsstil flexibel sein, damit Sie ihn, ausgehend von Ihrer Situationsanalyse, jederzeit anpassen können. In ihr werden Aufgabe und die Ihnen auferlegten Einschränkungen, die einzelnen Mitarbeiter, mit denen Sie zu tun haben, sowie die Gruppe, die Sie führen, berücksichtigt. Unter ähnlich gelagerten Umständen sollten Sie ihn nicht verändern. Je nach Situation können Sie:

- Anweisen. Sie entscheiden selbst, was zu tun ist, und weisen einzelne oder die Gruppe dazu an.
- Verkaufen. Sie entscheiden selbst, erklären aber, warum etwas getan werden muß.
- Testen. Sie entscheiden sich für einen bestimmten Kurs, doch bevor Sie die Aufgabe übertragen, holen Sie Ansichten ein und verändern, wenn nötig, Ihr Konzept.
- Konsultieren. Sie definieren ein Problem, schlagen Alternativen vor und ziehen die Vorschläge anderer in Erwägung, bevor Sie sich für einen endgültigen Kurs entscheiden.
- Verbünden. Sie definieren das Problem, beteiligen sich an der Ausarbeitung von Alternativen und nehmen eine Auswertung vor, bevor Sie sich endgültig entscheiden.

Hier gehen autokratische Stilformen in demokratische über, doch die endgültige Entscheidung wird in jedem Fall von Ihnen, der Führungskraft, getroffen.

Führungskontinuum

Im *Harvard Business Review* brachten die Autoren Tannenbaum und Schmidt dieses Wahlkonzept hervorragend zum Ausdruck. Sie meinten, daß die Führungkräfte ein Kontinuum bzw. einen Rahmen möglicher Führungsverhaltensformen (Führungsstile) zur Verfügung hätten. Jeder Ansatz sei einerseits an die Autoritätsausübung des Chefs gebunden und andererseits von dem

Ausmaß an Entscheidungsfreiheit, das den Mitarbeitern eingeräumt werde, abhängig.
Im Diagramm Kontinuum des Führungsverhaltens »charakterisieren die Ansätze auf der linken Seite den Manager, der ein hohes Maß an Kontrolle aufrechterhält, während jene auf der extremen rechten Seite den Manager charakterisieren, der den Großteil seiner Kontrolle abgibt. Kein Extrem ist absolut; Autorität und Freiheit sind niemals grenzenlos.«
Tannenbaum und Schmidt betonen insbesondere die Gleichwertigkeit der Stile. Entscheidend sind immer die Umstände. Und die Führungskraft sollte die in diesen Umständen enthaltenen Faktoren und Kräfte berücksichtigen, bevor ein bestimmter Stil beschlossen wird.

KONTINUUM DES FÜHRUNGSVERHALTENS

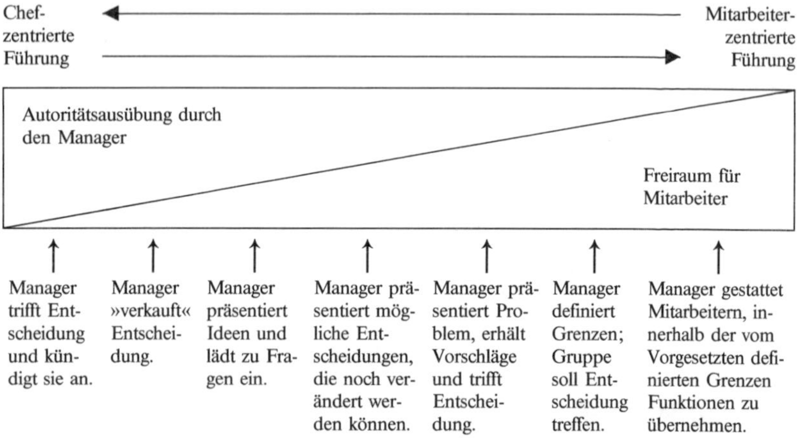

1. Kräfte im Manager:
   - Sein Wertsystem – wie stark er davon überzeugt ist, daß er entweder immer den Chef hervorkehren muß oder daß einzelne Mitarbeiter am Entscheidungsfindungsprozeß ihres Bereiches teilhaben sollen.

- Sein Vertrauen in seine Mitarbeiter – wie sehr er geneigt ist, seinen Mitarbeitern zu vertrauen, daß sie ordentliche Arbeit leisten werden.
- Seine eigenen Führungsneigungen – manche Manager sind von Natur her autokratisch, anderen ist eine Rolle im Team lieber.
- Sein Sicherheitsgefühl in ungewissen Situationen – sobald ein Manager Kontrolle über die Entscheidungsfindung abgibt, reduziert er die Vorhersagbarkeit der Resultate. Manche Manager haben ein größeres Bedürfnis nach Stabilität und Prognostizierbarkeit ihres Umfeldes als andere. Allerdings kann »die Toleranzgrenze für Mehrdeutigkeiten« bei manchen Menschen angehoben werden.

2. Kräfte im Mitarbeiter:
   Wieviel Freiraum ein Manager seinen Mitarbeitern zugestehen kann, hängt davon ab, ob sie:
   - bereit sind, für die Entscheidungsfindung Verantwortung zu übernehmen,
   - relevante Kenntnisse und Erfahrungswerte haben,
   - sich für das Problem interessieren,
   - Toleranz für Mehrdeutigkeiten haben – manche Menschen benötigen klare Direktiven, andere bevorzugen einen größeren Freiraum.
3. Kräfte in der Situation:
   Dazu gehören:
   - die Art des Unternehmens – manche erwarten, ja sie fordern sogar ein autokratisches Verhalten, andere sind permissiver; Umfang und Komplexität beeinflussen die Situation.
   - das Problem selbst – manche Entscheidungen können nur von einer Person, dem Chef, getroffen werden, obwohl er sich immer die Schlüsselfrage stellen sollte: »Habe ich mir die Ideen aller angehört, die das erforderliche Wissen haben, um einen wertvollen Beitrag zur Problemlösung zu leisten?«
   - der Zeitdruck – unter Zeitdruck kann es schwierig sein,

außer jenen Ratschlägen, die zur Problemlösung eindeutig beitragen, auch noch andere einzuholen.

Schlußfolgerungen

Tannenbaum und Schmidt gelangten zu zwei entscheidenden Schlußfolgerungen:

- Der erfolgreiche Führer ist der, der sich aller für sein Verhalten zu einem bestimmten Zeitpunkt relevanten Kräfte vollkommen bewußt ist. Er verfügt über eine präzise Kenntnis seiner eigenen Person, seiner Mitarbeiter sowie des Unternehmens und des Umfeldes, in dem er tätig ist.
- Die erfolgreiche Führungskraft ist jemand, der fähig ist, sich im Lichte dieser Gegebenheiten entsprechend zu verhalten. Stimmt der eingeschlagene Kurs, ist er fähig, die Richtung anzugeben; ist der Bedarf für eine freie Partizipation gegeben, ist er fähig, diese Freiheit verfügbar zu machen.

Fallstudien

Im folgenden werden die Führungsstile dreier überaus erfolgreicher Manager beschrieben. In allen Fällen wurde der Stil von drei Faktoren beeinflußt: von der Umwelt, den Beteiligten und der jeweiligen Persönlichkeit der Manager.

Edward Smith

Ted Smith leitete die Planungsabteilung eines großen Bauunternehmens. Den Abteilungen, die seiner Kontrolle unterlagen, gehörten rund 200 Mitarbeiter an, die entweder in der Produktionsplanung, der Lagerverwaltung oder der Produktionssteuerung tätig waren. Er hatte eine sehr verantwortungsvolle Position inne.

Seiner Belegschaft gehörten hochqualifizierte Techniker ebenso an wie Büroangestellte, die Routinearbeiten verrichteten.
Smith mußte dafür sorgen, daß seine Abteilungen mit der Präzision einer Uhr funktionierten. Jeder mußte genau wissen, wann er was zu tun hatte. Es war also wesentlich, daß die seiner Kontrolle unterworfenen drei Abteilungen entsprechend kooperierten. Die Führung im Stile eines Charismatikers war erst gar nicht gefragt. Er mußte kühl und gelassen sein, eine gewisse Distanz aufrechterhalten und durfte nicht maßlos werden. Seine Mitarbeiter mußten das Gefühl haben, er wisse genau, was er tat und wollte.
Aus diesem Grund setzte er sich in regelmäßigen Abständen mit allen Mitarbeitern zusammen, um eine rasche und effiziente Fortschrittsbewertung durchzuführen, Instruktionen zu erteilen und bei Bedarf Probleme zu diskutieren. Bei diesen Treffen war er immer darauf eingestellt, von der Person, die immer genau weiß, was sie will und von anderen erwartet, genau das zu tun, was ihnen aufgetragen wird (da es sinnvoll und richtig für sie ist), in eine andere Rolle zu schlüpfen, bei der er zum geduldigen Zuhörer wurde, der unterschiedliche Meinungen abwog und in seinen Entscheidungen berücksichtigte. Manchmal wies er seine Manager absichtlich an, ein Problem zu lösen und ihm in der Folge Bericht zu erstatten.
Smith sorgte auch dafür, daß seine Manager den Inhalt dieser Sitzungen an die unterste Vorgesetztenlinie weiterleiteten. Diesen wurde wiederum aufgetragen, in ihren Abteilungen eigene Konferenzen abzuhalten. Wiederholt betonte er die Teamarbeit und demonstrierte sein eigenes Engagement, da er bei den abteilungsübergreifenden Konferenzen den Kooperations- und Kommunikationsproblemen automatisch Priorität einräumte. Das einzige Mal, wo er wirklich wütend wurde, war, als die Arbeit auf Grund von Streitigkeiten zwischen den Abteilungen in Mitleidenschaft gezogen wurde.

Elwyn Jones

Elwyn Jones leitete die Personalabteilung eines großen Lebensmittelkonglomerates, das 80 000 Mitarbeiter beschäftigte. Auf Grund von Übernahmen war das Unternehmen rasch gewachsen und besonders dezentralisiert. Die Hauptverwaltung des Unternehmens beschäftigte bewußt wenige Angestellte, wodurch Jones nur vier Führungskräfte direkt unterstanden. Allerdings mußte er in den einzelnen Divisionen personalpolitische Maßnahmen durchführen, weswegen ihm die divisionalen Personalleiter Rechenschaft schuldeten.
Jones' Position erlaubte nicht, den Divisionen bezüglich seiner Absichten Vorschreibungen zu machen. Er konnte lediglich Einfluß auf sie ausüben und war der Ansicht, daß neue Maßnahmen erst dann eingeführt werden sollten, nachdem sie wirklich akzeptiert wurden. Daher mußte er im Falle einer von ihm erwünschten Veränderung oder Innovation Konsultationen abhalten bzw. bei fast allen neuen Ideen um die Kooperation der anderen Abteilungen ansuchen.
Im Umgang mit seiner Belegschaft in der Hauptverwaltung entschloß sich Jones für einen formlosen, beinahe lockeren Ansatz. Er erteilte ihnen grobe Richtlinien, mit denen sie in ihren Abteilungen für die Weiterentwicklung neuer Ideen sorgen sollten, doch primär förderte er selbständiges Denken und Eigeninitiative. Er behalf sich kein einziges Mal mit formalen Konferenzen. Lieber ging er ins nächste Pub, wo er unter der Obhut der »großen, dicken Nelly« mit seinen Kollegen Gin trank und unter völlig gleichberechtigten Voraussetzungen Strategien besprach. Mit den Personalleitern der Divisionen verhielt es sich ähnlich. Nur ein- oder zweimal im Jahr lud er alle in ein Hotel ein (es mußte selbstverständlich vom »Good Food Guide« empfohlen worden sein), wo sie ein paar angenehme Tage verbrachten und Dinge besprachen, die im Interesse aller standen.

James Robinson

Robinson war Managing Director eines mittelgroßen Betriebes (1 000 Angestellte), in dem schnellebige Konsumgüter hergestellt wurden. Er hatte sich nach oben gearbeitet und war der Branche immer treu geblieben. Die Konkurrenz war beträchtlich, und der Druck, den Marktanteil zu halten, geschweige denn zu vergrößern, erheblich. Produkt-, Markt- und Personalentscheidungen mußten häufig und rasch erfolgen. Im Vorstand saßen ein Mitglied ohne Geschäftsbefugnisse und drei auswärtige Mitglieder, ebenfalls ohne Geschäftsbefugnisse, die Robinson völlige Entscheidungsfreiheit zugestanden, solange er die erwünschten Ergebnisse lieferte – was er auch tat.

Robinson war ein Despot, wenngleich ein wohlwollender. Er kannte das Geschäft länger und besser als die vier anderen Entscheidungsträger im Vorstand, sodaß der Vorsitzende und die Schlüsselinstitutionen (die von den Vorstandsmitgliedern ohne Geschäftsführung vertreten wurden) seinen Entscheidungen unausgesprochen vertrauten.

Robinsons Führungsstil glich dem eines Wüterichs. Inkompetenz ließ er nicht gelten, und wiederholten sich Fehler oder Leistungsmängel, dann schritt er energisch ein. Die wichtigsten Entscheidungen traf er selbst. Bei den Vorstandssitzungen sagte er zwar zuweilen, daß ihn die Vorschläge anderer interessierten, doch er machte kein Geheimnis daraus, daß er sich längst entschieden hätte und daß es großer Überredungskünste bedürfen werde, um ihn umzustimmen.

Doch sein detailliertes Verständnis für das Geschäft und seine Fähigkeit, rascher zu denken als alle anderen, führten dazu, daß seine Mitarbeiter, die sein autokratisches Verhalten momentan verletzte, fast immer den Rat erteilten, »das mußt du dem Alten zeigen – er kennt sich aus und er hat recht«. Er führte, sie folgten, und zwar aus dem einfachen Grund, weil sie wußten, daß er in dem unsteten Umfeld, in dem sie alle tätig waren, allen Erfordernissen entsprach.

Kapitel 29

DER UMGANG MIT DEM CHEF

Um zu Ergebnissen zu gelangen, Innovationen voranzutreiben und vorwärtszukommen, müssen Sie lernen, wie Sie mit Ihrem Chef umgehen. Das Wort »manage« wird im Oxford English Dictionary wie folgt definiert:

- Angelegenheiten verwalten;
- steuern; für eine Einhaltung der Regeln zu sorgen;
- die Einwilligung (einer Person) hinsichtlich eigener Wünsche durch Kunstgriffe, Schmeicheleien oder durch wohlüberlegte Motivation erlangen;
- von einem Zweck ausgehen und zu seinen Gunsten manipulieren;
- durch Planung zum Ziel gelangen; durch Zielumsetzung erfolgreich sein;
- sorgfältiger Umgang und Handhabe.

Auch wenn Begriffe wie Kunstgriffe, Schmeicheleien und Manipulation im Grunde überhaupt keine Rolle spielen, liefern alle diese Definitionen Anhaltspunkte für die unterschiedlichen Aspekte im Umgang mit dem Chef.

Wenn sie wirklich von der Notwendigkeit einer bestimmten Vorgangsweise überzeugt sind und sie nur mit der Zustimmung Ihres Chefs in Angriff nehmen können, müssen Sie sich etwas einfallen lassen, wie Sie ihn »managen« werden. Und es lohnt sich, diese Überlegungen kontinuierlich und sorgfältig anzustellen. Man würde es sich zu einfach machen, würde man diesen wesentlichen Aspekt in der Kunst des Managements vernachlässigen.

Im Umgang mit Ihrem Chef sollten Sie wissen, wie Sie:

- für Ihr Anliegen seine Zustimmung erhalten,
- mit ihm Probleme bearbeiten,

- ihn beeindrucken, damit er Ihren Vorschlägen eher zustimmt und Ihnen vertraut.

Zustimmung erhalten

Um die Zustimmung Ihres Chefs zu erhalten, werden Sie nicht viel anders vorgehen als bei irgend jemand anderen. Sie müssen fähig sein, ein Anliegen zu präsentieren, und gute Überredungskünste aufweisen. Im speziellen sollten Sie die folgenden Dinge tun:

1. Herausfinden, was er erwartet.
2. Seine Vorlieben und Abneigungen, seine Verschrobenheiten und Vorurteile kennenlernen.
3. Feststellen, wie er am liebsten einen Fall präsentiert haben möchte. Mag er lieber ausführliche, sorgfältig durchdachte, schriftliche Berichte? Oder sind ihm kurzgefaßte Vorschläge auf einem Blatt Papier lieber? Vielleicht läßt er sich eher überzeugen, wenn er schrittweise auf ein Vorhaben aufmerksam gemacht wird – im sogenannten Weichmacherverfahren. Es ist oft ratsam, das Wasser erst zu testen, bevor man sich hineinstürzt. Manchen Menschen ist es lieber, man redet um den heißen Brei, bevor auf das Wesentliche eingegangen wird. Sie lieben es nicht, überrascht zu werden.
4. Ausfindig machen, wie er Aufgaben gern erledigt sieht – beobachten Sie ihn, und informieren Sie sich bei anderen. Wenn etwas mißlingt, wählen Sie den richtigen Moment, um ihn davon in Kenntnis zu setzen, und bitten Sie um seinen Rat, wie es das nächste Mal besser getan werden kann (die meisten Menschen lieben es, wenn Ihr Rat gefragt ist).
5. Stellen Sie fest, wann der richtige Moment ist, um an ihn heranzugehen. Manche Menschen sind vom ersten Moment an voll da, andere benötigen etwas Zeit, um sich aufzuwärmen. Jedenfalls ist davon abzuraten, am Ende eines anstrengenden und ermüdenden Tages mit Überraschungen aufzuwarten.

Vergewissern Sie sich seiner Laune bereits vorher. Seine Sekretärin kann dabei nützlich sein. Und es zahlt sich immer aus, sie auf Ihrer Seite zu haben. Sekretärinnen können gute Freunde, aber ebenso schlimme Feinde sein.

6. Überlegen Sie sich, unter welchen Umständen Sie am ehesten an ihn herantreten können. Allein in seinem Büro oder beim Mittagessen oder während rasanter Fahrten auf der Autobahn (es gibt viele Möglichkeiten, wie Sie seine Aufmerksamkeit einfangen können). Oft ist es ein Vorteil, Gespräche dieser Art nicht am Arbeitsplatz zu führen, niemand wird Sie unterbrechen, und Ihr Chef hat keine Möglichkeit, seinen Vertrauten beizuziehen, wodurch Sie zwei Menschen überzeugen müßten (zuweilen sind die Erfolgschancen bei Einzelgesprächen höher). Achten Sie auf den »scheußlichen Nein-Sager«. Die meisten Organisationen haben zumindest einen – oft ist es der Vorsitzende des Finanzwesens. Er erfüllt zweifellos eine wichtige Aufgabe, aber halten Sie sich ihn so weit als möglich vom Leibe.
7. Entscheiden Sie, ob Sie Unterstützung benötigen. Auf einer »Von-Mensch-zu-Mensch«-Ebene haben Sie wahrscheinlich größere Erfolgsaussichten. Fest auf den eigenen Füßen zu stehen ist immer vorteilhaft.
8. Lassen Sie sich nicht auf offene Konfrontationen ein, wenn Sie sich nicht gleich durchsetzen können. Sorgen Sie dort für seine Zustimmung, wo er auch bereit ist, sie zu erteilen, und wenden Sie sich dann den problematischen Punkten zu. Machen Sie ihm klar, daß Sie mit ihm alle Aspekte durchgehen möchten. Betonen Sie die gemeinsame Verantwortung.
9. Ermöglichen Sie ihm einen Fluchtweg, also eine Zustimmung, bei der er nicht nachgeben muß. Sie sollten ihn auch nicht in Grund und Boden argumentieren – Sie gewinnen dann vielleicht diesen Fall, aber was geschieht beim nächsten Mal?
10. Überwältigen Sie ihn nicht mit Ihren Ideen. Erwarten Sie nicht, alles auf einmal zu erreichen. Behandeln Sie immer nur eine wichtige Angelegenheit. Bleiben Sie dabei einfach. Wenn

seine Einwände zu stark sind, setzen Sie Ihren Kampf nicht allzu lange fort. Bleiben Sie lieber am Leben, um zu einem anderen Zeitpunkt weiter zu kämpfen. Das heißt nicht, daß Sie sich nicht kämpferisch für Ihren Fall einsetzen sollten, doch Sie sollten auch nicht den Eindruck hinterlassen, ein Dickkopf zu sein.

11. Halten Sie Alternativen zu Ihrem Vorhaben oder Modifikationen Ihrer ursprünglichen Idee bereit, um sie, falls Sie nichts erreichen, geltend zu machen.
12. Wenn Ihr Chef mit besseren Ideen als Ihren eigenen aufwartet, erkennen Sie sie an und akzeptieren Sie sie. Jeder liebt Anerkennung. Es besteht jedoch keine Notwendigkeit, ihm zu schmeicheln. Sie reagieren nur so, wie Sie es auch von ihm erwarten würden.
13. Wenn Sie ihn beim ersten Mal nicht gleich überzeugen können, denken Sie daran, daß er der Chef ist. Er trifft die endgültigen Entscheidungen. Wenn er sagt, »so wird es sein«, dann müssen Sie es wohl oder übel akzeptieren. Am Ende könnte er Ihnen sagen: »Ich sitze am längeren Ast.« Aber Sie müssen deshalb nicht gleich aufgeben. Achten Sie auf mögliche Signale seinerseits, daß er seine Ansicht auch ändern könnte – vorausgesetzt, er hat die Zeit, ihr Argument oder Vorhaben noch einmal zu überdenken. Gehen Sie ihm nicht auf die Nerven. Wenn Sie zu hartnäckig sind, wird er stur werden und sich Gedanken machen, ob Sie seine Autorität und seinen Rang in Frage stellen. Ziehen Sie sich geordnet zurück, und eröffnen Sie Ihre Kampagne im rechten Moment erneut.

Probleme vorbringen

Etwas mißlingt. Sie haben einen Fehler gemacht. Sie benötigen die Hilfe Ihres Chefs, um ein Problem zu lösen. Wie gehen Sie an ihn heran? Folgenden Ansatz sollten Sie sich aneignen:

1. Halten Sie ihn auf dem laufenden. Lassen Sie niemals zu, daß er überrascht wird. Bereiten Sie ihn im voraus auf die schlechte Nachricht vor. Wenn »Kummer vom Gesetz der Serie bestimmt ist«, dann überfallen Sie ihn nicht mit allem auf einmal. Machen Sie es ihm so angenehm wie möglich. Versteifen Sie sich nicht zu sehr darauf, »zuerst die gute, dann die schlechte Nachricht« mitzuteilen, aber seien Sie auch nicht zu trübsinnig. Geben Sie ihm Hoffnung.
2. Wenn etwas mißlungen ist, erklären Sie ihm, was passiert ist, warum es passiert ist (keine Entschuldigung) und was Sie unternehmen würden. Werfen Sie ihm das Problem nicht im Stile »friß oder stirb« in den Schoß.
3. Betonen Sie, daß Sie bezüglich Ihres Vorschlages seine Ansichten und seine Zustimmung anstreben.
4. Wenn Sie der Ansicht sind, es sei seine Schuld, sagen Sie niemals: »Ich habe es Ihnen ja gesagt.« Wenn Sie das tun, werden Sie für den Rest Ihres Lebens einen Feind haben.
5. Wenn Sie die Schuld auf sich nehmen, versuchen Sie, die Schimpftiraden Ihres Chefs möglichst bald zu einem Ende zu führen. Ermöglichen Sie ihm eine positive Haltung einzunehmen, damit Sie das Problem gemeinsam in Angriff nehmen können.

Den Chef beeindrucken

Ihre Aufgabe als Manager besteht nicht nur darin, Ihren Chef zu beeindrucken. Noch sollen damit seine Sympathien geweckt werden. Aber Sie werden mehr erreichen und eher vorwärtskommen, wenn Sie ihn zuweilen beeindrucken. Und warum Ihren Chef zum Feind haben, wenn er Ihr Freund sein kann?
Ihr Chef muß Ihnen trauen, sich auf Sie verlassen und von Ihrer Fähigkeit, gute Ideen zu entwickeln und für Leistungen zu sorgen, überzeugt sein können. Weder will er Ihre Kinderschwester sein

noch seine Zeit mit der Berichtigung oder Deckung Ihrer Fehler verbringen.

Wenn Sie Ihren Chef beeindrucken wollen, ohne wirklich etwas dazu zu tun – Aufdringlichkeit ist ein fataler Fehler –, dann beachten Sie die folgenden Punkte:

1. Sie sollten immer offen sein und nichts verbergen. Gestehen Sie Fehler ein. Lügen Sie niemals, und verzerren Sie auch nicht die Wahrheit. Gibt es auch nur den geringfügigsten Hinweis, daß Sie nicht absolut geradlinig sind, wird Ihnen Ihr Chef nie wieder trauen.
2. Ihr Chef sollte so weit als möglich recht behalten. Das heißt nicht, daß Sie unterwürfig oder ein Jasager sein sollen. Nehmen Sie aber zur Kenntnis, daß Sie da sind, ihm die erforderliche Unterstützung zukommen zu lassen.
3. Reagieren Sie rasch auf seine Forderungen, tun Sie etwas gleich oder möglichst bald.
4. Belasten Sie ihn nicht unnötig mit Ihren Problemen.
5. Nehmen Sie ihn in Schutz, wenn nötig. Loyalität ist eine altmodische Tugend, doch Sie sind sie Ihrem Chef schuldig. Wenn es Ihnen nicht möglich ist, ihm gegenüber loyal zu sein, suchen Sie sich ehestmöglich eine andere Stellung.
6. Wenn er Ihnen eine Arbeit aufträgt, tun Sie sie mit *»militärischer Gründlichkeit«*. Liefern Sie Lösungen und keine Probleme. Unterziehen Sie Ihre Ideen einem Test, wenn Sie wollen, aber danach sollten Sie einen vollständigen Vorschlag mit allen dazugehörigen Argumenten oder Beweismitteln vorlegen. Vermeiden Sie halbherzige Vorschläge. Ihr Chef will Antworten hören und nicht Fragen. Sobald Sie Ihren Bericht fertiggestellt und Ihre Schlüsse und Empfehlungen untersucht haben, stellen Sie sich folgende Frage: »Wenn ich der Chef wäre, würde ich mit dieser Arbeit meinen Ruf riskieren und meinen Namen daruntersetzen?« Sollte die Antwort »nein« lauten, vernichten Sie Ihren Bericht und verfassen Sie einen neuen. Sie haben Ihren Auftrag nicht erfüllt.

Kapitel 30

MARKETINGMANAGEMENT

Definition

Wie bereits erwähnt wurde, ist Sinn und Zweck eines Geschäftes, Konsumenten ausfindig zu machen und sich deren Treue zu sichern. Marketingmanagement entscheidet, was ein Unternehmen tun muß, um dieses Postulat zu erfüllen, und sorgt für die Durchführung. Marketing heißt also, zur Befriedigung von Bedürfnissen Produkte und Dienstleistungen zu entwickeln sowie vorhandenen und potentiellen Konsumenten die Vorteile der angebotenen Produkte und Dienstleistungen zu vermitteln und dafür zu sorgen, daß die Anforderungen sowohl im Sinne des Kunden, dessen Nachfrage erfüllt werden muß, als auch im Sinne des Unternehmens, dessen finanzielle und wachstumsbedingten Zielsetzungen zu wahren sind, erfüllt werden.

Das Marketingkonzept

Unabhängig von der Rolle, die Sie als Manager einnehmen, müssen Sie, sobald Sie in einem Unternehmen tätig sind, das Waren oder Dienstleistungen zum Verkauf anbietet, das Marketingkonzept verstehen und wissen, welche Aufgaben Sie in Ihrer Funktion zu erfüllen haben, um den Marketingzielen Ihres Unternehmens Genüge zu tun.

Philip Kotler schrieb:

»Das Marketingkonzept besagt, daß der Schlüssel zur Erreichung der Unternehmenszielsetzungen die Feststellung der Bedürfnisse und Wünsche der Zielmärkte ist (als Zusammensetzung der tatsächlichen und potentiellen Konsumenten) sowie eine effektivere und effizientere Befriedigung dieser Wünsche, als sie von der Konkurrenz ermöglicht wird.«

Das Marketingkonzept drückt die Verpflichtung eines Unternehmens gegenüber der Souveränität des Konsumenten aus. Das Unternehmen produziert, was seine Kunden wollen, und maximiert auf diese Weise nicht nur die Kundenzufriedenheit, sondern auch seine eigenen Gewinne.

Theodore Levitt faßte das Marketingkonzept, wie folgt, zusammen:

»Das Unternehmen muß ein Selbstverständnis erlernen, wonach es nicht Güter und Dienstleistungen produziert, sondern Konsumenten einkauft, also entsprechend vorgeht, damit der Konsument mit ihm Geschäfte machen will.«

Marketinginstrumente

Wenn Sie in der Zielerreichung eine Rolle spielen sollen, müssen Sie die Auswirkung jeder der folgenden Aktivitäten auf Ihre Funktion und Ihre Abteilung verstanden haben; aber auch, wie Sie selbst einen Beitrag dazu leisten können.

1. Marketingplanung. Das ist der zentrale Marketingprozeß. Damit ist gewährleistet, daß die Unternehmensziele durch die Erstellung von Absatzplänen und Budgets und durch die Vorbereitung von Aktionsplänen in Richtung Zielerreichung verwirklicht werden. Die Pläne stützen sich auf die Ergebnisse der Marktforschung, der Absatzprognosen und der Marktanalysen, die eine Analyse der Lebensdauer eines Produktes, eine Abweichungsanalyse und eine Analyse der Aktivitäten der Konkurrenz beinhalten (diese Begriffe werden weiter unten beschrieben). Diese Daten ermöglichen dem Unternehmen, sich auf folgende Dinge zu konzentrieren:

- Marktchancen zu analysieren, um festzustellen, wo die Firma hinsichtlich der Einführung neuer Produkte, der

Verbesserung vorhandener Produkte und/oder der Erschließung neuer Märkte einen Wettbewerbsvorteil hat

- Zielmärkte auszuwählen, die den Fähigkeiten und Ressourcen des Unternehmens entsprechen. Wenn sich das Unternehmen nicht im Massengeschäft befindet, d. h. ein Produkt anbietet, mit dem es vielfältigste Konsumentengruppen anspricht, sollte überlegt werden, wie Produkte differenziert werden können, um dem Markt eine Warenvielfalt zu bieten, die sich von der Konkurrenz deutlich abhebt. Außerdem müssen Entscheidungen getroffen werden, wie Marktsegmente anzusprechen sind.

2. Produktentwicklung und -planung. Neue Produktideen und -konzepte werden gesucht und einem Prüf- und Testverfahren unterworfen, um zu gewährleisten, daß sie einem Konsumentenbedürfnis entsprechen und potentiell rentabel sind.
3. Absatzplanung. Die Festlegung detaillierter Feld- oder Absatzgebiete sowie die Planung ihrer Erschließung.
4. Medienplanung. Die Medien festlegen, die für die Werbekampagne eingesetzt werden sollen.
5. Absatzforschung. Die Einholung von Informationen über die tatsächlichen und potentiellen Märkte des Unternehmens sowie über die Kunden der vom Unternehmen vermarkteten Güter oder Dienstleistungen.
6. Absatzprognosen. Die Bewertung des Absatzpotentials und der Markttrends für die vom Unternehmen angebotenen Produkte.
7. Analyse. Die Analyse der Lebensdauer eines Produktes, um sein Absatzmuster während eines bestimmten Zeitraumes zu beschreiben und vorherzusagen. Zur Marktanalyse gehören auch die Abweichungsanalyse (die Identifizierung jener Marktnischen, die von der Konkurrenz noch nicht erschlossen sind und vom Unternehmen erobert werden könnten) und die Analyse der Konkurrenzaktivitäten im allgemeinen.
8. Zielmarketing. Mit diesem Begriff werden die verschiedenen Gruppen genauer definiert, die einen Markt ausmachen (Seg-

mentierung), gefolgt von Entscheidungen, wo die Marketinganstrengungen erhöht werden sollten (d. h. welche Segmente zu durchdringen sind). Diesen Entscheidungen folgen andere auf den Fuß, etwa welche Stellung das Unternehmen auf dem Zielmarkt im Vergleich zur Konkurrenz einzunehmen beabsichtigt.

9. Entwicklung des Marketingmix. Das ist die Summe aller beeinflußbaren Variablen, die ein Unternehmen einsetzt, um auf dem Zielmarkt die gewünschte Reaktion zu erhalten. Die Mischung umfaßt die Elemente (die 4 Ps):
   - Produkt (Product),
   - Preis (Price),
   - Standort (Place),
   - Verkaufsförderung (Promotion).
10. Marketing- und Verkaufsoperationen. Die Durchführung des Marketingvorhabens in Form von Werbe- und Verkaufsförderungskampagnen, Produktpräsentationen, Maßnahmen in den Absatzgebieten sowie in der Distribution.
11. Marketing- und Absatzkontrolle. Überwachung der Leistung, um die Verwirklichung der Zielsetzungen innerhalb der budgetären Möglichkeiten zu gewährleisten.
12. Feedback (Rückkoppelung). Den Plan im Lichte der erzielten Ergebnisse nötigenfalls ändern.

Ihre Rolle

Auch wenn Sie nichts mit der Marketingabteilung zu tun haben, müssen Sie dennoch dafür sorgen, daß Sie und alle Ihre Mitarbeiter das Marketingkonzept Ihres Unternehmens verstanden haben. Sie müssen gar nicht direkt für die Erschließung neuer Konsumenten verantwortlich sein, doch wie auch immer Ihre Aufgaben gelagert sein mögen, Ihre Position wird Ihnen ermöglichen, zum Erhalt oder Verlust der Konsumenten einen Beitrag zu leisten.
Marketing hat sowohl mit Produkt- und Kundenbetreuungsquali-

tät zu tun als auch mit allen anderen Aktivitäten, die weiter oben genannt wurden. Alles, was jemand in einem Unternehmen, das in den Marketingprozeß involviert ist (und welches Unternehmen ist das nicht?), tut, wirkt sich auf den Konsumenten aus, der bezüglich Qualität und Kundendienst (Lieferung, Ersatzbeschaffung, Reparaturen) ganz bestimmte Erwartungen hat und damit rechnet, daß sie erfüllt werden.

Kapitel 31

KONFERENZEN

Nieder mit den Konferenzen!

»Meetings bloody meetings« ist der Titel eines bekannten Trainingfilms, der in uns allen eine vertraute Saite anschlägt. Wenn Sie sich überlegen, wie viele Gremien in einem Unternehmen aktiv sind und wie viele Konferenzen abgehalten werden, so ist es doch bemerkenswert, wie schwierig es ist, jemanden zu finden, der ein gutes Wort für sie einlegt.
Gremien, heißt es, setzen sich aus den Ungeeigneten zusammen, die von den Inkompetenten damit beauftragt werden, das Unnötige zu tun. Ein Kamel ist ein Pferd, weil es vom Gremium so bestimmt wurde – die Erfahrung mit sinnlosen, schlecht organisierten Konferenzen ist so weit verbreitet, daß diese zynischen Bemerkungen in den Augen vieler der Wahrheit sehr nahe kommen.

Was ist an Konferenzen falsch?

Konferenzen werden aus den folgenden Gründen kritisiert:
- Sie sind eine Zeitverschwendung – zu viele Leute reden zu viel.
- Sie eignen sich nicht für die Beschlußfassung und sind zähflüssig, ärgerlich und frustrierend – sie legitimieren Aufschübe und Unentschlossenheit.
- Sie werden in der Regel von einigen wenigen dominiert, die starke Persönlichkeiten sind.
- Sie produzieren niedrigste gemeinsame Empfehlungsnenner.
- Sie begünstigen politische Entscheidungen, bei denen Privilegien auf Grund von Lobbywesen und Druckausübung vorherrschen können.

- Sie verwässern die Verantwortlichkeiten.
- Sie verursachen hohen Zeit- und Geldaufwand.
- Sie konzentrieren sich eher auf Trivialitäten, die innerhalb ihres Fassungsvermögens liegen, anstatt auf die wichtigen Angelegenheiten. In diesem Zusammenhang zitierte Northcote Parkinson ein Gremium, das, ohne es wirklich verstanden zu haben, einem Kapitalförderungsprojekt in der Höhe von einer Million Pfund in nur zehn Minuten zustimmte, während es zwei Stunden lang über eine Luftzykluserneuerung stritt, die 800 Pfund kosten sollte.

Was ist an Konferenzen richtig?

Konferenzen werden dieser Kritik oft deshalb ausgesetzt, weil sie nicht richtig organisiert sind. Eine gut organisierte Konferenz, die zum rechten Zeitpunkt das richtige Thema behandelt, kann sehr nützlich sein.

- Sie gewährleistet, daß wichtige Angelegenheiten von allen Beteiligten entsprechend in Erwägung gezogen werden.
- Sie fördert klares Denken, da alle Beteiligten ihre Standpunkte vor den anderen Anwesenden rechtfertigen müssen.
- Sie gewährleistet, daß unterschiedliche Standpunkte angehört werden.
- Sie dient als Medium für den Informationsaustausch.
- Sie spart Zeit, da sich mehrere Mitarbeiter versammeln.
- Sie fördert die Zusammenarbeit.
- Sie führt zu Gemeinschaftsleistungen der Gruppe, die von einzelnen in separaten Arbeitsgängen nicht erbracht werden könnte – dies ist der Prozeß des »Synergismus«, d. h. der engen Kooperation, bei der das Ganze mehr ergibt als die Summe der einzelnen Teile.

Um Konferenzen richtig einzusetzen, müssen drei Dinge geschehen:

- Sie sollten einen geeigneten Aufbau haben.

- Der Vorsitz sollte gut besetzt sein.
- Die Teilnehmer sollten effektiv partizipieren.

Was ist bei Konferenzen zulässig und was nicht

RICHTIG
Eine Konferenz abhalten, wenn die Information oder das Urteil von einem allein nicht bewältigt werden kann.
Gremien nur dann einsetzen, wenn es im wesentlichen darum geht, die unterschiedlichen Standpunkte am selben Ort zum selben Zeitpunkt zu versammeln.
Einen Vorsitzenden ernennen, der fähig ist, eine Konferenz zu steuern und das Beste aus ihr rauszuholen.
Gremien so gestalten, daß die Ideenfindung von den einzelnen Beiträgen der unterschiedlichen Abteilungsmitglieder profitieren kann.
Den Gremien klar machen, was ihre Aufgabe ist und wozu sie befugt sind.
Explizit sein, wann der Bericht der Konferenz erwartet wird.
Konferenzen dort einsetzen, wo sie am nützlichsten sind: bei der Revision oder Weiterentwicklung politischer Maßnahmen, bei der Entscheidungskoordinierung, und dafür zu sorgen, daß alle, die von einem Programm betroffen sind, konsultiert und informiert werden.
Gremien auflösen, sobald sie ihren Zweck erfüllt haben.

FALSCH
Eine Konferenz einberufen, wenn die Arbeit von einem einzelnen Mitarbeiter erledigt werden kann.
Ein Gremium einsetzen, wenn die Verantwortlichkeiten klar und präzise verteilt sein sollen.
Eine Konferenz für Verwaltungszwecke einsetzen.
Eine Konferenz oder ein Gremium beauftragen, wenn rasche Vorgangsweisen erforderlich sind.

Ein Gremium umfangreicher als nötig besetzen – über zehn Mitglieder fördern die Schwerfälligkeit.
Unnötige Konferenzen abhalten – es mag vielleicht nützlich sein, an jedem ersten Freitag im Monat eine Versammlung abzuhalten, doch eine Versammlung nur dann einzuberufen, wenn es etwas zu besprechen gibt, ist noch nützlicher.

Vorsitz

Erfolg oder Mißerfolg einer Konferenz sind großteils vom Können des Vorsitzenden abhängig. Wenn Sie bei einer Konferenz den Vorsitz führen, sollten Sie folgende Maßnahmen treffen:

Vor der Konferenz

Bevor die Konferenz beginnt, sollten Sie sich vergewissern, daß die Aufgabenstellung relevant ist und die Teilnehmer kurz informiert werden, womit sie zu rechnen haben und welche Beiträge von ihnen erwartet werden. Planen Sie die Tagesordnung im voraus, um eine strukturierte Sitzung zu ermöglichen, bei der alle Angelegenheiten in logischer Reihenfolge behandelt werden. Bereiten Sie Briefings vor, aus denen Aufbau und Hintergründe der Konferenz hervorgehen, und verteilen Sie sie. Auf diese Weise sparen Sie Zeit und müssen während der Konferenz nicht erst die Details erklären oder reine Faktenberichte erteilen.

Während der Konferenz

1. Beginnen Sie damit, die Zielsetzungen der Konferenz klar zu definieren und einen Zeitplan festzulegen, an den Sie sich halten werden.
2. Gehen Sie die Tagesordnung Punkt für Punkt durch und sor-

gen Sie dafür, daß handfeste Schlußfolgerungen gefaßt und aufgezeichnet werden.

3. Stellen Sie jeden Punkt zur Diskussion, indem Sie kurz die Sachlage erklären und um Beiträge bitten – bitten Sie um Antworten auf spezifische Fragen (die Sie bereits vorher vorbereitet haben sollten), oder erteilen Sie zunächst einem Teilnehmer das Wort, der den besten anfänglichen Beitrag zum Thema leisten kann (im Idealfall sollten Sie diesen Teilnehmer bereits vor der Konferenz informiert haben).
4. Laden Sie die anderen Konferenzteilnehmer ein, Beiträge zu leisten, sorgen Sie jedoch dafür, daß niemand die Diskussion beherrscht.
5. Sorgen Sie für Ordnung, wenn vom Thema abgekommen wird.
6. Wenn zu viel gesprochen wird, erinnern Sie die Teilnehmer, daß es ihre Aufgabe ist, Fortschritte zu machen.
7. Fördern Sie die Artikulation unterschiedlicher Standpunkte, aber machen Sie es nicht zu offensichtlich, wenn jemandem eine unpassende Bemerkung unterläuft.
8. Erlauben Sie unter den Konferenzteilnehmern das Aufkommen von Meinungsverschiedenheiten, aber greifen Sie behutsam ein, wenn die Atmosphäre zu gespannt wird.
9. Melden Sie sich zuweilen mit Fragen oder kurzen Bemerkungen zu Wort, beherrschen Sie aber nicht die Diskussion.
10. Fassen Sie zu geeigneten Zeitpunkten die Diskussion zusammen, nennen Sie die Ansichten, zu denen die Teilnehmer bis dahin gelangten, und heben Sie Ihre Auffassung der Übergangs- oder endgültig gefaßten Entscheidung hervor. Vergewissern Sie sich daraufhin, ob alle einverstanden sind, ändern Sie nötigenfalls die Schlußfolgerung, und sorgen Sie dafür, daß der exakte Wortlaut in den Bericht übernommen wird.
11. Fassen Sie am Ende der Konferenz zusammen, was erreicht wurde und wer was bis wann tun soll.
12. Wenn eine weitere Konferenz erforderlich ist, einigen Sie sich

über den Zweck und darüber, was bis zum nächsten Mal von den Anwesenden vorbereitet werden soll.

Teilnehmer

Wenn Sie an einer Konferenz teilnehmen, sollten Sie:

1. Gründlich vorbereitet sein – alle Fakten und die nötigen Belege bei der Hand haben.
2. Ihre Ansichten klar, kurz und bündig und positiv vortragen – geben Sie der Versuchung, zu viel zu reden, nicht nach.
3. Still bleiben, wenn Sie nichts zu sagen haben.
4. Ihr Pulver im Trockenen halten, wenn Sie die Diskussion nicht anführen oder zum Thema nichts Wissenswertes beitragen können. Hören Sie zu, beobachten Sie, und sparen Sie sich Ihre Argumente so lange auf, bis Sie einen echten Beitrag zum Thema leisten können. Stürzen Sie sich nicht übereilt oder mit aller Ausführlichkeit ins Geschehen – es könnte noch andere zwingende Argumente geben.
5. Wenn Sie sich Ihrer Sache nicht ganz sicher sind, sollten Sie Stellungnahmen wie: »Ich glaube, wir müssen folgendes tun.« vermeiden. Stellen Sie dem Vorsitzenden oder anderen Teilnehmern statt dessen beispielsweise die Frage: »Besteht Ihrer Ansicht nach ein Grund für diese Vorgangsweise?«
6. Bereit sein, Ihre Sache entschlossen zu vertreten, doch sobald Sie merken, es ist verlorene Mühe, sollten Sie davon ablassen. Ärgern Sie sich nicht, wenn Sie sich nicht durchsetzen können; nehmen Sie die Niederlage mit Würde zur Kenntnis.
7. Daran denken, daß eine Niederlage nicht aller Tage Abend ist. Eines Tages werden Sie vielleicht noch einmal die Chance haben, Ihren Kampf in einer anderen Zusammensetzung wiederaufzunehmen.

Kapitel 32

MENTORING

Die beste Form der Managemententwicklung sei, so hört man, die eigene Entwicklung. Außerdem heißt es, daß man eine Arbeit erlerne, indem man sie ausübe, und nicht indem man unterwiesen werde, wie sie auszuüben sei. Das stimmt jedoch nur zur Hälfte. Niemand kann zu jeder Zeit wissen, welche Richtung von ihm einzuschlagen ist, noch ist immer klar, welche Vorgangsweise zielführend ist. Beratung ist notwendig.

Traditionell wird die Beratung vom Chef vorgenommen, und er eignet sich für gewöhnlich auch am besten dafür. Nun ist es freilich nur natürlich, wenn ihm die erfolgreiche Umsetzung einer Arbeit (zielorientiert) mehr am Herzen liegt als die zügige Weiterentwicklung seiner Belegschaft (mitarbeiterorientiert). Das wird sich immer dann bemerkbar machen, wenn die Manager unter Druck stehen, was sie für gewöhnlich tun. Sie wissen zwar, daß Sie mehr Zeit mit der Mitarbeiterführung verwenden sollten, da auf diese Weise die Ergebnisse verbessert werden, aber gleichzeitig wissen Sie, daß Sie Ihren Arbeitsanforderungen rasch genügen müssen, und räumen ihnen daher den Vorrang ein.

Führungskräfte, die Training erteilen, sowie die zunehmend aufkommende professionelle Berufsberatung können Fähigkeiten lehren oder im Aufbau einer Karriere mit Rat zur Seite stehen, aber für die täglich anfallende Arbeit und die kurzfristigeren Entwicklungsbedürfnisse sind sie kaum von Nutzen. Außerdem sind sie nicht immer gleich verfügbar, um unmittelbaren Rat zu erteilen. Hier kommt Mentoring ins Spiel.

Was ist Mentoring?

Im Oxford English Dictionary wird ein Mentor als kluger und treuer Ratgeber definiert. Das Wort stammt aus dem Griechischen und taucht zum ersten Mal in Homers Illias auf, in der diese Funktion von Mentor, dem Berater des jungen Telemach, ausgeübt wird.

Der Prozeß des Mentorings findet in allen Organisationen auf einer informellen Ebene statt, doch gibt es gute Gründe, warum man das System formal gestalten sollte. Das würde die Einstellung und Schulung von Mentoren bedeuten, die bestimmten Mitarbeitern mit Ihrem Rat zur Verfügung stehen und deren Beratertätigkeiten von einer Autorität des Unternehmens, wenn möglich vom leitenden Bearbeiter von Beförderungen, koordiniert werden sollte.

Die Rollen des Mentors

Mentoren spielen vier Rollen:

1. Coach. Mentoren helfen dem Mitarbeiter, der Ihnen anvertraut wurde (manchmal werden sie »Mentees« genannt), seine Leistung zu analysieren und seine Bestrebungen zu definieren bzw. neu zu definieren. Der Mentor sorgt für eine Atmosphäre, in der der Betroffene das, was ihm wichtig ist, offen ansprechen und entdecken kann. Er wird ermutigt, selbst einzuschätzen, wie er an Arbeitsprobleme herangeht, und gleichzeitig stimuliert, für sich selbst zu entscheiden, was er lernen oder tun muß, um seine Leistung zu verbessern und sich für größere Verantwortungsbereiche vorzubereiten.
2. Lehrer. In ihrer Funktion als Lehrer erteilen Mentoren konkrete Anleitung, wie der Mitarbeiter seine Arbeitsprobleme lösen soll. Ein guter Mentor wird jedoch dafür sorgen, daß der Betroffene durch seine Anleitung in einen Lernprozeß involviert wird, damit er beim nächsten Mal selbst in der Lage sein

wird, sein Problem zu lösen. Mentoren können den Lernprozeß auch fördern, wenn sie »Was geschieht, wenn?«-Sitzungen abhalten. Der Betroffene wird mit der Frage: »Was würden Sie in dieser oder jener Situation tun?« direkt vor ein Problem gestellt. Mentoren schulen und fördern Problemlösungstechniken – wie Fakten ausfindig gemacht, Probleme definiert, Alternativlösungen überprüft und jede Alternative ausgewertet wird, bevor eine Entscheidung getroffen werden kann.

Jeder Trainee, der einen Mentor zur Verfügung hat, mit dem er den von ihm eingeschlagenen Kurs, technische Probleme, auf die er stößt, und nötige Weiterbildungsmaßnahmen und Erfahrungsverwertung besprechen kann, wird in jedem Fall davon profitieren.

Mentoren können den Mitarbeitern auch dabei helfen, etwas über die Unternehmenskultur, also das, »wie etwas bei uns getan wird«, zu lernen. Jedes Unternehmen hat spezielle Vorgangs-, Verhaltens- und Beförderungsmuster, die den Mitarbeitern vermittelt werden müssen, um für eine konsistente Unternehmenskultur zu sorgen. Glaubenssätze und Grundannahmen, die das Unternehmensverhalten prägen, müssen bekannt sein, und der Mitarbeiter wird sich rascher mit ihnen vertraut machen, wenn er etwas über Traditionen, Folklore und Legenden erfährt, die in jedem Unternehmen kursieren. Er kann diese Dinge selbst herausfinden, aber der Mentor kann ohne jede Förmlichkeit bei der Beschleunigung dieses Lernprozesses helfen, indem er die Gründe für bestimmte Vorgangsweisen anspricht.

3. Sponsor. Mentoren bieten ihren »Schützlingen« Gelegenheiten, sich selbst unter Beweis zu stellen – zu demonstrieren, was sie zu bieten haben. Sie bringen ihre »Mentees« in Projektteams unter und beraten sie bezüglich des Aufbaus und der Durchsetzung einer Idee. Die sogenannten »Intranehmer« eines Unternehmens, die Innovatoren, werden von der Sponsortätigkeit eines Mentors besonders profitieren.

In ihrer Sponsorrolle stellen die Mentoren direkte Unterstützung zur Verfügung. Sie dienen den Mitarbeitern, denen sie helfen sollen, als eine Art Rechtsbeistand und wenden sich an Vorgesetzte und Kollegen, um ihnen zu helfen, ihnen Mut zu machen und dafür zu sorgen, daß ihre Vorschläge beizeiten akzeptiert werden.

4. Der »Advokat des Teufels«. In dieser Rolle fordern die Mentoren ihre »Mentees« heraus und konfrontieren sie. Anhand von praktischen Beispielen lehren sie sie, wie ein Argument vorgetragen wird, wie auf Gegenargumente reagiert und wie andere überzeugt werden. Der Mentor zeigt ihnen, wie etwas funktioniert oder mißlingt, und er verhilft dem einzelnen zu mehr Selbstvertrauen im Umgang mit höheren Führungsebenen oder skeptischen Kollegen.

Aufbau eines Mentoringprogramms

Folgende Schritte müssen unternommen werden, um ein Mentoringprogramm zu erstellen:

1. Der Geschäftsleitung das Vorhaben verkaufen. Die Geschäftsleitung muß wissen, was geschehen soll, warum es geschehen soll und welcher Nutzen sich für die Manager und die Organisation als Ganzes ergeben wird.
2. Einen Koordinator einsetzen. Sie benötigen jemand, der sich um die Details kümmert; der Koordinator erarbeitet, wie das System aufzubauen ist, welches Training für die Mentoren erforderlich ist (er wird zum Mentor der Mentoren) und wie der Verlauf zu überwachen ist.
3. Feststellen, wer von einem Mentor profitieren würde. Neue Angestellte, Trainees, alle, die für Beförderungen vorgesehen sind, oder Innovatoren.
4. Mentoren selektieren. Mentoren sollten sich freiwillig melden, aber Sie müssen die richtigen Leute dazu motivieren und jenen, die die erforderlichen Qualitäten nicht mitbringen,

freundlich abraten. Mentoren müssen ein umfassendes Wissen über die Organisation und ihre Unternehmenskultur, ein hohes Maß an technischen, funktionalen oder unternehmerischen Fähigkeiten, ein echtes Interesse am Menschen, verbunden mit der Fähigkeit, sich in die Probleme und Bestrebungen anderer zu versetzen, sowie tatsächliche oder potentielle Fähigkeiten als Lehrer oder Coach mitbringen.

5. Mentoren ausbilden. Sorgen Sie dafür, daß die Mentoren ihre Rolle verstehen und wissen, wie sie sie zu spielen haben. Das heißt, sie können führen oder überreden, aber nicht befehlen, und sie dürfen die üblichen Autoritätsgrenzen nicht überschreiten. Besonders wichtig ist ein Training in den Coaching- und Counsellingtechniken. Doch das Training sollte keinen strikten Mentoringansatz zur Folge haben. Regeln sollten weitgehendst ausgeschaltet werden, und die Mentoren sollten über den größtmöglichen Freiraum verfügen, um so vorgehen zu können, wie es ihnen am besten erscheint.
6. Mitarbeiter den Mentoren zuteilen. Teilen Sie die Mitarbeiter so zu, daß sie von den besonderen Fähigkeiten und Methoden ihres Mentors profitieren können. Einigen Sie sich diesbezüglich zuerst mit den Managern.
7. Ziehen Sie die Manager heran, und sichern Sie sich ihre Unterstützung. Die Manager könnten sich durch die Aktivitäten der Mentoren an den Rand gedrängt fühlen. Es ist wichtig, daß sie sich keinesfalls bedroht fühlen und jedem Mentor, der mit ihren Mitarbeitern arbeitet, die nötige Unterstützung zukommen lassen. Mentoren dürfen unter keinen Umständen die Autorität der Manager untergraben.
8. *Überwachen Sie* das Programm. Die Mentoren sollen Lageberichte vorbereiten und sich an den Koordinator wenden, falls sie auf Probleme stoßen. Ermutigen Sie jene Mentoren, die Schwierigkeiten haben, und schreiten Sie rasch ein, um gegnerische Reaktionen der Manager zu schlichten.
9. Publizieren Sie den Nutzen. Sorgen Sie dafür, daß jeder die Vorteile des Mentoringsystems kennt.

10. Lassen Sie den Mentoren Anerkennung zukommen. Die Mentortätigkeit ist sehr anspruchsvoll und muß als Zusatzpflicht wahrgenommen werden. Mentoren sollten für diese Arbeit entsprechend anerkannt werden. Sie sollten wissen, daß ihr Beitrag geschätzt und berücksichtigt wird, sobald sie für Belohnungen oder Beförderungen in Frage kommen.

Eine Mentoringfallstudie – Merrill Lynch

Das Mentoringsystem von Merrill Lynch wurde als Teil eines sechsmonatigen Karriereaufbauprogramms mit dem Namen »Management Readiness« entwickelt. Die Zielsetzungen lauteten:

1. Unterstützung und Erkennbarkeit auf höchster Führungsebene fördern.
2. Brücken zwischen Managern höchster Ebene und den Angestellten bauen.
3. Den Teilnehmern helfen, etwas über die Unternehmenskultur zu lernen.
4. Die Vernetzung verbessern.
5. Möglichkeiten für begabte Mitarbeiter-Entwickler schaffen.

Mentoren stellen freiwillig ihre Counsellor/Beraterfähigkeiten Gruppen von jeweils vier Mitarbeitern für einen Zeitraum von sechs Monaten zur Verfügung. Sie werden ermuntert, von ihren besonderen Stärken Gebrauch zu machen und die Mitglieder ihrer Gruppe zur größtmöglichen Initiative zu veranlassen. Sie werden angewiesen, den Kontakt mit den Managern der Teilnehmer aufrechtzuerhalten, damit diese nicht das Gefühl haben, ausgestoßen zu sein.

Die übliche Vorgangsweise der Mentoren besteht in den folgenden Schritten:

- Sie erteilen Rat zur beruflichen Laufbahn und wie man bei Merrill Lynch vorwärtskommt.
- Sie assistieren bei der Weiterbildungsplanung.

- Sie diskutieren Belangthemen wie Planung, Vernetzung, Budgetierung und die Unternehmensstruktur.
- Sie veranstalten Exkursionen in andere Merrill-Lynch-Betriebe sowie an die New Yorker Börse, die für das Unternehmen von besonderem Interesse ist.

Kapitel 33

MOTIVATION

Wenn Ihre Mitarbeiter Leistungen erbringen sollen, die Ihren Zielsetzungen gerecht werden, müssen sie entsprechend motiviert werden. Das heißt, sie müssen dazu gebracht werden, das zu wollen, von dem Sie wollen, daß sie es wollen.
Eine gut motivierte Belegschaft ist in erster Linie eine Frage der Führungsfähigkeiten und des geeigneten Führungsstiles, die in den vorhergehenden Kapiteln besprochen wurden.

Was ist Motivation?

Motivation ist das, was den Menschen zu seinen Taten und Verhaltensweisen bewegt. Beobachten wir bei einem Menschen ein bestimmtes Verhalten, fragen wir: »Was sind seine Motive?« Wollen wir ihn zu einer Tätigkeit bewegen, fragen wir: »Wie kann er motiviert werden?«

Motivation und Bedürfnisse

Motivation setzt bei den Bedürfnissen an, die uns allen eigen sind. Bleiben sie unbefriedigt, setzen wir uns bewußt oder unbewußt ein Ziel und werden aktiv, um dieses Ziel zu erreichen. Daher sieht das Grundmodell der Motivation so aus:

Die meisten Menschen begehen den Fehler, daß sie beim Versuch, andere zu motivieren, von den falschen Annahmen bezüglich ihres zukünftigen Verhaltens ausgehen. Menschliche Bedürfnisse und deren Befriedigung sind viel komplizierter, als wir für gewöhnlich glauben. Wir beobachten Verhalten und ziehen unsere Schlüsse daraus, doch sehr oft wissen wir nicht wirklich, welcher Beweggrund dahintersteht.
Im folgenden soll Ihnen an Hand eines Beispieles gezeigt werden, wie eine oberflächliche Bedürfnisanalyse ein Unternehmen vom Weg abbringen kann:
Das Management eines britischen Flugzeugwerkes ging vor einigen Jahren in diese Falle, als es in der glücklichen Lage war, über volle Auftragsbücher zu verfügen, jedoch gleichzeitig unter einem Mangel an qualifizierten Facharbeitern litt. Um die Produktionstermine einhalten zu können, wurden im ganzen Land Monteure rekrutiert, denen man finanzielle Unterstützung bei der Übersiedelung zusagte. Leider kündigte ein hoher Prozentsatz der Monteure (fast 50 Prozent) bereits nach drei Monaten, also genau zu dem Zeitpunkt, wo sich ihre Effektivität erstmals bemerkbar machte. Hohe Einstellungskosten mußten abgeschrieben werden, und die Produktion geriet in Mitleidenschaft.
Die unmittelbare Reaktion des Werksleiters lautete, der neu eingestellte Monteur benötigte mehr Geld. Er konnte die Basisprämien nicht erhöhen, aber er schlug dem Lohnbüro vor, die Leistungszeiten herabzusetzen, um die Bonuseinnahmen zu steigern. Die Arbeitskräftefluktuation blieb jedoch unverändert hoch, obwohl die Löhne rundum erhöht worden waren.
Daher bat der Werksleiter den Personalleiter, das Problem noch gründlicher zu erforschen. Dieser ging nun daran, jeden Monteur, der kündigte, sowie stichprobenartig auch andere Angestellte ausführlich zu befragen. Von allen hörte er dieselbe Geschichte. Da die Produktion neu startete, mußten viele Modifikationen und Designveränderungen vorgenommen werden. Die Folge war ein Mangel an Werkzeugen und Bestandteilen. Die Monteure fanden, man nehme sie nicht ernst, und waren durch die ständigen

Unterbrechungen und Verzögerungen vollkommen frustriert. Außerdem schwanken ihre Einnahmen beträchtlich. Sie konnten niemals sicher sein, wie ihr Lohn die nächste Woche ausfallen würde, wodurch sie große Schwierigkeiten mit ihren Frauen hatten, die versuchten, mit den neuen Lebensumständen zu Rande zu kommen.

Kaum einer der Monteure beklagte sich über das Lohnniveau. Was sie störte, war die Unberechenbarkeit der Beträge. Ihre Grundbedürfnisse bestanden in einer etablierten Arbeitsumgebung und darin, den wilden Fluktuationen ihrer Löhne ein Ende zu bereiten. Es ging ihnen gar nicht um mehr Geld.

Um solche Probleme zu vermeiden, sollten Sie sich Kenntnisse über die Bedürfnisse aneignen, die die Motivation betreffen – wie sie zu klassifizieren sind und was sie bewirken.

Klassifizierung von Bedürfnissen

Die berühmteste Bedürfnisklassifizierung stammt von Maslow. Er meinte, daß es fünf wichtige Bedürfniskategorien gebe, die auf den Menschen im allgemeinen zuträfen. Ausgehend von den grundsätzlichen physiologischen Bedürfnissen, durchliefen sie eine Hierarchie bestehend aus Sicherheit, sozialen und statusbedingten Bedürfnissen bis hin zur Selbsterfüllung, dem wichtigsten aller Bedürfnisse.

Ein anderer Verhaltensforscher, Frederick Herzberg, entwickelte ein »Zwei-Faktoren-Modell« der menschlichen Bedürfnisse am Arbeitsplatz und ging dabei von einer Grundlage aus, die so mancher verdächtig findet. Eine Faktorengruppe dreht sich um das menschliche Bedürfnis, am Arbeitsplatz eine Quelle für die persönliche Entwicklung vorzufinden – sie beinhaltet die Bedürfnisse nach Leistung, Verantwortlichkeit und Anerkennung. Die zweite Gruppe beinhaltet die Bedürfnisse nach fairer Bezahlung und Führung sowie nach fairen Arbeitsbedingungen und Verwaltungspraktiken.

Was Bedürfnisse bewirken

Maslow zufolge ist der Mensch ein bedürftiges Tier. Er wird von unbefriedigten Bedürfnissen getrieben. Sobald ein Bedürfnis befriedigt wurde, wird das nächste in der Hierarchie aktuell.
Herzberg näherte sich den Bedürfnissen von einem anderen Blickwinkel. Er meinte, daß seine erste Bedürfnisgruppe – die Bedürfnisse, die mit der Arbeit selbst assoziiert werden, also Verantwortlichkeit, Leistung usw. – zur echten Befriedigung führte, da sie effektiv zur Motivation des einzelnen beitrug, unter größerer Anstrengung mehr zu leisten. Die zweite Bedürfnisgruppe – die Bedürfnisse, die mit dem Arbeitsumfeld assoziiert werden, also Bezahlung, Arbeitsbedingungen usw. – diene primär zur Aufrechterhaltung der Zufriedenheit am Arbeitsplatz, während sie bei der positiven Einstellung zur Arbeit kaum eine Rolle spielte. Herzberg nannte die Faktoren der zweiten Gruppe »Hygienefaktoren«.
Herzberg und viele seiner Anhänger unterschieden zwischen den »eigentlichen (intrinsischen)« Faktoren, die sich aus der Arbeit selbst ergeben, und den »äußeren (extrinsischen)« Faktoren, die vom Arbeitgeber in Form von Bezahlung und sofort verfügbar gemacht werden. Es wurde die Behauptung aufgestellt, während die äußeren Faktoren zwar zu mehr Leistung und weniger Unzufriedenheit beitrügen, seien es die eigentlichen Faktoren wie Verantwortlichkeit und Leistung, die für eine anhaltendere und tiefere Wirkung hinsichtlich der Schaffung und Steigerung der Zufriedenheit am Arbeitsplatz sorgten. Das Konzept der *»Arbeitsbereicherung«* (den Menschen mehr Verantwortlichkeit und Freiraum in ihrer Arbeit zuzugestehen) basiert in seiner Gänze auf diesem Glaubensgrundsatz.
Die Klassifizierung von Bedürfnissen mag zwar nützlich sein, doch sie trägt nicht unbedingt zu einem besseren Verständnis des eigentlichen Wesens der Motivation bei. So mußte auch Herzberg eingestehen, daß Geld »zum Teil die Eigenschaften eines Motivierers einnimmt, wobei die Dynamik ähnlich gelagert ist wie bei

der Anerkennung von Leistung«, und weder ihm, noch irgend jemand anders ist es gelungen, eine echte Beziehung zwischen der Befriedigung von Bedürfnissen und der Leistung herzustellen. Wir müssen uns daher anderen Aspekten der Motivation zuwenden.

Das Verhältnis zwischen Befriedigung und Leistung

Es wäre eindeutig zu einfach, würde man annehmen, ein glücklicher Arbeiter sei ein produktiver Arbeiter. Es gibt genug Menschen, die glücklich sind, wenn sie nichts tun. Doch es wäre gleichermaßen zu einfach, zu glauben, daß ein zufriedener Arbeiter notwendigerweise ein produktiver Arbeiter sein müßte. Es gibt auch so etwas wie Selbstzufriedenheit. Überdies wurden während der letzten 50 Jahre zahlreiche Forschungsprojekte zur Motivation durchgeführt, wovon keines zu der überzeugenden Beweisführung gelangte, daß Zufriedenheit gute Leistungen nach sich ziehe. Es ist erwiesen, daß Zufriedenheit für weniger als 20 Prozent der Leistungsabweichungen angeführt werden kann. Tatsächlich gibt es guten Grund zu der Annahme, daß nicht die Zufriedenheit gute Leistungen hervorbringt, sondern daß gute Leistungen Zufriedenheit zur Folge haben. Wir müssen uns daher von der Theorie entfernen, daß passive und historisch bedingte Gefühle der Arbeitszufriedenheit die Schlüsselfaktoren der Motivation darstellen – eine ihrem Wesen nach statische Theorie –, und uns verstärkt den dynamischen Aspekten der Motivation zuwenden, also den zukunftsorientierten Bestrebungen des Menschen – seinen Erwartungen.

Die Rolle der Erwartungen

Motivation ist ein zukunftsorientierter Prozeß. Das Ausmaß unserer eigenen Motivation hängt sehr stark von unserer Einschätzung ab, mit einem bestimmten Verhalten das zu erreichen, was wir wollen. Motivation hat weitaus mehr mit Erwartungen zu tun als mit Zufriedenheit. Dieses *Erwartungskonzept* wurde u. a. von Vroom formuliert. Er schrieb:
»Wann immer ein Mensch die Wahl zwischen mehreren Möglichkeiten zu treffen hat, denen bestimmte Ergebnisse eigen sind, dann scheint es klar zu sein, daß sein Verhalten nicht nur von seinen eigenen Vorlieben für diese Ergebnisse geprägt sein wird, sondern auch von dem Wahrscheinlichkeitsgrad, mit dem seiner Ansicht nach diese Ergebnisse eintreten werden . . . Eine Erwartung ist der Definition nach eine momentane Überzeugung, wonach eine bestimmte Vorgangsweise ein bestimmtes Ergebnis zur Folge haben muß.«
Daher waren im Fall des weiter oben erwähnten Flugzeugunternehmens die Monteure demotiviert, weil ihre Erwartungen nach einem gleichbleibenden Lohnniveau nicht erfüllt wurden, und nicht, weil sie unzufrieden waren.
Aus dieser bodenständigen Annahme – jemand wird nur dann motiviert sein, wenn er glaubt, daß er das, was er will, auch erreichen wird (oder das, was er nicht will, tunlichst vermeiden wird) – läßt sich folgern, daß die Erwartungen, die an die Belohnung gestellt werden, bei der Motivation eine entscheidende Rolle spielen. Daher müssen wir uns der Rolle des Entlohnungssystems zuwenden.

Das Entlohnungssystem

Weiter oben wurde erwähnt, daß gute Leistung Zufriedenheit – das Gefühl, etwas geleistet zu haben – zur Folge hat. Und von Douglas McGregor stammen die Worte: »Die Verpflichtung Zielsetzungen gegenüber wird vom Entlohnungssystem getragen, das mit der Umsetzung assoziiert wird.«

Wenn wir wollen, daß sich die Menschen, die für uns arbeiten, anstrengen, müssen wir mit zwei Faktoren berücksichtigen:

- Welchen Wert die Entlohnung für den einzelnen einnimmt, um seine Bedürfnisse nach Sicherheit, sozialem Ansehen und Selbstverwirklichung zu befriedigen.
- Die Wahrscheinlichkeit, daß die Entlohnung in der Auffassung des einzelnen von seinen Anstrengungen abhängt; mit anderen Worten, seine Erwartungen bezüglich des Verhältnisses zwischen seiner Anstrengung und seiner Entlohnung.

Je höher daher ein Entlohnungssystem bewertet wird und je größer die Wahrscheinlichkeit, daß diese Belohnungen von der Anstrengung abhängig sind, desto höher wird die Leistung in einer bestimmten Situation ausfallen.

Die mühevolle Forschung unzähliger Verhaltensforscher scheint daher zu der »Entdeckung« geführt zu haben, daß Anstrengung in einem direkten Zusammenhang mit der Belohnung steht, mit der jemand rechnen kann – ein Faktum, das jedem Linienmanager bekannt ist, ohne daß er auf die Forschung zurückgreifen müßte. Anstrengung allein ist jedoch nicht ausreichend. Sie muß effektiv sein, soll sie das erreichen, was wir wollen. Es gibt also noch eine Reihe zusätzlicher Faktoren, die die Motivation betreffen.

Andere Faktoren, die bei der Motivation eine Rolle spielen

- Fähigkeit – Intelligenz, Kenntnisse und Know-how eines Mitarbeiters.
- Arbeitsauffassung – was der Mitarbeiter tun will oder glaubt, tun zu müssen. Aus der Sicht des Unternehmens ist es wünschenswert, daß die Auffassungen des Mitarbeiters mit dem, was es für erforderlich hält, übereinstimmen.
- Einfluß anderer – der Druck, der von Kollegen, Familie und anderen sozialen Gruppen, denen er angehört, auf den Mitar-

beiter ausgeübt wird. Der Druck, der von Gruppen ausgeht, ist wichtig, weil er die sozialen Bedürfnisse und das Statusbedürfnis anspricht.

- Die Arbeit selbst - das Ausmaß, mit dem die Arbeit an sich den Menschen eine Gelegenheit für Leistung, Verantwortlichkeit und Zufriedenheit bietet. Die folgende Geschichte ist ein Beispiel dafür, wie sich die Qualität des Arbeitslebens, die aus der Art, wie Arbeiten entworfen sind, resultiert, auf die Leistung auswirken kann.

In der neuen Polizzenabteilung einer Versicherungsgesellschaft begann die Leistung, die anhand der Polizzenanzahl, die jeder Angestellte ausstellte, gemessen wurde, dramatisch zu fallen. Eine Voruntersuchung ergab, daß einer der Gründe die hohe Fluktuationsrate sein müsse. Aus weiteren Untersuchungen wurde jedoch ersichtlich, daß das Problem in der Arbeit selbst zu suchen sein müsse. Das Qualifikationsniveau, dem neue Bewerber entsprechen mußten, war ziemlich hoch angesetzt – man mußte zumindest Mittelschulabschluß haben. Doch die Angestellten verrichteten reine Routinearbeiten. Bei neuen Polizzen war jeder mit einem bestimmten Arbeitsschritt betraut. Daraufhin wurde ihre Arbeit von einer anderen Abteilung überprüft. Daher brachten manche den ganzen Tag damit zu, Arbeiten zu überprüfen und erneut zu überprüfen – eine Beschäftigung, bei der die Seele verkümmert. Sobald eine interessante Arbeit erledigt werden mußte, wurde sie Spezialisten übertragen. Nur die Routinearbeiten gingen die »Pipeline«, wie der Prozeß treffend genannt wurde, hinunter. Die Antwort auf das Problem bestand darin, jedem der Angestellten ganze Arbeitssegmente, einschließlich der interessanten Aufträge, zuzuordnen. Das hatte eine beachtliche Verringerung der Fluktuationsrate und bessere Leistungen zur Folge.

Im folgenden Modell, das auf einer wichtigen Arbeit von Lawler und Porter basiert, werden die Variablen gezeigt, die die Leistung beeinflussen:

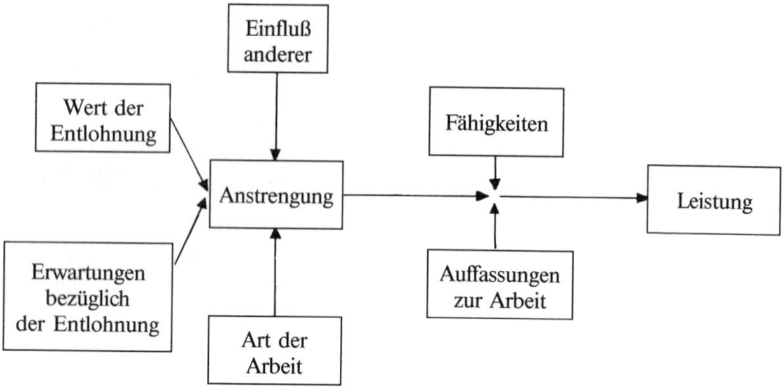

Motivation in der Praxis

Die in diesem Kapitel vorgenommene Verlaufsanalyse der Motivation beinhaltet bestimmte Dinge, die Sie als Manager tun können, um Ihre Motivationsfähigkeiten zu verbessern. Dazu gehören:

1. Versuchen Sie, die Bedürfnisse Ihrer Mitarbeiter entsprechend der Maslowschen Kategorien – Sicherheit, soziales Ansehen, Selbstverwirklichung – zu verstehen.
2. Stellen Sie nicht nur fest, was sie brauchen, sondern auch, was sie wollen. Es mag sein, daß Sie es ihnen nicht geben können, aber zumindest können Sie angesichts Ihres Wissens darum Ihren Motivationsansatz modifizieren.
3. Das primäre Motiv sollte Geld sein. Geld ist wichtig, weil es derart viele Bedürfnisse stillt – es ermöglicht den Menschen, ihren Lebensstandard zu heben, doch gleichzeitig ist es das effektivste Mittel, um eine Leistung anzuerkennen (Selbstverwirklichung). Zudem ermöglichen Sie dadurch die Demonstration des Erreichten vor anderen (Ansehen).
4. Dennoch sollten Sie nicht vergessen, daß Geld nicht alles ist, was Menschen brauchen oder wollen. Sie können auch durch Anerkennung, Lob, Beförderung und durch die Arbeit an sich

motiviert werden – und durch die Gelegenheit für Extraleistungen, um mehr Verantwortung auf sich zu nehmen. Diese Art der Entlohnung ist zuweilen effektiver als Geld. Es ist freilich eine Frage der individuellen Bedürfnisse. Der Grund, warum Sie versuchen sollten, diesen Bedürfnissen auf die Spur zu kommen, ist der, daß Sie bei der Entlohnung differenzierter vorgehen können.

5. Erinnern Sie sich an die Bedeutung der Erwartungen als Motivationsfaktor. Eine Belohnung wird um so effektiver, je genauer die Mitarbeiter wissen, womit sie rechnen können, wenn sie hart und gut arbeiten. Sie sollten daher:
   - dafür sorgen, daß das Verhältnis Einsatz und Belohnung in jedem finanziellen Entlohnungssystem klar definiert ist – Leistungslohn, Provisionen oder Prämienregelung;
   - Ihren Mitarbeitern Ziele und Standards vorgeben, die zwar erreichbar sind, aber nicht im Handumdrehen;
   - ihnen bewußt machen, daß Ihre Leistungen durch Lob, eine spezielle Belohnung oder durch die Gelegenheit zu Besserem anerkannt werden – seien Sie jedoch nicht allzu großzügig damit, loben Sie nur den, dem Lob gebührt;
   - dafür sorgen, daß sich die Voraussetzungen für eine Beförderung oder einen Ausbau der Verantwortlichkeiten herumsprechen;
   - nicht nur deutlich aussprechen, was jemand bekommt, der gut arbeitet, sondern auch die Folgen schlechter Leistungen nennen. Das ist keine primitive Karotten- und Stocktaktik, sondern es wird dabei lediglich geklärt, daß das, was jemand leistet oder nicht leistet, ausschließlich von ihm selbst bestimmt wird.
6. Immer daran denken, daß Ihr Ziel in McGregors Worten darin besteht, »Bedingungen zu schaffen, durch die die Mitglieder einer Organisation in der Lage sind, ihre eigenen Leistungen am besten dann zu erbringen, wenn ihre Bemühungen auf den Erfolg des Unternehmens ausgerichtet werden«. Daher sind folgende Dinge wesentlich:

- Die Bedürfnisse der Menschen müssen identifiziert werden, damit Sie die Entlohnung diesen Bedürfnissen anpassen können.
- Die Mitarbeiter müssen veranlaßt werden, sich selbst zu überlegen, was sie tun können und sollten. Sie sollten sich auch bezüglich der Zielsetzungen und Standards mit ihnen einigen.

7. Die Tatsache anerkennen, daß die Mitarbeiter durch die Arbeit an sich motiviert werden können, wenn sie ihr Bedürfnis nach Verantwortung und Leistung befriedigt. Tun Sie dies unter Anwendung der folgenden Arbeitsbereicherungstechniken:
   - Anhebung der Verantwortung einzelner (wie im Fall der Versicherungsgesellschaft, der weiter oben berichtet wurde).
   - Den Mitarbeitern mehr Freiraum zur Verfügung stellen, um Methoden, Ablauf und Tempo der Arbeit zu variieren.
   - Eine Person oder Gruppe in eine völlig natürliche Arbeitseinheit integrieren und dadurch die Spezialisierung reduzieren.
   - Die Kontrolle von oben reduzieren und gleichzeitig einzelnen oder Gruppen deutlich machen, daß sie für die Erreichung bestimmter Ziele oder Standards voll rechenschaftspflichtig sind.
   - Die Kontrollinformation verfügbar machen, damit die Mitarbeiter ihre Leistungen selbst überwachen können.
   - Die Teilnahme der Mitarbeiter an Planungen und Innovationen durch neue Technologien fördern.
   - Einzelnen oder Gruppen ein Projekt auftragen, das ihnen mehr Verantwortung abverlangt und ihnen hilft, ihre Untersuchungen auszubauen.
8. Denken Sie daran, daß der Druck der Gruppe die Motivation beeinflussen kann – zum Guten oder Schlechten. Unternehmen Sie Schritte, um die Gruppe auf Ihre Seite zu bringen, indem Sie sie in Schlüsselentscheidungen involvieren, die ihre Arbeit betreffen.

Kapitel 34

VERHANDLUNGEN

Die Verhandlung ist ein Einigungsprozeß und bietet Ihnen die Möglichkeit, für Unternehmen, Gewerkschaft oder für eigene Anliegen bestmögliche Bedingungen zu erhalten.
Verhandlungen beinhalten Interessenskonflikte. Verkäufer wollen lieber hohe Preise als niedrige, und Käufer sehen lieber niedrige Preise als hohe. Gewerkschaften wollen einen höchstmöglichen Abschluß, während die Geschäftsleitung einen möglichst niedrigen anstrebt. Was eine Seite gewinnt, verliert die andere. Niemand verliert gerne, daher kommt es zum Konflikt, der geregelt werden muß, will man zu einer freundschaftlichen Einigung gelangen. Und Verhandlungsführer versuchen, oder sollten versuchen, ein Ergebnis in Freundschaft herbeizuführen, ganz egal welche Meinungsverschiedenheiten ihm vorangingen. Immerhin könnten die beiden Seiten einander wieder begegnen.
Ein weiteres wichtiges Verhandlungsmerkmal besteht darin, daß sie in einer Atmosphäre der Ungewißheit stattfinden. Keine der beiden Parteien weiß, was die andere will oder zu welchen Konzessionen sie bereit sein wird.
Es gibt grundsätzlich zwei Arten der Verhandlung – kommerzielle Verhandlungen und Lohn- und Gehaltsverhandlungen

Kommerzielle Verhandlungen

Kommerzielle Verhandlungen drehen sich hauptsächlich um Preise und Lieferbedingungen für Waren und Dienstleistungen.
In ihrer einfachsten Form sind sie nicht mehr als ein Feilschen zwischen Käufer und Verkäufer, nicht viel anders, als wenn Sie Ihr Auto gegen ein neues tauschen. In der bereits komplizierteren

Ausführung geht es um ein Paket, das nicht nur das Grundprodukt enthält, sondern auch eine Reihe von Extras anbietet. Normalerweise können Verkäufer Preisvarianten anbieten, um den Bedürfnissen des Käufers entgegenzukommen. Da gibt es den Fabrikspreis, den Preis frei Haus, den Ratenpreis und den Preis, der den Service beinhaltet. Verschiedene Methoden der Ratenzahlung oder der Kreditverleihung mögen ebenfalls im Angebot enthalten sein.

Verhandlungen dieser Art werden meist mit den Spezifikationen des Käufers eingeleitet. Daraufhin macht der Verkäufer einen Vorschlag, und die Verhandlung hat begonnen. Der Vorschlag des Verkäufers enthält einen Verhandlungsspielraum, und je nach Paket, das gewünscht wird, wird der Preis variierbar sein.

Kommerzielle Verhandlungen werden in der Regel freundlich ausgetragen, und hier liegt Ihr Hauptproblem. Es kann zu leicht passieren, daß Sie durch die Schmeicheleien Ihres Verhandlungspartners zu einem Handel verführt werden, der nicht für beide vollkommen zufriedenstellend ist.

Gewerkschaftsverhandlungen

Lohn- und Gehaltsverhandlungen werden in der Regel viel härter ausgetragen. Es mag dabei nur um simple Entlohnungsvereinbarungen gehen, doch normalerweise beinhalten sie ein Paket. Zusatzleistungen werden ausgefochten, die nötigenfalls in Form von Konzessionen gehandelt werden können.

Bei dieser Art von Verhandlung wissen beide Parteien ziemlich genau, wie hoch sie gehen werden bzw. welche Untergrenze sie bereit sind, zu akzeptieren. Ihre Eröffnungsforderungen und -angebote werden bereits vorher festgelegt, und ihre Einkaufsliste an Extras wird entsprechend analysiert, um festzustellen, bei welchen Punkten als Gegenleistung für sonstige Vorteile nachgegeben werden kann.

Bei gewerkschaftlichen Verhandlungen werden für gewöhnlich

Verhandlungskonventionen eingehalten, wovon die allgemeingültigsten folgende sind:

- Gleichgültig, was während den Verhandlungen passiert, beide Parteien streben eine Einigung an.
- Attacken, harte Worte, Druckmittel und (kontrollierte) Temperamentsausbrüche werden von beiden Seiten als legitime Taktiken anerkannt und sollten nicht dazu mißbraucht werden, um das Vertrauen einer Partei in die Integrität der anderen oder den Wunsch, eine Einigung zu finden, die keine drastischen Maßnahmen beinhaltet, zu erschüttern.
- Außerbetriebliche Diskussionen (die nützlich sind, um Einstellungen und Absichten zu erproben) sollten vor allem in formalen Verhandlungssitzungen nicht stattfinden, außer beide Parteien einigen sich diesbezüglich im voraus.
- Jede Partei sollte bereit sein, von ihrer ursprünglichen Position abzukommen.
- Es ist normal, wenn auch nicht unvermeidbar, daß während einer Verhandlung eine Reihe von Angeboten und Gegenangeboten gemacht werden, die allmählich zu einer Einigung führen.
- Konzessionen, die eingeräumt wurden, können nicht zurückgezogen werden.
- Verbindliche Angebote sollten nicht zurückgenommen werden, während es bei bedingten Angeboten legitim ist.
- Eine dritte Partei sollte so lange nicht hinzugezogen werden, bis beide Parteien zu dem Schluß kommen, daß erst mit ihrer Hilfe ein Fortschritt erzielt werden kann.
- Die endgültige Vereinbarung sollte genau eingehalten werden. Keine Tricks. Die vereinbarten Bedingungen müssen unverändert durchgeführt werden.
- Wenn möglich, sollte die endgültige Einigung auf eine Weise formuliert sein, daß keine der Parteien einen Gesichts- oder Glaubwürdigkeitsverlust hinnehmen muß.

Der Verhandlungsverlauf

In beiden Fällen verlaufen die Verhandlungen in etwa gleich. Hier wird nun jede Phase zusammenfassend illustriert, und zwar ausgehend von einer Gewerkschaftsverhandlung, die tatsächlich stattfand.

Phase 1: Vorbereitung – Festlegung der Ziele (oder Entwurf der Spezifikationen), Zusammenstellen der Informationen und Beschluß der Verhandlungsstrategie.

Das Ziel der Gewerkschaft bestand darin, eine Einigung zumindest in der Höhe der laufenden Inflationsrate (acht Prozent) zu erlangen. Ihre Strategie lautete, die Geschäftsleitung in die Defensive zu treiben, indem sie sie zu einem Angebot veranlassen würde, ohne vorher ihre Absichten bekanntzumachen. Zusätzlich forderte die Gewerkschaft eine Arbeitszeitverkürzung von einer Stunde pro Woche, drei zusätzliche Urlaubstage und einen Weihnachtsbonus in der Höhe von einem Wochenlohn.

Das Ziel des Managements bestand in einer Einigung, die die Inflationsrate nicht überschreiten sollte, sowie darin, keinesfalls Konzessionen einzugehen, die die Gesamtkosten des Pakets auf über acht Prozent anheben würden. Bezüglich der Strategie kam es zu Auseinandersetzungen. Ein Manger wollte der Gewerkschaftsforderung vorgreifen, indem das endgültige Angebot sofort gemacht und kein Verhandlungsspielraum zugelassen werden sollte. Er wurde mit der Begründung überstimmt, daß diese Vorgangsweise eine Konfrontation auslösen und daher langfristig das Verhältnis zur Gewerkschaft schädigen würde. Die nächste Frage lautete, wieviel Manövrierraum zwischen dem Eröffnungs- und dem endgültigen Angebot vorhanden sein sollte. Einige wollten möglichst niedrig, etwa bei drei Prozent, ansetzen, damit das Endergebnis unter die angenommene Gewerkschaftsforderung von 15 Prozent fallen würde. Die vorherrschende Meinung war jedoch, daß dieses Angebot zu niedrig sei und die Verhandlungen unnötigerweise verlängern würde. Also einigte man sich auf ein Anfangsangebot von fünf Prozent, damit die Firma, falls nötig, zwei Konzessionen von jeweils eineinhalb Prozent eingehen könnte, bevor das Maximum von acht Prozent erreicht würde.

Phase 2: Eröffnung – Die Verhandlungspartner enthüllen ihren Vertretern ihre anfänglichen Verhandlungspositionen.

Die Gewerkschaft begann mit einem Lagebericht. Sie wollte eine substantielle Erhöhung, um ihre Mitglieder vor der Inflation zu schützen und ihnen eine Entschädigung für die Verluste der letzten drei Jahre zukommen zu lassen. Die Zusatzleistungen (verkürzte Arbeitswoche etc.) wurden quasi als zusätzlicher Ballast ins Spiel gebracht, um dem Management klarzumachen, daß ein Verhandlungsspielraum möglich wäre.

Das Management stellte fest, daß mit keinen »substantiellen« Angeboten zu rechnen sei. Man betonte die schlechte wirtschaftliche Lage und die Tatsache, daß die Bezahlung der Gewerkschaftsmitglieder insgesamt besser sei als die anderer Arbeiter. Ebenso wurde darauf verwiesen (und das sollte noch mehrere Mal im Verlaufe der Verhandlung passieren), daß die Firma eine Anpassung der Löhne an die Inflation nicht garantieren könne. Nachdem die Eröffnungspositionen und die wichtigsten Argumente geklärt waren, wurde die Sitzung vertagt.

Phase 3: Verhandlung – Zu diesem Zeitpunkt haben beide Parteien gleiche Ziele. Als Verhandlungsführer werden Sie folgende Taktiken versuchen: a) das gegnerische Anliegen auf seine Schwächen prüfen, b) den Gegner überzeugen, daß er seine Position aufgeben und Ihrer eigenen näher kommen muß. Ebenso werden Sie Ihre eigene Position überprüfen, ob sie den Informationen, die Sie von der gegnerischen Seite erhalten, sowie den Reaktionen, mit denen Sie konfrontiert werden, standhält. Ihre ursprüngliche Bewertung kann entweder korrekt sein, oder sie muß jetzt entsprechend modifiziert werden. Sie müssen sich vielleicht auch für die Ausübung von Druck oder die Eingestehung von Konzessionen entscheiden, um zu einem zufriedenstellenden Abschluß zu gelangen.

Die Verhandlungsphase beanspruchte drei Sitzungen. Weder die Gewerkschaft noch die Geschäftsleitung waren bereit, ihre Er-

öffnungsargumente in irgendeiner dieser Sitzungen zu modifizieren.
Jede Partei wollte herausfinden, wie sehr die andere von ihren Argumenten überzeugt war und zu welchem Ausmaß sie bereit wäre, ihre Position zu ändern. Jede Phase wurde analysiert, um festzustellen, was dahinterstand, wobei beide versuchten, Hinweise zu erhalten, inwieweit die gegnerische Partei in ihrem Anliegen – von den Fabriksarbeitern einerseits und dem Topmanagement andererseits – unterstützt wurde.
Die Geschäftsleitung eröffnete mit einem fünfprozentigen Angebot und stieß auf die übliche Reaktion: es sei »lächerlich«, »beleidigend« und so fort. Die Gewerkschaft, in der Hoffnung, ein Geheimnis daraus zu machen und die Geschäftsleitung auf die falsche Spur zu bringen, weigerte sich, ihre Forderung zu nennen.
Zwischen der zweiten und dritten Sitzung gelang dem Management eine Einigung, da es glaubte, die Gewerkschaft hätte es auf zehn Prozent abgesehen, würde jedoch unter Druck auch acht Prozent akzeptieren. Weiters wurde entschieden, eine Arbeitszeitverkürzung von 30 Minuten pro Woche anzubieten, allerdings nur in Form eines in letzter Minute gemachten Tauschangebots, sollte es zu keiner vernünftigen Einigung kommen.
Während der dritten Sitzung erhöhte das Management sein Angebot auf sieben Prozent, fügte aber hinzu, daß es auf keinen Fall höher gehen könnte. Als nun die Gewerkschaft wissen wollte, ob dies das endgültige Angebot sei, verweigerten die Manager nähere Ausführungen. Die Gewerkschaft erkannte zu Recht, daß sie den Rahmen der Möglichkeiten ausgeschöpft hatte und daß das Topmanagement unter entsprechendem Druck nachgeben würde. Die Gewerkschaft forderte zehn Prozent und die anderen Konzessionen.
Phase 4: Schluß – Jede Partei beurteilt, ob die gegnerische Seite entschlossen ist, ihre Position beizubehalten oder kompromißbereit ist. Die endgültigen Schritte werden unternommen. Während dieser Phase können die endgültigen »Tauschgeschäfte« zu einer Einigung führen.

Die letzte Sitzung beanspruchte den ganzen Tag und wurde bis spät in die Nacht fortgesetzt. Die Geschäftsleitung bestand auf den sieben Prozent und war zu keinen weiteren Konzessionen bereit. Die Gewerkschaft versuchte mehrere Taktiken. Sie erhob Einspruch, ließ ihrer Wut durch kontrollierte Temperamentsausbrüche freien Lauf und drohte mit Streiks. Die Manager erkannten schließlich, daß eine Einigung nur durch den Versuch erreicht werden konnte, auf Tauschhändel einzugehen. Sie boten sieben Prozent plus eine Arbeitszeitverkürzung von einer Stunde pro Woche als Gegenleistung für die Abschaffung der üblichen fünf Minuten, die die Arbeiter zum Waschen zur Verfügung hatten (und die regelmäßig mißbraucht wurden).
Das Management wiederholte ausdrücklich, daß dies das endgültige Angebot sei, mehr könne das Unternehmen nicht aufbringen, und es gelang ihm, die Gewerkschaft durch reine Argumentation zu überzeugen, daß es seine Meinung nicht mehr ändern würde. Die Gewerkschaft akzeptierte das Angebot nach einer Abstimmung in ihren eigenen Reihen.

Verhandlungstaktiken

(a) Vorbereitung

1. Definieren Sie Ihr Verhandlungsziel, wie folgt:
   - Ideal – das beste Ergebnis, das Sie sich erhoffen können.
   - Minimum – das wenigste, worauf Sie sich zu einigen bereit sind.
   - Ziel – welche Versuche Sie unternehmen werden und welche Chancen Sie Ihrer realistischen Einschätzung nach haben, Ihr Ziel zu erreichen.
2. Überlegen Sie sich ein Paket, das einen Austausch von Konzessionen gestatten würde. Könnten Sie zum Beispiel einen höheren Preis akzeptieren, wenn im Austausch dafür die Zahlungsbedingungen erleichtert würden? Oder wäre es möglich,

ein Lohnangebot zu erhöhen, wenn sich die Gewerkschaft bereit erklärte, eine restriktive Vorgangsweise abzuschaffen?

3. Machen Sie sich eine Vorstellung davon, was die andere Partei will bzw. bereit ist, anzubieten. Wenn Sie zum Beispiel ein Hersteller sind und mit einem Verkäufer Bedingungen aushandeln, sollten Sie wissen, daß der Käufer durch seine Unternehmenspolitik eingeschränkt ist, die eine dreifache Preiserhöhung fordert.

Wenn Sie den Einzelhandelspreis kennen, den das Geschäft veranschlagen wird wollen, werden Sie sich eine gute Vorstellung vom Maximum machen können, zu dem der Käufer bereit sein wird. Dadurch können Sie sich ein Bild machen, ob Sie auf eine größere Bestellung drängen sollen, um einen niedrigeren Verkaufspreis zu rechtfertigen, den Sie normalerweise nicht akzeptieren würden.

In einer typischen Lohnrunde wird die Gewerkschaft oder das Verhandlungsgremium eine zuvor festgelegte Forderung stellen, das Minimum und die Eröffnungsforderungen nennen. In Ihrer Rolle als Arbeitgeber werden Sie eigene Ziele, ein Maximum und ein Eröffnungsangebot bereit haben.

Der Unterschied zwischen der Forderung und Ihrem Angebot wird Verhandlungsspanne genannt. Wenn Ihr Maximum das gegnerische Minimum überschreitet, ergibt sich daraus die Einigungszone. Im folgenden Diagramm sieht das so aus:

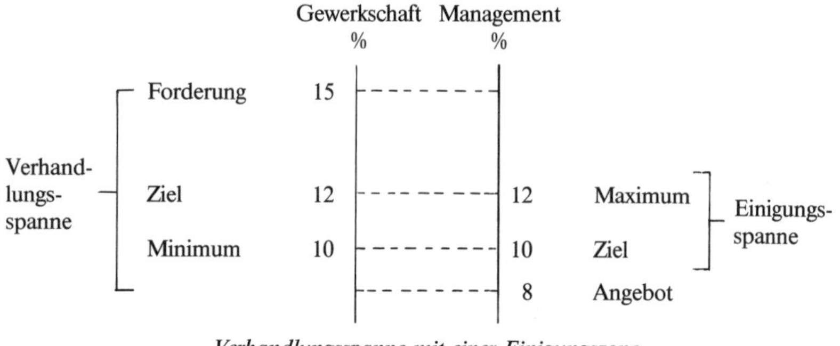

Verhandlungsspanne mit einer Einigungszone

Bei diesem Beispiel ist die Chance, relativ reibungslos zu einer Einigung zu gelangen, ziemlich hoch. Erst wenn Ihr Maximum das gegnerische Minimum unterbietet, wie das im nächsten Diagramm der Fall ist, kommt es zu Schwierigkeiten.

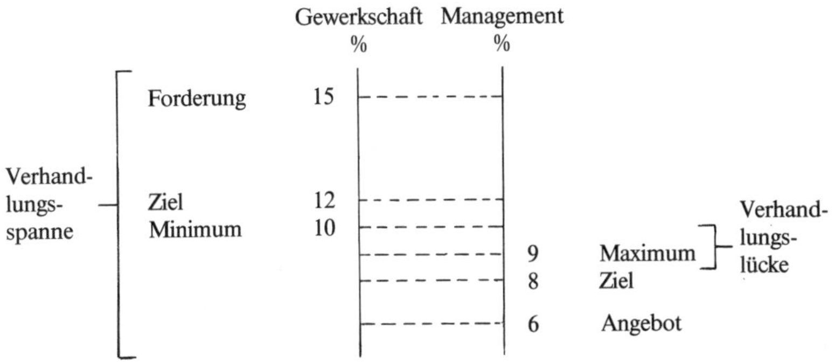

Verhandlungsspanne ohne Einigungszone

4. Beschließen Sie Strategie und Taktik – Ihr Eröffnungsangebot, die Schritte, die Sie unternehmen werden, die Konzessionen, die Sie bereit sind, einzugehen, und die Argumente, die Sie vorbringen werden.
5. Beschaffen Sie sich die Fakten, die Sie benötigen, um Ihr Anliegen zu untermauern.
6. Sie sollten auch alle erforderlichen Unterlagen, wie etwa Standardvertragsbedingungen, bereit haben.
7. Bei Gewerkschaftsverhandlungen:
   - Wählen Sie ein Verhandlungsteam aus. Es sollten ihm nie weniger als zwei Mitglieder und bei wichtigen Verhandlungen sollten ihm mindestens drei angehören: ein Verhandlungsführer, ein Schriftführer, der dem Verhandlungsführer die erforderlichen Informationen zukommen läßt, und alle übrigen, um die gegnerische Partei zu beobachten und ihren Instruktionen entsprechend während der Verhandlung eine bestimmte Rolle zu spielen.
   - Instruieren Sie die Mitglieder Ihres Verhandlungsteams hinsichtlich ihrer Rollen, der Verhandlungsstrategie und -taktik,

die einzusetzen sind. Falls es angebracht ist, sollten vorbereitete Stellungnahmen oder Argumente ausgegeben werden, die eingesetzt werden, sobald es die Strategie erfordert.

- Üben Sie mit den Mitgliedern die jeweiligen Rollen ein. Sie können aufgefordert werden, bestimmte Punkte für die anderen Mitglieder zu wiederholen und sich mit den Reaktionen, die sie erhalten, auseinanderzusetzen. Jemand kann auch des Teufels Advokat spielen und den Verhandlungsführer oder andere Mitglieder des Teams zwingen, unangenehme Themen oder Verhandlungsfinten aufzugreifen.

Zu diesem Zeitpunkt besteht vielleicht die Möglichkeit, den Gegner aufzusuchen und seinen Standpunkt formlos auszuhorchen, während er versucht, den Ihren herauszufinden. Sie können eine Besprechung dieser Art als »Frühwarn«-System einsetzen, um Ihren Gegner zu einer Modifizierung seiner ursprünglichen Forderungen zu bewegen, indem Sie ihn von der Stärke Ihrer eigenen Position und Ihrer Entschlosseneht, nicht nachzugeben, überzeugen.

In einer jüngst stattfindenden Gewerkschaftsverhandlung war diese »Korridortaktik« erfolgreich. Die Gewerkschaft hatte die Geschäftsleitung aufgefordert, eine neue Technologievereinbarung einzuführen, die die üblichen Klauseln über Konsultation, Arbeitsschutz und Gesundheitsvorkehrungen enthalten sollte.

Während der ersten beiden Sitzungen ließ das Management nicht von seinem Standpunkt ab, daß all diese Forderungen bereits in bestehenden Vereinbarungen und Veröffentlichungen berücksichtigt worden seien. Doch die Gewerkschaft bestand darauf, daß dem nicht so sei. Die Verhandlung schien einen Stillstand erreicht zu haben. Der Gewerkschaftsführer konnte es sich nicht leisten, während der Verhandlung seine Schwächen zu augenscheinlich offenzulegen. Dem Generaldirektor, der dem Managementteam vorstand, ging es genauso.

Um die Verhandlungen wieder in Gang zu bringen, bat der Generaldirektor seinen Manager für Arbeitgeber-Arbeitnehmer-Beziehungen, ein inoffizielles Treffen mit dem Gewerkschaftsführer abzuhalten. Bei diesem Treffen wurde klar gemacht, daß die Firma einem separaten Abkommen für neue Technologien unter keinen Umständen zustimmen würde. Aber der Personalleiter ließ wissen, daß die Geschäftsleitung bereit wäre, dem bestehenden Abkommen eine stärkere Klausel für Vorkonsultationen beizufügen. Der Gewerkschaftsführer wußte aus Erfahrung, daß dieser Mann sein Wort hielt. Für ihn ergab es keinen Sinn, aus der Angelegenheit eine Riesenaffaire zu machen, und er wußte, er würde von seinen Mitgliedern nicht die entsprechende Unterstützung erhalten, da sie in den neuen Technologien keinen wirklichen Konfrontationspunkt sahen. Aber er dachte sich, wenn er schon zu einer Konzession bereit sein müßte, würde er sich zumindest eine Gegenleistung dafür holen. Mit anderen Worten, er wollte einen Tauschhandel.

Er erklärte sich daher mit der Idee einverstanden, vorausgesetzt, die Firma würde der Gewerkschaft das Recht geben, während der nächsten sechs Monate die Einführung jeder neuen Technologie zu überwachen. Vom Personalleiter wurde dies akzeptiert. Beide Parteien hielten sich an die Konvention, daß sie auf Grund der inoffiziellen Diskussion keine Verpflichtungen einzugehen hatten und daß bei zukünftigen formalen Verhandlungen keine diesbezügliche Erwähnung gemacht werden würde. Daraufhin klärten sie das informelle Einverständnis mit ihren jeweiligen Ausschüssen, und bei der nächsten offiziellen Verhandlungssitzung konnten die Bedingungen problemlos vereinbart werden. Was zunächst wie ein schwerwiegendes Problem aussah, konnte durch Korridorverhandlungen gelöst werden.

(b) Eröffnung

Wenn Sie eine Verhandlung eröffnen, sollte Ihre Taktik folgende sein:

- Eröffnen sie auf realistische Weise, und gehen Sie mäßig vor.

- Fordern Sie die Position Ihres Gegners heraus; doch schränken Sie unter keinen Umständen seine Beweglichkeit ein.
- Erforschen Sie Einstellungen, stellen Sie Fragen, beobachten Sie Verhalten, und vor allem hören Sie zu: Bewerten Sie die Stärken und Schwächen Ihres Gegners, seine Taktik und inwieweit er bluffen könnte.
- Machen Sie in dieser Phase keine Konzessionen welcher Art auch immer.
- Bleiben Sie hinsichtlich der Vorschläge und Erklärungen unverbindlich (sprechen Sie nicht zu viel).

(c) Handeln

Ihr Ziel besteht darin, die Lücke zwischen den beiden Anfangspositionen zu verkleinern und Ihren Gegner von der Festigkeit Ihres Standpunktes zu überzeugen, damit er sich mit weniger als ursprünglich geplant zufriedengibt. Sie sollten:

- Ihre Vorschläge immer mit Bedingungen verbinden: »Wenn ihr bereit seid, das zu tun, werde ich dafür jenes in Erwägung ziehen.«
- Niemals einseitige Konzessionen eingehen: gehen Sie mit Ihrem Gegner immer einen Tauschhandel ein: »Wenn ich bei x nachgebe, erwarte ich von euch, daß ihr bei y einlenkt.«
- Das Paket als Ganzes verhandeln: erlauben Sie Ihrem Gegner nicht, Punkt für Punkt vorzugehen; alle Angelegenheiten müssen offenbleiben, damit aus potentiellen Tauschhändeln der größte Nutzen gezogen werden kann.

Signale erkennen

Während der Ausverhandlungsphase müssen Sie jedes Signal, das vom Gegner kommt, sofort erkennen. Jedesmal, wenn er Bedingungen anspricht, zeigt er, daß er bereit ist, weiterzukommen.

Erforschen Sie die Möglichkeiten mittels Fragen. Versuchen Sie hinter das Gesagte zu schauen und seine wirkliche Bedeutung zu verstehen. Zum Beispiel:

Gesagt wird	*Gemeint ist*
So weit kann ich gehen.	Ich könnte meinen Chef überreden, weiterzugehen.
Normalerweise geben wir maximal fünf Prozent Diskont.	Wir sind bereit, mehr zu geben, wenn Sie uns dafür eine Gegenleistung bieten.
Über diesen Punkt sollten wir nachdenken.	Ich bin bereit, zu verhandeln.
Diese Frage bedarf einer kurzen Besprechung.	Es ist schwierig, aber nicht unmöglich. Versuchen Sie es noch einmal.
Es wird uns sehr schwer fallen, dieser Anforderung zu begegnen.	Es ist nicht unmöglich, aber wir wollen einen Tauschhandel.
Ich werde Ihr Angebot ganz sicher in Erwägung ziehen.	Ich bin bereit, zu akzeptieren, aber ich will nicht den Anschein vermitteln, ein leichter Fall zu sein.
So sieht unser Standardvertrag aus.	Wir sind bereit, unter diesen Bedingungen zu verhandeln.
Wir sind bereit, Ihnen x Pfund je 1 000 Einheiten anzubieten.	Über den Preis läßt sich reden.
Das ist mein letztes Angebot.	Mein Chef könnte weitergehen, wenn er dazu gedrängt wird (wenn es sich für ihn auszahlt).
Wir können Ihre Lieferbedingungen zu diesem Preis nicht einhalten.	Ich werde über Lieferbedingungen oder Preis verhandeln.

Argumentieren

Während der Ausverhandlungsphase werden Sie den Großteil der Zeit mit Diskussionen zubringen. Klares Denken (siehe Kapitel 7) wird Ihnen nützen, um Ihr Anliegen zu präsentieren und die Fehler in der Argumentation Ihres Gegners aufzuspüren.
Sie sollten sich auch Ihr Auftreten während Ihrer Ausführungen überlegen. Es ist nicht Ihre Aufgabe, Ihren Gegner in Grund und Boden zu argumentieren. In Wirklichkeit ist es angesichts zukünftiger guter Beziehungen (die sowohl in Ihrem eigenen als auch in seinem Interesse liegen) weise, ihm eine Fluchtroute zu gewähren. Victor Feather meinte: »Sorgen Sie immer dafür, daß dem anderen genug Geld bleibt, um die Busreise nach Hause anzutreten.«
Vermeiden Sie es, Ihren Gegner vor den Kopf zu stoßen. Tragen Sie Ihre Meinungsverschiedenheiten entschlossen aus, aber machen Sie ihrem Gesprächspartner nicht den Garaus. Versuchen Sie auch nicht, seine Persönlichkeit zu beeinträchtigen. Wenn es sein muß, diskreditieren Sie seine Argumente, oder stellen Sie seine trügerische Beweisführung bloß, doch stellen sie ihn niemals persönlich in ein schlechtes Licht. Wenn Sie Ihre Gegner persönlich angreifen oder mißbrauchen, werden sich ihre Reihen schließen.
Um effektiv zu argumentieren, müssen Sie bereit sein, sowohl die Stellungnahmen als auch die darin gemachten Andeutungen zu hören. Sprechen Sie selbst nicht zu viel, da es Sie davon abhält, Signale zu erkennen, und es Ihnen passieren könnte, selbst zu viele Andeutungen zu machen. Fordern Sie Ihren Gegner, wann immer Sie können, dazu heraus, sein Anliegen Punkt für Punkt zu rechtfertigen. Die Last soll bei ihm liegen, indem Sie klärende Stellungnahmen einfordern. Beantworten Sie eine Frage mit einer Gegenfrage, um Zeit für Überlegungen zu gewinnen.
Argumentieren Sie ruhig und sachlich. Betonen Sie jedoch jene Punkte, die Sie auf jeden Fall anbringen wollen, indem Sie entweder Ihre Stimme geringfügig heben oder beim Sprechen langsa-

mer werden, um Ihr Argument zu verstärken oder indem Sie sich wiederholen.

Kontrollieren Sie Ihre Wut. Drücken Sie sich auf jeden Fall deutlich aus, doch verlieren Sie nie Ihre Fassung, da Sie sonst alles verlieren werden.

Bedenken Sie immer, daß Sie nicht um jeden Preis gewinnen wollen. Wenn Ihr Gegner etwas will, was Sie nicht geben können, sagen Sie nicht einfach »nein«. Bieten Sie ein Alternativpaket an. Wenn er höhere Spezifikationen fordert, als Sie normalerweise im Preis enthalten haben, und er zudem ein Lieferdatum will, das Sie nur durch Einsatz von Überstunden einhalten können, sagen Sie ihm, daß Sie sowohl die Spezifikationen als auch den Liefertermin einhalten können, wenn er bereit ist, die Kosten zu übernehmen.

Eröffnungszüge

Es gibt eine Reihe von Standard-Verhandlungseröffnungen. Hier werden einige von den üblicheren zitiert:

- Drohgesten – »Entweder Sie erklären sich einverstanden, oder ich rufe meine Freunde«; oder «. . . ich kann mein Anliegen auch anderswo vorbringen«. Reagieren Sie niemals auf derartige Drohungen, und machen Sie selbst nie leere Drohgebärden.
- Keine Verhandlung im Fall von Nötigung – »Wir weigern uns, Ihre Forderung zu diskutieren, solange Sie Ihr Überstundenverbot nicht aufgehoben haben.« Ein ausgezeichneter Ansatz, wenn Sie damit durchkommen.
- Das wird Ihrem Ansehen schaden – »Wollen Sie wirklich vor der ganzen Belegschaft als herzloser Arbeitgeber dastehen?« Da dies ein emotioneller Ansatz ist, sollte er nicht gelten.
- Der direkte Bluff – »Ich erhielt zwei oder drei Kostenvoranschläge, die niedriger sind als Ihre.« Die Antwort auf diesen Eröffnungszug ist ein Gegenbluff: »Welches Preisangebot wurde Ihnen gemacht?« – »Na gut, warum akzeptieren Sie sie nicht? Warum sprechen Sie überhaupt noch mit mir?«

- Die Fangfrage – »Halten Sie es für eine gute Idee, die Mitarbeiter nach dem Leistungsschema zu entlohnen?« – »Ja.« – »Warum bestehen Sie dann auf der Beibehaltung dieses fixen Schemas, von dem jeder profitiert, ganz egal, welche Leistungen er erbringt?« Gehen Sie niemals in die Falle einer Fangfrage.
- Die Stückweise- oder »Salami«-Technik – Hier wird Ihr Gegner versuchen, Punkt für Punkt vorzugehen. »Über den Preis sind wir uns einig, wir können also in drei Monaten liefern, einverstanden?« – »Gut, die Lieferbedingungen sind geklärt, das nächste sind unsere Wartungsgebühren.« Verhandeln Sie immer das ganze Paket. Lassen Sie es nicht zu, daß man Sie zu einer stückweisen Annäherung verleitet.
- Der »Ja, aber . . .«-Ansatz – »Ja, wir erklären uns mit einer achtprozentigen Erhöhung einverstanden, aber bevor wir uns in allem einig werden können, müssen wir uns noch mit der Entlassungsabfindung befassen.« Um nicht in die »Ja, aber . . .«-Falle zu tappen, machen Sie Angebote zu einem Teil des Pakets davon abhängig, daß ein anderer akzeptiert wird: »Wir sind bereit, ein Angebot von acht Prozent in Erwägung zu ziehen, vorausgesetzt, Sie lassen Ihre Forderung nach einer vorzeitigen Entlassungsabfindung fallen.«

(d) Schluß

Wann und wie Sie abschließen, hängt davon ab, welche Chancen Sie dem Fall Ihres Gegners einräumen und wie Sie seine Entschlossenheit beurteilen, sein Anliegen durchzubringen. Sie können, wie folgt, abschließen:

1. Indem Sie Konzessionen eingehen, vorzugsweise nicht so bedeutende, und sie gegen die Bereitschaft für eine Einigung handeln. Die Konzession kann positiver angeboten werden als in der Verhandlungsphase: »Wenn Sie bereit sind, sich auf x zu einigen, werde ich bei y nachgeben.«

2. Einen Handel machen: Sie könnten die Differenz aufteilen oder etwas ganz Neues ins Spiel bringen – etwa die Ausweitung des Zeitrahmens oder die Stützung der Zahlungen, die Berücksichtigung von Erhöhungen durch eine Anlaufzeit, eine gemeinsame Absichtserklärung für ein zukünftiges Projekt (z. B. die Einführung eines Produktivitätsplanes) oder das Angebot eines reizvollen Preisnachlasses.
3. Alle Ereignisse bis dato zusammenfassen, Konzessionen, auf die man sich einigte, und das Ausmaß, mit dem man entgegenkam, betonen sowie erklären, daß Sie Ihre endgültige Position erreicht haben.
4. Druck ausüben, indem sie mit Konsequenzen drohen, die folgen werden, wenn Ihr Angebot nicht akzeptiert wird.
5. Ihrem Gegener die Wahl zwischen zwei Aktionsverläufen überlassen.

Machen Sie Ihr endgültiges Angebot erst dann, wenn Sie es für richtig halten. Wenn es nicht wirklich Ihr endgültiges Angebot ist und Ihr Gegner Ihrem Bluff auf die Spur kommt, werden Sie weitere Konzessionen eingehen müssen, und Ihre Glaubwürdigkeit wird angeschlagen sein. Natürlich wird er versuchen, herauszufinden, wie nahe Sie Ihrer endgültigen Position sind. Doch lassen Sie sich nicht hetzen. Wenn Sie es vermeiden wollen, sich zu verpflichten und auf diese Weise das Wort »endgültig« zu entwerten, stellen Sie möglichst positiv fest, daß dies das Maximum ist, das »Sie« bereit sind, einzugehen.

Kapitel 35

UNTERNEHMENSZIELE

»Ziele werden überall benötigt, wo das Überleben und der Wohlstand eines Unternehmens auf direkte und entscheidende Weise von Leistung und Resultaten betroffen sind« (Peter Drucker).

Je mehr Ihnen zumindest theoretisch bekannt ist, wohin Sie wollen, umso wahrscheinlicher werden Sie dorthin gelangen. Keine Organisation kann jedoch nur die Gewinnmaximierung zum Ziel haben. Auf kurze Sicht bedeuten hohe Gewinne eine Verringerung der Lagerbestände und eine Kürzung der Investitionen, wodurch die Zukunft eines Unternehmens gefährdet würde. Ein Buchklub kann zum Beispiel langfristig nur überleben, wenn er laufend in neue Mitglieder »investiert«. Würde er sich nur an die bereits vorhandenen Mitglieder wenden, könnte er zwar kurzfristig Gewinne verzeichnen, doch sobald diese Mitglieder wieder austreten würden, würde sich sein Einkommen verringern. Er müßte früher oder später aufgeben. Überleben und Wachstum sind daher ebenso wie Gewinnmaximierung primäre Unternehmensziele.

Das Problem, vor dem die meisten Unternehmen – mit oder ohne Erwerbscharakter – und ihre Manager stehen, ist, die vielfältigen Zielsetzungen abzuwägen und Prioritäten festzulegen.

Eine Firma kann ihre Zielsetzungen auf eine Reihe von Überschriften zusammenfassen, wie beispielsweise:

- Den Marktanteil auf x Prozent zu erhöhen.
- Den Rückfluß des investierten Kapitals am derzeitigen Niveau zu halten.
- Den Umsatz um real x Prozent zu steigern.
- Den Gewinn als Prozentsatz der Erlöse auf seinem derzeitigen Stand zu halten.
- Ein Produkt A zu einem bestimmten Termin einzuführen und

im ersten Jahr einen Rückfluß der Investitionssumme von x Pfund zu erreichen.

Mit der Formulierung der Zielsetzungen wird erst der Anfang gemacht. Politik und Planung zur Erreichung der Ziele und eine Beseitigung der in diesen Maßnahmen enthaltenen Widersprüche müssen erarbeitet werden. Und das bedeutet die Auswertung von Alternativen sowie zuweilen die Offenlassung von Optionen, wenn nicht alle Informationen verfügbar sind, die eine unmittelbare Entscheidung möglich machen.

Wozu sind Ziele gut?

Peter Drucker wies darauf hin, daß die Unternehmensziele der Geschäftsleitung ermöglichen, Aktivitäten auf eine Weise zu erklären, vorherzusagen und zu steuern, wie es mit einer singulären Vorstellung von Gewinnmaximierung nicht möglich wäre. Im speziellen ermöglichen Ziele:

- dem Unternehmen, zu allen Unternehmensphänomenen mit wenigen allgemeinen Erklärungen Stellung zu nehmen;
- die Überprüfung dieser Stellungnahmen, indem sie der tatsächlichen Leistung gegenübergestellt werden;
- die Überprüfung von Entscheidungen, während sie erörtert werden, und nicht erst, nachdem sie umgesetzt wurden;
- eine Verbesserung zukünftiger Leistungen, indem vergangene Leistungen einer Analyse unterzogen werden.

Unternehmensziele

Peter Drucker vertritt die Ansicht, daß es acht Bereiche gibt, für die Leistungsziele festgelegt werden sollten: Marktposition, Innovation, Produktivität, physische und finanzielle Ressourcen, Rentabilität, Leistung und Weiterbildung von Führungskräften, Leistung und Einstellung der Mitarbeiter sowie öffentliche Verant-

wortung. Ein weiterer Schlüsselbereich ist der Auslastungsgrad insgesamt, der anhand der Verkaufszahlen gemessen wird. Jeder Vorstand wäre gut beraten, mindestens einmal im Jahr die genannten Überschriften zur Tagesordnung zu machen, um Überlegungen zur Zukunft anzustellen. Daraufhin sollte er die Leistungen den Zielen in regelmäßigen Abständen gegenüberstellen.
Einige Zielsetzungen, wie Marktanteil, Gewinne als Prozentsatz des Umsatzes, Erlöse sowie Erlöse je Arbeitnehmer, sind als Ziele quantifizierbar. Andere, wie die Einführung eines neuen Produktes, können Ziele sein, die bis zu einem bestimmten Termin zu erreichen sind. Geht es um die Leistung der Manager oder Mitarbeiter, die nicht in Form einer Zielsetzung quantifiziert oder definiert werden kann, ist es dennoch nützlich, allgemeine Zielsetzungen vorzugeben.

Individuelle Ziele

Es besteht kein Zweifel, daß Sie als Manager Ihre Arbeit besser planen und überwachen werden, wenn Sie sich zunächst klare Ziele setzen und diese mit Ihrem Vorgesetzten vereinbaren. Ebenso klar sollte sein, daß Ihre Mitarbeiter effektiver arbeiten werden, wenn sie Ihre Ziele ebenfalls verstanden und akzeptiert haben.
Die folgende Tabelle enthält einige Überschriften, die zur Zielformulierung in unterschiedlichen Bereichen dienen können:

Generaldirektor	*Werksleitung*	*Verkaufsleiter*
Rentabilität	Erzielung der Produktionsziele in der Fabrik	Erzielung der Verkaufsziele
Volumen und Wachstum des Betriebs	Kostenkontrolle	Beitrag zu Gewinnen und fixen Gemeinkosten

Rückstellung und Nutzung des Anlagevermögens	Auslastung von Werk und Maschinen	Entwicklung neuer Konten
Rückstellung und Nutzung laufender Vermögenswerte	Lagerkontrolle	Ausweitung bestehender Geschäfte
Produktinnovation	Produktqualität	Kundenzufriedenheit
Kundenzufriedenheit	Arbeitsproduktivität	Identifizierung neuer Produkte
Betriebskosten	Arbeitnehmer-Arbeitgeber-Beziehungen	Einführung neuer Produkte
Managementeffektivität	Managementeffektivität	Effektivität des Verkaufsstabes
Produktivität und Einstellung der Arbeitnehmer	Sicherheit	Kostenkontrolle

Wenn Sie sich selbst oder anderen Ziele vorgeben, sollten Sie Quantifizierungen der Quantifizierung zuliebe unterlassen. Künstliche Ziffern sind im Zusammenhang mit Zielsetzungen nicht sehr nützlich. Einen Personalleiter zu bitten, die Fehlzeiten von 4,3 Prozent auf 4,0 Prozent zu senken, bedeutet, ihm ein sinnloses Ziel vorzugeben. Er kann unmöglich präzise vorhersagen, wie sich irgendeine seiner Maßnahmen auf das Fehlzeitenniveau auswirken wird. Es wäre weitaus vernünftiger, ein weitläufiges Ziel zu setzen, das etwa so lauten könnte: »Mit dem Linienmanagement und dem Betriebsarzt zusammenarbeiten, um Verfahren auszuarbeiten, mit deren Hilfe die Fehlzeiten reduziert werden können.« Der Erfolg des Personalleiters kann daraufhin anhand des Rückganges der Fehlzeiten gemessen werden und nicht anhand seiner Fähigkeit, eine willkürlich beschlossene Ziffer zu erreichen.

Gleichermaßen sollte bei individuellen Zielsetzungen vermieden werden, zu viel Schreibarbeit zu schaffen. Diskutieren und vereinbaren Sie die Ziele mit Ihren Mitarbeitern. Stellen Sie die Ergebnisse diesen Zielsetzungen gegenüber. Vereinbaren Sie, was geschehen muß, um die Leistung anzuheben und inwieweit die derzeitigen Zielsetzungen Veränderungen erforderlich machen. Wenden Sie jedoch keine umständlichen Formulare zu diesem Zweck an. Alles, was Sie aufzeichnen müssen, findet auf einem Blatt Papier Platz – handgeschrieben.

Denken Sie jedoch in erster Linie daran, daß Sie eine Richtlinie für zukünftige Vorgänge schaffen wollen. Zielsetzungen sind nur dann sinnvoll, wenn sie als Grundlage für Pläne und Leistungsüberwachungen dienen.

Kapitel 36

ORGANISATION

Die Aufgabe

In Ihrer Funktion als Führungskraft haben Sie die Aufgabe, eine Organisationsform zu entwickeln, die eine Verrichtung der Arbeit in Ihrem Sinne ermöglicht. Grundsätzlich geht es bei der Organisation darum, was von wem erledigt werden soll. Verantwortungen müssen definiert, Strukturen aufgebaut und Beziehungen entwickelt werden. Das wesentliche Element dabei sind Menschen: was sie tun und wie sie zusammenarbeiten.
Unternehmen sind nicht statisch. Im Betrieb, im Umfeld des Betriebes und unter den Mitarbeitern finden laufend Veränderungen statt. Dadurch wird es schwierig, um nicht zu sagen, fast unmöglich, eine ideale Organisationsform zu finden. Eine ideale Struktur vor Augen zu haben, ist eine gute Sache, doch Sie werden sie modifizieren müssen. Wie Sie das tun, hängt von den Umständen, doch vorrangig von den Mitarbeitern ab. Beispielsweise werden Sie auf hoher Führungsebene gezwungen sein, Ihre Organisation rund um die Fähigkeiten, Stärken und sogar Schwächen Ihrer Mitarbeiter aufzubauen – kurzfristig zumindest.

Grundansätze zum Entwurf einer Organisationsform

Wenn Sie die Absicht haben, eine neue Organisationsstruktur einzuführen oder die Effektivität der vorhandenen neu zu durchdenken, sollten folgende Punkte beachtet werden:
1. Definieren Sie den Zweck der Organisation.
2. Analysieren Sie die Umstände, unter denen die Aktivitäten stattfinden – Technologien, Wachstums- oder Veränderungs-

rate, wie sich die Geschäftsleitung zusammensetzt und welcher Führungsstil vorherrscht sowie das äußere Umfeld.

3. Identifizieren Sie die erforderlichen Aktivitäten, die eine Erreichung der Unternehmensziele gewährleisten.
4. Fassen Sie verwandte Tätigkeiten in organisatorische Einheiten und innerhalb dieser in Aufgabenbereiche zusammen.
5. Etablieren Sie die Beziehungen, die in der Organisation bestehen sollen – vertikale innerhalb und horizontale zwischen den einzelnen Funktionen –, und achten Sie insbesondere auf eine Integration der verwandten Tätigkeiten.
6. Sorgen Sie dafür, daß jeder einzelne verstanden hat, was er zu tun hat (Verantwortungen), welche Kompetenzen er hat (Autorität), die Struktur, in der er tätig ist, und das Beziehungsnetz, in dem er tätig sein soll.

Der Strukturierungsprozeß in einem neuen Unternehmen oder die Neustrukturierung eines bestehenden erinnert an das Spiel mit den Bausteinen. Die Bausteine stellen die Schlüsselaktivitäten oder Gruppen eng verwandter Tätigkeiten dar. Daher gilt es zuallererst, die Bausteine zu definieren. Mit anderen Worten, Sie führen eine Aktivitätsanalyse durch. Dann müssen Sie die passenden Bausteine zusammenfügen, um Ihre Struktur zu erhalten. Es wird freilich mehrere Möglichkeiten geben, wie die Bausteine – also die unterschiedlichen Tätigkeiten – gruppiert werden können. Womöglich müssen Sie mit verschiedenen Anordnungen experimentieren, um zu entscheiden, welches Muster am ehesten geeignet ist. Es kann leicht sein, daß Sie zwischen zwei oder drei Möglichkeiten, die gleichermaßen geeignet scheinen, eine Wahl treffen müssen, und hier wird der entscheidende Faktor die Mitarbeiterqualität sein.

Organisationsrichtlinien

Die folgenden Richtlinien sollen Ihnen bei der Lösung Ihrer organisatorischen Probleme helfen.
Formale und informelle Organisationsstrukturen:
Eine formal strukturierte Organisation kann als System koordinierter Tätigkeiten beschrieben werden, in dem Gruppen unter entsprechender Autoritäts- oder Führungsausübung ein gemeinsames Ziel anstreben. Formalstrukturen sollen zwischen den einzelnen Funktionen geordnete Verhältnisse schaffen, doch sie haben auch einen zusätzlichen Wert, da sie den Menschen ein Gefühl von Sicherheit vermitteln. Die funktionalen Abgrenzungen sollten jedoch niemals zu Kommunikationsbarrieren ausarten.
Eine informelle Organisationsstruktur läuft immer parallel zur Formalstruktur. Menschliches Verhalten und menschliche Interaktion lassen sich nicht durch Handbücher, Tabellen oder Anforderungsprofile bestimmen. Der Mensch ist spontan und eigenwillig. Er neigt zu informellen Gruppenbildungen, die über die Grenzen des Unternehmens hinausgehen. Dieser betriebsinterne Fluß ist insofern ein wichtiges Merkmal, als die Zielerreichung fast immer ihm zu verdanken ist. Wenn er gelegentlich Verwirrung und Konflikte auslöst, muß etwas geschehen, um diese Probleme zu lösen, doch es sollte immer daran gedacht werden, daß die Freiheit der Mitarbeiter, sich informell zu organisieren, nicht gefährdet werden darf.

Struktur und Funktion

Die geeignete Organisationsstruktur wird vom Wesen der Aufgabe und dem Umfeld, in dem das Unternehmen aktiv ist, bestimmt. Die Struktur sollte derart sein, daß sie die Identifizierung der zu verrichtenden Arbeit und ihre Verwirklichung ermöglicht und gleichzeitig die Fähigkeit der Mitarbeiter zur Zusammenarbeit fördert.

Formale, klar definierte und streng strukturierte oder bürokratische Organisationsformen mögen sich ohne weiteres dort eignen, wo die Begleitumstände stabil und vorhersehbar sind. Situationen, die laufenden Veränderungen ausgesetzt sind, erfordern eine flüssigere, nicht ganz so rigide Struktur, die insofern organischer Natur ist, als sich ihre Form den Funktionsveränderungen laufend anpaßt.

In einem Unternehmen können mehrere Strukturen vorherrschen: für manche Aufgaben mag eine bürokratische (formale) Struktur geeignet sein, für andere eine unbürokratische (informelle) Struktur.

Aufgabenverteilung

Die Aufgaben, die zu erledigen sind, müssen definiert und den geeigneten Mitarbeitern oder Abteilungen zugeteilt werden. Verwandte Tätigkeiten sollten gruppiert werden, um unnötige Überlappungen und Doppelgleisigkeiten zu vermeiden.

Angelegenheiten sollten möglichst dort entschieden werden, wo sie anfallen.

Die Führungskräfte sollten nicht versuchen, alles selbst zu erledigen, und ihren Mitarbeitern einen entsprechenden Freiraum gewähren.

Strukturebenen

Zu viele Führungsebenen behindern die Kommunikation und schaffen unnötige Arbeit (und Arbeitsplätze). Ihr Ziel sollte sein, die Anzahl der Ebenen auf ein Minimum zu reduzieren. Halten Sie sich vor Augen, daß Organisationen einer Gummimasse gleichen – wenn Sie sie zusammendrücken, wird sie sich seitwärts ausdehen, d. h. auf einigen Ebenen wird die Zahl der Mitarbeiter, die einem Manager direkt unterstellt sind, zunehmen.

Anzahl der direkt unterstellten Mitarbeiter:
Die Mitarbeiteranzahl, die von einem einzelnen gut geführt und gesteuert werden kann, ist begrenzt. Sie ist vom Aufgabenbereich abhängig. Die meisten Menschen können mehr Mitarbeiter führen, als sie glauben. Sie müssen nur bereit sein, effektiver zu delegieren, und dürfen sich nicht zu lange mit Einzelheiten aufhalten.

Ein Mann – ein Chef

Im allgemeinen sollten einzelne ausschließlich einem Vorgesetzten berichten. Dadurch wird vermieden, daß einer Person widersprüchliche Anordnungen erteilt werden. Wenn ein Manager Instruktionen erteilt und seinen unmittelbaren Mitarbeiter dabei übergeht, kann er Verwirrung stiften und einen Autoritätsverlust erleiden. Tritt das wiederholt auf, werden Sie die Fähigkeiten des Managers und des Mitarbeiters sowie das Vorhandensein einer unmittelbaren Führungsebene in Frage stellen müssen. Selbstverständlich wird es Gelegenheiten geben, die eine Umgehung erforderlich machen, damit ein Problem sofort gelöst werden kann, doch sie sollten die Ausnahme und nicht die Regel sein.
Die Ausnahme des »Ein-Mann – ein-Chef«-Prinzips tritt im Falle der »funktionalen Autorität« ein. Der Leiter des Finanzwesens könnte zum Beispiel Methoden zur Budgeterstellung ausarbeiten und Instruktionen bezüglich der Budgetierung auf direktem Wege an die Manager der anderen Abteilungen weiterleiten. Doch die funktionale Autorität empfiehlt sich nur dann, wenn es um die Implementierung unternehmensweiter Maßnahmen geht, die vom Topmanagement beschlossen wurden.
Solange die Autorität von allen Betroffenen im wesentlichen verstanden wird, kann es eigentlich zu keiner Verwirrung kommen. Sollte jemand jedoch das Gefühl haben, von einem Fachbereichsleiter eine Anordnung erhalten zu haben, die er nicht durchführen kann, so kann er immer noch bei seinem Linienmanager berufen.

Organisationsdiagramme

Für die Planung und die Überprüfung großer Organisationen erweisen sich Diagramme zuweilen als sehr nützlich. Sie zeigen auf, wie Aufgaben verteilt und Tätigkeiten gruppiert wurden, wer wem unterstellt ist und wie die Weisungsbeziehungen verlaufen. Ein Diagramm trägt auch zur Klärung des laufenden Geschehens bei: Der bloße Vorgang, die Organisationsstruktur auf einem Blatt Papier aufzuzeichnen, wird Ihnen eventuelle Probleme verdeutlichen. Und sobald Sie Veränderungen in Erwägung ziehen, eignen sich Diagramme auf optimale Weise zur Illustration von Alternativen.

Die Gefahr bei Organisationsdiagrammen besteht darin, daß sie irrtümlicherweise als die Organisation selbst angesehen werden. Sie sind nur ein Schnappschuß dessen, was zu einem bestimmten Zeitpunkt geschehen sollte. Sobald sie erstellt wurden, sind sie schon wieder veraltet, und außerdem enthalten sie nicht die informelle Organisationsstruktur. Wenn Sie Ihre Mitarbeiter in Form von kleinen Schachteln darstellen, werden sie sich womöglich wie kleine Schachteln verhalten und sich zu sehr an die Anordnungen halten.

Durch Diagramme werden sich Menschen ihrer Überlegenheit oder Unterlegenheit gegenüber anderen zu sehr bewußt. Sie können Veränderungen erschweren, Beziehungen einfrieren und Beziehungen auf eine Weise darstellen, wie sie sein sollten, aber nicht sind. Townsend meinte in diesem Zusammenhang: »Organisationsdiagramme sollten niemals formalisiert, gedruckt und verbreitet werden. Gute Organisationen sind lebende Körper, die neue Muskeln bilden, um sich den Herausforderungen zu stellen.«

Wenden Sie Organisationsdiagramme, wenn überhaupt, sorgfältig an. Sie können mehr Schaden als Nutzen anrichten.

Anforderungsprofile

Anforderungsprofile können ebenso wie Organisationsdiagramme zu rigide ausfallen und die Initiative drosseln. In kurzgefaßter Form (auf einem Blatt Papier) sind sie freilich nützlich: der Posten, für den Sie jemanden rekrutieren wollen, und die Person, die Sie dafür finden wollen, wird definiert, und Sie erhalten auf diese Weise eine Basis für Trainingsprogramme und Leistungsbewertungen sowie die Möglichkeit, Arbeiten im Gehaltsschema unterzubringen.

Aber ausführliche drei-, vier-, fünfseitige Machwerke mancher Unternehmen sind insbesondere auf höchster Ebene reine Zeitverschwendung. Noch einmal Townsend: »Entscheidungsfunktionen verändern sich laufend, und gute Mitarbeiter sollten die Möglichkeit haben, sich selbst zu beweisen, wie gut sie sind.« Sollte beispielsweise ein Produktionsleiter eine vierseitige Stellenbeschreibung benötigen, weil er nicht weiß, wie ein bestimmtes Gerät hergestellt wird, dann ist er in der Produktionsleitung fehl am Platz.

Mit schriftlichen Stellenbeschreibungen riskieren Sie, daß sich Ihre Mitarbeiter dadurch eingeschränkt fühlen. Sie könnten glauben, daß unspezifizierte Arbeiten von ihnen nicht gemacht werden können, da sie über das schriftliche Anforderungsprofil hinaus keine Verantwortung oder Vollmacht übertragen bekommen. Natürlich wird sich jede fähige Führungskraft bemühen, die Stellenbeschreibung so zu interpretieren, daß sie ihren eigenen Zwecken entspricht. Außerdem kann man dieses Problem vermeiden, indem man die Stellenbeschreibungen so vage formuliert, daß der Betreffende, »auch solche Pflichten wahrzunehmen hat, die erforderlich sind, um den Aufgabenbereich als solchen auszufüllen«.

Oft verschwinden Stellenbeschreibungen in Aktenschränken oder werden vergessen, sobald sie auf dem Papier stehen. Sollten sie jemals wieder hervorgeholt werden, sind sie automatisch veraltet. Das ist auch das wichtigste Argument gegen ausführliche Stellenbeschreibungen – sie sind eine Zeit- und Geldverschwendung.

Stellenbeschreibungen sollten handgeschrieben und kurz sein, für einen bestimmten Zweck, ähnlich jenen, die weiter oben erwähnt wurden, eingesetzt und dann gleich wieder vernichtet werden.

Fallstudien

Die Art der Organisationsstruktur, die Sie benötigen, wird von dem Betrieb abhängig sein, in dem Sie tätig sind. Die folgenden beiden Fälle wurden von Honor Croome in »The Human Problems of Innovation« angeführt. Als Grundlage diente eine Studie, die von Tom Burns und G. M. Stalker in Schottland durchgeführt wurde.

Der erste Fall illustriert organisatorische Probleme aus der Sicht eines Managers, der für eine Firma im Bereich der Entwicklung von Spitzentechnologie und Serienproduktion tätig war. Im zweiten wird beschrieben, wie reibungslos die Organisation in einem Fertigungsbetrieb verlaufen kann.

Der Fall des entnervten Hoch-Technologie-Managers:

Das Gespräch findet mit einem Manager statt, der für den Entwurf, die Produktion und den Vertrieb eines intelligenten Produktes zuständig ist; seine Abteilung produziert, entwirft und steuert den Arbeitsablauf, verwaltet das Lager und kauft Ersatzteile ein und leitet ein separates Fertigungswerk, in dem Produkte des eigenen Unternehmens weiterverarbeitet werden. Er hatte Probleme mit dem Vertrieb und der Produktion und schrieb diese Schwierigkeiten eindeutig dem Mangel an einer klar definierten, von oben nach unten verlaufenden Kompetenzregelung zu.

»Das meiner Meinung wichtigste ist, daß Vollmacht und Verantwortung von der Führungsspitze an die unterschiedlichen Ebenen delegiert werden. In unserem Fall wäre das der Geschäftsführer. Nun müssen aber Vollmacht und Verantwortung bei einer Person liegen . . . Ein Mann hält alle Fäden in der Hand, und ihm untergeordnet ist ein starkes Team, das sich aus Spezialisten für die

zahlreichen Bereiche und mehreren Managern zusammensetzt, die jeweils ihre Funktionen ausüben . . .«
»In unserem Fall fehlt, so wie ich das sehe, die oberste Führungsebene, und man muß buchstäblich einen Sprung vom Geschäftsführer zu den zahlreichen Technikern tun, die für die einzelnen Abteilungen zuständig sind . . . und da ist niemand außer dem Geschäftsführer, der ihre Aktivitäten koordinieren könnte. Er tut es jedoch nur gelegentlich. Natürlich haben wir auch Sitzungen, die sind ja heutzutage groß in Mode. Wenn etwas mißlingt, wird beschlossen, daß eine wöchentliche Besprechung abgehalten werden sollte.«
»Welche Dinge mißlingen denn?«
»Nun, angenommen eine Lieferung läuft schief, oder ein Entwurf geht in die Produktion und funktioniert nicht so, wie es sollte, dann kommt es zum üblichen ›Trauerritual‹. Für gewöhnlich werden sich alle der mangelnden Steuerung bewußt. Entweder wurde übers Ziel geschossen, oder jemand war zu sehr mit seinem Teilaspekt des Gesamtprojektes beschäftigt. Dann wird erkannt, daß niemand den Verlauf als Ganzes überwacht hat, und es wird wie immer beschlossen, eine wöchentliche Sitzung abzuhalten, um die einzelnen Punkte anzusprechen und zu diskutieren. Theoretisch ist das ja erstrebenswert, solange die Probleme auch wirklich besprochen werden. Außerdem müßte ein Vorgehensplan für die folgende Woche erarbeitet werden, in dem genau festgelegt ist, wer was tun soll, und ein entsprechendes Berichtswesen gefordert wird. Es sollte also nicht eine wöchentliche Zusammenkunft sein, bei der auf halbem Wege gemütlich Kaffee getrunken und daraufhin beschlossen wird, es sei an der Zeit, wieder den eigenen Dingen nachzugehen . . .«
»Welche Dinge mißlingen und werden dann bei diesen Sitzungen nicht gelöst?«
»Nun, wenn Sie einen neuen Entwurf in Angriff nehmen, müssen mehrere Phasen durchlaufen werden, um ein neues Fertigungslos in die Wege zu leiten. Zu diesen Schritten gehören die Grafik, der Einkauf sowie die Planung und Entwicklung. Das wiederum er-

fordert eine genaue Untersuchung der Fertigungskapazität, der Maschinenbelegung und so fort ... Um das Ganze in Gang zu setzen, muß ein Mann eine Instruktion erhalten, der seinerseits dafür sorgen wird, daß das Rad zu laufen beginnt. Nun, normalerweise läuft es hier nicht so ab. Den einen Mann gibt es hier nicht. Vielmehr läuft es auf eine Ankündigung im Stile hinaus: ›Wäre es nicht eine gute Idee, wenn wir noch zehn Einheiten von diesem oder jenem Artikel produzieren würden?‹. Und alle erwidern: ›Aber ja, das ist eine tolle Idee. Das sollten wir tun.‹ Die Sitzung wird beendet, und nach ein paar Tagen, wenn ich mich zum Beispiel im Graphikbüro aufhalte und sage: ›Was ist aus den zehn Einheiten geworden?‹, erhalte ich zur Antwort: ›Wir haben keine Instruktionen erhalten.‹ Darauf sage ich: ›Dann kümmern Sie sich jetzt darum, daß die Zeichnungen und Zeitpläne gedruckt werden.‹ Der zuständige Verantwortliche wird sich an meine Worte halten – aber nicht weil er instruiert wurde, meine Instruktionen entgegenzunehmen, sondern weil ich für gewöhnlich selbst die Initiative ergreife und weiß, daß sonst nichts unternommen wird.«

»Auf diese Weise werden die ersten Schritte eingeleitet. Das Ganze geht dann an den Einkauf weiter. Die Lagerbestände werden überprüft, und das, was im Lager ist, wird abgehakt usw. – das Programm durchläuft automatisch die einzelnen Abteilungen. Schließlich wird irgend jemand, normalerweise im Lager, sagen: ›Der Job wird einiges in Anspruch nehmen. Wann wollen Sie anfangen?‹ Dann werden alle denken: ›Wann sollen wir anfangen?‹ Denn zu dem Zeitpunkt, als ich im Graphikbüro zu Charlie sagte: ›Es wird Zeit, daß die Pläne rausgehen‹, wandte sich kein Mensch an die Produktionsplanung mit den Worten: ›Wie werden wir diese Arbeit unterbringen?‹ Niemand versucht, seine Arbeit durchzudrücken, im Gegenteil, sie zögern sie am anderen Ende hinaus, so wie der Gynäkologe, der versucht, das Baby mit der Zange auf die Welt zu bringen ...«

»Außerdem hat unser eigener Produktionsleiter keine direkte Kontrolle über die Maschinen. Sobald etwas in einer Halle fertiggestellt ist, muß er über Umwege versuchen, das Produkt unterzubringen, da nichts festgelegt ist. Er muß sich an den Betriebsleiter wenden und an die Produktionsplanung, doch weil sich die Dinge so rasch verändern, kann er nicht immer auf dem laufenden sein. Sie informieren ihn auch gar nicht laufend. Statt dessen sagen sie: ›Okay, wir können diese oder jene Maschine frei machen.‹ Und zwanzig Minuten später wird womöglich etwas anderes aktuell, sie streichen seine Arbeit und ziehen den neuen Auftrag vor, und niemand informiert ihn davon. Nach zwei Tagen kommt er dann wieder und will wissen, wie die Arbeit vorangeht. Es tut ihnen dann leid oder auch nicht, aber jedenfalls waren sie ja nicht zuständig . . .«

Der geplagte Manager sah den Grund für die Schwierigkeiten der Firma im Mangel einer klaren Kompetenzverteilung. Aber aus diesem Bericht wird auch ersichtlich, daß seine Firma Aufgaben zu lösen hatte, die auf diese Weise nicht lösbar waren. Er klagte über das Fehlen eines »funktionalen Kontaktes«, der angesichts des Tätigkeitsfeldes der Firma unmöglich zufriedenstellend sein konnte, solange er ein ausschließlich oder hauptsächlich von oben nach unten bzw. »vertikal« verlaufender Prozeß war, in dem Autorität und Macht klar definiert und limitiert waren.

Trotzdem schien kein anderer Weg durchführbar. Als das Steuerungssystem erste Überforderungsanzeichen zeigte, wurde zum ersten Mal in Form eines Ablaufkomitees ein anderes System ausprobiert, das den betroffenen Managern gestattete, weniger spezifische und umfangreichere Beiträge zu leisten. Doch sogar während den Sitzungen war das Management zum alten System zurückgekehrt. Die Entscheidungen sollten vom Geschäftsführer getroffen werden – »Ja, das ist wirklich eine tolle Idee, Sir« –, und ein jeder von ihnen erwartete für seine Arbeit spezifische Instruktionen.

Der Fall des Fertigungsbetriebes

Diese Firma stellte Fasergarn aus Kunstseide her und verwendete dabei Verarbeitungsverfahren, die einst aus wissenschaftlicher Sicht fortschrittlich waren, doch die der Produktionsroutine nicht hundertprozentig entsprachen.

Der Produktionsablauf begann mit dem Erhalt der Rohstoffe (Zellulose, Kohlenbisulfid, Schwefelsäure etc.). Die erste Phase bestand in der Aufteilung der Zellstoffblätter in gleich schwere Mengen. Von der Waage wurde die Zellulose mit Handwägen zu einem Bottich transportiert, in dem sie in einer kaustischen Lösung eine Zeitlang eingeweicht wurde, um in der Folge mit einer Druckwasserpresse gepreßt und schließlich in einer mechanischen Knetmaschine weiterverarbeitet zu werden. Die zerkleinerte Zellulose mußte daraufhin in Merzerisierungsräumen mehrere Tage gelagert werden, um einen homogenen Feuchtigkeitsgehalt zu erhalten, und gelangte dann in die nächste Phase, in der sie in mechanischen Mischverfahren mit dem Kohlenbisulfid verbunden wurde. Das Resultat, ein Zellulosexanthogenat, gelangte über Gleitbahnen in die Mischmaschinen, wo es in einer Lösung aus kaustischem Soda zerfiel und zu einer homogenen Flüssigkeit – der Viskose – vermischt wurde. Diese Viskose wurde in einem Vakuum gelagert, um die Bläschen zu entfernen; dann wurde sie gefiltert und erneut in Ladevorrichtungen gelagert.

Die Vorbereitungsphase war somit beendet. Die nächste, zentrale Phase bestand darin, die Viskose durch eine Mehrfachdüse in ein Schwefelsäurebad zu pumpen, aus der sie in fester Faserform herauskam. Die Fasern wurden über ein Rad gezogen, zu Fäden gedreht und in einen Spinntopf weitertransportiert, wo der Faden zu zylindrischen Spinnkuchen geformt wurde. Dann wurden die Spinnkuchen mit einer Neutralisierungslösung und Wasser gewaschen, in erhitzten Behältern getrocknet, geprüft, gewogen und versandt.

Dieser Ablauf bestand daher in einer Abfolge mechanischer und menschlicher Kraftanstrengungen sowie in chemischen Verarbeitungsprozessen, die den Rohstoff jeweils einen Schritt weiter transformierten oder »übersetzten«. Parallel dazu fand noch eine Reihe weiterer Tätigkeiten statt, die jedoch in erster Linie eine Frage menschlicher Urteilskraft waren, obwohl einige rein automatischer Natur waren, um den reibungslosen Ablauf zu gewährleisten. Die Spinnmaschine arbeitete automatisch, mußte jedoch von den Arbeitern betreut werden, die die Maschine stoppten und neu starteten, um gerissene Fäden zu erneuern, fertige Spinnkuchen zu entnehmen und leere Behälter auszutauschen. Eine thermostatische Vorrichtung kontrollierte Temperatur und Feuchtigkeitsgehalt in den Merzerisierungsräumen. Um diesen und andere Abläufe zu kontrollieren, gab es eigene Arbeitskräfte, die Abweichungen ab einer bestimmten Höhe meldeten. Alle Stunden wurden den Schwefelsäurebädern Proben entnommen, die im Labor analysiert wurden. Ab einer bestimmten Grenze wurden Abweichungen notiert und dem Vorarbeiter mitgeteilt, der den Schwefelsäurezufluß dann entsprechend neu einstellte. Der Zweck dieser Kontrollen bestand darin, die bei der Verarbeitung auftretenden Variationen sowie die Faktoren, die diese Abweichungen bedingten, in bestimmten Toleranzgrenzen zu halten und ideale Konstanten möglichst einzuhalten.

Diese Konstanten und Toleranzwerte waren in einem Buch niedergeschrieben (bekannt als »Firmenbibel«), von dem jeder Abteilungsleiter ein Exemplar besaß. Es enthielt die Norm, der jeder, der im Verarbeitungsprozeß tätig war, entsprechen mußte. Die Korrekturmaßnahmen, die bei Abweichungen einzuleiten waren, konnten ganz einfach sein; die einfachsten verliefen automatisch (über die thermostatische Kontrollvorrichtung). Beinahe ebenso einfach waren die Abläufe, die ein einzelner Arbeiter vorzunehmen hatte, wenn eine Düse verstopft war. Bereits etwas komplizierter gestalteten sich die Labortests sowie bestimmte Adjustierungen im Falle technischer Abweichungen vom Produktionsprogramm, die ein ausgefeiltes System erforderlich machten und einen Großteil der Zeit des Fabriksleiters in Anspruch nahmen. Der Generaldirektor hatte hingegen die Aufgabe, Abweichungen vom Produktionsprozeß zu beheben – was ihm auf Grund seiner Kontrolle über die verschiedenen Sektionen innerhalb der Produktion möglich war –, wobei er sich an die Anforderungen der Verkaufs- und Kalkulationsabteilung sowie des Vorstandes halten mußte.

Das Problem kann als dreiseitige Pyramide, bestehend aus Macht, technischen Unterlagen und Kenntnis der Umstände, dargestellt werden. Je weiter sich der Prozeß von oben nach unten bewegte, desto mehr verringerten sich Handlungs- und Entscheidungsvollmacht, technisches Fachwissen und Information. Die Aufgaben jedes einzelnen wurden von seinem jeweiligen Vorgesetzten klar definiert. Jeder wußte genau, was er unter normalen Umständen zu tun hatte, ohne jemand anderen um Rat fragen zu müssen. Ebenso klar war, ab welchem Wert eine Abweichung von der Norm meldepflichtig war. Das gesamte System diente zur Erhaltung von normalen und stabilen Verhältnissen. Ebenso klar und verständlich, wie die Instruktionen nach unten weitergeleitet wurden, erfolgte das Bericht- und Anfragewesen nach oben. Beide Abläufe entsprachen einer reibungslos verlaufenden, automatischen Maschine. Da jeder seine Arbeit und seine Grenzen kannte, waren Konsultationen kaum erforderlich. Der Kontakt verlief in beide Richtungen, wobei viele dieser Kontaktaufnahmen definitive Anordnungen zur Folge hatten. Das herausragende Merkmal dieses Systems war seine Struktur, die gleichzeitig mechanischer als auch autoritärer Natur war und die wunderbar funktionierte.

Kapitel 37

ÜBERREDEN

Die Arbeit eines Managers besteht zu 60 Prozent aus der richtigen Umsetzung und zu 40 Prozent aus der Verständlichmachung. Führungskräfte verbringen einen guten Teil ihrer Zeit damit, andere von ihren Ideen und Vorschlägen zu überzeugen.
Überreden ist nur ein anderes Wort für verkaufen. Sie meinen, gute Ideen sollten sich von selbst verkaufen – leider ist das nicht immer der Fall. Der Mensch widersetzt sich Veränderungen, und er wird mißtrauisch, sobald eine Erneuerung auch nur in Erwägung gezogen wird. Daher ist es keine vertane Zeit, einige der Regeln kennenzulernen, die Ihnen einen effektiveren Verkauf Ihrer Ideen ermöglichen.

Sechs Regeln, wie man effektiv überzeugt

1. Definieren Sie Ihr Ziel, und besorgen Sie sich die Fakten: Entscheiden Sie, was Sie erreichen wollen und warum. Besorgen Sie sich alle Fakten, die Sie zur Unterstützung Ihres Anliegens benötigen. Eliminieren Sie mögliche emotionale Argumente, damit Sie und andere den Vorschlag ausschließlich anhand der Fakten beurteilen können.
2. Finden Sie heraus, was »er« will: der natürliche Widerstand gegen Veränderung darf niemals unterschätzt werden. Denken Sie jedoch daran, daß dieser Widerstand nicht zum Ausmaß der Veränderung proportional ist, sondern zum Ausmaß, mit dem jemand persönlich davon betroffen ist. Wenn Sie jemanden mit einem Vorschlag konfrontieren, wird er sich zuallererst fragen: »Inwieweit bin ich davon betroffen?« »Was kann ich dadurch verlieren?« »Was kann ich gewinnen?« Diese Fragen

müssen beantwortet sein, bevor der Überzeugungsprozeß begonnen werden kann.

Der Schlüssel zu jeder Überredung oder jedem Verkauf ist die Fähigkeit, ein Anliegen, ausgehend vom Standpunkt des anderen, zu beurteilen. Wenn Sie sich wirklich in den anderen hineinversetzen können, werden Sie den Einwänden vorgreifen und Ihre Ideen möglichst attraktiv präsentieren können.

Sie müssen herausfinden, wie Ihr Gegenüber die Dinge sieht – was er will. Hören Sie sich an, was er zu sagen hat. Sprechen Sie nicht zu viel. Stellen Sie Fragen. Wenn er Fragen stellt, antworten Sie mit Gegenfragen. Finden Sie heraus, was er vorhat.

Präsentieren Sie Ihr Anliegen daraufhin im Lichte der Vorteile, die sich für ihn daraus ergeben würden, oder reduzieren Sie zumindest seine Einwände und Ängste.

3. Bereiten Sie eine einfache und attraktive Präsentation vor: Ihre Präsentation sollte möglichst einfach und geradlinig gestaltet sein. Betonen Sie den Nutzen. Vergessen Sie nicht, daß Sie Ihr Anliegen verkaufen wollen. Überzeugen Sie Ihr Gegenüber sanft und ohne Überraschungen. Greifen Sie Einwänden vor.
4. Machen Sie ihn zum Teilhaber an Ihren Ideen: wenn irgend möglich, beteiligen Sie ihn an Ihrem Anliegen. Finden Sie Gemeinsamkeiten heraus, um den Einigungsprozeß einzuleiten. Verärgern Sie ihn nicht. Vermeiden Sie, in der Diskussion die besseren Argumente zu haben. Helfen Sie ihm, seine Selbstachtung nicht zu verlieren. Ermöglichen Sie ihm immer einen Ausweg.
5. Verkaufen Sie den Nutzen auf positive Weise: Stellen Sie Ihre eigene Überzeugung unter Beweis. Sie werden nichts verkaufen, wenn Sie nicht davon überzeugt sind und diese Überzeugung nicht vermitteln. Um auf effektive Weise zu überzeugen, müssen Sie sich selbst verkaufen. Sie müssen den Nutzen »buchstabieren«. Was Sie vorschlagen, ist für den Betroffenen weniger relevant als die Folgen, die sich für ihn persönlich ergeben werden.
6. Einigen Sie sich, und zögern Sie nicht mit der Durchführung:

Wählen Sie den richtigen Moment, um Ihr Anliegen endgültig zu einer Entscheidung zu führen. Drängen Sie jedoch nicht zu sehr. Aber sobald Sie Ihr Ziel erreicht haben, sollten Sie das Gespräch beenden, um keine neuerlichen Einwände zu riskieren. Leiten Sie sofort entsprechende Maßnahmen ein. Es hat keinen Sinn, die Mühen eines Einigungsverfahrens auf sich zu nehmen, um daraufhin die Dinge wieder aus der Hand gleiten zu lassen.

Kapitel 38

PLANUNG

Ihr Nutzen und ihre Grenzen

Planung ist der Versuch, die Zukunft zu gestalten. Sie entscheiden sich für ein Ziel und wie Sie die dafür erforderlichen Ressourcen bereitstellen werden. Da sich jedoch die Planung mit der Zukunft auseinandersetzt, sind ihr Grenzen auferlegt. Winston Churchill faßte das mit den Worten zusammen: »Es ist weise, voraus zu planen, aber schwierig, weiter zu schauen, als man sehen kann.« In einem wunderbar bilderstürmenden Kapitel seines Buches »The Naked Manager« nahm sich Robert Heller kein Blatt vor den Mund, als er den Kult, der mit langfristigen Planungen betrieben wird, einer vernichtenden Kritik aussetzte: »Was dabei nicht stimmt, ist, daß die an sich vernünftige Antizipation in idiotische Ziffern verwandelt wird, deren Gültigkeit immer von tollen, freilich bedenklichen Annahmen ausgeht.«

Beispiele fehlerhafter Planungen gibt es mehr als genug. Die Ölindustrie versagt regelmäßig, die Ölpreisschwankungen vorherzusagen. Das britische Düngeunternehmen Filsons stürzte sich Kopf voran in eine ehrgeizige Unternehmensplanung und endete mit einer riesigen Überkapazität und winzigen Gewinnen. Die britischen Erziehungsplaner schätzten die zukünftige Geburtenrate völlig falsch ein, mit dem Ergebnis, daß es zu viele gute und teuer ausgebildete Lehrer gab, die keine Anstellung finden konnten.

Die Zukunft liegt immer im Dunkeln. Dennoch ist die Notwendigkeit für Planungen nicht von der Hand zu weisen. Man muß nur vorsichtig sein und darf sich nicht einem Aktionskurs, der auf unzuverlässigen Annahmen basiert, mit Haut und Haaren ausliefern.

Der Hauptvorteile langfristiger Unternehmensplanungen, und

mögen sie auch auf irrtümlich angenommenen Fundamenten basieren, liegen in dem Gefühl, man verfolge eine Richtung und einen bestimmten Zweck und könne sich von den Ressourcen, die in Zukunft erforderlich sein werden, eine Vorstellung machen. Eine unrealistische Planung kann vermieden werden, wenn die Planung auf eine bestimmte Periode eingeschränkt ist, für die die Trendprognosen einigermaßen genau gemacht werden können, und wenn unter veränderten Bedingungen regelmäßig Fortschreibungen vorgenommen werden.
Auf Führungsebene sind die Vorteile einer Planung offensichtlich. Sie müssen allerdings gewährleisten, daß Ihre Pläne realistisch und in die Unternehmensplanung integriert sind. Unternehmens- und Geschäftsführungsplanung werden im folgenden besprochen.

Unternehmensplanung

Bei Unternehmensplanung oder langfristigen Planungen wird im Falle der Ölindustrie zwanzig Jahre, in der Industrie für Verarbeitung und Massenfertigung fünf Jahre, in der Serienproduktion bis zu drei Jahren und in Handelskonzernen, die den Launen des Marktes ausgesetzt sind und kein hohes investiertes Kapital erfordern, nur ein Jahr im voraus geplant. Der Planungshorizont wird von der Genauigkeit abhängen, mit der zukünftige Prognosen gemacht werden können, sowie vom Zeitaufwand, der für die Einführung neuer Produkte und Dienstleistungen, für die Erschließung neuer Märkte und die Verfügbarmachung neuer Kapitalausstattungen oder Grundstücke benötigt wird.
Langfristige Pläne sind simple finanzielle Prognosen, mit denen versucht wird, Umsatz, Ausgaben, Gewinn, Investitionen und die Bilanz möglichst genau vorherzusagen. Erst wenn sich zu diesen finanziellen Prognosen die Details gesellen, wie die Resultate erreicht werden sollen, spricht man von Unternehmensplänen. Diese beinhalten die Einführung oder Abschaffung bestimmter

Produkte, Pläne zur Erschließung neuer Märkte und zur Bereitstellung der erforderlichen Ressourcen – Finanzen, Mitarbeiter, Raum, Betriebe und Ausstattung.
Die Unternehmensplanung bedarf der folgenden sechs Phasen:

Phase 1. Definieren Sie das Geschäft, in dem Sie tätig sind

Sie sind womöglich der irrigen Annahme, im Verlagswesen tätig zu sein, während Sie in Wirklichkeit der Freizeit- oder Erziehungsindustrie angehören. Eine Betriebsanalyse hilft Ihnen, vorhandene und potentielle Märkte zu erkennen und zu einer Neudefinition Ihrer Bewertungsmethoden zu gelangen. Wenn ein Taschenbuchverleger behauptet, er sei in der Freizeitindustrie tätig, hat er lediglich erkannt, daß er um das verfügbare Konsumenteneinkommen konkurriert. Seine Pläne sollten auf einen zu steigernden Anteil auf dem Freizeitmarkt ausgerichtet sein. Die Analyse sollte Ihnen Ihre Stärken vor Augen führen, damit Sie sich auf Perfektion konzentrieren können.

Phase 2. Definieren Sie die Unternehmensziele

In einem gewinnorientierten Unternehmen wird das Gesamtziel vorrangig auf die Maximierung der Anlegerrendite in Form von Kapitalwachstum gerichtet sein. Aber dieses Primärbedürfnis gilt es zu expandieren.
Owen Green leitete das BTR-Konglomerat, das im Laufe einer Dekade ein Umsatzwachstum von 50 auf 510 Millionen Pfund und eine Steigerung der Reingewinne von 1,5 auf 43 Millionen Pfund verzeichnen konnte. Es lohnt sich, seinem Beispiel zu folgen. Seine »Moral« war:
- Wachstum ist das Ziel,
- Gewinn ist das Maß,
- Sicherheit ist das Resultat.

Sie müssen jedoch genauer sein. Die wirtschaftlichen Unternehmensziele eines Handelskonzerns könnten folgende sein:

- Bis 19.. Steigerung des Rückflusses vom investierten Kapital von 15 auf 20 Prozent.
- Jährliche reale Mindestumsatzsteigerung von zehn Prozent.

Die langfristigeren Zielsetzungen einer Versicherungsgesellschaft könnten so aussehen:

»Um zu einem optimalen Rückfluß des investierten Kapitals zu gelangen und diesen aufrechtzuerhalten, muß das Ergebnis

(a) den Aktionären eine wachsende Dividendenausschüttung aus ihren Investitionen ermöglichen, die im Vergleich zu anderen Anlagemöglichkeiten besser abschneidet, und weiters müssen

(b) die Verpflichtungen gegenüber den Polizzeninhabern konsequent eingehalten werden.

Phase 3. Externe Bewertung

Mit externer Bewertung ist die Analyse des Umfeldes, in dem sich das Unternehmen befindet, gemeint – die Wirtschaft, Konkurrenz, Regierungspolitik und Markttendenzen. Ihr Ziel sollte sein, die Schlüsselfaktoren für den Erfolg auf dem gegenwärtigen Markt und die Möglichkeiten für die rentable Erschließung neuer Märkte oder die Einführung neuer Produkte zu identifizieren.

Beantworten Sie dabei immer die beiden Fragen von Peter Drucker:

1. Welche Hindernisse und Einschränkungen machen das Unternehmen verletzbar, behindern seine volle Effektivität und drosseln seine wirtschaftlichen Resultate?
2. Wovor fürchten wir uns, welchen Gefahren ist unser Geschäft ausgesetzt – und inwieweit können wir sie als Gelegenheit verwerten?

Eine externe Bewertung sollte gewährleisten, daß sich die Pläne des Unternehmens auf ein möglichst klares Verständnis zukünftiger Marktgelegenheiten und potentieller Bedrohungen seitens der

Konkurrenz, der Regierungstätigkeiten oder ungünstiger wirtschaftlicher Tendenzen stützt.
In einer Versicherungsgesellschaft könnte diese Untersuchung folgende Bereiche umfassen:

- Wirtschaftliche Aussichten, vor allem bei den Zinssätzen.
- Mögliche Auswirkungen der Regierungspolitik auf das Geschäft.
- Tendenzen bei den Spareinlagen und Risikoabdeckung im allgemeinen.
- Bevölkerungswachstum und Wandel im Konsumentenverhalten.
- Eine Bewertung der Konkurrenz, vor allem der Banken und Baugesellschaften.

Phase 4. Interne Bewertung

Die vierte Phase der strategischen Planung besteht in einer schrittweisen Analyse der Stärken und Schwächen des Unternehmens. Jeder Bereich – Verkauf, Produkte, Dienstleistungsniveau, Entwicklung und so fort – sollte einzeln und unter Beantwortung der folgenden Fragen hervorgehoben werden:

- Stärken
  - Was sind die Stärken des Unternehmens (Gutachten und Leistung)?
  - Wie könnten sie sonst noch genutzt werden?
  - Wie würde sich eine zusätzliche Nutzung der Stärken auf die Rentabilität auswirken?
- Schwächen
  - Was sind die Schwächen des Unternehmens?
  - Wie können sie überwunden werden?
  - Wie würde sich eine Überwindung der Schwächen auf die Rentabilität auswirken?

Phase 5. Alternativen zum eingeschlagenen Kurs

In dieser Phase sollen mögliche Strategien erarbeitet werden. Das wichtige dabei ist, jede einzelne Idee zu berücksichtigen. In der Folge können die praktischeren Ideen ausgewählt und mit Zielsetzungen versehen werden. Die für die Durchführung erforderlichen Ressourcen und Zeitpläne können ebenfalls definiert werden.

Wenn Sie Alternativen bewerten, müssen Sie drei Faktoren berücksichtigen: Ungewißheit, Risiko und Verfügbarkeit der Ressourcen.

Ungewißheit ist in der Natur der Dinge enthalten. Dr. Johnson sagte: «Der ist nicht weise, der eine Gewißheit für eine Ungewißheit aufgibt.« Im Betrieb sind Sie leider gezwungen, das dauernd zu tun. Mit langfristigen Plänen können Sie den Weg, der vor Ihnen liegt, nur skizzieren und im besten Fall auf Eventualitäten vorbereitet sein. Die Ungewißheit bleibt erhalten. Daher sind häufig Alternativpläne erforderlich. Außerdem müssen Sie dafür sorgen, daß Ihre Pläne flexibel sind und regelmäßig, oder wann immer die Umstände sich ändern, fortgeschrieben werden.

Ungewißheit schafft Risiko, doch auch Risiken gilt es zu klassifizieren. Drucker zufolge gibt es im wesentlichen vier Risikogruppen:

- Das Risiko, das man akzeptieren muß, das im Geschäft enthalten ist.
- Das Risiko, das einzugehen man sich leisten kann.
- Das Risiko, das einzugehen man sich nicht leisten kann.
- Das Risiko, das nicht einzugehen man sich nicht leisten kann.

Er geht noch weiter: »Geld und Mühen, die für die Wahrnehmung einer Möglichkeit eingesetzt werden, umsonst auf sich genommen zu haben, gehört zu dem Risiko, das einzugehen man sich leisten kann. Wenn die erforderliche Geldsumme die Möglichkeiten des Unternehmens überschreitet und seine Existenz gefährden würde, kann die Möglichkeit nicht riskiert werden.«

Ungewißheit und Risiko machen aus der Planung eher eine Kunst als eine Wissenschaft. Ihre Einschätzung dieser Faktoren wird für die Zuteilung der Mittel für eine neue Entwicklung oder für ein Projekt entscheidend sein. Ein einschränkender Faktor ist die Verfügbarkeit der Ressourcen. Planung hat sowohl mit dem optimalen Einsatz der Ressourcen als auch der Festlegung des einzuschlagenden Kurses zu tun.

Phase 6. Den Plan in die Tat umsetzen

Die letzte Phase besteht in der Vorbereitung eines Aktionsprogramms, das zur Erreichung der vereinbarten Ziele und Einhaltung der Termine führen soll, ohne die Grenzen, die den Ressourcen auferlegt wurden, zu überschreiten. Prioritäten und Stichtage sollten festgelegt und Führungs- und Koordinationsaufgaben verteilt werden. Jeder Manager sollte wissen, welche Vorgangsweise von ihm zu welchem Zeitpunkt erwartet wird. Außerdem sollte er wissen, welche Ressourcen ihm zur Verfügung stehen und wie er über den Verlauf zu berichten hat.

Den Plan zusammenfassen

Der Plan sollte unter vier Hauptüberschriften zusammengefaßt werden:

1. Unternehmensentwicklung – um Expansionen und Rückzüge von Märkten und Produkten sowie Diversifikationen und technische Entwicklungen zu sichern.
2. Organisation – um zu entscheiden, welche Aktivitäten gesetzt werden müssen, und um eine Struktur zu skizzieren, die diesen entspricht.
3. Ressourcen – erforderliche Finanzen, Arbeitskräfte und Ausstattungen.
4. Betriebliche Prozesse – detaillierte Planziele und Budgets für jede Aktivität und jede Abteilung.

Wann die Planung mißlingt

Eine Planung mißlingt, wenn die Verantwortlichen bezüglich ihrer Fähigkeiten, die Zukunft vorherzusagen und zu gestalten, entweder übertrieben selbstbewußt oder zu ehrgeizig sind. In »The Business of Success« bietet Robert Heller drei Rezepte an, wie ein Unternehmen sowohl der einen als auch der anderen Krankheit vorbeugen kann.

- An einem Grundthema festhalten.
- Die Konzentration auf kurzfristige Aktivitäten und auf die Verbesserung der wesentlichen Effizienzen legen.
- Kurzfristige Schwerpunkte, die auf die Effizienz gelegt werden, mit mittel- und langfristigen Verteidigungs- und Marktverbesserungsplänen verbinden.
- Übernahmen sparsam einsetzen; sie sollen entweder die oben genannten Taktiken und Strategien stärken oder unmittelbar zum Ertrag aus den Vermögenswerten beitragen.
- Das primäre Ziel sollte Stabilität im Management und in der Geschäftsentwicklung sein.
- Nicht zuletzt: erliegen Sie niemals dem Eindruck, ein Genie zu sein; auch nicht dann, wenn Sie eines sind (was unwahrscheinlich ist).

Planung auf Führungsebene

Als Führungskraft werden sie normalerweise für einen relativ kurzen Zeitraum – bis zu einem, maximal zwei Jahren – im voraus planen. Ihre Unternehmensziele, Aufgaben und Budgets werden wahrscheinlich im Unternehmensplan oder im Unternehmensbudget fixiert sein.

Sie planen, um Aufgaben zeitgerecht mit den Ressourcen, die Ihnen zur Verfügung stehen, zu verwirklichen. Ihr Ziel sollte darin bestehen, Krisen und die damit verbundenen hohen Kosten zu vermeiden; Probleme im Stile »Laß alles fallen, und kümmere dich schleunigst um dies!« sollten so weit als möglich vermieden werden. Die Planung warnt Sie vor eventuellen Krisen und gibt Ihnen die Möglichkeit, sie zu umgehen. Alternativ- oder Eventualpläne sollten vorbereitet sein, sobald Sie den geringsten Hinweis zu der Annahme haben, daß Ihr ursprüngliches Vorhaben aus Gründen, die sich Ihrer Kontrolle entziehen, mißlingen könnte. Im Zuge der Planung entscheiden Sie sich für einen bestimmten Kurs und schließen dabei andere aus. Das geht jedoch auf Kosten der Flexibilität und kann sich als Nachteil herausstellen, wenn die Zukunft anders aussieht, als Sie dachten – was nur zu wahrscheinlich ist. Versuchen Sie daher, Pläne zu entwerfen, die Sie ohne allzu großen Kostenaufwand wieder ändern können. Ein Plan, der keine Veränderung zuläßt, ist ein schlechter Plan.

Planungsaktivitäten

Als Manager werden Sie acht Planungsaktivitäten vornehmen müssen:

- Prognosen erstellen:
  - Welche Arbeit bis wann getan werden muß.
  - Wie sich die Arbeitsbelastung verändern könnte.
  - Die Wahrscheinlichkeit, mit der die Abteilung für spezielle oder dringende Aufgaben in Frage kommt.
  - Mögliche Veränderungen innerhalb oder außerhalb der Abteilung, die sich auf die Prioritäten, die unternommenen Aktivitäten oder die Arbeitsbelastung auswirken könnten.
- Programmerstellung – Ablauf und Zeitplan für die betrieblichen Prozesse und Ereignisse festlegen, um zeitgerecht Resultate zu produzieren.
- Personalentscheidungen – beschließen, wie viele und welche Mitarbeiter benötigt werden und die Durchführbarkeit von Spitzenbelastungen mittels Überstunden und Teilzeitbeschäftigen in Erwägung ziehen.
- Maßstäbe und Ziele festlegen – für Output, Umsatz, Termine,

Qualität, Kosten oder jeden anderen Arbeitsaspekt, bei dem die Leistung geplant, gemessen und gesteuert werden sollte.

- Ablaufplanung – entscheiden, wie die Arbeit getan werden soll, und die eigentlichen Abläufe planen, indem erforderliche Systeme und Vorgangsweisen definiert werden.
- Materialplanung – Material, zugekaufte Bestandteile oder Zulieferverträge beschließen und dafür sorgen, daß sie zum rechten Zeitpunkt in der entsprechenden Menge verfügbar sind.
- Ausstattungsplanung – entscheiden, welches Werk, welche Auslagen und Werkzeuge, und wieviel Platz erforderlich sind.
- Budgetieren.

Planungstechniken

Ein Großteil der Planung, die Sie als Manager vorzunehmen haben, ist im Grunde eine Frage des systematischen Denkens und des gesunden Menschenverstandes. Jeder Plan enthält drei Schlüsselmerkmale:

- Unternehmensziel – die Innovation oder Verbesserung, die anzustreben sind.
- Aktionsprogramm – die spezifischen Schritte, die erforderlich sind, um zum richtigen Ziel zu gelangen.
- Finanzielle Wirkung – die Auswirkung der Aktion auf Verkauf, Umsatz, Kosten und letztlich auf die Gewinne.

Ein möglicher Fertigungsplan wird im folgenden Beispiel veranschaulicht:

FERTIGUNGSPLAN

Ziel: Häufigkeit und Kosten der Buchungsfehler, die von der Firma XYZ einlangen, sollen reduziert werden.

Aktionsprogramm

Schritte	Verantwortung	Fertigstellung bis
1. Dafür sorgen, daß das Problem »Härtefälle« bei den Buchungen vom Lieferanten erkannt wird	Einkaufsleiter Produktionsleiter	15. Januar
2. Preisnachlässe bei allen Buchungen der letzten Wochen aushandeln, bei denen wir über zehn schlechte Buchungen retournieren mußten	Einkaufsleiter	31. Januar
3. Lagerraum einrichten, um ruinierte Buchungen zu kumulieren	Einrichtungsleiter	15. Februar
4. Verfahren einführen, um Ausfallszeiten und Unterbrechungen bei einzelnen Buchungen aufzuzeichnen	Produktionskontrollor	1. März
5. Dafür sorgen, daß Firma XYZ mit der neuen Einteilung einverstanden ist.	Einkaufsleiter	15. März

Wirkung auf Gewinn		Pfund 19 . . Gewinnsteigerung (Rückgang)
Preisnachlässe		7 000
Wirkung verbesserter Qualität	Materialabfall	8 500
	Überstunden	3 500
	Ausgaben Werkzeuge	9 000
	Produktionsverlust	20 000
	Sonstige	12 000
Modifizierungen im Lagerbereich		(2 000)
Aufzeichnungsverfahren		(1 000)
Sonstige Kosten		(3 000)
Gesamtauswirkung auf Gewinn		Pfund 54 000

Säulendiagramme sollten verwendet werden, um Pläne überall dort grafisch anschaulicher zu gestalten, wo mehr als eine Aktivität erforderlich ist. Sorgen Sie jedoch für eine korrekte Aussage. Der oben gezeigte Fertigungsplan könnte, wie folgt, ausgedrückt werden:

Schritt (detailliert im Aktionsprogramm)	Verantwortung	Jan.	Feb.	März
1. Firma XYZ muß Problem anerkennen	Einkaufsleiter			
2. Preisnachlaß verhandeln	Einkaufsleiter			
3. Lagerraum einrichten	Einrichtungsleiter			
4. Aufzeichnungsverfahren für Ausfallszeiten errichten	Produktionsleiter			
5. Einverständnis der Firma XYZ mit neuer Vorkehrung erlangen.	Einkaufsleiter			

Eine genauere Methode für die Planung von komplizierten Programmabläufen, die viele interdependente Ereignisse umschließen, ist die Netzplantechnik. Sie erfordert die Aufzeichnung der einzelnen Bestandteile und ihre Aufnahme in den Netzplan miteinander verbundener Aktivitäten. Die Kreise stellen die Ereignisse dar, während die Pfeile die Aktivitäten und die Länge der Pfeile den erforderlichen Zeitaufwand zeigen. Es können auch punktierte Pfeile gezeichnet werden, um Scheinvorgänge darzustellen, die zwischen den Ereignissen stattfinden und eher ein Zeit- als ein Aktivitätsverhältnis ausdrücken. Daraus ergibt sich ein kritischer Weg, der jene Operationen oder Aktivitäten, die für den Projektabschluß innerhalb des vorgeschriebenen Zeitraumes wesentlich sind, hervorhebt. In der folgenden *Illustration* sind die wesentlichsten Merkmale eines solchen Netzwerkes enthalten:

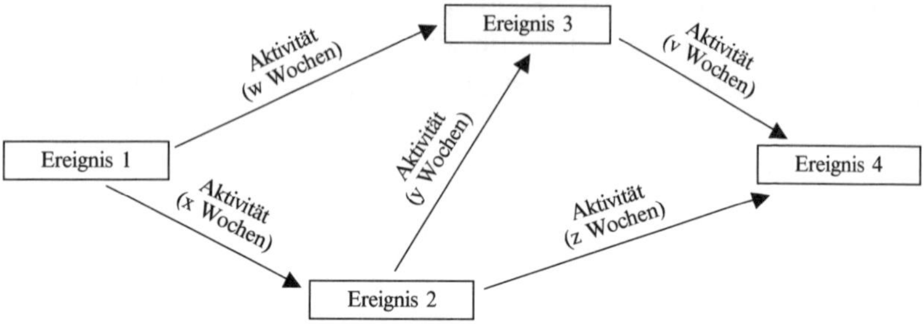

Teil des Basis-Netzplans

Manchmal werden noch ausgefeiltere Planungstechniken erforderlich sein, wobei Computermodelle erhältlich sind, die den Manager unterstützen, wenn große Datenmengen einer Anzahl fixer Annahmen oder Parameter gegenübergestellt werden müssen oder wenn alternative Annahmen zu bewerten sind. Beim Book Club Associates werden zum Beispiel für das Lager Maschinenlaufzeiten und Mannstunden zwei Jahre im voraus bestimmt, indem Parameter für die voraussichtliche Auslastung im Programm enthalten sind. Auf diese Weise kann in den Plänen Vorsorge getroffen werden, daß für das prognostizierte Auslastungsniveau Personal und Maschinenkapazität verfügbar sind.

Kapitel 39

POLITIK

Was bedeutet Politik?

Jeder Hinweis darauf, was in bestimmten Situationen zulässig ist oder nicht, ist eine *politische Maßnahme.* Sie muß nicht niedergeschrieben sein. Sie muß nicht einmal ausdrücklich erwähnt werden. Doch sobald es ein Einverständnis gibt, daß »die Dinge bei uns so getan werden«, gibt es auch eine Unternehmenspolitik.
Ein Betrieb kann zum Beispiel beschließen, daß »das Lohnniveau der Firma im oberen Quartil der in anderen Betrieben für vergleichbare Arbeiten geleisteten Gehaltsspanne liegen soll«. Diese Aussage ist ziemlich eindeutig, wenngleich sich das Personalbüro auf die Definition, was vergleichbar ist und was nicht, festlegen kann.
Ein anderer Betrieb hat vielleicht eine Gehaltsstruktur, deren Entwicklung vorrangig dem Zufall überlassen blieb. Wahrscheinlich herrscht ein generelles Einverständnis, daß die Firma bereit ist, mehr als die übliche Rate zu zahlen, um die Qualität der Belegschaft aufrechtzuerhalten, doch weder wurde ein oberes Quartil präzisiert noch irgend etwas niedergeschrieben.
Dennoch haben beide Betriebe eine Gehaltspolitik. Welche der beiden ist die bessere? Auf diese Frage gibt es nur eine Antwort. Diejenige, die funktioniert. Gegen eine eindeutig definierte, beinahe rigide Politik, die das obere Quartil anführt, ist im Grunde nichts einzuwenden, wenn das obere Quartil bekannt ist und alles getan wird, um ihm zu entsprechen. Ansonsten ist sie sinnlos. Dasselbe gilt für eine Entlohnungspolitik, die sich nach dem herrschenden Entgelt richtet. Sie ist so lange gut, so lange sie durchführbar ist und zwischen den unterschiedlichen Aufgaben- und Unternehmensbereichen konsequent angewandt wird.

Natürlich besteht bei unzureichend definierten politischen Maßnahmen die große Gefahr, daß sie inkonsequentes Handeln zur Folge haben. Nicht minder läuft eine zu rigide Politik Gefahr, daß Urteilsvermögen und Initiative gedrosselt werden.

Wozu ist eine Politik gut?

Im Falle von Krisen oder schwierigen Entscheidungen ist eine Leitlinie sehr nützlich. In einem Betrieb oder einer Abteilung ist es für eine effektive Führung wesentlich, daß jeder Mitarbeiter weiß, was er tun kann und was nicht.
Eine Direktverkaufsfirma wird ihren Außendienstmitarbeitern mitteilen, was sie tun können – sie haben die Aufgabe, direkt an Hausfrauen zu verkaufen, die großteils der mittleren Einkommensklasse angehören. Das Unternehmen wird sie außerdem instruieren, was sie nicht tun können – so ist es etwa nicht die Politik dieser Firma, aggressive Verkaufsmethoden anzuwenden.
Ein Einzelhändler wird seinen Käufern mitteilen, was er von ihnen will – einen dreifachen Kostenaufschlag bei den Waren, die sie einkaufen. Ebenso wird er ihnen mitteilen, was sie nicht tun sollen – den guten Ruf der Firma, was die Qualität betrifft, zugunsten billiger Waren zu opfern.

Was ist eine gute Politik?

Eine Politik ist dann gut, wenn sie funktioniert. Doch wie wird erreicht, daß sie funktioniert? Im allgemeinen funktioniert eine Politik, wenn sie angebracht ist – wenn sie Sie eindeutig in die Richtung führt, die Sie einschlagen wollen. Sie muß zudem verstanden werden, was jedoch nicht heißt, daß sie niedergeschrieben gehört. Die mündliche Überlieferung von Traditionen kann zuweilen wirkungsvoller sein als jedes Handbuch, das in irgendeiner Ecke verstaubt.

Politische Maßnahmen müssen eindeutig sein. Das ist leichter gesagt als getan. Wenn Sie sich bemühen, vollkommen eindeutig zu sein, kann es Ihnen passieren, daß der Sinn Ihrer Ausführungen auf Grund der Flut von Worten verlorengeht. Oder noch schlimmer, Ihre Politik kann in ein Gefängnis anstatt in einen Wegweiser ausarten. Ihren Aussagen sind bestimmte Grenzen auferlegt. Zum Beispiel: Die Generaldirektoren der einzelnen Divisionen können die Preise für die unter ihrer Kontrolle befindlichen Produkte fixieren, solange

(a) diese Preise eine Bruttogewinnspanne produzieren, die mit den vereinbarten Budgets auf einer Linie liegt,
(b) die Preise anderer Divisionen von den Preisnachlässen nicht negativ beeinträchtigt werden.

Das scheint eindeutig genug, doch ist es das wirklich? Was heißt eigentlich »auf einer Linie«? Ab wann werden Preise »negativ beeinträchtigt«? Diese Definition schafft bereits einen Rahmen für unterschiedliche Auslegungen. Ist sie also eindeutig genug? Ja. Die Divisionsleiter erhalten eine allgemeine Richtlinie, die ausreicht, damit sie nicht vom Weg abkommen. Gerade auf dieser Ebene gestattet die Politik einen gewissen Spielraum, und das soll auch so sein. Eine Politik hat nicht den Zweck, als Zwangsjacke zu dienen.

Politische Maßnahmen sollten beständig sein, da sie sonst keine wirkliche Politik darstellen. Wenn Sie sie immer wieder verändern, weiß niemand, ob nun im oder außerhalb des Unternehmens, womit er zu rechnen hat. Doch sie sollten auch nicht so rigide sein, daß sie ein Unternehmen davon abhalten, vorauszublikken. Zum Beispiel ist eine Firma, die sich einer bestimmten Politik im Asbesthandel verschrieben hat, gefährdet, wenn sie nicht die Tatsache zur Kenntnis nimmt, daß es auf Grund des wachsenden Risikobewußtseins zweifelhaft geworden ist, ob es in wenigen Jahren noch ein Asbestgeschäft gibt. Ein echtes Beispiel war die »Kauf Britisch«-Politik von British Airways. Die Fluggesellschaft verfolgte sie mit übermäßiger Strenge, bis eines Tages eine falsche Flugzeugwahl der britischen Hersteller und die aggressive Konkurrenz das Unternehmen zwangen, im Ausland zu kaufen. Allerdings war die Rentabilität des Unternehmens bis dahin ernsthaft in Mitleidenschaft gezogen worden.

Wie wird eine Politik formuliert?

Sie können sich nicht einfach vornehmen, »so, jetzt formulieren wir eine Unternehmenspolitik«. Politische Maßnahmen sollten entweder das Ergebnis einer Reihe von Entscheidungen sein, zu denen Sie die Ereignisse zwangen, oder Teil eines bewußten Planungsprozesses, der die Festlegung von Zielen und die für ihre Erreichung erforderliche Strategie im weitesten Sinne beinhaltet.
Politische Maßnahmen sollten als Antwort auf Bedürfnisse formuliert werden: Mitarbeiter benötigen Anleitungen, was sie tun können und was nicht; Pläne können nur realisiert werden, wenn die zu verfolgende Linie definiert ist; bei ungewöhnlichen Entscheidungen müssen Bezugspunkte hergestellt werden können.
Zur Niederschrift von politischen Maßnahmen könnte eine Menge gesagt werden. Keinesfalls sollte jedoch ein Maßnahmenwälzer verfaßt werden, der von niemandem gelesen wird. Nehmen Sie zu Ihrer Politk möglichst eindeutig und kurz und bündig Stellung. Vermitteln Sie die Politik jenen, die für ihre Durchführung zuständig sind, und vergewissern Sie sich, daß sie verstanden wurde und Schritte für eine Umsetzung in die Praxis eingeleitet werden.

Wie wird eine Politik durchgeführt?

Wenn Ihre Politik ungeeignet oder zweideutig ist, wird die Durchführung entsprechend schwierig sein. Ist das nicht der Fall, dann müssen Sie eigentlich nur dafür sorgen, daß Ihre Belegschaft klare Instruktionen erhält, was sie zu tun hat. Wenn es Bereiche gibt, die sie nach ihrem freien Ermessen gestalten können, weisen Sie

sie darauf hin. Weniger erfahrene Mitarbeiter bedürfen vielleicht zu diesem Zeitpunkt einer genaueren Anleitung, welche Entscheidungen sie selbst treffen können. Geben Sie ihnen eine Vorstellung davon, unter welchen Umständen von ihnen erwartet wird, daß sie sich an Sie um zusätzliche Anleitungen wenden.

Eine Firma, die eine »interne Beförderungspolitk« einführt, könnte diese zum Beispiel, wie folgt, formulieren:

»Freie Stellen sollten weitgehendst mit den effektivsten Mitarbeitern des Unternehmens besetzt werden. Erst wenn es keine geeigneten internen Kandidaten gibt, behält sich die Firma das Recht vor, Außenstehende zu rekrutieren.«

Ein erfahrener Mitarbeiter der Personalabteilung wüßte, was zu tun ist, sollte ein Abteilungsleiter einem seiner Mitarbeiter, der sich erfolgreich um eine interne Vakanz beworben hat, sein Einverständnis verweigern. Anstatt den Manager vor den Kopf zu stoßen, würde er die Unternehmenspolitik zitieren und seine besten, auf früheren Erfahrungen basierenden Überredungskünste anwenden, um das Einverständnis des Managers zu erhalten. Der unerfahrene Personalmann sollte hingegen vorgewarnt werden, daß dieses Problem aufkommen könnte. Er sollte instruiert werden, daß eine zu rigide Auslegung der Unternehmenspolitik nicht angebracht sei. Weiters sollte er wissen, daß er nach eigenem Gutdünken zu entscheiden habe, ob er den Manager auf sanftem Wege überzeugen könne, und sollte das nicht möglich sein, daß er sich mit seinem Personalchef beraten müsse, wie er die Situation am besten handhaben solle.

Sobald Ihre Belegschaft informiert ist, müssen Sie nichts anderes tun, als nachfassende Untersuchungen durchführen und feststellen, ob Ihre Maßnahmen entsprechend eingesetzt werden und ob sie geeignet sind. Daraus ergibt sich die Gelegenheit, Ihre Belegschaft bei Bedarf zu schulen oder – sollte sich herausstellen, daß die Politik ungeeignet ist – Veränderungen vorzuschlagen. Ob eine Politik funktioniert, läßt sich erst an ihrer Durchführung feststellen, und das bedeutet, mit jenen Gespräche aufzunehmen, die dafür zuständig sind.

Kapitel 40

MACHT UND POLITIK

In einer Organisation gehen Macht und Politik Hand in Hand. Vielleicht empfinden Sie wie Nietzsche, daß »Macht krumme Beine hat«. Aber ohne Autoritätsausübung wird nichts erledigt werden, und Autorität erfordert wiederum die Ausübung von Macht. Ob jemand Autorität erlangt, ist außerdem häufig eine Frage der Unternehmenspolitik. Sie meinen, das sei unanständig? Viele hochrangige Führungskräfte dementieren unaufhörlich, daß so etwas in ihren Unternehmen nicht vorkommt. Es kommt vor, denn der Mensch strebt nach Macht, und oft greift er auf politische Mittel zurück, um sie zu erlangen.

Macht – gut oder schlecht?

Anthony Jay kommentiert die Machtverhältnisse in der britischen Industrie auf Grund seiner Analysen: »Macht wird dem verliehen, dessen Autorität von anderen akzeptiert wird, weil sie wissen, daß eine Mißachtung ihren eigenen Mißerfolg und den Erfolg der Autorität mit sich bringt. Echte Macht ist nirgends niedergeschrieben – sie ist in der Leistung enthalten.«

Mary Parker Follett schreibt: »Nicht, wie Macht geplant wird, sollen wir lernen, sondern wie wir Macht entwickeln. Wirkliche Macht muß wachsen – dem willkürlichen Machtergreifer wird sie entgleiten.«

Macht ist dann legitim, wenn sie dazu dient, ein legitimes Ziel zu verfolgen, und wenn sie von verantwortungsbewußten Menschen verantwortungsbewußt ausgeübt wird. Sie kann jedoch auch auf schroffe Weise erfolgen, wie aus dem folgenden Beispiel, das von

John Kotter im *Harvard Business Review* zitiert wurde, hervorgeht:
»Als der junge Tim Babcock mit der Verantwortung für eine Abteilung in einem großen Fertigungsunternehmen betraut wurde und den Auftrag erhielt, »eine Trendwende einzuleiten«, untersuchte er die Geschehnisse während der ersten Wochen aus der Distanz. Er kam zu dem Schluß, daß sich die Abteilung in einem katastrophalen Zustand befände und er rasche und einschneidende Maßnahmen in die Wege leiten müßte, um sie zu retten. Zu diesem Zweck mußte er über die Abteilungsleitung und die Belegschaft auf schnellstem Weg Macht erlangen. Er tat dies folgendermaßen.
Zwei Stunden vor seiner Ankunft informierte er den Abteilungsleiter von seinem Kommen. Er kam in einer Limousine, seine sechs Assistenten mit dem Zug. Sofort versammelte er die 40 Topmanager. Er erklärte, wie er die Situation beurteilte, zu welchen Maßnahmen er entschlossen wäre und welche grundsätzliche Richtung für eine Trendwende einzuschlagen sei. Daraufhin kündigte er vier anwesende Spitzenkräfte mit den Worten, sie müßten in zwei Stunden ihren Schreibtisch räumen. Den anderen teilte er mit, er werde persönlich dafür sorgen, daß er der Karriere jedes einzelnen, der es wagen sollte, seine Bemühungen zu sabotieren, ein rasches Ende setzen würde. Zum Abschluß der 60minütigen Versammlung kündigte er noch an, daß seine Assistenten mit jedem Manager einen Gesprächstermin vereinbaren würden, und zwar pünktlich ab 7 Uhr früh des folgenden Morgens. Während der kritischen sechs Monate, die dieser Begegnung folgten, kooperierten alle, die nicht gekündigt wurden oder von sich aus gingen, bereitwillig mit Babcock. »
«Hart« bedeutet nicht unbedingt »schlecht«. Wahrscheinlich heiligte in diesem Fall der Zweck die Mittel.
David McClelland, der in 25 US-Betrieben mit über 500 Managern Machtstudien durchführte, gelangte zu folgendem Ergebnis: »(Manager) müssen von einem starken Machtbedürfnis, d. h. von dem Wunsch, Einfluß über andere auszuüben, geprägt sein. Aber

dieses Bedürfnis erfordert Disziplin und Kontrolle, da es nicht dem persönlichen Vorteil des Managers, sondern dem Nutzen der gesamten Institution dienen soll ... (Manager, die von einem Machtbedürfnis motiviert werden) sind fähig, in ihren Abteilungen ein größeres Verantwortungsbewußtsein, aber vor allem einen ausgeprägteren Teamgeist zu schaffen.«

Die folgenden zwei Beispiele zeigen, wie Machtausübung auch ohne der im ersten Beispiel berichteten Brutalität erfolgen kann:

Beispiel 1: Einer unserer besten Manager hat über die meisten Mitarbeiter unseres Unternehmens aus mehreren Gründen große Macht. Seine Autorität ist jedoch so gut wie nie mit bloßen Befehlen oder Anweisungen verbunden. Um seine Mitarbeiter zu überzeugen, nimmt er sich fast immer ein paar Minuten Zeit. Seine Macht über andere besteht darin, daß sie sich veranlaßt sehen, genau zuzuhören, und bereit sind, sich seinem Einfluß auszusetzen. Dadurch gelingt ihm natürlich ein rascher und reibungsloser Überzeugungsprozeß. Außerdem riskiert er es nicht, andere durch unfaire Forderungen oder Befehle zu verärgern.

Beispiel 2: Produktleiter Stein benötigte für eine neue Produktidee (Produkt X) die Einwilligung von Fabriksleiter Billings. Billings fand die Idee unmöglich. Stein erkannte, daß er Billings keinesfalls mit logischen Argumenten überzeugen kann, da ihm dieser erst gar nicht zuhören würde. Mit der Zeit, dachte Stein, könnte er diese Barrieren durchbrechen, doch er hatte keine Zeit. Stein wußte auch, daß Billings niemals auf Grund besonderer Angebote oder Vergünstigungen einem Produkt zustimmen würde, von dem er nicht überzeugt war. Und das Risiko, die Einwilligung Billings zu erzwingen, wollte Stein nicht eingehen, also entschloß er sich für folgende Vorgangsweise:

Am Montag bat Stein den Mitarbeiter Reynolds, Billings, der großen Respekt für ihn hatte, zwei Marktstudien zu schicken, die das Produkt X in ein günstiges Licht stellten. Er sollte eine Notiz mit dem folgenden Wortlaut anfügen: »Haben Sie das schon gesehen? Ich war überrascht davon, bin mir aber nicht ganz sicher, was ich davon halten soll, aber dennoch ...«

Am Dienstag, neuerlich durch die Veranlassung Steins, erwähnte der Vertreter eines der größten Kunden des Unternehmens während eines Telefonates mit Billings so nebenbei, es kursierten Gerüchte, Produkt X sollte in Kürze eingeführt werden, und er sei froh, daß »ihr wie immer rechtzeitig am Ball seid«.
Am Mittwoch sorgte Stein dafür, daß Billings vor einer Konferenz das Gespräch zweier Industrietechniker über die günstigen Testergebnisse mit Produkt X nicht »überhören« konnte.
Am Donnerstag berief Stein eine Sitzung ein, um mit Billings über Produkt X zu sprechen. Die anderen Teilnehmer waren durchwegs Leute, die Billings mochte oder respektierte und die sich zugunsten des Produktes äußerten.
Am Freitag suchte Stein Billings auf, um ihn zu fragen, ob er bereit sei, Produkt X zuzustimmen. Er war es.

Machtquellen

Macht ist eindeutig mit Position und Rang verbunden. Man muß sie sich jedoch auch verdienen. Sie können Ihren Mitarbeitern Befehle erteilen, aber zweifellos werden Sie mehr erreichen, wenn Sie anstatt mürrischer Unterwerfung bereitwillige Kooperation erhalten. In Ihrer Führungsposition erhalten Sie automatisch Machtbefugnisse, aber ihre Ausübung sollte gerechtfertigt sein.
Es gibt allerdings noch andere Quellen der Macht, und zwar:

- Zugang zu anderen Menschen mit Macht. Nähe oder ein direkter Zugang verschafft Ihnen klarerweise einen größeren Rahmen für tatsächliche oder angenommene Einflußnahme. Daher sind Sekretärinnen wichtig.
- Kontrolle über Informationen. »Wissen ist Macht«, oder anders ausgedrückt, »Autorität erhält der, der weiß«. Wenn Sie informiert sind, werden Sie den Verlauf der Ereignisse eher steuern können, und Sie sind, falls Sie politisch intervenieren möchten, in der Lage, anderen Hindernisse in den Weg zu stellen.

- Kontrolle über Ressourcen. Wenn Sie über Ressourcen wie Geld, Arbeitskräfte, Ausstattung oder Dienstleistungen, die von anderen benötigt werden, Kontrolle haben, haben Sie Macht.
- Kontrolle über Belohnungen und Strafmaßnahmen. Sie haben Macht, wenn Sie Belohnungen oder Bestrafungen erteilen oder andere beeinflussen können, die diese Bereiche kontrollieren.
- Unterlagen. Sie gewinnen Macht und festigen sie, wenn sie andere überzeugen können, daß Sie der Experte sind.
- Identifikation. Sie können Macht über andere erlangen, wenn Sie sie überzeugen, sich mit Ihren Aktivitäten oder Ihrer Person zu identifizieren. Charismatische Führungskräfte tun dies, indem sie ihre Begeisterung und ihren Einsatz auf andere übertragen und sie durch die pure Kraft ihrer Persönlichkeit für sich gewinnen.
- Pflichtgefühl. Wenn Sie ein Pflichtgefühl entwickeln, indem Sie anderen einen Gefallen erweisen, können Sie damit rechnen, daß man sich Ihnen verpflichtet fühlt, sich für diesen Gefallen zu revanchieren.

Machtausübung

John Kotter interviewte über 250 Manager, die in einer Position waren, die ihnen Macht verlieh. Er fand heraus, daß die erfolgreichen unter ihnen folgende Merkmale hatten:

- Ihre Machtausübung ist offen und legitim. In ihrem Bereich gelten sie als die eigentlichen Experten, und sie halten sich konsequent an das Führungsansehen, das sie sich aufgebaut haben.
- Sie haben ein gutes Gefühl dafür, welche Macht bei den unterschiedlichen Menschen am effektivsten ist. Zum Beispiel respektieren Experten die Gutachten anderer.
- Sie arbeiten mit sämtlichen Machtquellen, die ihnen zur Verfügung stehen, und verlassen sich nicht ausschließlich auf eine bestimmte Technik.
- Sie suchen Aufgaben und Anforderungen, mit denen Sie Macht

erlangen und einsetzen können. Außerdem hören sie nie auf, die Macht, die sie bereits haben, auszubauen, um als Gegenleistung in noch höhere Positionen aufzusteigen.

- Sie wenden ihre Macht mit einem hohen Grad an Reife und Selbstdisziplin an. Selten nutzen sie ihre Position für willkürliche Maßnahmen oder zu ihrem persönlichen Vorteil aus.
- Der Einfluß auf andere verschafft ihnen Befriedigung.

Politik – gut oder schlecht?

Im Oxford English Dictionary wird ein Politiker als «schlauer Planer, geschickter Ränkeschmied oder Intrigant« definiert. Für Unternehmenspolitiker kann das ebenfalls zutreffen. Sie manövrieren hinter dem Rücken anderer und blockieren Vorschläge, die ihnen nicht zusagen. Ihren Ruf und ihre Karriere fördern sie auf Kosten anderer. Ihr Verhalten ist von Neid und Eifersucht geprägt. Eigentlich dürfte man sie nicht gewähren lassen, doch leider arbeiten sie hinter verschlossenen Türen und können sich sofort in die schützenden Arme des Vorstandes begeben, sobald man ihnen den Kampf ansagt. Deshalb konnten sie auch bis zum heutigen Tage überleben.

Allerdings gibt es auch in jeder Organisation Politiker der sanfteren Art. Gelegentlich lohnt sich ein subtiler Ansatz mehr als ein direkter Angriff; und zuweilen werden Sie Ihre Überredungskünste indirekt einsetzen müssen, um die Unterstützung derer zu erhalten, die sie benötigen. Die folgende Fallstudie illustriert den legitimen Einsatz politischer Maßnahmen:

James Hale war Personalleiter einer großen divisionalisierten Gruppe, die der Lebensmittelindustrie angehörte. Die durch Expansion und Übernahmen bedingte Wachstumsrate war sehr rasch verlaufen. Wirklich gute Führungskräfte waren kaum vorhanden, und die Koordination innerhalb der einzelnen Gruppen sowie zwischen den Abteilungen und der Zentrale ließ zu wünschen übrig. Hale glaubte, daß die Errichtung eines Trainingszen-

trums für Gruppenmanagement ein guter Weg wäre, um diese Probleme aus der Welt zu schaffen. Er wußte jedoch, daß er dafür nicht nur die Zustimmung des Geschäftsführers benötigte, der im Grunde nichts einzuwenden hatte, sondern auch die seiner Mitdirektoren. Ohne mehrheitliche Unterstützung seitens des Vorstandes würde der Geschäftsführer nichts unternehmen.
Jedenfalls war sich Hale im klaren, daß es keinen Sinn hatte, eine Einrichtung dieser Art durchzusetzen, solange kein Interesse dafür bestand. Daher ging er zunächst daran, eine Strategie auszuarbeiten, die ihm die Zustimmung für seinen Vorschlag garantieren sollte. Er wußte, daß ein Frontalangriff mißlingen könnte. Seine Kollegen sahen in der Weiterbildung von Führungskräften wenig Sinn und meinten, daß sie für ihre wirklichen Aufgaben im Direktorium kaum von Relevanz sei. Sein Ansatz mußte daher viel subtiler sein. Er sprach erst gar nicht von einer »politischen Kampagne«, obwohl er sich genau das vorgenommen hatte. Er würde seinen Einfluß auf indirekte Weise geltend machen.
Die Grundlage seines Plans bestand in der Kontaktaufnahme mit jedem seiner Kollegen, die er den individuellen Bedürfnissen und Interessen jeweils anpaßte. Im Falle des Marketingdirektors veranlaßte er den Verkaufsleiter, er solle sich für die Notwendigkeit einsetzen, den Verkäufern Trainingsmöglichkeiten zur Verfügung zu stellen. In einem Hotel veranstaltete er mehrere Pilotkurse und lud den Marketingdirektor ein, an der letzten Veranstaltung teilzunehmen. Er sorgte dafür, daß der Marketingdirektor nicht nur davon beeindruckt würde, was die Verkaufskader dazugelernt hatten, sondern auch das neue Gefühl der Identifikation mit Gruppenzielen und -maßnahmen zur Kenntnis nahm, das im Verlaufe des Kurses ebenfalls vermittelt worden war. So, als wäre er selbst erst auf die Idee gekommen, äußerte sich der Personalleiter dahingehend, daß dieses Pflichtgefühl weiter entwickelt werden könnte, wenn die Gruppe ihr eigenes Trainingszentrum hätte.
Diesen Grundansatz wandte er auch beim Produktionsleiter an. Ihm wurde außerdem vor Augen geführt, daß ein eigenes Zentrum neue Ideen beschleunigen und die Möglichkeit bieten

würde, direkten Kontakt mit den Schlüsselkräften der Firma aufzunehmen, was derzeit nicht möglich sei.
Der Finanzdirektor erwies sich als härtere Nuß. Er konnte zwar problemlos die Kosten einschätzen, doch er tat sich schwer, die in erster Linie subjektiven Vorstellungen vom potentiellen Nutzen zu akzeptieren. In seinem Fall kehrte James Hale seine Überredungskünste nicht sonderlich hervor. Er wußte zu diesem Zeitpunkt, daß die Mehrheit der Vorstandsmitglieder, einschließlich des Geschäftsführers, hinter seinem Vorhaben stand. Hale fühlte sich sicher genug, um seinen Kollegen von der Finanz in einer isolierten und langfristig unhaltbaren Position zu belassen. Die qualitativen Argumente, mit denen die anderen Vorstandsmitglieder, einschließlich des Geschäftsführers, überzeugt worden waren, waren stark genug, um von ausschließlich quantitativen Überlegungen nicht gefährdet zu werden.
Hale gab sich damit zufrieden, genug Unterstützung zu haben. Um die Angelegenheit endgültig zu regeln, spielte er seine letzte politische Karte aus, indem er die Direktoren der Marketing- und Produktionsabteilungen darauf aufmerksam machte, daß es zu einem Widerstand seitens des Finanzchefs kommen könnte. Er einigte sich mit ihnen, daß »Herr Geldsack« nicht die Möglichkeit haben sollte, der Firma eine engstirnige finanzielle Vorgangsweise aufzudrängen und auf diese Weise ihr Schicksal zu bestimmen.
Bei der nächsten Vorstandssitzung hatte James Hale nicht die geringste Schwierigkeit, sein Vorhaben durchzusetzen.

Der politische Mißbrauch

Im folgenden wird ein Beispiel politischen Mißbrauchs beschrieben. Unglücklicherweise ist er keine Seltenheit. In den meisten Organisationen gibt es Menschen, die vorwärtskommen wollen und bezüglich der Art und Weise, wie sie das vorantreiben, kaum Skrupel haben. Ist es erforderlich, anderen auf die Zehen zu steigen, dann muß es eben so sein.

In einer Firma erhofften sich zwei Direktoren, zum Geschäftsführer befördert zu werden. Schwarz, der Leiter des Finanzwesens, hatte beim Vorstand ein offenes Ohr. Weiß, der technische Leiter, hatte nichts dergleichen im Sinne.
Weiß hatte mehrere Ideen für den Einsatz neuer Technologien, und es war ihm, zumindest zu seiner eigenen Zufriedenheit, gelungen, ihre Amortisation unter Beweis zu stellen. Er beging jedoch den Fehler, voreilig zu handeln, da er den Kommentaren Schwarz' vorgreifen wollte, und legte dem Vorstand Argumente vor, die nicht so gut waren, wie sie es hätten sein können. Schwarz zögerte nicht, den Vorstand auf die löchrige Argumentationsweise aufmerksam zu machen – und er unterließ es nicht, darauf hinzuweisen, daß dies nur neuerlich die Unfähigkeit von Weiß unter Beweis stelle, kommerzielle Belange in ihrer Gesamtheit zu verstehen.
Der Vorstand ließ sich von Schwarz überzeugen und setzte auch dessen Vorschlag, das Vorhaben einem Unterausschuß des Vorstandes vorzulegen – eine allseits bekannte Methode, um neue Ideen zu verzögern, wenn nicht gar unter den Tisch zu kehren –, in die Tat um. So wurde die Einführung neuer Technologien unsinnigerweise um eineinhalb Jahre verzögert. Aber Schwarz hatte bewiesen, daß er der praxisbezogenere der beiden war, der eine Verwickelung der Firma in teure und unrentable Projekte nicht gestatten würde.

Der Umgang mit Politik

Zu den Signalen gehören:

- Verleumdungen.
- Verantwortungen jemand anderem zuschieben.
- Unerklärliche Verzögerungen im Entscheidungsprozeß, die nur auf Einflüsse aus dem Hintergrund zurückgeführt werden können.
- Versteckte Entscheidungen.

- Die Bildung von Cliquen, die sich gegen andere verbünden.
- Streitigkeiten unter den Mitarbeitern und die Bildung von Streitparteien in den Abteilungen.
- Papierkriege zwischen den Streitparteien – Diskussionen in Form von Memos, ein Zeichen des Mißtrauens.
- Kommentare oder Kritik bewußt unterminieren.
- Exzessives Lobbywesen.

Sobald Sie das Verhalten erkannt haben, müssen Sie herausfinden, wer die Politiker sind, wie sie vorgehen und was sie erreichen wollen. Es mag sein, daß eine direkte und offene Konfrontation das Klima klären und die Intrige beseitigen kann.

Andererseits könnte ein direkter Angriff mißlingen, wenn die gegen Sie gerichteten Kräfte mächtig sind. Unter diesen Umständen könnten Sie gezwungen sein, mit denselben politischen Waffen zurückzuschlagen. Das ist sowohl für Sie als auch für die Organisation ein riskantes Verfahren. Wann immer Sie können, tragen Sie die Diskussion offen aus. Vermeiden Sie unter allen Umständen, der Versuchung »wenn ich sie nicht besiegen kann, verbünde ich mich mit ihnen«, zu erliegen.

Kapitel 41

PRÄSENTATIONEN UND EFFEKTIVE RHETORIK

Zum alltäglichen Aufgabenbereich eines Managers gehören formale und informelle Präsentationen bei Besprechungen, Ansprachen bei Konferenzen und Trainingsveranstaltungen. Daher sind die Fähigkeiten der Rhetorik ein wesentliches Können, das sich ein Manager aneignen und weiterentwickeln sollte.
Für effektive Reden sind drei Dinge entscheidend:

- Überwindung der Nervosität,
- gründliche Vorbereitung,
- guter Vortrag.

Überwindung der Nervosität

Manchmal hat Nervosität ihre guten Seiten. Sie sorgt dafür, daß Sie sich vorbereiten und Gedanken machen, sie beschleunigt den Adrenalinfluß und steigert auf diese Weise die Leistungsfähigkeit. Aber übermäßige Nervosität zieht einen Verlust Ihrer Effektivität nach sich und muß kontrolliert werden.
Die üblichen Gründe für übermäßige Nervosität sind Angst, ein Versager zu sein, Angst, als Tölpel dazustehen, Angst vor einem Zusammenbruch, Minderwertigkeitsgefühle und die Angst des Sprechers vor der Isolation. Um diese Gefühle zu überwinden, muß man sich immer drei Dinge vor Augen halten und sechs Dinge tun.

Drei Dinge, an die man denken muß

- Jeder ist nervös. Das ist natürlich und hat, wie bereits erwähnt wurde, seine guten Seiten.
- Das Sprachniveau ist generell niedrig. Sie können sich besser ausdrücken als andere.
- Sie haben etwas beizutragen. Warum hätte man Sie sonst aufgefordert, zu sprechen?

Sechs Dinge, die zu tun sind

- Üben Sie. Nehmen Sie jede Gelegenheit wahr, in der Öffentlichkeit zu sprechen. Je mehr Sie das tun, umso größer wird Ihr Selbstvertrauen. Fördern Sie konstruktive Kritik, und nutzen Sie sie.
- Ihr Thema muß Ihnen bekannt sein. Besorgen Sie sich Fakten, Beispiele und Illustrationen, die Sie anführen müssen.
- Ihr Publikum muß Ihnen bekannt sein. Wer wird da sein? Was erwarten sie zu hören? Was erhoffen sie sich davon, wenn sie Ihnen zuhören?
- Ihr Ziel muß Ihnen bekannt sein. Sie müssen wissen, was Sie erreichen wollen. Visualisieren Sie, wenn möglich, jedem Mitglied Ihres Publikums, wie es, nachdem es etwas Neues gelernt hat, zu seiner Arbeit zurückkehrt und das Gehörte in die Praxis umsetzt.
- Bereiten Sie sich vor.
- Üben Sie Ihren Vortrag ein.

Vorbereitung

Die Vorbereitung darf nicht übereilt erfolgen. Erstens sollten Sie Zeit haben, um unbeschwert nachzudenken. Beginnen Sie früh damit – im Bad, auf dem Weg zur Arbeit, beim Rasenmähen oder überall dort, wo Sie Zeit und Muße haben, um neue Ideen zu entwickeln. Zweitens sollten Sie für die eigentliche Vorbereitung genügend Zeit haben. Es gibt acht Vorbereitungsphasen.

1. Sich mit dem Vortrag einverstanden erklären
Erklären Sie sich nur dann einverstanden, wenn Sie »diesem« Publikum zu »diesem« Thema etwas zu sagen haben.

2. Informationen einholen
Besorgen Sie sich Fakten und Argumente. Nehmen Sie Brainstorming zu Hilfe, und schreiben Sie alle Punkte, die Ihnen einfallen, auf; lesen Sie themenrelevante Literatur; sprechen Sie mit Kollegen und Freunden, und legen Sie Referenzordner zu Themen an, über die Sie möglicherweise sprechen werden.

3. Entscheiden, was zu sagen ist
Beginnen Sie mit einer Zieldefinition. Wollen Sie überzeugen, informieren, Interesse wecken oder inspirieren? Überlegen Sie sich dann ihre primäre Botschaft. Eignen Sie sich die »Dreierregel« an. Nur wenige Menschen können mehr als drei neue Ideen auf einmal aufnehmen. Vereinfachen Sie Ihre Präsentation, damit Sie die drei Hauptpunkte klar und deutlich vermitteln können. Selektieren Sie schließlich Fakten und Argumente, die Ihr Anliegen am besten untermauern.
Nehmen Sie sich nie zu viel auf einmal vor. Der schwerste Fehler, der einem Redner unterlaufen kann, ist, sein gesamtes Wissen undifferenziert offenzulegen. Selektieren und vereinfachen Sie unter Anwendung der Dreierregel.

4. Ihrer Rede eine Struktur geben
Eine guter Aufbau ist entscheidend. Er sorgt für Kontinuität und Verständnis und ermöglicht Ihnen, eine klare Linie zu verfolgen und Gedankensprünge zu vermeiden. Doch vor allem sorgt er dafür, daß Ihre Botschaft den Weg in die Köpfe Ihrer Zuhörer findet.
Der klassische Aufbau einer Rede lautet, »teile ihnen mit, was du

sagen wirst – sag es –, teile ihnen mit, was du gesagt hast«. Hier kommt die Dreierregel neuerlich ins Spiel. Ihr Publikum wird wahrscheinlich nur einem Drittel Ihrer Rede wirklich zuhören. Wenn Sie es dreimal auf dreierlei Arten sagen, werden sie es zumindest einmal gehört haben.

Zweifellos haben Sie in der Schule gelernt, daß ein Aufsatz aus einem Anfang, einem Mittelteil und einem Ende besteht. Dasselbe gilt für einen Vortrag.

Widmen Sie sich zuerst dem Mittelteil und:

- Schreiben Sie die wichtigsten Botschaften auf einzelne (Kartei-) Karten,
- führen Sie alle Punkte an, die für jede wichtige Botschaft wesentlich sind,
- illustrieren Sie diese Punkte mit Fakten, Beweismaterial, Beispielen, und geben Sie dem Ganzen ein Lokalkolorit,
- arrangieren Sie Ihre Karten in verschiedenen Reihenfolgen, damit Sie entscheiden können, welche Anordnung am besten wirkt und den logischen Ideenfluß am besten vermittelt.

Gehen Sie dann zur Eröffnung Ihres Vortrages über. Sie wollen Aufmerksamkeit erregen, Interesse wecken und Vertrauen erlangen. Ihr Publikum soll eine Vorstellung davon erhalten, worüber Sie sprechen werden. Unterstreichen Sie das Ziel Ihrer Präsentation – und zwar, welchen Nutzen »sie« davon haben werden.

Überlegen Sie sich schließlich, wie Sie Ihren Vortrag abschließen werden. Der erste und letzte Eindruck sind entscheidend. Schließen Sie in einer dringlichen Tonlage ab.

Länge, Betonung und Kontinuität wollen sorgfältig überlegt sein. Sprechen Sie nie länger als durchgehend 45 Minuten. Eine Dauer von zwanzig bis dreißig Minuten ist besser. Nur wenigen Sprechern gelingt es, die Aufmerksamkeit anderer über längere Zeit hinweg zu fesseln. Ein Publikum ist normalerweise zu Beginn hochinteressiert (außer Sie verpatzen Ihre Einleitung), aber in der Folge geht das Interesse schrittweise verloren, bis ein Ende absehbar wird. Dann erwacht es von neuem. Daher ist Ihr Schlußsatz besonders wichtig.

Um die Aufmerksamkeit durchgehend aufrechtzuerhalten, sollten Sie zwischendurch eine Zusammenfassung vornehmen, um Ihre Worte, jedoch vor allem Ihre Botschaft in regelmäßigen Intervallen zu betonen.
Kontinuität ist gleichermaßen wichtig. Sie sollten Ihre Argumentation fortlaufend aufbauen, bis Sie zu einer positiven und überwältigenden Schlußfolgerung gelangen. Nehmen Sie Hinweise, zwischendurch gemachte Zusammenfassungen und Gedankenbrücken zu Hilfe, damit Sie Ihre Zuhörer wie von selbst von einem Punkt zum nächsten führen können.

5. Notizen vorbereiten
Die besten Notizen sind die in der Vorbereitungsphase erwähnten Karten. Jede Karte sollte einen Abschnitt umfassen und die wichtigsten Überschriften enthalten. Vermeiden Sie, zu viele Notizen auf einer Karte zu machen, da Sie sonst verwirrt werden könnten. Diese Behelfskarten können während der Rede ohne weiteres zur Hand genommen werden und sollten Ihre Zuhörer nicht ablenken. Es ist jedoch keine schlechte Idee, Ihre Eröffnung und Ihren Schluß auf eigenen Karten auszuformulieren. Sie können sie auswendig lernen und Ihre Rede auf diese Weise voll Selbstvertrauen eröffnen und positiv zu Ende führen.

6. Visuelle Mittel vorbereiten
Da Ihre Zuhörer nur ein Drittel oder gar noch weniger des Gesagten aufnehmen werden, sollten Sie Ihre Botschaft mit visuellen Mitteln unterstreichen. Sprechen Sie mehrere Sinne auf einmal an. Flip-charts, Diapositive und so fort sind eine gute Unterstützung, aber übertreiben Sie nicht damit. Zu viele visuelle Hilfen lenken ab, und zu viele Worte oder eine übertrieben ausgearbeitete Präsentation verwirren, langweilen und irritieren Ihr Publikum.

7. Proben
Proben sind entscheidend. Sie werden dadurch sicherer und kön-

nen richtig einschätzen, wie lange Ihr Vortrag dauern wird. Ihre Eröffnung erhält den nötigen Schliff, und Ihr Vortrag wird mit den visuellen Hilfsmitteln entsprechend koordiniert.
Üben Sie Ihren Vortrag mehrere Male für sich, und achten Sie darauf, wie lange Sie für jeden Abschnitt brauchen. Gewöhnen Sie sich an, Ihre Notizen zu präzisieren, ohne dabei ins Quasseln zu verfallen. Schreiben Sie Ihren Vortrag nie Wort für Wort nieder, um ihn dann durch wiederholtes Lesen einzustudieren. Ihre Präsentation wird auf diese Weise garantiert gespreizt und leblos.
Üben Sie Ihren Vortrag laut ein – stehend, wenn Sie ihn so präsentieren werden. Manche Menschen nehmen sich selbst auf Band auf, aber auch das kann hinderlich sein. Besser ist es, wenn Ihnen jemand zuhört und Sie auf konstruktive Weise kritisiert. Ihnen mag das zwar unangenehm sein, aber vergessen Sie nicht, daß es nur zu Ihrem Besten ist.
Versuchen Sie schließlich, dort zu proben, wo Sie sprechen werden. Bei dieser Gelegenheit können Sie Ihre visuellen Hilfsmittel gleich mit ausprobieren und jemanden bitten, Ihnen zuzuhören, damit gewährleistet ist, daß Sie auch in der hintersten Reihe vernehmbar sind.

8. Vor-Ort-Überprüfung und Vorbereitung
Überprüfen Sie, ob Ihre visuellen Hilfsmittel für alle sichtbar sind. Überzeugen Sie sich, daß Sie mit ihnen umgehen können. Testen und stellen Sie den Overhead-, Film- oder Dia-Projektor richtig ein. Informieren Sie den Filmvorführer, und sorgen Sie dafür, daß er den Film einmal durchlaufen läßt, damit es zu keinen störenden Unterbrechungen kommt.
Wenn Sie ein Diakarussell verwenden, überprüfen Sie die Reihenfolge, und sorgen Sie dafür, daß kein Dia verkehrt eingeordnet ist. Seien Sie darauf vorbereitet, daß es mit den technischen Ausrüstungen Probleme geben kann. Es kann Ihnen passieren, daß Sie, ohne rechtzeitig benachrichtigt zu werden, ohne Hilfsmittel auskommen müssen. Deshalb sollten Sie sich nicht zu sehr auf die visuellen Mittel verlassen.

Prüfen Sie nach, ob Ihre Notizen und visuellen Mittel in der richtigen Reihenfolge bei der Hand sind, bevor Sie mit Ihrem Vortrag beginnen. Es gibt nichts Schlimmeres als einen Sprecher, der seinen Vortrag durcheinanderbringt und hilflos nach dem nächsten Diapositiv sucht.

Vortrag

Nach einer gründlichen Vorbereitung kann Ihnen nichts passieren. Sie werden nicht zusammenbrechen. Aber die Art, wie Sie vortragen, wird die Wirkung beeinflussen. Die Qualität eines Vortrages hängt von Technik und Auftritt ab.

Technik

Ihre Stimme sollte bis in den hintersten Winkel vernehmbar sein. Wenn Sie sich nicht sicher sind, ob man sie hört, fragen Sie. Es lenkt ab, wenn jemand plötzlich »lauter« ruft. Variieren Sie Tempo, Lautstärke und Tonlage Ihres Vortrages. Pausieren Sie, bevor Sie einen wichtigen Punkt ansprechen, um ihn zu unterstreichen, aber auch danach, um zu ermöglichen, daß er aufgenommen wird. Versuchen Sie, einen Gesprächston zu finden. Vermeiden Sie eine steife Wortwahl. Das ist ein Grund, warum Sie Ihren Vortrag unter keinen Umständen vorlesen sollten. Wenn Sie Sie selbst bleiben, wird Ihnen Ihr Publikum eher zuhören.

Scherze sind gut, wenn sie natürlich wirken. Menschen langweilen sich leicht, wenn Sie das Gefühl haben, man wolle sie belehren, aber Sie sollten keine Witze erzählen, wenn Ihnen das nicht liegt. Viele effektive und erfreuliche Sprecher werden niemals scherzhaft.

Sowohl Ihre Worte als auch Ihre Sätze sollten einfach und kurz sein.

Ihre Augen sind ein wichtiger Anhaltspunkt für Ihr Publikum. Sehen Sie Ihre Zuhörer an, bewerten Sie ihre Reaktionen, und passen Sie sich ihnen an. Werden Sie nicht nervös, wenn sie beginnen, auf die Uhr zu schauen. Erst wenn sie die Uhren schütteln, um festzustellen, ob sie stehengeblieben sind, haben Sie Grund zur Sorge.

Ihre Hände sollten nur der Gestik und der Betonung dienen. Vermeiden Sie rastlose Bewegungen. Verstecken Sie Ihre Hände nicht in den Hosentaschen.

Stehen Sie natürlich und gerade, aber nicht zwanglos. Benehmen und präsentieren Sie sich wie jemand, der das Sagen hat. Wenn Sie wie ein Tiger im Käfig rastlos auf und ab wandern, werden Sie Ihre Zuhörer ablenken. Man wird nur noch darauf warten, wann Sie endlich über ein Kabel stolpern oder von der Plattform herunterfallen.

Benehmen

Entspannen Sie sich, und zeigen Sie, daß Sie entspannt sind. Vermitteln Sie ein Gefühl stillen Selbstvertrauens. Entspannung und Selbstvertrauen kommen automatisch mit einer gründlichen Vorbereitung und im Laufe der Praxis.

Predigen Sie nicht. Man wird es Ihnen übelnehmen und gegen Sie sein.

Zeigen Sie, daß Sie aufrichtig und überzeugt sind. Offensichtliche Aufrichtigkeit, Glaube an ihre Botschaft, positive Überzeugung und Begeisterung, wenn Sie Ihr Anliegen vermitteln, zählen mehr als jede Technik.

Schlußfolgerungen

- Sie können mit der Praxis lernen, ein effektiver Sprecher zu werden. Nehmen Sie jede Gelegenheit wahr, um das erforderliche Können zu erlangen und weiterzuentwickeln.

- Nervosität kann kontrolliert werden, indem man sich vorbereitet und die erforderlichen Techniken kennt.
- Eine gute Vorbereitung ist der halbe Sieg.
- Techniken haben den Zweck, ihre Persönlichkeit und Ihren Stil hervorzukehren und nicht, um sie unkenntlich zu machen.

Kapitel 42

PROBLEMLÖSUNG UND ENTSCHEIDUNGSFINDUNG

Probleme und Möglichkeiten

»Es gibt keine Probleme, sondern nur Möglichkeiten«, ist ein häufig vernommener Satz. Das trifft natürlich nicht immer zu, aber die Tatsache, daß Probleme positive Überlegungen zur momentanen Vorgangsweise anstatt Vorwürfe auslösen sollten, wird damit auf den Punkt gebracht. Ist ein Fehler unterlaufen, sollten seine Ursachen analysiert werden, damit er nicht noch einmal vorkommen kann. Das ist freilich leichter gesagt als getan.
Wenn Sie ständig mit Problemen und Entscheidungen konfrontiert werden, kann es zuweilen vorkommen, daß Sie hoffnungslos verwirrt sind. Uns allen geht es manchmal so.

Ihre Fähigkeiten verbessern

Wie können Sie Ihre Fähigkeiten, Probleme zu lösen und Entscheidungen zu treffen, verbessern? Es gibt mehrere Grundansätze, die Sie anwenden sollten.
Verbessern Sie Ihre analytischen Fähigkeiten
Eine komplizierte Situation läßt sich oft lösen, indem man sie in ihre Bestandteile aufteilt. Eine derartige Analyse sollte zwar bei den Fakten ansetzen, obwohl man, wie Peter Drucker hervorhebt, manchmal von einer Ansicht ausgehen muß, um zur eigentlichen Ursache des Problems zu gelangen. Auch wenn Sie verlangen, daß zuallererst die Fakten zu suchen sind, werden Ihre Mitarbeiter zunächst nur jene Fakten aufspüren, die in ihre vorgefaßte Schlußfolgerung passen.
Meinungen sind ein ausgesprochen guter Ansatzpunkt, doch sie

müssen sofort genannt und dann den tatsächlichen Gegebenheiten gegenübergestellt werden. Analysieren Sie jede Hypothese, und entnehmen Sie ihr jene Teile, die überprüft und getestet werden müssen.

Mary Parker Folletts *»Gesetz der Situation«* – die Logik von Fakten und Ereignissen – sollte am Ende regieren. Und auch wenn Sie von einer Hypothese ausgehen, sollten Sie sich, sobald Sie eine Prüfung vornehmen, an Rudyard Kiplings sechs ehrliche Dienstmänner halten:

»Zu meinen Diensten stehen sechs ehrliche Männer
(Sie lehrten mich alles, was ich weiß und kann)
Wie und Wo und Wer lauten ihre Namen
und Was und Warum und Wann.«

Gehen Sie systematisch vor

Wenden Sie die Techniken an, die in Kapitel 7 besprochen wurden: die Situation analysieren, mögliche Vorgangsweisen identifizieren, abwägen und entscheiden, was zu tun ist.

Aber rechnen Sie nicht mit einer Schwarzweißlösung. Denken Sie daran, was Drucker sagte:

»Eine Entscheidung ist ein Urteil. Eine Alternative wird gewählt. Eine Wahl zwischen richtig und falsch kann kaum jemals getroffen werden. Im besten Fall kann man zwischen fast richtig und wahrscheinlich falsch auswählen – aber viel öfter muß eine Wahl zwischen zwei Vorgangsweisen getroffen werden, wovon wahrscheinlich die eine gleichermaßen ›fast‹ richtig ist wie die andere.«

Weder sollten Sie eine Konsens anstreben noch eine derartige Lösung begrüßen. Die besten Entscheidungen werden immer dann getroffen, wenn zwei gegensätzliche Ansichten aufeinanderstoßen. Drucker zufolge lautet die oberste Regel in der Entscheidungsfindung: »Man trifft keine Entscheidung ohne vorherige Meinungsverschiedenheiten.« Sie sind deshalb wesentlich, weil auf diese Weise niemand die Möglichkeit hat, ohne vorherige Faktenanalyse zu einer Schlußfolgerung zu gelangen.

Alfred P. Sloan von General Motors war sich dessen bewußt. Während einer Konferenz mit seinen wichtigsten Mitarbeitern sagte er: »Meine Herren, ich nehme an, wir sind uns in dieser Frage vollkommen einig.« Alle nickten eifrig. »Dann«, so Sloan weiter, »schlage ich vor, daß wir eine weitere Besprechung dieser Sache bis zu unserer nächsten Zusammenkunft verschieben, damit wir Zeit haben, Uneinigkeiten zu entwickeln, und vielleicht einem Verständnis für den Gehalt der Entscheidung etwas näher kommen.«

Setzen Sie Ihre Phantasie ein

Ein streng logischer Ansatz muß nicht immer die beste Problemlösung zur Folge haben. Laterales Denken, Analogien und Brainstorming (siehe Kapitel 15) sind gute Methoden, damit Sie einen völlig neuen Ansatz entwicklen können und nicht immer auf demselben Gleis fahren.

Bleiben Sie unkompliziert

Eines der obersten Prinzipien der Logik wurde mit dem Namen *»Ockhams Rasierklinge«* bekannt. Es besagt, daß »reale Dinge nicht grundlos zu multiplizieren sind«. Das heißt, daß Sie immer der einfachsten aller Erklärungen Glauben schenken sollten.

Durchführung

Ein Problem ist erst dann gelöst, wenn die Entscheidung durchgeführt wurde. Überlegen Sie sich sorgfältig, wie eine Sache zu tun ist (von wem, mit welchen Ressourcen und bis wann), aber auch, welche Wirkung sie auf die Betroffenen haben wird und inwieweit diese kooperieren werden. Wenn Sie eine Lösung vorschreiben, wird die Kooperation nicht so gut ausfallen. Das beste ist immer, Dinge so zu arrangieren, daß alle gemeinsam zu einer Lösung gelangen, von der sie sich einig sind, daß sie der Situation entsprechend die beste ist (erneut das Gesetz der Situation).

Problemlösungs- und Entscheidungsfindungstechniken

Eine effektive Problemlösung und Entscheidungsfindung erfordert folgende Schritte:

1. Definieren Sie die Situation. Stellen Sie fest, was mißlungen ist oder gerade im Begriff ist, zu mißlingen.
2. Spezifizieren Sie Ziele. Definieren Sie, was Sie jetzt oder in Zukunft erreichen wollen, während Sie ein aktuelles oder potentielles Problem oder veränderte Umstände behandeln.
3. Entwickeln Sie Hypothesen. Entwickeln Sie bezüglich der möglichen Ursache Ihres Problems Hypothesen.
4. Besorgen Sie sich Fakten. Um eine Grundlage für die Überprüfung von Hypothesen zu haben und mögliche Vorgangsweisen zu entwickeln, müssen Sie herausfinden, was momentan passiert und/oder in Zukunft passieren könnte. Wenn mehrere Mitarbeiter involviert sind, hören Sie sich beide Seiten der Geschichte an, und beratschlagen Sie sich, wenn möglich, mit einer dritten Partei. Beschaffen Sie sich schriftliche Beweisführungen, wo immer sie von Relevanz sind. Verlassen Sie sich nicht auf Gerüchte.

   Definieren Sie in Form von Maßnahmen, Verfahrensweisen oder Ergebnissen, was geschehen sollte, und vergleichen Sie dies mit den tatsächlichen Geschehnissen. Versuchen Sie, Einstellungen und Beweggründe der Betroffenen zu verstehen. Denken Sie daran, daß Ihre Mitarbeiter vergangene und gegenwärtige Geschehnisse von ihrer eigenen Warte aus beurteilen. Beschaffen Sie sich Informationen über interne und externe, die Situation betreffende Einschränkungen.
5. Analysieren Sie die Fakten. Bestimmen Sie, was relevant und

was irrelevant ist. Stellen Sie Ursache oder Ursachen des Problems fest. Geben Sie jedoch nicht der Versuchung nach, sich anstatt auf die Ursachen auf die Symptome zu konzentrieren. Gehen Sie dem Problem auf den Grund. Wenn Sie zukünftige Ereignisse analysieren, sollten Sie hinsichtlich einer Bewertung der bestehenden Trends, und zwar sowohl inner- als auch außerhalb des Unternehmens, realistisch vorgehen. Vermeiden Sie jedoch oberflächliche Hochrechnungen. Berücksichtigen Sie die vielschichtigen internen und externen, organisatorischen und umweltbedingten Faktoren, die zukünftige Entwicklungen beeinflussen könnten.

6. Ziehen Sie mögliche Vorgangsweisen in Erwägung. Führen Sie eine Auflistung der möglichen Vorgangsweisen im Lichte der Faktenanalyse durch. Wenden Sie dort, wo es angebracht ist, Brainstormingtechniken und kreatives Denken an, um Vorgangsweisen zu identifizieren, die nicht unmittelbar evident sein müssen.
7. Werten Sie mögliche Vorgangsweisen aus. Überlegen Sie sich die Möglichkeiten, indem Sie Für und Wider auflisten und antizipierte Ergebnisse ihren spezifischen Zielen gegenüberstellen. Werten Sie die unmittelbaren und zukünftigen Konsequenzen aus, die sowohl innerhalb als auch außerhalb des Unternehmens auftreten könnten. Vergleichen Sie Kosten mit Nutzen. Bewerten Sie, inwieweit den Bedürfnissen der Betroffenen begegnet wird und inwieweit Ihre Entscheidungen annehmbar sein werden. Denken Sie an das Risiko, das Sie mit der Schaffung gefährlicher Präzedenzfälle eingehen. Ebenso sollten Sie sich die Auswirkungen interner oder externer Hindernisse, die vorhanden sein könnten, überlegen. Sorgen Sie dafür, daß alle Betroffenen an der Auswertung und Entscheidungsfindung teilnehmen. Allerdings wird das Ausmaß der Partizipation vom Wesen des Problems und von den Partizipationsregelungen sowie dem Führungsstil des Unternehmens abhängig sein.
8. Treffen Sie eine Entscheidung, und führen Sie sie durch. Ent-

scheiden Sie, welche Vorgangsweise die beste ist, und diskutieren Sie sie mit den Betroffenen. Überlegen Sie sich gut, wie sie voraussichtlich von der Entscheidung betroffen sein werden. Entscheiden Sie sich für eine Präsentationsmethode, führen Sie die Gründe für die Entscheidung an, und zerstreuen Sie, so weit als möglich, alle Ängste. Bevor Sie die Entscheidung durchführen, sollte allen, die sie benötigen, die relevante Information zukommen.

9. Überwachen Sie die Durchführung. Prüfen Sie nach, wie effektiv die Entscheidung durchgeführt wird. Achten Sie auf die Reaktionen der Betroffenen. Greifen Sie, wo es notwendig ist, berichtigend ein.

Kapitel 43

PRODUKTIVITÄTSSTEIGERUNG

Die Vorteile einer gesteigerten Produktivität

Zeitstudien haben wiederholt gezeigt, daß Mitarbeiter, die in ihrer Arbeit keinen Anreiz sehen, nur etwa 50 bis 60 Prozent des Leistungsmaßstabes entsprechen, der ansonsten von einem durchschnittlichen Arbeiter erwartet werden kann.
Barry Smith von A. Kearney Consultants stellte fest, daß »aus Produktivitätsprüfungen im Fertigungs- und Vertriebsbereich immer wieder eindeutig hervorgeht, daß der Output um 25 bis 40 Prozent gesteigert werden kann, ohne daß dabei die Werkshalle oder die Human Resources grundlegend verändert werden müßten« (*Management Today*, Oktober 1977). Ähnliches geht aus der Bewertung von Verwaltungsarbeiten hervor. Meistens können Personaleinsparungen von über 15 Prozent realisiert werden, ohne Qualität oder Leistung in irgendeiner Form zu beeinträchtigen. Der Steigerungsrahmen ist enorm, aber auch das Ergebnis lohnt sich, wie aus der folgenden Analyse ersichtlich wird.

Lohnsumme als Prozentsatz der Erlöse	Gewinnsteigerung vor Steuern (*) als Prozentsatz der Produktivitätssteigerung			
	5%	10%	20%	40%
20	20	40	80	160
30	30	60	120	240
40	40	80	160	320
50	50	100	200	500

(*) Bei einem angenommenen Verkaufsertrag von 5 Prozent.

Eine Produktivitätssteigerung kann also überaus ertragreich sein, doch wie erreichen Sie sie?
Zuallererst gilt es, Gleichgültigkeit zu überwinden. Sowohl die Führungskräfte als auch die Belegschaft müssen überzeugt werden, daß es im Interesse aller ist, den Pro-Kopf-Output zu steigern. Das ist ein schwieriges Unterfangen. Es erfordert beträchtliche Führungsmaßnahmen seitens der Unternehmensspitze und die Erstellung positiver Programme, damit alle Betroffenen motiviert werden und mit dem erforderlichen Engagement am Steigerungsprozeß teilhaben.
Die Produktivität muß kontinuierlich vorangetrieben werden. Um das zu erreichen, sollte ein Programm zur Produktivitätssteigerung erarbeitet werden, das die Ergebnisse von Produktivitätsprüfungen zur Grundlage haben sollte.

Produktivitätssteigerungsprogramm

Ein Produktivitätssteigerungsprogramm sollte die Erlangung einer signifikanten Verbesserung des Verhältnisses zwischen Inputs und Outputs, oder anders ausgedrückt, eine Verbesserung der folgenden Kennzahl zum Ziel haben:

$$\frac{\text{erzielte Leistung}}{\text{verbrauchte Ressourcen}}$$

Was sind die Erfolgsfaktoren?

Eine erfolgreiche Produktivitätssteigerungskampagne ist von den folgenden Faktoren abhängig:
- Eine sorgfältige Planung des Programms. Es sollte ausgehend von Produktivitätsprüfungen positive Zielsetzungen sowie einen eindeutig definierten Zeitplan enthalten.

- Management und Vorgesetzte müssen sich dem Programm verpflichtet fühlen.
- Die Angestellten müssen in das Programm mit einbezogen werden und die entsprechenden Sicherheiten hinsichtlich ihrer Zukunft erhalten, damit sie bereit sind, an der Durchführung teilzunehmen.
- Der Nutzen des Programms muß von allen Betroffenen, von der Organisation, vom Management und von allen Angestellten gleichermaßen anerkannt, aber auch unterstützt werden.

Das sind herausfordernde Kriterien, die nicht leicht zu erfüllen sind. Manche Dinge können mißlingen. Alle, ob nun Manager, Vorgesetzte oder die übrigen Angestellten, werden dem Programm mißtrauen. Sie werden es entweder als Mittel zur Aufzeigung ihrer eigenen Unzulänglichkeiten oder als Instrument zur Herbeiführung untragbarer Veränderungen oder als Bedrohung ihrer Existenz empfinden. Das sind durchwegs emotionelle Reaktionen, und sobald Emotionen an die Tür klopfen, verschwindet die Vernunft durchs Fenster. Daher sind Kommunikation, Erziehung, Engagement und Überzeugung die wesentlichen Aspekte eines Programms dieser Art.

Auch wenn Ihre Überredungskünste überdurchschnittlich gut sind und es Ihnen gelingt, Ihre Mitarbeiter so weit in das Programm zu involvieren, daß Sie ihren natürlichen Widerstand gegen Veränderungen überwinden, gibt es eine Reihe anderer Fehler, die bei der Durchführung von Produktivitätssteigerungen auftreten können. Diese sind:

- Empfehlungen zu erteilen, die sich auf ungenaue Informationen oder Schlußfolgerungen stützen.
- Neue Ausstattungen, Methoden oder Verfahren zu empfehlen, ohne die Kostenwirksamkeit dieser Vorschläge ausgewertet zu haben.
- Empfehlungen zu erteilen, ohne die Auswirkung der Veränderungen auf andere Abteilungen richtig ausgewertet zu haben.
- Veränderungen vorzuschlagen, ohne die Reaktionen der Betroffenen genügend berücksichtigt zu haben.

Diese Fehler sind üblich, aber sie können vermieden werden. Die Personen, die für Produktivitätssteigerungsprogramme zuständig sind, sollten auf diese Gefahren aufmerksam gemacht werden. Daher ist es wichtig, daß Kompetenzen eindeutig definiert sind und die Art der Durchführung geklärt ist.

Wer leitet das Programm?

Das Programm zur Produktivitätssteigerung muß vom Topmanagement geleitet werden. Es setzt die Ziele fest, definiert die Aufgabenstellung, erteilt einer Führungskraft die Verantwortung für das Programm, stellt ihm die erforderlichen Ressourcen zur Verfügung und überwacht die erzielten Ergebnisse.

Für das Programm sollte ein hochrangiger Manager, der dem Unternehmensvorsitzenden direkt untersteht, zuständig sein. Setzen Sie niemals ein Gremium dafür ein. Die Zeit wird mit Besprechungen, anstatt mit Taten zugebracht werden. Der Produktivitätsleiter wird Unterstützung benötigen – es sollten ihm organisatorische und methodische Hilfe zukommen, aber auch Arbeitsstudien sowie die Hilfe der Personalabteilung und Buchhaltung – und er sollte seine Helfer direkt involvieren, anstatt sie zu Gesprächsrunden einzuladen. Es kann sein, daß kleine Projektgruppen erforderlich sind, die sich aus den Mitgliedern der einzelnen Abteilungen zusammensetzen und bestimmte Aufgaben übernehmen, doch sie sollten nur mit ganz bestimmten Aufgaben betraut werden.

Die Einstellung auswärtiger Berater wird in Erwägung gezogen werden müssen. Normalerweise sollten Sie sie nur als »zusätzliches Paar Hände« einsetzen, das Untersuchungen und Ressourcen mitbringt, die im Unternehmen nicht unbedingt vorhanden sein müssen.

Aber sie müssen kontrolliert werden. Sie haben sich an die Anweisungen des Produktivitätsleiters zu halten und nicht ihren eigenen Kurs zu verfolgen.

Konsulenten werden oft als Buhmänner mißbraucht, denen man die Verbreitung der unangenehmsten Weisungen, die sonst niemand auf sich nehmen will, überläßt. Das ist schade. Wenn sie von der Bedeutung der Produktivität überzeugt sind, sollten Sie erkennen, daß ihre Verwirklichung nicht immer auf bequeme Weise erreicht wird. Sie müssen bereit sein, gerechtfertigte Maßnahmen selbst zu vertreten und sie nicht anderen zu überlassen. Sobald die Entscheidung gefallen ist, wer das Programm leiten wird, müssen Sie gewährleisten, daß Ihre Zielsetzungen und Vorstellungen verstanden werden und daß ein systematischer Ansatz verfolgt wird, der sich nach den einzelnen Punkten der folgenden Checkliste für die Produktivitätsprüfung richtet.

Checkliste für die Produktivitätsprüfung

Wonach ist zu suchen?

Wenn Sie eine Produktivitätsprüfung durchführen, sollten Sie zuallererst die Leistung untersuchen:

1. Aktuelle im Vergleich zu den Leistungsmaßstäben und Trends im Unternehmen.
2. Aktuelle im Vergleich zu anderen Unternehmen.
3. Gründe für unzufriedenstellende Leistung, die unter den folgenden Überschriften aufgelistet werden sollten:
   - Unzulängliche Planung, Budgetierung und Kontrollmaßnahmen,
     - ineffiziente Arbeitsmethoden oder -systeme,
     - nicht entsprechende Verwendung von Zeitstudien,
     - insuffiziente Mechanisierung oder inadäquate Werks- und Maschinenausstattung,
   - schlechtes Management,
   - unzureichend motivierte Angestellte,
   - schlecht bezahlte Angestellte,
   - zu viele restriktive Praktiken,

- inadäquates Training,
- übermäßiger Materialabfall.

Daraufhin sollten folgende Bereiche untersucht werden. Jeder einzelne sollte bearbeitet werden, um festzustellen, was zu tun ist, inwieweit es bereits getan wird; jede erforderliche Verbesserungsmaßnahme sollte kommentiert werden.

1. *Planung, Budgetierung und Kontrolle* – prüfen Sie nach, ob:
(a) Leistungsvorgaben und -maßstäbe in der Produktivität klar definiert, einhaltbar, präzise und meßbar sind,
(b) die einzelnen Mitarbeiter sich der Ziele und Maßstäbe, die von ihnen erwartet werden, vollkommen bewußt sind,
(c) Personalplanung und Budgets die Festlegung und Erreichung realistischer Produktivitätsziele bewußt berücksichtigen,
(d) Varianzen und Abweichungen vom Plan in Kontrollberichten eindeutig identifiziert werden,
(e) jeder einzelne für eine Nichteinhaltung der Ziele und Maßstäbe voll rechenschaftspflichtig ist,
(f) Korrekturmaßnahmen vom Management prompt erfolgen, um negativen Varianzen oder Resultaten zu begegnen.

2. *Arbeitsmethoden* – prüfen Sie nach, ob:
(a) ein kontinuierliches Programm zur Revision und Verbesserung der Arbeitsmethoden in allen Bereichen des Unternehmens vorhanden ist,
(b) das Programm zur Verbesserung des methodischen Ansatzes vom Management, von der Gewerkschaft und den Angestellten unterstützt wird,
(c) das Programm echte Verbesserungen in der Produktivität nach sich zieht.

3. *Zeitstudien* – prüfen Sie nach, ob:
(a) Zeitstudien überall dort, wo es möglich ist, angewandt werden, um Maßstäbe zu entwickeln und besser gesteuerte Informationen, Methoden und Verfahren zu erhalten,

(b) Zeitstudien angewandt werden, um die Grundlage für effektive Leistungsanreize zu erhalten.

4. *Technologie* – prüfen Sie nach, ob:
(a) konstante Bemühungen vom Management angestrengt werden, um die Produktivität durch neue Technologien – Mechanisierung, Computerisierung, Automatisierung – zu steigern,
(b) Investitionen in Ausstattungen oder Maschinen auf einer Kosten-Nutzen-Grundlage gerechtfertigt sind,
(c) dafür gesorgt wird, daß die Auslastung der vorhandenen Ausstattungen zu einer Maximierung der Produktivität führt.

5. *Management* – prüfen Sie nach, ob:
(a) Management die Notwendigkeit für Produktivität bewußt erkannt hat,
(b) Manager und Vorgesetzte aktive und erfolgreiche Schritte unternehmen, die das Produktivitätsbewußtsein ihrer Mitarbeiter anhebt,
(c) die Produktivität bei der Bewertung der Fähigkeiten und Möglichkeiten von Managern und Vorgesetzten als Schlüsselkriterium gilt,
(d) die Arbeit so organisiert ist, daß Entscheidungen in wichtigen Produktivitätsbereichen dort getroffen werden, wo die Arbeit verrichtet wird und wo die Wirkung am größten ist,
(e) die Erforschung der Methoden zur Produktivitätssteigerung eine wichtige Funktion in der Organisation einnimmt.

6. *Motivation und Engagement* – prüfen Sie nach, ob:
(a) die Angestellten vom Management und von den Vorgesetzten zur Erlangung einer höheren Produktivität motiviert werden,
(b) vom Management fortlaufend Informationen eingeholt werden, wie die Motivation für eine gesteigerte Produktivität verbessert werden kann,
(c) die Angestellten in das Streben nach höherer Produktivität involviert werden,

(d) die Angestellten zu schätzen wissen, daß Produktivitätssteigerungen nicht nur der Organisation, sondern auch ihnen selbst zum Nutzen gereichen.

7. *Lohn* – prüfen Sie nach, ob:
(a) überall dort, wo es möglich ist, Leistungslohnschemata angewandt werden, um die Produktivität zu steigern,
(b) Leistungslohnschemata laufend überprüft werden, um ihre Kostenwirksamkeit zu gewährleisten,
(c) Prämien für all jene, die nicht in das Leistungslohnschema fallen, der erbrachten Leistung entsprechen,
(d) Schemata, bei denen die Prämien für eine gesteigerte Produktivität unter den Angestellten aufgeteilt werden, dazu dienen, weitere Produktivitätssteigerungen zu fördern.

8. *Restriktives Verhalten* – prüfen Sie nach, ob:
(a) Produktivitätsabkommen mit der Gewerkschaft ausgehandelt werden, die zum Ziel haben, daß restriktive Verhaltensformen beigelegt werden,
(b) die Abkommen kostenwirksam sind, d. h. ob der Wert der Produktivitätssteigerung, der aus einer Beilegung restriktiven Verhaltens resultiert, die Kosten für die Beilegung überwiegt.

9. *Training* – prüfen Sie nach, ob:
(a) sich die Analysen der Trainingsbedürfnisse darauf konzentrieren, wie die Produktivität gesteigert werden kann,
(b) Trainingsprogramme aus diesen Analysen hervorgehen,
(c) all jene, die zur eigenen Produktivitätssteigerung vom Training profitieren können, insbesondere neue Angestellte, dieses auch erhalten,
(d) die Wirkung des Trainings nachfassend untersucht wird, um seine Kostenwirksamkeit zu erkennen, d. h., ob die Produktivitätszuwächse, die aus dem Training resultieren, die Trainingskosten überwiegen.

10. *Eliminierung verschwenderischer Praktiken* – prüfen Sie nach, ob:
(a) vom Topmanagement laufend Angriffe auf alle Formen verschwenderischer Personalkosten und -einsätze vorgenommen werden,
(b) eine Arbeits- und Methodenstudie angewandt wird, um den Personaleinsatz durch effizientere Techniken, Systeme und Verfahren zu verbessern,
(c) Neueinstellungen, Vergrößerung durch Hilfsabteilungen und der Einsatz indirekten Personals streng kontrolliert werden,
(d) Manager und Vorgesetzte für verschwenderische Praktiken zur Rechenschaft gezogen werden.

Steigerungen durchführen

Verbesserungen in der Produktivität lassen sich viel leichter durchführen, wenn die Ziele Ihres Programms von allen Betroffenen verstanden und akzeptiert werden. Klare Anweisungen von der Unternehmensspitze und ein systematischer Ansatz bei allen Untersuchungen sind ebenfalls entscheidend. Aber es wird Ihnen nicht gelingen, die gewünschten Ergebnisse zu erzielen, wenn Sie Ihre Belegschaft nicht in das Programm mit einbeziehen.
Wenn Ihre Belegschaft involviert ist, wird sie sich mit den Ergebnissen identifizieren. Dadurch wird ihr natürlicher Widerstand gegen Veränderungen reduziert und ihre Kooperationsbereitschaft gewährleistet. Sie muß das Gefühl haben, daß es sich um ihr eigenes Programm und nicht um einen Befehl von oben handelt.

Eine Fallstudie

Die folgende Fallstudie stammt aus dem Buch »How to Avoid the British Disease« von Chatterton und Leonard. Es geht dabei um ein Bauunternehmen mit Sitz in Manchester, dessen Auftragsbücher trotz einer industrieweiten Rezession aus den Nähten platzt.

Der Betriebsleiter Chatterton bemühte sich seit über zehn Jahren um die Entwicklung einer kooperativen Beziehung zu seinen Arbeitern. Er wollte Klassenunterschiede, die, wie in so vielen Industriebereichen, als Hindernis in der Produktion angesehen wurden, abbauen und wurde dabei von seinem Geschäftsführer, Ken Buckley, unterstützt.

In den frühen 70er Jahren war die Kommunikation zwischen Management und Arbeiterschaft so gut wie nicht existent; häufig kam es zu pedantischen Streitereien, die niedrige Absätze und eine trostlose Kapitalrentabilität zur Folge hatten. Die Arbeitsmoral war niedrig, die Fluktuation hoch, und das Lohnsystem war buchstäblich zusammengebrochen. Allen ging es schlechter.

Der Firmenvorsitzende und der Vorstand setzten mit einfachen Fragestellungen an. Liegt die Schuld bei der Organisationsform? Wofür oder wogegen sind die Arbeiter? Würden die Menschen besser arbeiten, wenn der Ansatz besser wäre? Nachdem eine sorgfältige Bewertung, die die im Werk eingeholten Einstellungen zur Grundlage hatte, durchgeführt worden war, kam es schrittweise zu einer Reihe von Reformen. Einzeln und für sich betrachtet, hatte man das Gefühl, eine Reihe von Klischees vor sich zu haben, die aus einem Managementhandbuch gepurzelt waren – Job Enrichment, Leistungsanreize, Engagement –, aber in ihrer Gesamtheit waren sie fast revolutionär.

Erstens, so Chatterton, eignete sich die Firma einen Führungsstil an, der kommunalpolitische Züge hat. Er konzentriert sich auf natürliche Gruppen innerhalb der Arbeitsbevölkerung und identifiziert zudem natürliche Gruppenführer. Zweitens wurde der Informationsaustausch verbessert. Mit den betrieblichen Vertrauensmännern werden alle zwei Wochen Versammlungen abgehalten, auch wenn nichts auf der Tagesordnung steht, und die Vertrauensmänner werden ermuntert, Kurse zu besuchen, um die finanziellen Aspekte der Betriebsleitung kennenzulernen, wofür sie einen Tag frei erhalten.

Bei Problemen, zum Beispiel technischer Natur, kommen alle, die damit zu tun haben, zusammen, um unter Zuhilfenahme der versammelten Experten eine Problemlösung zu finden, anstatt denjenigen zu identifizieren, der das Problem verursacht hat.
Drittens versuchte die Firma die interne Öffentlichkeitsarbeit zu verbessern, indem die Managementstruktur von sieben auf fünf Ebenen reduziert wurde: Geschäftsführer, Betriebsdirektoren, Betriebsleiter, Vorarbeiter und die Mannschaft.
Den Angestellten wurde gestattet, sich frei zu bewegen: der Einkauf kann sich demnach »horizontal« bewegen, um mit dem Verkauf in Kontakt zu treten, ohne zuvor »vertikal« die Einkaufsvorgesetzten und in der Folge die Vorgesetzten des Verkaufs konsultieren und die Hierarchie auf und ab klettern zu müssen. Jeder kann den Betriebsleiter direkt auf ein Problem ansprechen, und Entscheidungen werden nur dann getroffen, wenn der Vorarbeiter involviert ist.
Viertens wird Job Enrichment insofern angestrebt, als den Arbeitern erlaubt wird, Rhythmen und Struktur ihres Arbeitsumfeldes, soweit es durchführbar ist, selbst zu bestimmen. Förderbänder wurden entsprechend den Ideen, die von den Arbeitern vorgebracht wurden, neu organisiert. So entschieden sie sich etwa dafür, mit einer »Familie« von Maschinen (z. B. Drehbänke) zu arbeiten, um etablierte Arbeitsgruppen aufrechtzuerhalten, anstatt Fräsemaschinen und Drehbänke unter der Aufsicht desselben Vorarbeiters zusammenzulegen.
Am Förderband kann jetzt ein Arbeiter ein Schaltgetriebe vom ersten bis zum letzten Handgriff fertigstellen und ist nicht länger ein Zahn am Rad.
Außerdem bemüht sich die Firma um eine Harmonisierung der Krankengelder und Pensionsvereinbarungen sowie der Freigaben für Spitals- und Zahnarztbesuche. Strafmaßnahmen für Zuspätkommen werden großteils abgeschafft. Büro- und Fabriksangestellte essen in derselben Kantine, wenngleich es immer noch eine eigene Kantine für die Direktoren gibt.
Hinter allen diesen Reformen steht der Antrieb eines Leistungs-

anreizschemas. Rund ein Drittel der Gehälter stammt aus einem Leistungslohnsystem, das sich auf einen Preis pro Arbeitseinheit, die am Ende der Woche vorgelegt wird, stützt. Doch auch hier können die Arbeiter zwischen individuellem oder kollektivem Leistungslohn auswählen. Außerdem gibt es die Wahl zwischen Arbeitsgruppen, die ein ruhigeres Tempo an den Tag legen, wie es von älteren Arbeitern bevorzugt wird, oder ein anspruchsvolleres Tempo, das vor allem von jungen Familienvätern angestrebt wird. Chatterton sieht seine Aufgabe darin, die Identifikation der Belegschaft mit dem Unternehmen zu erlangen, indem er für einen Gemeinschaftsgeist sorgt. Dadurch wird die Fabrik zwar nicht zum Paradies, aber es gelang ihm auf jeden Fall, die in vielen Fabriken vorherrschenden Spannungen abzubauen und für Vorteile zu sorgen, die nicht nur der Firma, sondern auch den einzelnen Arbeitern zugute kommen. Qualifizierte Facharbeiter verdienen 120 Pfund pro Woche, was von Gewerkschaften und Management als in diesem Bereich guter Wochenlohn gewertet wird.

Dan Outten, der die Versammlungen einberuft, ist ebenfalls der Ansicht, daß der im Betrieb herrschende Gemeinschaftsgeist ziemlich stark sei. Obwohl dies in erster Linie dem persönlichen Stil des Betriebsdirektors zu verdanken sei, ist er dennoch der Meinung, daß eine vergleichbare Einstellung in anderen Unternehmen Probleme ebenso aus der Welt schaffen würde.

Kapitel 44

GEWINNSTEIGERUNG

Robert Heller schrieb, daß »Betriebe und Manager keine Gewinne machen, sondern Geld verdienen. Gewinn ist eine Abstrahierung der wahren, ihm zugrunde liegenden Bewegung der baren Ein- und Ausgänge«. Es kann also argumentiert werden, daß Gewinn das Ergebnis und nicht das Ziel guten Managements ist.

Als Bilanzposten für sich belassen ist Gewinn nicht unbedingt ein akkurater Erfolgsmaßstab für den Betrieb. Gewinnangaben können von Faktoren »beeinflußt« werden, die mit dem Betriebsergebnis des Unternehmens nicht viel zu tun haben. Dazu gehört die Art, wie Forschung und Entwicklung in der Buchführung gehandhabt, wie Lagerbestände und unfertige Erzeugnisse bewertet und wie Geldflüsse, die aus den Investitionen und der Veräußerung von Investitionen resultieren, verwertet werden. Rolls-Royce ist das klassische Beispiel eines Unternehmens mit irreführenden Gewinnangaben, die durch die Handhabung der Forschungs- und Entwicklungsausgaben bedingt waren.

Der Präsident von International Harvester sagte einmal: »Das einzige, was Sie als Geschäftsmann tun müssen, ist, irgendein Zeug herstellen und es anderen mit Gewinn verkaufen.« Der Controller von Bethlehem Steel meinte: »Unser Geschäft ist nicht die Herstellung von Stahl, auch nicht der Schiffbau oder die Bauwirtschaft. Unser Geschäft ist Geldverdienen.«

So einfach, wie die beiden behaupten, ist es selbstverständlich nicht, doch beide Stellungnahmen betonen eindeutig den Geldfluß. Gewinnsteigerung heißt, den Geldfluß in das Unternehmen zu steigern und den Abfluß nach außen so weit als möglich zu reduzieren. Es geht nicht um die Maximierung des abstrakten Begriffes »Gewinn«, der zahllosen Sondereinflüssen unterworfen ist. Vielleicht sollten wir statt von Gewinnsteigerung von einer finanziellen Leistungssteigerung sprechen. Aber die meisten nennen es Gewinnsteigerung, daher wollen wir unter Beibehaltung der genannten Einwände bei diesem Begriff bleiben.

Faktoren, die die Gewinnsteigerung beeinflussen

Die drei Schlüsselfaktoren der Gewinnsteigerung sind Umsatz, Kosten und Effektivität.

Umsatz

Die Maximierung der Umsatzerlöse hängt in erster Linie von einem guten Marketing ab. Für Marketing gibt es zwei Ansätze. Der eine besteht in der Marktbewertung hinsichtlich dessen, was vorhandene und potentielle Konsumenten kaufen werden. Eine Analyse der bestehenden Bedürfnisse und Kaufmuster sowie möglicher zukünftiger Bedürfnisse muß vorgenommen werden. Der andere bewertet den Rahmen, der sich für die Schaffung von Bedürfnissen, die momentan nicht vorhanden sind, anbietet und für den neue Produkte oder Dienstleistungen entwickelt und angeboten werden können.
Ein Unternehmen kann seine Marktdurchdringung durch Marktentwicklung (neue Märkte für bestehende Produkte schaffen), Produktentwicklung (verbesserte oder neue Produkte für bestehende Märkte schaffen) und Diversifizierung (neue Produkte für neue Märkte schaffen) maximieren.
Gutes Marketing gewährleistet, daß das Unternehmen und seine Produkte dem Konsumenten durch Werbung, Verkaufspolitik und Öffentlichkeitsarbeit auf eine Weise vorgestellt werden, die die Umsatzerlöse optimal vorantreibt.
Schließlich sorgt gutes Marketing dafür, daß die Preise der Zahlungswilligkeit des Konsumenten entsprechen, wobei das Ziel die Maximierung der Beiträge zu den Gewinnen und den direkten

Kosten ist. Gewinnmaximierung heißt, das richtige Gleichgewicht zwischen hohen Margen und hohem Umsatzvolumen herzustellen.
Der Umsatz hängt also von gutem Marketing ab, aber er folgt nicht unmittelbar daraus. Eine gut ausgebildete, gut motivierte und gut gesteuerte Absatzorganisation ist ebenfalls ein entscheidender Faktor.
Der letzte, freilich oft vernachlässigte Faktor ist die Distribution. Die Effektivität von Marketing und Verkauf wird null und nichtig gemacht, wenn die Auftragsabwickelung ineffizient ist, wenn der Umschlag der Konsumentenaufträge zu lange dauert, wenn in bezug auf Geschwindigkeit, Zuverlässigkeit und Kosten die falschen Distributionskanäle verwendet werden oder wenn mit den Beschwerden der Kunden nicht entsprechend umgegangen wird.

Kosten

Eines der vielen weisen Dinge, die Peter Drucker sagte, lautete: »Kosten stehen alles in allem nicht für sich. Sie entstehen nur dann – zumindest ansatzweise –, wenn ein Ergebnis erzielt werden soll. Wichtig ist daher nicht das absolute Kostenniveau, sondern das Verhältnis zwischen Anstrengungen und Resultaten.«
Daher sollte der Ansatz zur Kostensenkung zwischen jenen Kosten, die Ergebnisse liefern, und jenen, die das nicht tun, unterscheiden. Undifferenzierte Angriffe auf sämtliche Kosten – der Zehn-Prozent-Kürzungs-Ansatz – sind konterproduktiv. Der selektive Grundansatz erfordert vielleicht zuweilen die Auffassung eines gesamten Bereiches, aber er ist in jedem Fall besser als die Serie marginaler Kostenreduktionen. Drucker meinte: »Es ist wenig sinnvoll, etwas billiger zu tun, wenn es gar nicht getan werden sollte.«

Effektivität

Effizienz alleine genügt nicht. Sie müssen effektiv sein: Es zählt nicht nur, Dinge richtig zu tun, sondern Sie müssen die richtigen Dinge tun.

Effektivität sollte in den folgenden Bereichen angestrebt werden:

- Produktivität – für weniger mehr zu bekommen, ob nun im Falle des Personals (Pro-Kopf-Leistung), des Kapitals (Rückfluß aus Investition) oder der Ausstattung (Output je Einheit).
- Finanzwesen – Kreditrahmen enger schnallen, uneinbringliche Schulden attackieren, Mengen- und Skontoregelung kontrollieren, Bargeldbestände optimieren und gleichzeitig bei Geldüberschüssen den bestmöglichen Zinssatz ausfindig machen sowie bei Kontoüberziehungen Zinsbelastungen auf ein Minimum reduzieren.
- Inventar – das gebundene Betriebskapital so gering zu halten, daß Kundenwünsche noch befriedigt werden können.
- Beschaffungswesen – den Lagerraum des Lieferanten in bestimmten Intervallen »auf Abruf« zu benutzen, um sich bei allen neuen oder zu erneuernden Verträgen den Wechsel auf kompetitivere Angebote vorzubehalten. Den Käufern sollte klar sein, wie sie ihren »Einfluß« auf günstigere Bedingungen geltend machen, der Versuchung, zu umfangreiche Bestellungen vorzunehmen, widerstehen, und sie sollten die Gewinnaufschlagspolitik genau kennen.

Ansatz zur Gewinnsteigerung

Die Gewinnsteigerung sollte ein fortlaufender Prozeß sein und nicht erst dann wahrgenommen werden, wenn eine Krise dies erzwingt. Analysieren Sie zunächst Ihre gegenwärtige Situation, und wenden Sie dabei die Checkliste an, die am Ende dieses Kapitels angeführt wird. Untersuchen Sie die gesamte Produktpalette für jeden einzelnen Markt, und bewerten Sie relative und potentielle

Rentabilität aller Produkte und Märkte. Versuchen Sie, jene ausfindig zu machen, deren Potential im Schwinden ist, sowie jene, die im Kommen sind. Überlegen Sie sich, welche Erleichterungs- oder Kürzungsmaßnahmen für verschwindende Produkte und Märkte zu treffen sind, aber auch, was zu unternehmen ist, um die Fortschritte im Kommen befindlicher Produkte und Märkte zu sichern bzw. zu beschleunigen.

Wenden Sie die *20/80-Regel (Pareto's Law)* an, um die 20 Prozent Ihrer Produkte/Märkte zu identifizieren, die 80 Prozent Ihrer Gewinne erzielen. Konzentrieren Sie sich auf die Effektivitätsmaximierung in 20 Prozent der Bereiche, die die größte Wirkung haben werden.

Identifizieren Sie betriebsinterne Faktoren, die für das Potential des Unternehmens hinderlich sind, und, um Drucker zu zitieren: »Machen Sie allseits gefürchtete Gefahren zu Gelegenheiten.« Bauen Sie auf Stärken und nicht auf Schwächen auf.

Blicken Sie als nächstes in die Zukunft. Fertigen Sie Trendprognosen an, antizipieren Sie Probleme, und, wann immer möglich, erneuern Sie dahingehend, daß Sie der Zukunft vorgreifen können, anstatt von ihr überrumpelt zu werden.

Doch vor allem halten Sie sich die Ergebnisse vor Augen, die William Hall in seiner einschlägigen Untersuchung herausfand. Hall beschäftigte sich eingehend mit 64 Firmen, um festzustellen, welche in einer feindseligen Umgebung die höchsten Überlebenschancen hätte. In einem Artikel im *Harvard Business Review* identifizierte er zwei Schlüsselfaktoren. Die besten Überlebenskünstler wären erstens jene, die ihre Produkte zum niedrigst möglichen Preis liefern, und/oder zweitens jene, die die »höchste Differentiationsposition« einnehmen. Das bedeutet, daß man Produkte anbietet, die der Konsument als eindeutig verschieden auffaßt, sowie, was noch viel wichtiger ist, respektiert und sich somit nicht veranlaßt fühlt, zur Konkurrenz überzugehen.

Gewinnsteigerungs-Checkliste

Betriebsanalyse

1. Analysieren Sie Ergebnisbereiche (Abteilungen, Märkte, Produkte) anhand ihres Gewinnbeitrages und der Kosten, die sie verursachen.
2. Bewerten Sie für jede Produktlinie oder für jedes Produkt auf jedem Markt die folgenden Aspekte:

(a) Inwieweit es blühend, statisch oder rückläufig ist,

(b) sein zukünftiges Potential, und zwar ausgehend von unterschiedlichen Annahmen bezüglich des Investitions- oder Kostenniveaus, das für Entwicklung oder Überleben entscheidend ist.

3. Stellen Sie die betrieblichen Leistungsergebnisse der Planung gegenüber, und erklären Sie Varianzen.
4. Analysieren Sie indirekte Kosten in Gegenüberstellung zum Plan und erklären Sie Abweichungen.
5. Bewerten Sie die Umsetzung der Entwicklungsvorhaben (Produkt und Markt) in Gegenüberstellung zum Plan, und erklären Sie Abweichungen.
6. Analysieren Sie Schlüsselkennzahlen im Finanzwesen (laufende und Trends), und etablieren Sie die Ursachen für Abweichungen von der Norm.
7. Führen Sie eine Budgetierung durch, die Zero-Base-Budgeting zur Grundlage hat, um alle wichtigen Aufwendungen zu rechtfertigen.
8. Beantworten Sie drei Schlüsselfragen:

(a) In welchem Geschäft sind wir?

(b) In welchem Geschäft sollten wir sein?

(c) In welchen Bereichen sind wir gut?

9. Bewerten Sie betriebliche Stärken und Schwächen in den Bereichen Organisation, Managementkönnen, Personal, Arbeitnehmer-Arbeitgeber-Beziehungen, Planung, Entwicklung, Marketing, Produktivität, Produktionsmethoden und -aus-

stattungen, Verwendung neuer Technologien, einschließlich Computer, Informationsstand im Management und finanzielle Kontrolle.

10. Bewerten Sie Gefahren und Opportunitäten:
(a) Externe, also Konkurrenz, Politik und Einschreiten seitens der Regierung, Markt- und Produktentwicklung, Inflation, Wechselkurs.
(b) Interne, also Personal, Innovationen, Systeme, finanzielle Mittel (einschließlich Cash-Flow).

Strategische Pläne

11. Bereiten Sie strategische Pläne vor, die:
(a) Gelegenheiten und Stärken nutzen, die aus der Betriebsanalyse hervorgehen,
(b) realistische Annahmen und Prognosen zukünftiger Trends zur Grundlage haben,
(c) den Geldaufwand berücksichtigen, der für die Finanzierung von Expansionsvorhaben sowie Produkt- und Marktentwicklung erforderlich ist.

Marketing

12. Finden Sie möglichst alles über vorhandene Konsumenten heraus: Kaufgewohnheiten, Neigungen und Abneigungen, Wunsch nach Veränderungen oder Verbesserungen bei Produkten oder Dienstleistungen.
13. Identifizieren Sie das Potential neuer Konsumenten: Was die Firma tun kann, um vorhandenen Bedürfnissen entgegenzukommen oder neue zu schaffen.
14. Segmentieren Sie den Markt dort, wo verschiedene Konsumenten angesprochen und Gewinne gemacht werden können.
15. Durchdringen Sie neue Märkte dort, wo es rentabel ist.

16. Überprüfen Sie die Kosteneffektivität der Werbe- und Förderungsaufwendungen. Setzen Sie Werbekampagnen neuerlich ein, und bauen Sie sie aus, wenn sie eindeutig zum Absatz beitragen.
17. Widmen Sie dem Warenhandel mehr Aufmerksamkeit: Verkaufsberatung für Einzelhändler/Vertreter, besondere Verkaufsförderung, Verfügbarmachung besserer POS-Systeme (point-of-sale).

Produktmix und Entwicklung

18. Rückverteilen Sie Ressourcen (Finanzwesen, Mitarbeiter, Produktion und Vertrieb) entsprechend zwischen Produkten, um den Investitionsrückfluß zu optimieren.
19. Maximieren Sie Produktrentabilität, indem Sie:
(a) Projekte mit hohem Kapitalaufwand und hohem Risiko kürzen,
(b) Produkte mit geringen Kosten und niedrigem Risiko weiterentwickeln,
(c) Kosten senken – Werbung, Verkaufsförderung, Verpackungsmaterial, Service oder Verkauf,
(d) Lagerbestände reduzieren,
(e) Preisnachlässe reduzieren,
(f) Preise anheben.
20. Entwickeln Sie neue Produkte oder Dienstleistungen, um definierten Marktbedürfnissen zu begegnen oder um neue Bedürfnisse zu schaffen.
21. Eliminieren Sie Produkte oder Märkte, die unrentabel sind.

Umsatz

22. Steigern Sie das Auftragsvolumen pro Vertreterbereich durch

bessere Außendienstkontrollen, Training und ein gezielteres Anreizsystem.

23. Konzentrieren Sie sich auf die Hauptkunden.
24. Eliminieren Sie unrentable Kunden.
25. Entwickeln Sie Konten mit hohen Volumen.
26. Verbessern Sie die Diskontstruktur.
27. Bieten Sie dem Konsumenten Anreize, umfangreichere Bestellungen zu machen oder den Firmenprodukten gegenüber loyal zu sein.
28. Verbessern Sie die Unterstützung für das Verkaufspersonal durch Werbung, Werbebriefe, Verkaufshilfen und direkte Rundschreiben.
29. Beschleunigen Sie die Stellungnahme zu etwaigen Kundenanfragen.

Distribution

30. Analysieren Sie Transportkosten, und gehen Sie auf wirtschaftlichere Methoden über.
31. Rationalisieren Sie die Lagerstruktur, um Lieferungen zu beschleunigen und Distributions- und Lagerkosten zu senken.
32. Reduzieren Sie die Anzahl der Vertriebsvehikel, indem Sie deren Kapazität und Lebensdauer anheben.
33. Führen Sie dort automatische Kommissioniermethoden ein, wo es der Investitionsrückfluß rechtfertigt.
34. Nutzen Sie den Lagerraum optimal aus.

Produktion

35. Wenden Sie exakte und rasche Untersuchungen an, um jene Bereiche zu identifizieren, wo der Output verbessert werden kann; z. B. durch die Eliminierung von Engpässen, unlogischen Arbeitsflüssen, ineffizienten Arbeitsplänen.

36. Wenden Sie Wertanalysetechniken an, um die Materialkosten zu senken.
37. Wenden Sie Inselfertigungstechniken an, um assoziierte Prozesse zu selbständigen und kontrollierten Arbeitseinheiten zu vereinigen.
38. Rationalisieren Sie das Produktdesign, damit mehr Teile austauschbar sind.
39. Sorgen Sie für Verarbeitungsmethoden, die dem Auftragsvolumen und den Prioritäten in der Betriebskapazität entsprechen.
40. Verbessern Sie die Betriebsauslastung und die vorhandene Produktionssteuerung, um für einen gleichmäßigen Arbeitsfluß, eine Rationalisierung der Aufgabenverteilung und eine Eliminierung von Verzögerungen auf Grund von Material-, Bestandteils- oder Werkzeugengpässen zu sorgen.
41. Revidieren Sie Designmaßstäbe und -toleranzgrenzen, um sie den Produktionsmöglichkeiten anzupassen.
42. Reduzieren Sie Verpackungs- und Ausschußquoten.
43. Steigern Sie die Maschinenauslastung.
44. Führen Sie Automatisierung (Mechanisierung) ein, wo es der Investitionsrückfluß rechtfertigt.

Einkauf

45. Machen Sie Ihren »Einfluß« geltend, um bessere Bedingungen zu erhalten (hüten Sie sich jedoch vor zu umfangreichen Bestellungen).
46. Finden Sie alternative, billigere oder zuverlässigere Lieferquellen.
47. Reservieren Sie Kapazitäten, falls ein echtes und prognostizierbares Bedürfnis vorhanden ist.
48. Plazieren Sie garantierte Aufträge im Austausch für Mengenpreise.
49. Zeigen Sie zu detaillierte Spezifikationen auf, und reduzieren

Sie sie auf ein Maß, das die gewünschte Qualität noch gewährleistet.

50. Lieferungen «auf Abruf« für regelmäßig benötigte Güter senken die Lagerkosten.
51. Verändern Sie das Produktdesign dahingehend, daß Standardteile eingekauft werden können.

Inventar

52. Gehen Sie bei den Bestellmengen wirtschaftlich vor, um ein Bestellpunktesystem zu erstellen, das Inventur-, Speditions-, Auftragsvorbereitungskosten und die Stücknachfrage berücksichtigt.
53. Führen Sie eine Materialbedarfsplanung (MRP = material requirements planning) durch, um dafür zu sorgen, daß die exakte Materialmenge lagernd ist bzw. rechtzeitig geliefert wird, um der Verkaufsnachfrage Rechnung zu tragen.
54. Nehmen Sie Computersysteme zu Hilfe, um den idealen Lagerbestand zu ermitteln, d. h. das gebundene Kapital bei Aufrechterhaltung der Mindestlagermengen zu reduzieren.
55. Verbessern Sie die Inventarinformation, damit rechtzeitig Schritte unternommen werden können, um die Bestände auf einen optimalen Niveau zu halten.

Kostensenkung

56. Erforschen Sie den Kostensenkungsrahmen in allen wichtigen Bereichen, in denen Kosten verursacht werden:

(a) Arbeitskosten – identifizieren Sie Überbesetzungen, vor allem in den Allgemeinen, Dienstleistungs- und Personalabteilungen.

(b) Fertigungskosten – rationalisieren Sie Produktionsmethoden, und reduzieren Sie Materialkosten.

(c) Verkaufskosten – Werbung, Verkaufsförderung, Öffentlichkeitsarbeit, Verpackungs- und Displaymaterial.
(d) Inventar – zu hohe Lagerbestände.
(e) Betrieb – Raum, Computer, Service, Werk und Ausstattung.

57. Wenden Sie die Zero-Base-Budgetierung sowie Organisations- und methodische Techniken an, um jede Aktivität, die in keinem direkten Zusammenhang mit der Produktion steht, zu analysieren. Stellen Sie fest, inwieweit jede einzelne wesentlich ist und inwieweit die Kosten gesenkt werden können, ohne eine signifikante Wirkung auf Produktivität und Betriebseffizienz zu haben.
58. Reduzieren Sie von der Firma verursachte Leerläufe, indem Sie folgende Dinge eliminieren:

(a) Unnötige Formulare,
(b) übertrieben komplizierte Schreibarbeiten,
(c) zu viele Führungsebenen,
(d) Verzögerungen im Entscheidungsprozeß auf Grund mangelhafter Autoritätsdelegation nach unten,
(e) Engpässe und ineffiziente Arbeitsflüsse.

59. Reduzieren Sie verschwenderische Praktiken seitens des Personals, z. B. Zeitvergeudung, Absentismus, übermäßige Benutzung der Firmenausstattung.

Produktivität

60. Sorgen Sie für die Einführung oder den Ausbau umfassender Methoden zur Produktivitätssteigerung.
61. Führen Sie Zeitstudien durch, um Maßstäbe zu entwickeln, bieten Sie bessere Kontrollinformationen, und verbessern Sie Methoden und Verfahrensweisen.
62. Führen Sie neue Technologien ein, die jedoch – ausgehend von einer Kosten/Nutzen-Grundlage – gerechtfertigt sein müssen.
63. Legen Sie Leistungsziele in der Produktivität fest.

64. Kaufen Sie sich mittels Produktivitätsvereinbarungen von restriktiven Praktiken los.

Mitarbeiter

65. Identifizieren Sie effektive Führungskräfte, und fördern Sie sie.
66. Identifizieren Sie uneffektive Führungskräfte, und ersetzen Sie sie.
67. Führen Sie Lohnschemata ein, die sich auf signifikante Weise auf die Motivation auswirken.
68. Fördern und schulen Sie die Motivationsfähigkeiten von Führungskräften und Vorgesetzten.
69. Verbessern Sie die Motivation, indem Sie die Organisation (mehr direktes und unmittelbares Management) und die Qualität des Arbeitslebens verbessern. Engagieren Sie die Angestellten in Produktivitäts- und Qualitätssteigerungsprogrammen.

Finanzwesen

70. Engen Sie den Kreditrahmen ein.
71. Legen Sie für Kapitalaufwendungen Prioritäten fest.
72. Nehmen Sie eine Reduktion der uneinbringlichen Schulden vor.
73. Halten Sie Zahlungen so lange zurück, solange dies von Ihren Gläubigern in Kauf genommen wird.
74. Analysieren Sie Schlüsselkennzahlen (z. B. Gewinne als Prozentsatz des Umsatzes und Cash-Flow im Verhältnis zu kurzfristigen Verbindlichkeiten), und sorgen Sie dafür, daß gegen widrige Tendenzen etwas unternommen wird.
75. Sorgen Sie dafür, daß Führungsinformationen, die die Aufrechterhaltung einer geeigneten Kontrolle über sämtliche Betriebsaspekte möglich machen, ehest möglich verfügbar sind.

Kapitel 45

BERICHTE SCHREIBEN

Die Fähigkeit, sich auf dem Papier klar auszudrücken und effektive Berichte zu schreiben, gehört zu den wichtigsten Funktionen einer Führungskraft. Zumeist werden Sie Ihre Ideen und Empfehlungen in Form von Berichten an Ihre Vorgesetzten und Kollegen weiterleiten, und auch über erzielte Fortschritte werden Sie sie in dieser Form informieren.

Ein guter Bericht – was setzt er voraus?

Sinn und Zweck eines Berichtes ist die Analyse und Begründung einer Situation sowie die Präsentation eines Vorhabens mit dem Ziel, Zustimmung dafür zu erhalten. Er sollte logisch, praktisch, überzeugend und kurz und bündig sein.

Um einen effektiven Bericht zu schreiben, beginnen Sie unter der Voraussetzung, daß Sie etwas Lohnenswertes zu sagen haben. Klares Denken (Kapitel 7), kreatives Denken (Kapitel 15), Problemlösung (Kapitel 42) und Fehlerbewältigung (Kapitel 50) sind durchwegs hilfreiche Techniken. Ihre Analyse von Ansichten und Fakten sowie Ihre Auswertung vorhandener Optionen sollten als Basis für positive Schlußfolgerungen und Empfehlungen dienen.

Für die Verfassung von Berichten gibt es drei Grundregeln:

- Verleihen Sie Ihrem Bericht einen logischen Aufbau.
- Der Wortlaut Ihrer Botschaft muß unmißverständlich sein.
- Denken Sie daran, wie wichtig eine gute und klare Materialpräsentation ist.

Aufbau

Ein Bericht sollte einen Anfang, einen Mittelteil und ein Ende haben. Wenn der Bericht ausführlich und kompliziert ist, ist eine Zusammenfassung der Schlußfolgerungen und Empfehlungen erforderlich. Es kann auch sein, daß Sie Anhänge mit detaillierten Informationen und Statistiken beifügen müssen.

Anfang

Ihre Einführung sollte folgende Dinge erklären: Warum der Bericht geschrieben wurde, seine Zielsetzungen, seine Aufgabenstellung und warum er gelesen werden sollte. Dann sollten die Informationsquellen genannt werden, auf die sich der Bericht stützt. Schließlich, falls der Bericht aus mehreren Abschnitten besteht, sollten Aufbau und Bezeichnungen der Abschnitte erklärt werden.

Mittelteil

Im mittleren Teil des Berichtes sollten Ihre Fakten und Ihre Faktenanalyse enthalten sein. Schlußfolgerungen und Empfehlungen, die am Ende zur Sprache kommen, sollten auf logische Weise aus dieser Analyse folgen. Eine der häufigsten Schwächen im Berichtwesen besteht darin, daß die Fakten zwingend natürlicherweise zu den Schlüssen hinführen; die andere ist, daß die Schlußfolgerungen von den Fakten nicht bestätigt werden.
Fassen Sie die Fakten und Ihre Beobachtungen zusammen. Wenn sie Alternativen ausfindig gemacht haben, führen Sie Für und Wider jeder einzelnen an, aber versäumen Sie nicht, Ihre eigene Präferenz klarzumachen. Lassen Sie Ihre Leser nicht im unklaren.
Ein typischer Fehlerbewältigungsbericht beginnt mit der Beschreibung der gegenwärtigen Situation; dann listet er Probleme und

Schwächen dieser Situation auf und geht dazu über, ihre Ursachen zu nennen.

Ende

Der abschließende Teil des Berichtes sollte Ihre Empfehlungen enthalten, wobei aus jeder hervorzugehen hat, wie sie zur Umsetzung des im Bericht enthaltenen Vorhabens bzw. zur Überwindung der aus den Analysen hervorgegangenen Schwächen beitragen wird.
Daraufhin sollten Nutzen und Kosten erklärt werden, die sich aus einer Durchführung der Empfehlungen ergeben würden. Der nächste Schritt gilt dem Vorschlag, wie vorzugehen sein wird – das vollständige Arbeitsprogramm einschließlich der Stichtage und der Namen der Mitarbeiter, die an der Durchführung beteiligt sein werden. Teilen Sie den Empfängern des Berichtes abschließend mit, welches Anliegen er an sie herantragen wird – etwa die Zustimmung zu Ihrem Vorhaben oder die Autorisierung der Aufwendungen.

Zusammenfassung

Bei ausführlichen oder komplizierten Berichten ist es ratsam, Schlußfolgerungen und Empfehlungen zusammenzufassen. Auf diese Weise sichert man sich die Konzentration des Lesers, und außerdem kann die Zusammenfassung bei der Präsentation oder Besprechung des Berichts als Agenda dienen. Querverweise von den einzelnen Punkten zu den relevanten Absätzen oder Abschnitten des Berichtes sind ebenfalls nützlich.

Unmißverständlicher Wortlaut

»Wenn Sprache nicht korrekt ist, dann vermittelt das Gesagte nicht das Gemeinte; wenn das Gesagte nicht das Gemeinte ist, dann bleibt, was zu tun ist, ungetan.« (Konfuzius)
Die Überschrift dieses Abschnittes stammt aus dem Buch »The Complete Plain Words« von Sir Ernest Gower. Jeder, dem das Verfassen von Berichten ein Anliegen ist, sollte dieses Buch gelesen haben. Gowers Empfehlungen, wie »Gemeintes« am besten und eindeutig vermittelt wird, aber auch wie eine übermäßige Inanspruchnahme des Lesers vermieden wird, lauten:

1. Verwenden Sie nicht mehr Worte, als für den Ausdruck Ihrer Botschaft notwendig sind, da Sie sonst die Bedeutung verzerren und den Leser ermüden. Verwenden Sie vor allem keine überflüssigen Adjektiva und Adverben, und unterlassen Sie Füllphrasen, wenn ein einziges Wort genügt.
2. Suchen Sie nicht nach weithergeholten Ausdrucksformen, wenn bekannte und übliche Ihre Botschaft ebenso gut zum Ausdruck bringen; denn ein vertrauter Wortlaut wird eher verstanden.
3. Seien Sie bei Ihrer Wortwahl präzise, und unterlassen Sie vage Ausdrucksformen; exakte Bezeichnungen werden der Eindeutigkeit Ihrer Botschaft einen besseren Dienst erweisen. Ziehen Sie abstrakte Worte konkreten vor, da sie präziser sind.

Wenn Sie diesen Punkten Folge leisten, kann Ihnen eigentlich nichts mißlingen.

Präsentation

Wie Sie Ihr Vorhaben präsentieren, ist ausschlaggebend für Wirkung und Wert Ihres Berichtes. Der Leser sollte in der Lage sein, Ihren Argumenten problemlos zu folgen, und nicht mit zu vielen Details auf einmal konfrontiert werden.
Absätze sollten kurz und jeweils auf ein Thema beschränkt sein.

Wenn Sie eine Reihe von Punkten auflisten oder hervorheben wollen, sollten Sie sie tabellarisch darstellen. Zum Beispiel:
Gehaltsrevision
Gehaltsrevisionen sollten unter Kontrolle gehalten werden, wobei den Führungskräften folgende Richtlinien zukommen sollten:

(a) eine maximale prozentmäßige Erhöhung der Gehaltssumme, durch die alle individuellen Gehaltserhöhungen abgedeckt werden müssen;
(b) einen maximalen Prozentsatz für individuelle Gehaltserhöhungen.

Absätze sollten für ein leichteres Zurechtfinden numeriert werden. Manche Menschen bevorzugen ein System, bei dem wichtige Abschnitte fortlaufend 1, 2 etc. und Unterabschnitte 1.1, 1.2 etc. und weitere Unterteilungen mit 1. 1. 1., 1. 1. 2 etc. numeriert werden. Das kann jedoch ungeschickt und verwirrend sein. Um Querverweise leichter herzustellen, ist es ratsam, nicht die Überschriften, sondern jeden Absatz mit 1, 2, 3 etc. fortlaufend zu numerieren; Unterabsätze oder Tabulatoren können mit 1(a), 1 (b), 1 (c) etc. und, falls erforderlich, weitere Unterabsätze mit 1 (a)(i), (ii), (iii) etc. fortgeschrieben werden.

Wenden Sie Überschriften an, um Ihren Lesern eine Vorstellung dessen zu vermitteln, was sie im Begriffe sind, zu lesen, und um ihnen zu helfen, sich im Bericht zurechtzufinden. Hauptüberschriften sollten sich in Blockbuchstaben von Zwischentiteln abheben.

Ein ausführlicher Bericht sollte mit einem Register abschließen, in dem die Haupt- und Untertitel sowie die Absatznummern, wie folgt, aufgelistet werden:

	Absätze
GEHALTSVERWALTUNG	83–92
Gehaltsstruktur	84–88
Arbeitsbewertung	89–90
Gehaltsrevisionen	91–92

Bei kürzeren Berichten ist es oft nützlich, bereits in der Einführung Überschriften und Absatznummern aufzulisten.

Ihr Bericht wird dann am effektivsten sein, wenn er kurz und bündig ist. Lesen Sie Ihren Entwurf mehrere Male durch, und streichen Sie überflüssiges Material und ungenaue Ausdrucksformen. Die entscheidenden Seiten Ihres Berichtes sollten nicht mit einer Unmenge von unverdaulichen Zahlen und Daten durcheinandergebracht werden. Fassen Sie die wichtigsten Statistiken in kompakten, übersichtlichen Tabellen mit klaren Überschriften zusammen. Sekundärmaterial sollte in einem Appendix aufgelistet werden.

Kapitel 46

DIE GESCHICHTE VOM ERFOLG – FIRMEN-FALLSTUDIEN

Hewlett-Packard

Hewlett-Packard ist ein außerordentlich erfolgreiches multinationales Unternehmen mit über 50 000 Beschäftigten, in dem Testgeräte, Computer, Rechenmaschinen, medizinische Ausstattungen und Festkörperbauelemente hergestellt werden. Es war eines der ersten Großunternehmen, das erkannte, welche Rolle Human Resource Management (HRM) bei der Gestaltung und Verstärkung einer Unternehmenskultur spielt.
Das HRM-Programm von Hewlett-Packard ging von den folgenden Zieldefinitionen und Strategien aus, die für eine Umsetzung erforderlich waren:

Ziel	Strategie für die Umsetzung
1. Gewinn	• Wachstumsfinanzierung mit rückfließenden Gewinnen. • Der Erlös aus dem Reinvermögen soll mit der Umsatzwachstumsrate ausgeglichen werden. • Langfristige Darlehen vermeiden.
2. Kunden	• Produktentwicklung, die von den Bedürfnissen und Anliegen der Kunden ausgeht. • Bei Produkten Qualitätsservice liefern. • Kunden-Input ableiten.
3. Interessensbereiche	• Wachstum durch zugeordnete Diversifizierung. • Innovativ sein.

	• Innovationsvorhaben prüfen, indem Möglichkeiten, wie Produkte hergestellt und vermarktet werden können, in Erwägung gezogen werden.
4. Wachstum	• Wachstum nur in bezug auf Gewinne und Entwicklungsfähigkeit neuer Produkte einschränken. • Hochkarätige Mitarbeiter einstellen. • Um Marktführung konkurrieren.
5. Unsere Mitarbeiter	• Beschäftigten Gelegenheit geben, am Gewinn teilzuhaben. • Hohe Fluktuation im Fertigungsplan vermeiden. • Die Angestellten anerkennen.
6. Management	• Management-by-Objectives. • Unabhängige Arbeit. • Dezentralisierte Organisation.
7. Bürgerliche Pflichten	• Gesellschaftsprobleme als Firmenanliegen. • Benachteiligte Gruppen einstellen und fördern.

Daraufhin wurden mehrere »kulturelle« Themen entwickelt und in Relation zu den Zielsetzungen gestellt. Die Themen lauteten:

1. Familiäre Atmosphäre. Alle Beschäftigten sollen das Gefühl haben, einer Betriebsfamilie anzugehören. Dezentralisierung und individuelle Freiheit sind wünschenswert, aber eine starke »Kultur« muß vorhanden sein, um der Diversifizierung neuerlich eine Einheit zu verleihen.
2. Der einzelne Mitarbeiter. Es wird anerkannt, daß der einzelne die Quelle aller Begeisterung, Initiative und Arbeit ist und ein Unternehmen zu dem macht, was es ist. Dem einzelnen Mitar-

beiter wird Vertrauen entgegengebracht und ein vernünftiger Grad an Selbständigkeit eingeräumt.
3. Interorganisatorische Zusammenarbeit. In einem derart diversifizierten Unternehmen ist die Zusammenarbeit zwischen den Einheiten und Funktionen entscheidend, um dem Konsumenten ein »einheitliches« Unternehmensbild zu bieten und eine erfolgreiche interne Integration zu ermöglichen.
4. Unternehmensgeist. Ein wesentliches Merkmal des Unternehmens ist Kreativität, die bei allen Mitarbeitern gefördert wird.
5. Führungsstil. Management muß das Vertrauen der Mitarbeiter haben, die Bedeutung des Kunden betonen und die Begeisterung fördern. Das erfordert die Aufhebung aller Barrieren zwischen Geschäftsleitung und dem übrigen Unternehmen.
6. Der Stolz von Hewlett-Packard. Die Angestellten müssen das Gefühl haben, bei einer wichtigen Sache eine wichtige Rolle zu spielen. Der Kunde muß daran glauben können, daß eine Firma von Stolz angetrieben wird. Die Arbeiterschaft muß einem Standard entsprechen, auf den alle stolz sein können.
7. Soziales Umfeld. Das Unternehmen ist der Gemeinde und der Gesellschaft verpflichtet.
8. Gewinn. In der Unternehmenskultur spielt das Streben nach Gewinn eine wichtige Rolle, da ein Gutteil seiner Strategie von den Gewinnen abhängig ist.

Das System, das zur Förderung dieser Themen oder Werte eingesetzt wurde, beinhaltet:

- eine Managementphilosophie der offenen Türen und »MBWA« – Management-by-Walking-Around,
- eine Betonung der Trainings- und Weiterbildungsmöglichkeiten,
- ein ergebnisorientiertes Zielsetzungssystem sowie eine Leistungsbewertung, die sich an diesen Zielen orientiert,
- ein großzügiges, jedoch faires Prämiensystem mit minimaler Bevorzugung des Managements.

IBM

Die Erfolge von IBM sind auf einen Hintergrund sorgfältig formulierter und anerkannter Grundsätze zurückzuführen. Diese lauten:

1. Respekt für den einzelnen – Würde und Rechte jedes einzelnen Unternehmensangehörigen.
2. Kundenbetreuung – das weltweit beste Kundenservice anbieten.
3. Perfektion – die Überzeugung, daß ein Unternehmen alle Aufgaben mit dem Ziel verfolgen sollte, sie besser als alle anderen zu verwirklichen.

Zu diesen Grundglaubenssätzen kommt eine Reihe fundamentaler Prinzipien hinzu, die der Geschäftsleitung von IBM als Leitfaden dienen:

- Die Geschäftsleitung muß eine intelligente, verantwortungsbewußte und fähige Linie verfolgen.
- Unseren Kunden muß das effizienteste und effektivste Service zur Verfügung gestellt werden.
- Unsere Technologie muß fortschrittlich sein, vorhandene Produkte müssen laufend verbessert und neue Produkte entwickelt werden.
- Die Fähigkeiten unserer Mitarbeiter müssen durch Weiterbildung gefördert werden, und sie müssen die Gelegenheit haben, aus ihrer Arbeit Befriedigung zu ziehen.
- Chancengleichheit muß für alle gegeben sein.
- Unsere Verpflichtung den Aktionären gegenüber muß durch adäquate Dividendenausschüttungen gewährleistet sein.
- Wir müssen zum Wohl der Gemeinde, in der sich unsere Anlagen befinden, beitragen.
- Unsere Verantwortung als Firmenmitglied der USA und aller anderen Nationen, in denen wir weltweit tätig sind, muß akzeptiert werden.

Honeywell: Luft-, Raumfahrt und Verteidigung (ADB)

1987 definierte die ADB-Division von Honeywell ihre Managementphilosophie in einer Stellungnahme, die den Namen »Our Way« trug:

»Wir sind der Ansicht, daß eine erfolgreiche Verwirklichung der ADB-Zielsetzungen sowie unserer eigenen persönlichen Ziele einen hohen Bewußtseinsgrad, Engagement und die Kooperationsbereitschaft aller erfordert.

Wir beabsichtigen, dies durch die Vorantreibung des gegenseitigen Vertrauens, durch ein hohes Maß an Selbstachtung sowie durch die Erstellung von Teamzielsetzungen, parallel zu hohen Leistungsmaßstäben und einer entschlossenen Verpflichtung höchsten Qualitätsmaßstäben gegenüber, zu erreichen.

Wesentlich dabei ist ein Arbeitsumfeld, das Offenheit, Erfüllung und die allseitige Nutzung aller einzigartigen Talente und Verantwortlichkeiten gestattet.

Auf diese Weise werden wir in der Lage sein, den Bedürfnissen unserer Kunden zu begegnen und uns selbst, unserem Unternehmen und unserer Gemeinde einen sinnvollen Dienst erweisen.«

Um diese Philosophie effektiv umzusetzen, wurde beschlossen, daß ein anwendungsbezogenes Forschungsprogramm erforderlich sei, mit dem die vielen, bereits vorhandenen Human-Resource-Aktivitäten in die strategische Geschäftsplanung des Unternehmens integriert werden sollten. Das Programm wurde gemeinsam mit einem anwendungsbezogenen Forschungsteam der University of Michigan, dem Noel Tichy vorstand, durchgeführt.

Die Forschung beleuchtete drei für die Entwicklung wesentliche strategische Bereiche:

1. Technik – Spitzenkräfte benötigten für die strategische ADB-Entwicklung Zustimmung.
2. Politik – Nachfolgefragen wurden zunehmend wichtiger. ADB benötigte einen besseren Ablauf der Nachfolgepolitik im Management.
3. Kultur – Die Kultur des Unternehmens stand nicht auf einer

Linie mit den Stellungnahmen in »Our Way«. Daher war »eine kulturelle Strategie erforderlich«. Außerdem wurden mehrere Aspekte des Human-Resource-Management-Zyklus (Selektion, Bewertung, Entlohnung sowie Training und Entwicklung) als besorgniserregend empfunden.

Das Handlungsprogramm, das für die Durchführung eines strategischen Ansatzes im Bereich Human-Resource-Management eingesetzt wurde, beinhaltete:

1. Strategische Veränderungen in der Planung. Der betriebsstrategische Planungsverlauf bei ADB mußte verbessert werden. Belange, die den Bereich Human Resource betrafen, sollten in die Formulierung der Strategie übernommen werden, und Aktivitäten im Bereich Human Resource sollten als Mittel für die Durchführung strategischer Maßnahmen betrachtet werden.
2. Veränderungen in der Human-Resource-Planung. Der Schlüssel für eine Veränderung in diesem Bereich bestand im Aufbau bereits vorhandener Stärken. Der Revisionsprozeß vorhandener Talente, der nur die obersten zehn Prozent umfaßte, sollte auf alle Schlüsselfunktionen ausgebaut werden. Die Manager sollte auf Grund der Revision folgende Bereiche mehrmals im Jahr überprüfen:
   - die Organisation ihres Aufgabenbereiches, um den strategischen Plan zu unterstützen,
   - ihre Bedürfnisse im Bereich Human Resource.
3. Entwicklung der Personalabteilungsbelegschaft. Die Mitarbeiter der Personalabteilung sollten viel mehr in den strategischen Planungsprozeß involviert werden.

Volvo (Niederlande)

Das Managementprogramm »Neuer Stil« wurde 1974 von Volvo in den Niederlanden eingeführt. Zehn Jahre später konnte nicht nur die Produktion verdoppelt werden, sondern auch, was viel wichtiger war, die Umsätze trotz eines buchstäblich unveränderten

Personalstandes. Das Herz des Programms bildete die Definition, die Volvo seinem Betrieb gab. Es ging nicht mehr ausschließlich um die reine Fahrzeugproduktion. Vielmehr wurde ein Modell mit Varianten produziert, das speziell auf die Führungskraft oder den professionellen Kunden abzielte, der ein gewisses Maß an Luxus, ein relativ »sportliches« Modell und eine hohe Qualität wünschte. Das lieferte das Motto für eine Kampagne, die an der Spitze ansetzte und die Indoktrinierung aller Beschäftigten – Manager und Fabriksarbeiter – zum Ziel hatte, wobei die Betonung auf einen hohen Qualitätsstandard und auf Output gelegt wurde. Der Prozeß bestand in einer kontinuierlichen Weiterbildung, verbunden mit klaren Definitionen, was von jedem einzelnen erwartet würde, sowie in der Bereitstellung zahlreicher Gelegenheiten, einen Beitrag zur Leistungssteigerung zu leisten.

Kapitel 47

DIE GESCHICHTE VOM ERFOLG – INDIVIDUELLE FALLSTUDIEN

Die folgenden vier Fälle illustrieren, wie einzelne Menschen in einer Organisation Bedingungen schaffen können, die einen Erfolg ermöglichen.

Harold S. Geneen

Siebzehn Jahre lang leitete Harold S. Geneen mit außerordentlichem Erfolg die International Telephone and Telegraph Company (ITT). Er faßte seine Geschäftsphilosophie in seinem Buch »Managing« mit drei Sätzen zusammen: »Sie lesen ein Buch vom Anfang bis zum Ende. Ein Betrieb wird entgegengesetzt geleitet. Sie beginnen mit dem Ende, und dann erfüllen Sie alle Bedingungen, um es zu erreichen.« Seine Schwerpunkte lagen auf den Zielsetzungen, und zwar von Quartal zu Quartal (einer seiner berühmtesten Aussprüche bei ITT lautete: »Von nun an gibt es keine Langzeitplanung mehr.«), sowie auf einer sorgfältigen Leistungsüberwachung mittels eines offenen Kommunikationssystems. Berichte über betriebliche Schlüsselunternehmungen wurden direkt an ihn geleitet, und gemeinsam mit dem jeweiligen Divisionsleiter revidierte er die Ergebnisse persönlich vor Ort.
Als er den Vorsitz übernahm, begann er zunächst mit der Umstrukturierung des Unternehmens von einer losen und sorglos geführten Holdinggesellschaft in eine integrierte, gut geführte Organisation. Um das zu verwirklichen, stellte er die besten Kräfte ein, die er finden konnte, bezahlte ihnen überdurchschnittliche Gehälter und erwartete entsprechende Leistungen. Er betonte die Notwendigkeit, die formale Struktur zu durchbrechen, damit die Führungskräfte der autonomen Tochtergesellschaften zu der Einstel-

lung gelangten, ITT sei »ein Unternehmen, ein Team, eine Gruppe von Führungskräften, die alle dieselbe Richtung einschlagen«.
Geneen zählte effektive Führung und die Unterstützung seitens der Unternehmensspitze zu den wichtigsten Prioritäten. Als sein Überwachungssystem eingeführt wurde, fühlten sich die Abteilungsleiter bedroht und reagierten mit Mißbilligung. Aber sie erkannten und akzeptierten das Faktum, daß das System dem Hauptquartier die Möglichkeit einräumte, ihnen bei der Verwirklichung ihrer Linienunternehmungen zu helfen; und daß sie im Falle eines Erfolges, ob nun mit oder ohne Hilfe des Hauptquartiers, volle Anerkennung für ihre Leistung erhalten würden. Geneen faßte seine Vorgangsweise mit folgenden Worten zusammen: »Das Klima wird vom Vorsitzenden kontrolliert.«

Lee Iacocca

Lee Iacocca wurde 1978 eingeladen, den Vorsitz von Chrysler zu übernehmen. Das Unternehmen befand sich in einer Krise, und er führte erfolgreich die Trendwende durch. Wie gelang ihm das? In seinen eigenen Worten: »Letztendlich können alle betrieblichen Unternehmungen auf drei Worte reduziert werden: Menschen, Ware und Rentabilität. Der Mensch steht im Mittelpunkt. Wenn Sie kein gutes Team haben, können Sie mit den anderen beiden Faktoren nicht viel anfangen.« Das sind schöne Worte, die wir auch schon von anderen Firmenvorsitzenden gehört haben. Was unterscheidet Iacocca von ihnen?
Er ist eindeutig ein Mensch, der sich selbst sehr gut kennt und über die Entschlußkraft verfügt, das zu erreichen, was er sich vorgenommen hat. Sein Ziel verwirklichte er jedoch mit Menschen. Seine erste Maßnahme galt dem Aufbau eines neuen Teams. Dies tat er, indem er einerseits Mitarbeiter einstellte, von denen er wußte, daß sie seinen Erwartungen entsprechen würden, und andererseits, indem er die Stärken all jener ausbaute, die bereits für

Chrysler arbeiteten und Fähigkeit bewiesen hatten. Dann entließ er all jene, die der neuen Organisation nicht entsprachen; das war zwar hart, ließ sich jedoch angesichts der Umstände nicht vermeiden. Sein nächster Schritt bestand darin, seinem neuen Team klarzumachen, was jeder für sich bzw. ihre Belegschaften zu tun hatten. Er führte ein vierteljährliches Revisionssystem ein, das ihm bereits bei Ford Motor Company gute Dienste erwiesen hatte. Seinen Schlüsselkräften stellte er drei grundsätzliche Fragen und beauftragte sie, bei ihren Schlüsselkräften dasselbe zu tun und dies bis ganz nach unten fortzusetzen. Sie lauteten:

1. Welche Ziele haben Sie für die nächsten 90 Tage?
2. Was sind Ihre Pläne, Prioritäten und Hoffnungen?
3. Wie beabsichtigen Sie, sie zu erreichen?

Alle drei Monate versammelte er seine Führungskräfte, um diese Fragen zu diskutieren und gemeinsame Lösungen zu finden. Das Ergebnis dieser Besprechungen wurde schriftlich festgehalten, wobei von dem Grundsatz ausgegangen wurde, daß die Disziplin, etwas niederzuschreiben, der erste Schritt zur Verwirklichung einer Sache sei.

Doch dieser Prozeß der Zielfestlegung und Revision wurde von Iacoccas Vision getragen, die er seinen Mitarbeitern mitgab. Für ihn ist Management »nichts anderes als die Motivation der Mitarbeiter«, und darin ist auch sein Erfolgsgeheimnis enthalten. Natürlich mußte er die richtigen Leute aussuchen – »die eifrigen Biber« – und ihnen einen entsprechenden Rahmen bieten. Über seine zwölf Spitzenmanager sagte er:

»Die Stärke dieser Manager besteht in ihrer Fähigkeit, zu delegieren und zu motivieren. Sie wissen, wie sie wichtige Punkte ausfindig machen und Prioritäten setzen. Sie gehören zu den Menschen, die sagen: ›Das können wir vergessen, denn das dauert zehn Jahre. Unsere momentane Aufgabe ist folgende . . .‹«

Ed Carlson

Ed Carlson führte bei United Airlines erfolgreich eine Trendwende herbei, indem er die folgenden Prinzipien des Human Resource Managements anwandte:

1. Menschenorientiert. Carlsons System reflektierte die Notwendigkeit, daß der Vorsitzende jeder Organisation seinen Mitarbeitern Respekt und Vertrauen entgegenbringen müsse, will er sie beeinflussen. Er teilte Chester Barnards Ansicht, daß die Angestellten die Entscheidungsautorität gewissermaßen nach oben an die Geschäftsleitung delegierten und auf diese Weise deren Recht legitimierten, untergeordneten Mitarbeitern Befehle zu erteilen.
2. Sichtbares Management. Der Eckpfeiler seines Systems war die Überzeugung, daß die Angestellten den Unternehmensvorsitzenden zu Gesicht bekommen müßten. Er nahm ein Programm für interne Öffentlichkeitsarbeit in Angriff, das die Mitarbeiter ermutigte, ein persönliches Gespräch mit ihm zu suchen und sich kein Blatt vor den Mund zu nehmen. Damit beabsichtigte er, seine Ziele den Angestellten selbst zu verkaufen. Er tat sein Bestes, um ein Problem aus der Welt zu schaffen, das er NETMA nannte (nobody tells me anything – mir sagt man nie etwas).
3. Dezentralisierung. Carlson dezentralisierte die Betriebe in drei Konkurrenzabteilungen. Aber zuvor lud er die Manager ein, die Pläne gründlich durchzuarbeiten, und sorgte auf diese Weise für ihren vollen Einsatz.
4. Basisnähe. Der Ansatz bestand in der Arbeit mit Menschen und nicht in der Erteilung von Befehlen. Der Nutzen eines Programms, seine Logik und Absichten mußten den Mitarbeitern verkauft werden.

   Carlson machte es sich zur Gewohnheit, die Ideen anderer kennenzulernen, indem er in formlosen, direkten Begegnungen die Ideen seiner Mitarbeiter in Erfahrung zu bringen suchte.

5. Eine Forderung nach Information. Carlson hatte eine Leidenschaft für Informationen, und bei United Airlines bestand der Schlüssel zur Durchführbarkeit von Entscheidungen nicht nur in der Auffindung von Fakten, sondern auch darin, daß bei der Interpretation dieser Fakten und möglichen Lösungen Einigkeit unter den Schlüsselkräften herrschte.
6. Partizipative Planung und Kontrolle. Ein sorgfältiges Planungs- und Kontrollsystem wurde eingeführt. Aber es galt als Mittel zur Förderung des Dialogs und nicht als bloßer Mechanismus.
7. Unterstützung für Spitzenkräfte. Carlson traute seinen Spitzenkräften. In seinem Führungskader strebte er absichtlich eine Vielfalt an Stilen und Ideen an. Einer seiner Topmanager erinnert sich: »Seine Mischung aus Druck und Lob machte Loyalität zum Imperativ. Er verzichtete auf Förmlichkeiten und war gleichzeitig kein Kumpel. Sein Einsatz war enorm, und er war an seinen Mitarbeitern interessiert, ohne überheblich zu werden. Er behandelte uns wie Kollegen oder Verbündete und nicht wie Angestellte.«
8. Zusammenhalt im Team. Carlsons Managementsystem war schließlich noch vom Konsens geprägt. Die meisten Entscheidungen auf höchster Ebene wurden in offenen Sitzungen getroffen.

John Harvey-Jones

John Harvey-Jones wurde 1982 zum Vorsitzenden von ICI ernannt. Er fand ein großes, freilich kränkelndes Unternehmen vor, das 1981 Gewinne vor Steuern von 325 Millionen Pfund verzeichnete. Als er 1987 in den Ruhestand ging, hinterließ er einen blühenden Betrieb, dessen Gewinne sich auf eine Milliarde Pfund beliefen. Der organisatorische Aufbau war lange nicht mehr so hierarchisch und bürokratisch, und das Unternehmen hatte gelernt, auf Veränderungen rascher zu reagieren.

Wie war ihm diese Trendwende gelungen? Seine Methoden können, wie folgt, zusammengefaßt werden:

- Die Organisation muß fähig sein, sich laufend zu erneuern.
- Kleine Einheiten können leichter geführt werden als große.
- Der einzelne Mitarbeiter zählt.

Management von Veränderung

ICI wurde von Veränderungen wie in einer Art Wasserfallwirkung durchdrungen. Der Vorstand gab das Tempo vor, und alle anderen übernahmen den Rhythmus. Jeder einzelne sollte seinen Platz in bezug auf das gesamte Unternehmen erkennen und davon ausgehend eine Vorstellung von seiner Aufgabe im Veränderungsprozeß erhalten. Damit wurde der Furcht vor Veränderung vorgegriffen und somit dem größten Bremsfaktor in der Verwirklichung von Ideen vorgegriffen. Harvey-Jones vertrat die Ansicht, daß »Menschen zuerst entscheiden müssen, was sie verändern wollen, dann muß man sie von der Angst vor Veränderung befreien, und schließlich müssen sie sehen können, wohin sie die Veränderung führen wird«.

Organisation

Die Organisation muß laufend adaptiert werden. Alle großen Organisationen tendieren zu einer schleichenden Zentralisierung und übermächtigen Bürokratie, wodurch Innovationen und Veränderungen behindert werden. Harvey-Jones näherte sich diesem Problem, indem er die feste Umklammerung seitens der Unternehmensspitze lockerte und den Menschen »geistigen Wachstumsraum« ermöglichte. Die Autorität der Entscheidungsfindung wurde an jene Leute delegiert, die kompetent waren. In seinen Worten: »Wie zum Teufel soll ich wissen, ob der Kollege in Indien sein Produkt ändern soll oder ob ein anderer in Australien seine Technologie erneuern soll? Niemand mag die Zentralisierung, denn sie macht den Menschen zur Maschine.«

Kontrolle

Dezentralisierung bedeutete freilich keinen Mangel an Kontrolle. »Obwohl wir den Betrieben die Freiheit gegeben haben, ihre eigenen Ziele zu verfolgen, sind die Kontrollen im Grunde viel strenger geworden. Unser Management richtet sich zwar nur nach wenigen Parametern, aber die sind dafür um so unbarmherziger.«

Führung

Harvey-Jones ist der Ansicht, daß Manager Überredungskünstler und Kommunikationsgenies sein müssen. Sie müssen dafür sorgen, daß ihre Belegschaften Dinge verstanden haben, und sie müssen ausreichend informiert sein, um sich ihr eigenes Urteil zu bilden. »Es ist nichts leichter, als auf der Brücke zu stehen und Befehle zu erteilen. Aber es wird gar nichts geschehen, wenn die Menschen nicht überzeugt sind, daß Sie das richtige tun. Ich will eine Föderation freier Menschen, die aus freiem Willen miteinander arbeiten, um einer sinnvollen sozialen Sache zu dienen.«

Führungsstil

Offenheit und Direktheit begannen die seit langem etablierte, jedoch übertrieben geführte Firma aufzurütteln und sie von ihren »Ritualen, Hierarchien und politischen Packeleien« zu befreien. Höflicher Konformismus wurde zugunsten einer »Toleranz für alles andere« abgeschafft.

Kapitel 48

TEAMAUFBAU

Ein Manager bringt einen Großteil seiner Zeit mit Teamführung und dem Umgang mit Menschen in Gruppen zu. Eine gute menschliche Zusammenarbeit ist mindestens ebenso entscheidend wie die Motivation einzelner.

Teamaufbau ist eine Frage des gegenseitigen Vertrauens innerhalb der Gruppe. Sie wollen ein Gefühl für die gegenseitige Abhängigkeit schaffen. In Ihrem Team sollen sich alle gleich verantwortlich fühlen, die vorgegebenen Ziele zu erreichen.

Menschen arbeiten nicht unbedingt gut zusammen. In allen Organisationen kommt es zu persönlichen Auseinandersetzungen und Rivalitäten zwischen den einzelnen Abteilungen. Darauf sollten Sie achten, denn auch der brillanteste Plan kann auf Grund solcher Gegebenheiten scheitern.

Nehmen wir an, ein intelligenter und einsatzfreudiger junger Marketingleiter wurde von einer britischen Firma importiert, um ein neues Produkt zu entwickeln und zu vermarkten. Er brachte eine Unmenge an Ideen sowie genügend Initiative und Engagement mit, um die kühnsten Träume einer Entwicklungsabteilung wahr zu machen. Aber er neigte dazu, in den Produktions-, Vertriebs- und Kundendienstabteilungen mit rücksichtsloser Härte vorzugehen, und war der Ansicht, sie hätten das zu tun, was man ihnen vorschrieb. Er nahm sie sich separat vor und machte sich niemals die Mühe, herauszufinden, ob es bezüglich seines Produktes irgendwelche Koordinationsprobleme zwischen den Abteilungen gebe. Das Ergebnis war, daß die Abteilungsleiter begannen, seine Bemühungen auf subtile Weise zu sabotieren. Belange, die alle etwas angingen, wurden einfach nicht besprochen – teils weil sie niemand dazu aufforderte und teils weil es ihre Rivalitäten und Mißverständnisse nicht zuließen. Das Projekt war trotz seiner bril-

lanten Konzeption zum Scheitern verurteilt, da sich der intelligente junge Manager weigerte, die Bedeutung des Teamaufbaues zu erkennen.
Die Firma lernte ihre Lektion. Als neuerlich ein Außenstehender eingestellt wurde, um ein neues Produkt einzuführen, wurde, noch bevor er einlangte, ein Team aufgebaut, dem Mitarbeiter aus den Produktions-, Vertriebs- und Kundendienstabteilungen angehörten. Sie leisteten die Vorarbeit und hatten bald das Gefühl, es handelte sich um ihr Projekt. Als der neue Manager mit seiner Arbeit begann, traf er auf ein enthusiastisches engagiertes Team. Die Zusammenarbeit war kein Problem, da sich auch der neue Mann im klaren war, wie wichtig ein Team war, das fest zusammenhielt.
Gute Teamarbeit ist wesentlich. Nicht unbedingt begrüßenswert ist jedoch das gleichzeitige Vorhandensein anderer Gruppen mit einem ähnlich starken Zusammenhalt. Für den effektiven Teamaufbau sollte man über Gruppenverhalten Bescheid wissen und darüber, wie sich eine effektive Gruppe zusammensetzt.

Gruppenverhalten

Formale und informelle Gruppen

In den späten 20er Jahren führte Elton Mayo in der Werkshalle von General Electric Hawthorne seine ersten Gruppenverhaltensstudien durch. Er definierte zwei Gruppentypen, die in einem Unternehmen auftreten können:

- Formale Gruppen, die vom Unternehmen eingesetzt werden, um einem bestimmten Zweck zu dienen, von dem die Unternehmensbedürfnisse profitieren sollen.
- Informelle Gruppen, die von den Mitgliedern des Unternehmens aus Affinitätsgründen aufgebaut werden und die primär den Bedürfnissen der Gruppenmitglieder dienen sollen.

Informelle Gruppen können dem Unternehmen nützen, doch sie können ihm ebenso schaden. Die Beschäftigten könnten zum Beispiel insgeheim beschließen, den Output zu drosseln, damit die Geschäftsleitung die Bonusauflagen nicht anhebt. In derarten Fällen schließen sich die Gruppenmitglieder gegen jeden »Akkordbrecher« zusammen.

Seit Mayos Tagen haben zahlreiche Untersuchungen diese Beobachtungen bestätigt. Und auch heute hat sich überall dort, wo Menschen zusammenarbeiten, nichts daran geändert.

Aus der Sicht der Geschäftsleitung haben etablierte informelle Gruppen den Vorteil, daß sie wichtige zusätzliche Kommunikationskanäle schaffen, zur Teamarbeit beitragen und soziale Bedürfnisse, die weder die Organisation noch der Teamleiter stillen könnten, erfolgreich befriedigen.

Die Nachteile, die sich daraus ergeben, sind die Überschreitung normaler Organisationskanäle und die Entwicklung von Normen und Verhaltensmustern, die mit den Zielen der Führungskraft nicht übereinstimmen.

Ideal wäre es, wenn formale und informelle Gruppierungen verbunden werden könnten, um sowohl die Unternehmensbedürfnisse als auch die individuellen Bedürfnisse zu befriedigen.

Die Eigenschaften etablierter Gruppen

Die wichtigsten Eigenschaften einer fest etablierten Gruppe (formal oder informell) sind folgende:

1. Sie hält zusammen – die Mitglieder der Gruppe bilden Außenseitern (denen zuweilen der Chef oder die Geschäftsleitung angehören) gegenüber eine einheitliche Front.
2. Die Mitglieder sind interdependent – sie verlassen sich auf die gegenseitige Unterstützung, um sowohl betriebliche als auch soziale Ziele zu verwirklichen.
3. Sie erstellt für die Gruppe eigene Vorgangsnormen, die ihren eigenen Bedürfnissen oder jenen der Organisation oder des Gruppenführers nicht entsprechen.
4. Die Mitglieder der Gruppe haben für gewöhnlich dieselben

Überzeugungen und Werte (die Gruppe entwickelt ihre eigene Ideologie), die mit jenen der Organisation oder des Chefs nicht unbedingt im Einklang stehen müssen.

5. Das Ganze ist besser als die Summe der Teile – ein fester Zusammenhalt, also die Gemeinschaftsleistung – kann mehr ausrichten als die Summe der Einflußnahmen seiner Mitglieder, würden sie jeder für sich arbeiten.

Bei Gruppen ist es wesentlich, sich das Statussystem näher anzuschauen, das in ihnen vorherrschen könnte. Wenn Sie sowohl die formale als auch informelle Hackordnung verstanden haben, werden Sie in einer besseren Position sein, um mit den gruppeninternen Problemen umzugehen.

William Whyte führte im Gastgewerbe eine interessante Statusstudie durch. Whyte zufolge hat jede Gruppe ein Statussystem. Die vielfältigen Arbeiten, in die die Gemeinschaftsleistung unterteilt ist, sind in den Augen der Arbeiter mit unterschiedlichen Prestigewerten verhaftet. Der Vorsitzende muß das Statussystem seiner Gruppe kennen, will er menschliche Beziehungsprobleme effektiv meistern.

Die Art, wie Whyte die Arbeit, die in der Küche des Mammoth Restaurants von einzelnen Gruppen verrichtet wurde, beschrieb, illustriert die komplizierten Faktoren, die ein organisiertes Statussystem bestimmen.

Er beobachtete zunächst, daß die Arbeitssituationen in der Küche von einem sozialen Rangsystem geprägt waren. An der Spitze dieser Hierarchie standen die Köche. Dort fanden sich auch die fachlich qualifiziertesten Kräfte und die höchsten Gehälter. Als nächstes kam die Salatstation, die ebenfalls mit Fertigspeisen von hohem Prestige zu tun hatte. An dritter Stelle in der Rangordnung befanden sich die Stationen für Geflügel- und Fleischvorbereitung. Die unteren Plätze wurden von den Geflügelköchen und Gemüsebereitern eingenommen. An letzter Stelle stand die Fischstation.

Die größeren Stationen hatten ein eigenes Statussystem. So gehörten etwa der Station, wo das Gemüse vorbereitet wurde, acht

Frauen an. Die Aufgaben der Frauen lauteten je nach Status wie folgt: Eins und Zwei kochten das Gemüse; Nummer Drei teilte ihre Arbeit zwischen Kochen und Vorbereiten auf; Nummer Vier war unter der Anleitung von Nummer Eins für die Vorbereitung zuständig und kochte gelegentlich; Fünf, Sechs, Sieben und Acht kochten nie. Dieses Statusmuster hatte sich auf Grund der formal definierten Arbeitsaufteilung (z. B. wer kocht und wer andere Pflichten ausübt) und aus persönlichen Gründen gebildet (Nummer Sieben und Acht waren bereits älter und verrichteten ihre Arbeit sitzend, wodurch die jüngeren Frauen die Möglichkeit hatten, die Arbeit zu organisieren und zu dirigieren).

Status beeinflußte die Zuteilung der einzelnen Gemüsesorten; die einzelnen Sorten, so hat es den Anschein, haben deutlich unterschiedliche soziale Rangordnungen. Dekorative und luxuriöse Sorten wie Petersil, Schnittlauch und Zeller standen an der Spitze. Stangenbohnen nahmen den höchsten Rang unter den gewöhnlichen Sorten ein, gefolgt von Spinat und Mohrrüben. Am unteren Ende befanden sich Kartoffeln, und die Vorbereitung der Zwiebel war auf Grund ihres Geruches die unbeliebteste Aufgabe.

Arbeitskräfte mit höherem Status arbeiteten durchwegs mit höherrangigen Gemüsesorten. Wenn alle Frauen eine Sorte bearbeiteten, waren es die höherrangigen Frauen, die die Endphasen im Verarbeitungsprozeß verrichteten (z. B. schnitten sie die bereits gesäuberten Mohrrüben). Auf diese Weise kamen sie der Spitze der sozialen Hackordnung näher und konnten die Arbeit früherer Phasen kritisieren.

Die Vorarbeiterin der Fischstation zählte zu den qualifiziertesten und wertvollsten Küchenkräften. Dennoch befand sich ihre Station am untersten Ende der Statushierarchie, da die anderen Arbeitskräfte fanden, die Fischstation stinke, sei schmutzig und müsse ein unangenehmer Arbeitsplatz sein.

Effektive Teams

Ein effektives Team hält zusammen, greift zu Selbsthilfe und kennt seinen Weg. Douglas McGregor beschrieb die wichtigsten Merkmale, die ein solches Team bezeichnen:

1. Für gewöhnlich herrscht eine formlose, angenehme und entspannte Atmosphäre.
2. Es kommt häufig zu Diskussionen, an denen anfangs alle teilnehmen, doch sie sind in der Regel immer für die Aufgabe der Gruppe relevant.
3. Die Aufgabe oder das Ziel der Gruppe wird von den Mitgliedern verstanden und akzeptiert. Dem gehen freie Diskussionen voran, bis das Ziel so formuliert ist, daß die Gruppenmitglieder in der Lage sind, sich dafür einzusetzen.
4. Die Mitglieder hören einander zu. Jeder Idee wird ein Hearing eingeräumt. Man hat nicht den Eindruck, als hätten die Mitglieder Angst, töricht dazustehen, wenn sie eine kreative Idee, und mag sie noch so extrem sein, präsentieren.
5. Es herrscht nicht immer Einklang. Meinungsverschiedenheiten werden nicht unterdrückt oder von voreiligen Gruppenbeschlüssen überstimmt. Die Gründe werden sorgfältig untersucht, und die Gruppe bemüht sich, den Dissidenten zu überzeugen, anstatt ihn zu dominieren.
6. Die meisten Entscheidungen werdem im Konsens getroffen, wobei klar sein muß, daß sich alle generell einig und bereit sind, mitzutun.
7. Kritik wird häufig, offen und auf angenehme Weise ausgesprochen. Es kommt kaum zu persönlichen Angriffen, weder in versteckter noch in offener Form.
8. Die Mitglieder drücken sowohl ihre Gefühle als auch ihre Ideen bezüglich gruppeninterner und betrieblicher Probleme frei aus.
9. Wenn etwas unternommen wird, werden die Aufgabenbereiche eindeutig zugeteilt und akzeptiert.

10. Weder dominiert der Gruppenführer die Gruppe, noch erlauben sich die Mitglieder ihm gegenüber Unverschämtheiten.

Diese Merkmale repräsentieren eine ideale Situation, die Sie wahrscheinlich anstreben, aber nur in den seltensten Fällen erreichen werden. Zuweilen werden Sie ohne die zeitaufwendigeren, wie Punkt 2, 6 und 8, ein Auskommen finden und sich mehr auf Punkt 3 und 9 konzentrieren müssen: »Aufgabe oder Ziel der Gruppe wird von den Mitgliedern verstanden und akzeptiert ... wenn etwas unternommen wird, sind die Aufgabenbereiche eindeutig zugeteilt und akzeptiert.«

Führung

Als Gruppenführer ist es Ihre Aufgabe, dafür zu sorgen, daß Ihre Gruppe, wenn es die Situation erfordert, die oben genannten Merkmale verkörpert. Die Rolle des Führers ist vor allem in Krisensituationen entscheidend, da er die Gruppe zu raschem Handeln veranlassen muß. Robert Hamblin von der University of Michigan führte eine interessante Laborstudie über die Auswirkungen einer Krise auf Teamführer durch.

Für das Experiment teilte er 72 Studenten in 24 Gruppen von jeweils drei Mitgliedern auf. Ihnen wurde aufgetragen, ein leicht verändertes Brettspiel dreißig Minuten lang zu spielen. Sie sollten die besonderen Spielregeln herausfinden und dafür verschiedene Vorgangsweisen ausprobieren. Bei jeder Regelverletzung würde ein rotes Licht, bei jedem erzielten Punkt ein grünes Licht aufleuchten.

Den Studenten wurde gesagt, man führe den Test durch, um ihre analytischen Fähigkeiten in einer doch eher komplizierten Situation auf die Probe zu stellen. Den Gruppen teilte man mit, daß sie mit Gymnasiasten wetteiferten, mit denen ein ähnliches Experiment durchgeführt worden sei, und daß die erzielten Punkte am Ende jeder der sechs fünfminütigen Spielphasen verglichen würden.

Jedesmal, wenn ein Spieler ein Verfahren vorschlug, mit dem die Regeln getestet werden könnten, erhielt er einen Punkt für seine »versuchte Einflußnahme«. Wurde der Vorschlag von der Gruppe akzeptiert, erhielt er einen Punkt für die »akzeptierte Einflußnahme«. Daraufhin wurden für jeden Spieler während jeder Spielphase zwei Maßstäbe errechnet: der Verhältniswert Einflußnahme und die Akzeptanzrate. Der Verhältniswert Einflußnahme war die Punktezahl für »versuchte Einflußnahme« jedes einzelnen, dividiert durch die durchschnittlichen »versuchten Einflußnahmen« der anderen beiden Gruppenmitglieder. Die Akzeptanzrate war der Anteil der »versuchten Einflußnahmen«, die akzeptiert wurden.

Am Ende der ersten drei Spielphasen hatte die durchschnittliche Gruppe einen Großteil der Spielregeln gelernt und genoß einen bequemen, wenn auch fiktiven Vorsprung gegenüber der Mittelschulkonkurrenz. Zu Beginn der vierten Spielphase wurden zwölf Gruppen mit einer »Krise« konfrontiert – die Regeln wurden ohne vorherige Bekanntgabe verändert. Verfahren, die zuvor noch gültig waren, waren auf einmal ungültig und umgekehrt. Sobald die Spieler eine neue Regel gelernt hatten, wurde sie erneut verändert. Den Mitgliedern der Krisengruppen gelang während der letzten drei Phasen kein einziger Punkt. Die übrigen zwölf Gruppen (Kontrollgruppen) spielten unter den ursprünglichen Regeln weiter.

Aus den Ergebnissen gingen zwei Dinge hervor. Erstens, Führer hatten in Krisenzeiten mehr Einfluß. Angesichts einer Krise wird der Führer von den Gruppenmitgliedern akzeptiert. Zweitens, eine Gruppe verweigert sich einem alten Führer und ersetzt ihn, wenn er sich der Krise nicht rasch und entschlossen entgegenstellt. Während von den zwölf Krisengruppen neun ihre Führer ersetzten, waren es bei den Kontrollgruppen nur drei.

Wie man sich Kooperation sichert

Die Mitglieder einer effektiven Gruppe kooperieren miteinander ebenso gut wie mit dem Teamführer.
Elton Mayo und viele andere Teamforscher demonstrierten, daß der Manager beachtlichen, wenn auch indirekten Einfluß ausüben kann, wenn er sich entsprechend für die Arbeit seines Teams und für die einzelnen Mitglieder interessiert. In seinen Hawthorne-Untersuchungen bewies Mayo, daß die Leistung einiger Teams aus dem einfachen Grund anstieg, weil sich die Forscher für die Arbeit der Mädchen interessierten:
»Da die Forscher die Mädchen um ihre Unterstützung und Kooperation baten, gaben sie ihnen das Gefühl von Wichtigkeit. Sie fühlten sich plötzlich nicht mehr wie austauschbare Maschinenteile, sondern einer echten Gruppe zugehörig, die dem Unternehmen bei der Lösunge eines Problems helfen möchte. Ein Gefühl von Stabilität und Zugehörigkeit war aufgekommen, und sie erkannten den Zweck ihrer Arbeit. Daher arbeiteten sie rascher und besser als jemals zuvor in ihrem Leben.«

Teamaufbau-Methoden

Um ein effektives Team aufzubauen, müssen Sie Ihre Führungsfähigkeiten aktivieren. Dabei ist es besonders wichtig, Ihrem Team zu beweisen, daß:

- Sie wissen, welches Ziel Ihr Team erreichen soll,
- Sie wissen, wie Ihr Team dorthin gelangen wird,
- Sie wissen, welche Leistungen Sie von jedem Teammitglied erwarten,
- Sie wissen, was Sie tun.

Ein Führungsansatz wie dieser schafft eine feste Grundlage, die Ihnen gestattet, sich auf die folgenden Dinge zu konzentrieren:

1. Fördern Sie die Teilnahme an der Ziel- und Aufgabenfestlegung.

2. Gruppieren Sie verwandte Bereiche, damit die Gruppenmitglieder wissen, daß sie ihre Arbeit leichter erledigen können, wenn sie mit den anderen kooperieren.
3. Führen Sie innerhalb der Gruppen ein Rotationssystem ein, damit sich die Mitglieder mit dem Team als Ganzes identifizieren und nicht nur mit ihrer eigenen Arbeit.
4. Sorgen Sie für einen freien Kommunikationsfluß innerhalb der einzelnen und zwischen den Gruppen.
5. Fördern Sie formlose Treffen zwischen den Gruppen, um Probleme zu lösen.

Kapitel 49

ZEITMANAGEMENT

»I wasted time, now doth time waste me« (Richard II.)

Angenommen Ihr Vorsitzender zieht Sie für eine besondere Aufgabe in Betracht, die zur Folge hätte, daß Sie ihm direkt unterstünden, Ihnen die Gelegenheit böte, strategische Fragen zu bearbeiten, Ihre Erfahrungswerte ausbaute und Sie vor aussichtsreiche Beförderungsmöglichkeiten stellte – würden Sie sie annehmen? Die Antwort wäre selbstverständlich »ja«. Würde man Ihnen jedoch mitteilen, daß Sie nur einen Tag in der Woche dafür aufbringen könnten und während der übrigen vier Tage Ihren laufenden Pflichten weiterhin nachgehen müßten – würden Sie die Arbeit immer noch annehmen? Selbstverständlich würden Sie das tun. Aber Sie müßten zugeben, daß Sie, vorausgesetzt, Sie teilen sich Ihre Zeit besser ein, die laufende Arbeit in vier Fünftel der Zeit, die Sie derzeit dafür aufbringen, erledigen müßten.
Um das eine Fünftel oder mehr wieder einzubringen, müßten Sie sich einen systematischen Ansatz überlegen, wie Sie Ihre Zeit einteilen werden. Als nächstes sollten Sie Ihre Arbeit besser organisieren und dafür sorgen, daß andere Ihnen helfen oder Sie zumindest nicht behindern.

Analyse

Zuallererst müssen Sie herausfinden, in welchen konkreten Bereichen Sie sich Ihre Zeit besser einteilen können.

Ihre Arbeit

Setzen Sie bei Ihrer eigenen Arbeit an – die Aufgaben, die in Ihren Verantwortungsbereich fallen, und die Ziele, die Sie zu erreichen haben. Versuchen Sie, eine Rangordnung an Prioritäten unter Ihren Aufgaben und Zielen zu etablieren.
Das wird um so schwieriger, je mehr Verantwortungen in Ihre Funktion fallen, die potentiell widersprüchlicher Natur sind. Hier ist das Beispiel eines Verwaltungsdirektors angebracht, in dessen Aufgabenbereich Eigentumsfragen ebenso fielen wie Bürodienste und Personalangelegenheiten. Er stieß ununterbrochen auf Probleme, die mit widersprüchlichen Prioritäten behaftet waren, und allzu oft mußte er sich am Ende des Tages eingestehen: »Ich habe meine Zeit verschwendet und so gut wie nichts erreicht.«
Er nahm sich einen Tag frei, um seine Lage zu durchdenken, und erkannte, daß er die Dinge zunächst weitläufig sehen müßte, bevor er ins Detail gehen konnte. Er dachte, wenn er in der Lage wäre, die relative Wichtigkeit seiner Zielsetzungen festzustellen, erhielte er auch ein besseres Bild von den Prioritäten unter seinen Aufgaben. Es wurde ihm bald klar, daß er als Verwalter primär für die Einführung und Aufrechterhaltung einwandfrei funktionierender Systeme zu sorgen hätte. Unter dieser Voraussetzung könnte er sich auf die Methode der vorbeugenden Wartung verlassen, um Probleme zu reduzieren. Im Falle einer Krise – in seiner Funktion nichts Ungewöhnliches – könnte er sich auf die Löscharbeiten im fraglichen Bereich konzentrieren, ohne ständig daran denken zu müssen, was in den anderen Bereichen vor sich ginge.
Daher nahm er sich als nächstes vor, genügend Zeit frei zu machen, um sich wichtigen Problemen zu widmen, damit er blitz-

schnell reagieren könnte. Er klassifizierte potentielle Problembereiche und traf eine Entscheidung, welche er ohne Risiko an andere delegieren und welche er selbst übernehmen müßte. Auf diese Weise war er in der Lage, Prioritäten zuzuteilen, sobald ein Problem auf seinem Schreibtisch landete, die ernst zu nehmenden, die er selbst in Angriff nehmen mußte, auszuwählen und gleichzeitig die Sicherheit zu haben, daß der Verwaltungsablauf nicht unterbrochen würde.

Wie Sie Ihre Zeit verbringen

Nachdem Sie Ihre Prioritäten festgestellt haben, sollten Sie nun eine Analyse vornehmen, womit Sie Ihre Zeit zubringen. Dadurch können Sie zeitaufwendige Tätigkeiten identifizieren, und Sie erhalten Hinweise auf Problembereiche und mögliche Lösungen.
Mit einem Tagebuch können Sie Ihren Zeitaufwand optimal analysieren. Tun Sie das eine Woche oder besser zwei bis drei Wochen lang, da eine Woche nicht unbedingt ein typisches Bild liefern muß. Teilen Sie den Tag in Abschnitte von jeweils 15 Minuten ein, und notieren Sie sich, was Sie während jeder Phase taten. Fassen Sie nach jedem Abschnitt zusammen, wie effektiv Sie Ihre Zeit nutzen konnten, und markieren Sie ihn zum Beispiel mit dem Buchstaben W für wertvoll, Z für zweifelhaft und S für sinnlos. Wenn Sie sich ein noch genaueres Urteil bilden möchten, können Sie die Bewertungen mit plus oder minus konkretisieren. Zum Beispiel:

Zeit	Aufgabe	Bewertung
9.00– 9.15	Post bearbeitet	W
9.15– 9.30	Post bearbeitet	W
9.30– 9.45	Verwaltungsproblem diskutiert	Z
9.45–10.00	Verwaltungsproblem diskutiert	Z
10.00–10.15	Konferenzteilnahme	S
10.15–10.30	Konferenzteilnahme	S

10.30–10.45	Konferenzteilnahme	S
10.45–11.00	Konferenzteilnahme	S

Analysieren Sie Ihre Zeit am Ende der Woche unter den folgenden Überschriften:

- Lesen.
- Schreiben.
- Diktieren.
- Telephonieren.
- Umgang mit Mitarbeitern (einzelne oder Gruppen).
- Teilnahme an Konferenzen.
- Reisen.
- Sonstiges (spezifizieren Sie).

Wenden Sie für die Analyse jeder Aktivität, die Sie unter diesen Überschriften eingehen, ebenfalls die WZS-Bewertung an.
Diese Analyse wird Sie informieren, wo die Schwächen Ihres Zeitmanagements verborgen sind. Sie können sich mit der Checkliste am Ende dieses Kapitels behelfen, um zeitaufwendige Praktiken, Probleme und mögliche Lösungen zu identifizieren.

Selbstorganisation

Diese Art der Analyse zeigt häufig die Schwächen auf, die in Ihrer Arbeitsplanung und Prioritätenfestlegung auftreten. Sie müssen die Aufgaben, zu denen Sie verpflichtet sind, einerseits mit der Zeit, die Ihnen dafür zur Verfügung steht, in Einklang bringen und andererseits in der Reihenfolge ihrer Vorrangigkeit behandeln.
Manche Menschen finden es schwierig, wenn nicht gar unmöglich, Ihre Arbeit im voraus zu planen. Sie meinen, dann am besten zu arbeiten, wenn sie schier unmögliche Stichtage einzuhalten haben. Unter Druck zu arbeiten, so ihr Credo, konzentriere die Gedanken auf wunderbare Weise. Für Journalisten mag das zutreffen.

Doch für gewöhnliche Sterbliche, die einer Vielfalt widersprüchlicher Druckmittel ausgesetzt sind, nützt es nichts, die Krise abzuwarten, um dem wachsenden Arbeitsberg zu entrinnen. Den meisten von uns nützt es ohne Zweifel mehr, Arbeiten, die unter außergewöhnlichem Druck verrichtet werden müssen, weitgehendst zu reduzieren. In diesem Sinne sollten wir der Organisation unseres Wochen- oder Tagesablaufes mehr Aufmerksamkeit widmen. Sie sollten sich zumindest ein Tagebuch für Langzeitplanungen zulegen, Ihre wöchentlichen Pflichten weitläufig organisieren und Ihren Tagesablauf mit größerer Genauigkeit planen.

Nutzen Ihres Tagebuches

Sie sollten sich zumindest einen Tag in der Woche frei halten, an dem Sie keine Konferenzen haben, und nicht jeden Tag mit Terminen verplanen. Mit anderen Worten, halten Sie sich Zeitblöcke für Planung, Denken, Lesen, Schreiben und den Umgang mit dem Unerwarteten frei.

Wöchentliche Einteilung

Nehmen Sie zu Beginn jeder Woche Ihr Tagebuch zur Hand und planen Sie Ihre Zeiteinteilung im voraus. Bewerten Sie jedes Projekt und jede Aufgabe, damit Sie die Prioritäten festlegen können. Lassen Sie Zeitblöcke frei, die Sie für die Erledigung der Korrespondenz und für die Zusammenkunft mit anderen benötigen. Versuchen Sie, falls das überhaupt möglich ist, sich einen Tag, oder zumindest einen halben Tag, freizuhalten.
Sollten Sie sich leichter tun, wenn Sie alles auf dem Papier stehen haben, zeichnen Sie ein Organisationsdiagramm für die Woche auf, und notieren Sie sich, was Sie jeden Morgen, Nachmittag und, wenn es sein muß, Abend zu tun beabsichtigen.

Tägliche Einteilung

Konsultieren Sie jeden Morgen Ihr Tagebuch, um Ihre Vorhaben und Pflichten festzustellen. Gehen Sie zum Vortag zurück, um zu sehen, was ausstehend ist. Sehen Sie in Ihrer Ablage nach, ob irgend etwas unerledigt und was neu hinzugekommen ist.
Dann schreiben Sie sich auf, was zu tun ist:

1. Konferenzen oder Interviews.
2. Telephongespräche.
3. Aufgaben entsprechend ihrer Prioritäten:
   A – muß heute getan werden,
   B – sollte bestenfalls heute, spätestens morgen erledigt sein,
   C – kann warten.

Planen Sie, wie Sie Ihre A- und B-Prioritäten am ehesten in Ihrem Arbeitstag unterbringen werden. Haken Sie erledigte Aufgaben ab. Bewahren Sie die Liste für den nächsten Tag auf.
Dafür ist es nicht erforderlich, ein Formular mit allen Einzelheiten zu entwerfen. Viele erfolgreiche Zeitmanager verwenden ein leeres Blatt Papier. Ein einfaches Formular, das sich zu diesem Zweck anbietet, wird im folgenden gezeigt.

	TAGESORGANISATION	Datum . . .
Konferenzen und Termine		
Ausschuß/Person	Wo	Wann
Anrufe		
Name	Grund	Wann
Erledigungen		
Aufgaben (nach Prioritäten)	Prioritätenfestlegung* A, B oder C	Ungefähre Zeiteinteilung

* A = muß heute erledigt werden, B = bestenfalls heute, C = später.

Die Arbeit anderer organisieren

Zuallererst müssen Sie sich selbst organisieren, aber andere Menschen können helfen, wenn Sie sie anleiten und fördern können. Dazu gehören Ihre Sekretärin, Ihr Chef, Kollegen, Mitarbeiter und auswärtige Kontakte.

Ihre Sekretärin

Eine Sekretärin kann eine ausgezeichnete Hilfe sein: sie kann die eingelangte Post in unmittelbar wichtige und weniger wichtige Erfordernisse einteilen; sie kann Ihre Termine Ihren Richtlinien entsprechend festlegen; sie kann unerwünschte Anrufer vertrösten; Telephongespräche unterbrechen; Routinekorrespondenzen und sogar weniger häufig anfallende Korrespondenzen übernehmen; Ihre Papiere sortieren und ordnen sowie ein Ablagesystem für einfache Zugänglichkeit anlegen; jemanden für Sie ans Telephon holen und so fort. Die Liste ist beinahe endlos. Jeder Chef wird zugeben, daß er ohne effiziente Sekretärin ganz schön in der Tinte säße.

Ihr Chef

Ihr Chef kann Ihre Zeit mit endlos langen Konferenzen, unnötigen Unterbrechungen, trivialen Anfragen und Kleinkram vergeuden. Womöglich können Sie gar nichts dagegen tun. Aber Sie können lernen, wie Sie ähnliches bei Ihren Mitarbeitern vermeiden.

In Ihrem eigenen Interesse können Sie die höfliche Beendigung langwieriger Diskussionen kultivieren. Sätze wie: »Ich hoffe, wir haben dieses Problem nun bereinigt. Ich werde Sie nicht länger aufhalten und mich an die Arbeit machen.« sind hilfreich. Und vielleicht können Sie ihm sogar auf subtile Weise vermitteln, daß er bessere Ergebnisse erhalten wird, wenn er Sie in Ruhe läßt. Das ist zwar schwierig, aber ein Versuch lohnt sich allemal.

Ihre Kollegen

Versuchen Sie, sie so weit zu erziehen, daß sie Sie nicht unnötigerweise unterbrechen. Verärgern Sie sie jedoch nicht, indem Sie sie aussperren, wenn sie eine dringende Angelegenheit mit Ihnen diskutieren möchten. Kann die Sache warten, vereinbaren Sie einen fixen Termin für später. Vermeiden Sie zu viele Freundlichkeiten am Telephon. Seien Sie energisch, aber nicht unhöflich.

Ihre Mitarbeiter

Mit Ihren Mitarbeitern werden Sie eine Menge Zeit sparen, wenn Sie systematisch delegieren. Sie werden sogar noch mehr Zeit sparen, wenn Ihre Delegation eindeutig ist und Sie sich klar dazu äußern, wie Sie etwas bis zu welchem Termin erledigt wissen wollen. Eine Politik der »offenen Türen« ist in der Theorie keine schlechte Idee, doch in der Praxis zeitverschwenderisch. Lernen Sie, wenn Sie gerade mit einer wichtigen Angelegenheit beschäftigt sind, »nein« zu sagen, sollte ein Mitarbeiter Sie sehen wollen. Aber vereinbaren Sie einen Zeitpunkt, wann er wiederkommen kann, und halten Sie sich daran.
Allgemeine Gespräche mit Ihrer Belegschaft über ihre Arbeit und sonstige Interessen können ein sinnvoller Zeitvertreib sein, wenn auf diese Weise gegenseitiges Verständnis und Respekt füreinander gefördert werden. Daher sollten Sie sich Zeit dafür nehmen und bereit sein, bei geschäftlichen Besprechungen generellere Dinge anzusprechen, falls sich die Gelegenheit dafür ergibt. Übertreiben Sie jedoch nicht.

Auswärtige Kontakte

Dieselben Regeln gelten für auswärtige Kontakte. Verhindern Sie, daß man Sie ohne vorherige Terminvereinbarung aufsucht. Bitten Sie Ihre Sekretärin, unerwünschte Telephonanrufe zu blockieren. Informieren Sie Ihre Kontaktpersonen, was Sie von ihnen erwarten und wann die Besprechungen stattfinden sollten.

ZEITKILLER-CHECKLISTE

Problem	Mögliche Behebung
AUFGABEN	
1. Arbeit, die sich türmt	• Prioritäten festlegen. • Stichtage festlegen. • Realistische Zeitschätzung vornehmen: – die meisten Menschen unterschätzen, – addieren Sie 20 Prozent zu Ihrer ersten Schätzung.
2. Zu viel auf einmal tun wollen	• Prioritäten festlegen. • Tun Sie eines nach dem anderen. • Lernen Sie, zu sich selbst und anderen nein zu sagen.
3. Sich mit zu vielen Einzelheiten aufhalten	• Mehr delegieren.
4. Unangenehme Aufgaben verschieben	• Zeitplan festlegen und sich daran halten. • Erledigen Sie unangenehme Aufgaben rasch – danach werden Sie sich besser fühlen.
5. Nicht genug Zeit, um nachzudenken	• Halten Sie sich Zeitblöcke frei – Teil des Tages oder der Woche –, um nachzudenken. Keine Schreibarbeit, keine Unterbrechungen.

MENSCHEN	
6. Dauernde Unterbrechungen durch Menschen, die Sie sehen wollen	• Sekretärin soll unerwünschte Besucher fernhalten. • Vereinbaren Sie Termine, und sorgen Sie dafür, daß sie eingehalten werden. • Reservieren Sie Zeitblöcke, wann Sie nicht unterbrochen werden wollen.
7. Dauernde Telefon-Unterbrechungen	• Sekretärin soll sich zwischenschalten und, wo geeignet, Anrufe umleiten. • Stellen Sie entschlossen fest, daß Sie zu einem günstigeren Zeitpunkt zurückrufen werden.
8. Zu viel Zeit, die für Gespräche verlorengeht	• Entscheiden Sie im voraus, was Sie mit einer Besprechung erreichen wollen, und schränken Sie Höflichkeitsfloskeln am Anfang und am Ende weitgehendst ein. • Konzentrieren Sie sich selbst und Ihren Gesprächspartner auf das Wesentliche – man läßt sich zu leicht ablenken. • Lernen Sie, wie Sie eine Besprechung rasch, aber höflich beenden.
SCHREIBARBEIT	
9. Mit einlangendem Papier überflutet	• Sekretärin soll drei Ordner anlegen: handle jetzt, handle später und Information. • Streichen Sie unnötige Informationen aus der Zirkulationsliste. • Bitten Sie nur um schriftliche Berichte oder Memos, wenn Sie sie auch wirklich brauchen. • Fördern Sie klare und kurzgefaßte Berichte und Informationsunterlagen.

	• Bitten Sie um Zusammenfassungen anstatt ganzer Berichte. • Besuchen Sie einen Schnellesekurs.
10. Zu viele Briefe/Memos müssen geschrieben oder diktiert werden	• Greifen Sie öfter zum Telefonhörer. • Vermeiden Sie individuelle Rückmeldungen. • Praktizieren Sie, »Ja/nein/müssen wir besprechen« auf die Memos zu schreiben, die Sie erhalten, und sie an den Absender zurückzuschicken.
11. Schreibarbeiten türmen sich	• Tun Sie es jetzt. • Halten Sie sich die erste halbe Stunde frei, um die dringlichste Korrespondenz zu bearbeiten. • Teilen Sie sich am Ende des Tages etwas Zeit ein, um weniger dringliche Schreiben zu erledigen. • Versuchen Sie, mindestens 90 Prozent der täglich auf Ihrem Schreibtisch anfallenden Arbeit zu erledigen.
12. Verlorene oder verlegte Papiere	• Arrangieren Sie oder veranlassen Sie Ihre Sekretärin, Papiere zu laufenden Projekten in leicht zugängliche Ordner abzulegen. • Lassen Sie keine Papiere in Ihrer Ablage liegen – leeren Sie sie täglich. • Führen Sie ein Ablage- und Rückgriffsystem ein, das Ihnen einen einfachen Zugriff auf die Papiere ermöglicht. • Sorgen Sie dafür, daß Ihre Sekretärin ein Korrespondenzbuch als letzte Rettung für verlegte Papiere führt. • Halten Sie Ihren Schreibtisch in Ordnung.

BESPRECHUNGEN

13. Zu viel Zeit für Besprechungen

- Wenn Sie eine Besprechung vereinbaren: vermeiden Sie regelmäßige Zusammenkünfte, wenn keine regelmäßigen Besprechungen erforderlich sind, überprüfen Sie alle Besprechungen und eliminieren Sie möglichst viele.
- Sorgen Sie dafür, daß man Sie nicht für einen Ausschuß einteilt, wenn Ihre Teilnahme nicht wesentlich ist oder jemand anderer ebenso geeignet ist.
- Als Vorsitzender: legen Sie der Dauer der Besprechung Grenzen auf; lassen Sie keine Unerheblichkeit und Wiederholung zu, erlauben Sie Diskussionen, aber bestehen Sie auf Fortschritten, einer logischen Tagesordnung und halten Sie sich daran.
- Als Teilnehmer: Reden Sie nicht der Rede zuliebe, vergeuden Sie keine Zeit mit besseren Argumenten oder einer Bestätigung Ihres Egos.

REISEN

14. Zu viel Zeit auf Reisen

- Verwenden Sie Telefon oder den Postweg.
- Schicken Sie jemand anderen.
- Fragen Sie sich jedesmal vor einer bevorstehenden Reise: »Ist sie wirklich notwendig?«
- Planen Sie den raschesten Weg – Flug, Zug oder Auto.

Kapitel 50

FEHLERBEWÄLTIGUNG

Manche Dinge werden mißlingen, das ist so sicher wie das Amen im Gebet. Man wird häufig an Sie herantreten, damit Sie in Ihrer Funktion als Führungskraft berichtigend einschreiten oder jemanden zur Verfügung stellen, der es an Ihrer Stelle tut.
»Trouble Shooting« oder Fehlerbewältigung erfordert die Fähigkeit, Diagnosen zu erstellen und Probleme adäquat einzuschätzen; außerdem das Know-how, um die richtige Lösung zu finden und zu entscheiden, wie sie durchzuführen ist; und schließlich die entsprechende Position, um die Lösung in die Tat umzusetzen. Drei Abläufe sind wesentlich:

- Planung der Kampagne,
- Diagnose,
- Therapie.

Planung der Kampagne

Auch wenn Sie sich gegen die Hinzuziehung von *Unternehmensberatern* entscheiden, sollten Sie dennoch einen Blick auf die Vorgangsweise dieser Berater werfen. Ein guter Unternehmensberater wird die folgenden Maßnahmen treffen:

- Analyse der gegenwärtigen Lage – was ist geschehen und warum?
- Entwicklung von Alternativlösungen.
- Entwicklung der geeignetsten Lösung, wobei Kosten und Nutzen ihrer Durchführung angegeben werden.
- Definition der Vorgangsweise – die Art der Durchführung und der Zeitraum, in dem sie erfolgen sollte, die Mitarbeiter, die dafür in Frage kommen, und die Ressourcen, die benötigt werden.

Wenn eine schrittweise Durchführung bevorzugt wird, werden die einzelnen Schritte definiert und ein Programm ausgearbeitet.

In der Planungsphase ist das wichtigste, daß eine Problemdefinition vorgenommen sowie Ziele und Aufgabenstellung geklärt werden. Ein definiertes Problem ist bereits zur Hälfte gelöst – wobei man die schwierigere Hälfte hinter sich gebracht hat. Geht man zudem analytisch vor, sollte alles übrige fast wie von selbst folgen. Sobald Sie das Problem erkannt haben, können Sie die Vorgangsweise festlegen und für die Analytiker, einschließlich Ihrer eigenen Person, eine Aufgabenstellung vornehmen. Die Aufgaben sollten so gestellt sein, daß jeder, der an der Problemlösung teilnimmt, genau weiß, was von wem getan wird und was bis wann erreicht werden soll. Es ist entscheidend, daß alle Beteiligten die Aufgabenstellung verstanden haben.

Der nächste Schritt ist, ein Fehlerbewältigungsprogramm zusammenzustellen. Vier Dinge müssen entschieden werden: Welche Informationen benötigen Sie, wo finden Sie sie, wie besorgen Sie sie sich, und wem soll sie zukommen. Fertigen sie eine Liste der erforderlichen Fakten an, aus der hervorgeht, welche Mitarbeiter sie verfügbar machen können. Denken Sie daran, daß Sie nicht nur mit Fakten zu tun haben werden, sondern auch mit Meinungen; alle verfügbaren Daten werden interpretiert. Stellen Sie auch eine Liste zusammen, auf der alle Mitarbeiter vermerkt sind, die eventuell wissen könnten, was geschehen ist und wo die Gründe dafür zu suchen sind, sowie all jener, die mit guten Ideen einen Beitrag leisten könnten, was als nächstes zu tun sei.

Dann stellen Sie Ihr Programm zusammen. Geben Sie rechtzeitig bekannt, daß Sie Informationen benötigen. Bereiten Sie die Mitarbeiter darauf vor, daß bestimmte Punkte diskutiert werden müssen und daß Sie von Ihnen erwarten, sich Gedanken zum Thema gemacht zu haben und über das erforderliche Beweismaterial zu verfügen.

Diagnose

Eine Diagnose zu erstellen bedeutet, das Symptom herauszufinden – »was« passiert – und dann die Ursachen zu analysieren – »warum« es passiert. Die Beweislage kann enorm umfangreich sein. Daher seziert der fähige Diagnostiker die Fakten, bis er alles, was für das Problem relevant ist, aussortiert hat und so weit vorgedrungen ist, daß die entscheidenden Fakten, die die Ursache des Problems aufzeigen und seine Lösung implizieren, klar hervorstechen.

Will man eine Diagnose erstellen, ist das Schlüsselelement die analytische Fähigkeit – die Fähigkeit, die Streu vom Weizen zu trennen. Fakten müssen ausfindig gemacht und einzeln einer kritischen Prüfung unterworfen werden, damit bezüglich ihrer Signifikanz keine Zweifel aufkommen können.

Solange Sie sich in der Diagnosephase befinden, dürfen Sie keinesfalls engstirnig vorgehen. Weder sollten Sie vorgefaßte Meinungen haben noch von den Ansichten anderer zu stark beeinflußt sein. Hören Sie zu und beobachten Sie, aber bilden Sie sich erst ein Urteil, wenn Sie alle Fakten ausfindig gemacht haben und sie den Ansichten gegenüberstellen können.

Gleichzeitig sollten Sie nichts unterlassen, das Ihnen das Interesse und die Unterstützung aller Beteiligten sichert. Auf diese Weise werden Sie natürliche Ängste und das Mißtrauen all jener überwinden, die unmittelbar mit dem Problem zu tun haben, und Ideen und Fakten ausfindig machen, die Ihnen sonst womöglich verborgen blieben.

Fehlerbewältigungs-Checkliste

Gehen Sie bei Ihrer Diagnose von einer Analyse all jener Faktoren aus, die zum Problem beigetragen haben könnten: Mitarbeiter, Systeme, Struktur und Umstände.

Mitarbeiter

1. Wurden Fehler gemacht? Wenn ja, warum? Liegt es daran, daß die Belegschaft an sich nicht geeignet ist, oder daran, daß sie schlecht geführt oder geschult wurde?
2. Wenn der Fehler beim Management liegt, ist die Ursache des Problems auf das System, die Struktur oder die Manager selbst zurückzuführen?
3. Wenn die Mitarbeiter ungeeignet sind, warum wurden sie dann ausgewählt?

Systeme

4. Inwieweit sind ungeeignete Systeme oder Verfahren für das Problem verantwortlich?
5. Liegt der Fehler bei den Systemen? Sind sie schlecht strukturiert oder gänzlich ungeeignet?
6. Oder liegt der Fehler bei den Mitarbeitern, die die Systeme betreiben oder steuern?

Struktur

7. Inwieweit hat die Unternehmens- oder Führungsstruktur zum Problem beigetragen?
8. Wissen die Mitarbeiter, was von ihnen erwartet wird?
9. Sind die Aktivitäten logisch gruppiert, so daß eine adäquate Kontrolle ausgeübt werden kann?
10. Sind sich Manager und Vorgesetzte ihrer Verantwortung zur Aufrechterhaltung der Kontrolle bewußt, und nehmen sie diese Verantwortung effektiv wahr?

Umstände

11. Inwieweit, wenn überhaupt, ist das Problem eine Folge der Umstände. Oder fällt nicht mehr in den Kontrollbereich der Beteiligten? Waren beispielsweise externe wirtschaftliche Auswirkungen oder eine veränderte Regierungspolitik ausschlaggebend?
12. Liegt der Grund im Falle externer Faktoren bei dem Versäumnis, diese Faktoren rechtzeitig zu erkennen oder rasch genug auf sie zu reagieren?
13. Wurden die entsprechenden Ressourcen (Mitarbeiter, Geld und Material) verfügbar gemacht, und wenn nicht, warum nicht?

Heilung

Die Diagnose sollte zur Gesundung führen. Wahrscheinlich müssen Sie mehrere Problemlösungen ausarbeiten. Nur selten gibt es »eine optimale Lösung« oder nur eine mögliche Wahl. Sie müssen Ihre Möglichkeiten so lange eingrenzen, bis Sie zu einer Lösung gelangen, die im Vergleich zu allen anderen die beste ist.
Auf Grund der Diagnose sollten Sie nun wissen, ob das Problem von den Mitarbeitern, Systemen, strukturellen Bedingungen oder den Umständen verursacht wurde. Die Ursache kann ohne weiteres menschliches Versagen sein. In diesem Fall sollten Sie Ihre Kritik nicht undifferenziert vorbringen. Ihre Aufgabe ist es, konstruktiv zu sein; Sie wollen Ihre Mitarbeiter weiterentwickeln und nicht zerstören.
Seien Sie auch nicht zu theoretisch. Berücksichtigen Sie die Umstände – einschließlich der Fähigkeiten jener Mitarbeiter, die Ihnen nun bei der Problemlösung zur Hand gehen sollen. Falls Sie diesbezüglich Zweifel haben, sollten Sie sich überlegen, wen Sie von auswärts für eine effektive Durchführung beiziehen können. Eine praxisbezogene Empfehlung ist insofern wichtig, als sie den

Ressourcen entsprechen muß, die rasch und innerhalb eines akzeptablen Zeitraumes verfügbar gemacht werden können.
Sie müssen nicht nur klären, was zu tun ist, sondern »wie« es getan werden soll. Nehmen Sie eine Kosten/Nutzen-Aufstellung vor, und beweisen Sie, inwieweit der Nutzen die Kosten überwiegt. Ressourcen müssen zugeteilt, ein Zeitplan erstellt und vor allem bestimmte Verantwortungen übertragen werden, damit die Arbeit erledigt wird. Ihre Empfehlungen müssen realistisch sein, da eine reibungslose Durchführung entscheidend ist und nicht mehr Zeit oder Geld beanspruchen sollte, als die Resultate rechtfertigen würden.
Gehen Sie umsichtig vor, wenn Sie einzelne Mitarbeiter verantwortlich machen. Manche mögen wirklich ungeeignet sein und müssen ersetzt werden. Andere könnten jedoch die Opfer eines unzureichenden Managements, schlechten Trainings oder von Umständen sein, die sich ihrer Beeinflussung entziehen. Ihre Hilfe kann sich für die Fehlerbewältigung als wesentlich erweisen. Es ist jedenfalls nicht ratsam, ihr Vertrauen oder ihre Hilfsbereitschaft zunichte zu machen.

Die Einstellung von Unternehmensberatern

Wie wir bereits wissen, wurde ein Unternehmensberater als der Mann mit dem Aktenkoffer beschrieben bzw. verteufelt, der hunderte Kilometer von zu Hause entfernt ist. Robert Townsend ging sogar noch weiter, als er von den Beratern behauptete, sie seien Menschen, »die sich Ihre Uhr ausborgen, um Ihnen zu sagen, wie spät es ist, und sich dann mit Ihrer Uhr auf und davon machen«. Unternehmensberater aus reiner Verzweiflung einzustellen, kann tatsächlich ein kostspieliges und zeitverschwenderisches Unterfangen sein. Aber ihr Nutzen ist auch nicht immer von der Hand zu weisen, da sie Diagnoseerfahrung und Unterlagen mitbringen und eine Zusatzhilfe darstellen, wenn die geeigneten Leute im Unternehmen nicht vorhanden sind. Außerdem haben sie als dritte Par-

tei oft genügend Distanz, um Ideen frei zu setzen, die in einem Unternehmen leider viel zu oft auf Grund von strukturellen oder führungsbedingten Hindernissen verborgen bleiben.
Es gibt jedoch eine Reihe von Regeln, an die Sie sich halten sollten, sobald Sie eine Unternehmensberatung in Erwägung ziehen.

DIE RICHTIGE VORGANGSWEISE

Besorgen Sie sich die Offerten mehrerer Beratungsfirmen, und vergleichen Sie nicht nur ihre Honorare, sondern auch ob sie über die für Ihr Problem erforderlichen Unterlagen verfügen und praktische Vorschläge machen können, wie Ihr Problem zu beheben sein wird.
Überprüfen Sie die Erfahrung der Firma, aber vor allem des Konsulenten, der die Aufgabe durchführen wird.
Informieren Sie die Firma mit aller Sorgfalt über die Aufgabenstellung.
Besorgen Sie sich eine klare Stellungnahme zum vorgeschlagenen Programm, zu den voraussichtlichen Gesamtkosten (Honorare plus Fremdkosten) sowie wer das Programm tatsächlich durchführen wird.
Vereinbaren Sie ein Treffen mit dem zuständigen Konsulenten, und machen Sie sich ein Bild von seinen Fähigkeiten.
Bestehen Sie auf regelmäßigen Fortschrittssitzungen.
Sorgen Sie dafür, daß man Ihnen eine praktische Lösung anbietet, die Sie entweder selbst oder mit minimaler zusätzlicher Hilfe durchführen können.

DIE FALSCHE VORGANGSWEISE

Sich von einem glatten Vorsitzenden, der in erster Linie versucht, ein gutes Geschäft zu machen, einwickeln zu lassen.
Sich an eine große Firma zu wenden, nur weil sie einen guten Ruf hat. Das heißt noch lange nicht, daß sie über die Unterlagen verfügen, die Sie benötigen.
Jeden beliebigen Konsulenten zu akzeptieren, der sich anbietet. Viele arbeitslose Manager haben sich als Konsulenten etabliert,

ohne auch nur die geringste Ahnung davon zu haben, wie man das eigentlich macht. Ein effektiver Konsulent verfügt über eine Reihe von Fähigkeiten. Britische Firmen haben die Möglichkeit, zu überprüfen, ob die Firma Mitglied der Management Consultants Association ist oder ob der Vorsitzende dem Institute of Management Consultants angehört. Diese Verbände garantieren den professionellen Status.

Dem Konsulenten zu erlauben, das Programm ohne vorherige Besprechung zu ändern.

Den Konsulenten zu lange sich selbst zu überlassen. Halten Sie den Kontakt aufrecht. Beauftragen Sie einen Ihrer Mitarbeiter, als Verbindungsmann oder Assistent zu fungieren.

BIBLIOGRAPHIE

Diese Bibliographie enthält, Kapitel für Kapitel, die wichtigsten Nachschlagewerke und andere themenrelevante Veröffentlichungen.
** verweist auf jene Werke, die vom Autor als wesentlich erachtet werden.
* verweist auf Werke, die besonders interessant sind.

Einführung. Allgemeine Management-Texte

Armstrong, Michael, »A Handbook of Management Techniques«, * Kogan Page, London 1986.
Brech, E. F. L. »The Principles and Practice of Management«, Longman, London 1975.
Child, John, »Organization: A Guide to Problems and Practice«, Harper & Row, London 1977.
Dale, Ernest, »Management Theory and Practice«, * McGraw-Hill, New York 1978.
Drucker, Peter, »The Effective Executive«, ** Heinemann, London 1962.
Drucker, Peter, »Managing for Results«, ** Heinemann, London 1963.
Hooper, Sir Frederick, »Management Survey«, Penguin Books, Harmondsworth 1960.
Kelly, F. J. and H. M., »What They Really Teach You at the Harvard Business School«, Warner Books, New York 1986.
McCormack, Mark H., »What They Don't Teach You at the Harvard Business School«, ** Collins, London 1984.
Stewart, Rosemary, »The Reality of Management«, ** Heinemann, London 1963.
Winckles, Kenneth, »The Practice of Successful Business Management«, * Kogan Page, London 1986.
»The Gower Handbook of Management«, Gower, London 1983.
»The Manager's Handbook«, Arthur Young & Co, Sphere Books, London 1986.
»International Dictionary of Management«, * Kogan Page, London 1986.

Kapitel 1

Grove, Andrew S., »High Output Management«, Random House, New York 1983.
McClelland, David C., »The Achieving Society«, Van Nostrand, New York 1961.
McGregor, Douglas, »The Human Side of Enterprise«, ** McGraw-Hill, New York 1960.
Townsend, Robert, »Up the Organization«, ** Michael Joseph, London 1970.

Kapitel 2

Drucker, Peter, »The Practice of Management«, ** Heinemann, London 1955.

Levinson, Harry, »Appraisal of what Performance?« Harvard Business Review, July-August 1976.

Kapitel 3

Back, Ken & Kate, »Assertiveness at Work«, McGraw-Hill, Maidenhead 1982.

Kapitel 5

Heller, Robert, »The Business of Success«, * Barrie & Jenkins, London 1982.
Heller, Robert, »The Naked Manager«, * Barrie & Jenkins, London1972.
Heller, Robert, »The New Naked Manager«, ** Hodder & Stoughton 1985.

Kapitel 6

Sloan, Alfred P. Jnr., »My Years With General Motors«, Pan Books, London 1967.
Woodward, Joan, »Resistance to change«, Management International Review, Vol.8, 1968.

Kapitel 7

De Bono, Edward, »Lateral Thinking for Managers«, * McGraw-Hill, London 1971.
Stebbing, Susan, »Thinking to Some Purpose«, * Penguin Books, Harmondsworth 1959.

Kapitel 9

Blake, R. R., Shephard, H. A., Mouton, J. S., »Managing Intergroup Conflict in Industry«, Gulf, Houston 1964.
Follett, Mary Parker, »Creative Experience«, * Longmanns Green, New York 1924.

Kapitel 10

Taylor, F. W., »Principles of Scientific Management«, Harper, New York 1911.

Kapitel 11

Carlson, Sune, »Executive Behaviour: A Study of the Work Load and the Working Methods of Managing Directors«, Strombergs, Stockholm 1951.
Urwick, L F, »The Elements of Administration«, Pitman, London 1947.

Kapitel 12

Maccoby, Michael, »The Gamesman«, Bantam 1978.
Hickman, Craig R., and Silva, Michael A., »Creating Excellence«, * George Allen & Unwin, London 1984.

Kapitel 15

Koestler, Arthur, »The Act of Creation«, Hutchinson, London 1964.

Kapitel 16

Bell, Coral, »The Conventions of Crisis«, Oxford University Press 1971.

Kapitel 17

Drucker, Peter, »Innovation and Entrepreneurship«, Heinemann, London 1985.

Kapitel 19

Reddin, W. J., »Managerial Effectiveness«, McGraw-Hill, London 1970.

Kapitel 20

Gilder, George, »The Spirit of Enterprise«, ** Simon and Schuster, New York 1984.
Pinchot, Gifford, »Intrapreneuring«, * Harper & Row, New York 1985.

Kapitel 21

Goldsmith, Walter, and Clutterbuck, David, »The Winning Streak«, * Weidenfeld and Nicolson, London 1984.
Heller, Robert, »The Business of Success«, Sidgwick & Jackson, London 1982.
Pascale, Richard, and Athos, Anthony, »The Art of Japanese Management«, ** Simon & Schuster, New York 1981.
Peters, Tom, and Waterman, Robert, »In Search of Excellence«, ** Harper & Row, New York 1982.

Kapitel 23

Dixon, Norman F., »On the Psychology of Military Incompetence«, Futura, London 1970.
Peter, Lawrence J., »The Peter Principle«, Allen & Unwin, London 1972.
Peter, Lawrence J., »Why Things Go Wrong«, * George Allen & Unwin, London 1985.

Kapitel 27

Adair, John, »Action Centered Leadership«, McGraw-Hill, London 1974.
Adair, John, »Effective Leadership«, ** Gower, Aldershot, 1983.
Blanchard, K, and Zigmami, P. and D., »Leadership and the One Minute Manager«, * Willow Books, London 1986.
Fielder, F. E. A., »Theory of Leadership Effectiveness«, McGraw-Hill, New York 1967.
Halpin, A. W., and Winer, B. J. A., »Factorial Study of the Leader Behaviour Description«, Ohio State University 1957.

Jay, Antony, »Management and Machiavelli«, ** Hodder & Stoughton, London 1967.
Mant, Alistair, »Leaders We Deserve«, * Martin Robertson, Oxford 1983.
Secretan, Lance, »Managerial Moxie«, Kogan Page, London 1986.

Kapitel 28

Tannenbaum, R, and Schmidth, W. H., »How to Choose a Leadership Pattern«, ** Harvard Business Review, May-June 1973.

Kapitel 30

Heller, Robert, »The Naked Market«, Sidgwick & Jackson, London 1984.
Kotler, Philip, »Priniciples of Marketing«, Prentice-Hall, Englewood Cliffs 1983.
Levitt, Theodore, »The Marketing Imagination«, ** The Free Press, New York 1983.

Kapitel 31

Parkinson, C. Northcote, »Parkinson's Law«, ** Murray, London 1958.
Seekings, David, »How to Organize Effective Conferences and Meetings«, * Kogan Page, London 1984.

Kapitel 33

Blanchard, S., and Johnson, S., »The One Minute Manager«, ** Willow Books, London 1983.
Guest, David, »What's New in Motivation?«, ** Personnel Management, May 1984.
Herzberg, Frederick, »The motivation-hygiene theory«, * in Management and Motivation (eds Vroom and Deci), Penguin Books, Harmondsworth 1970.
Lawler, E. E., and Porter, L., »Antecedent attitudes of effective managerial performance«, * in Management and Motivation (eds Vroom and Deci), Penguin Books, Harmondsworth 1970.
Maslow, A. H., »A theory of human motivation«, * in Management and Motivation (eds Vroom and Deci), Penguin Books, Harmondsworth 1970.
Vroom, Victor H., »The nature of the relationship between motivation and performance«, * in Management and Motivation (eds Vroom and Deci), Penguin Books, Harmondsworth 1970.

Kapitel 34

Winkler, John, »Bargaining for Results«, Heinemann, London 1981.

Kapitel 36

Burns, T., and Stalker, G. M., »Management of Innovation«, * Tavistock, London 1957.

Croome, Honor, »The Human Problems of Innovation«, * Problems of Progress in Industry, No 5, HMSO, 1960.

Kapitel 40

Kotter, John P., »Power dependence and effective management«, * Harvard Business Review, July-August 1971.
McClelland, David C., and Burnham, David H., »Power is the great motivator«, * Harvard Business Review, March-April 1976.

Kapitel 41

Dunckel, Jacqueline, and Parnham, Elizabeth, »The Business Guide to Effective Speaking«, * Kogan Page, London 1984.

Kapitel 42

Heirs, Ben, »The Professional Decision Thinker«, Sidgwick & Jackson, London 1986.

Kapitel 44

Hall, William K., »Survival strategies in a hostile environment«, * Harvard Business Review, September-October 1980.
Morine, John, »The Ultimate Profit Booster«, Hutchinson Business, London 1980.

Kapitel 45

Gowers, Sir Ernest, »The Complete Plain Words«, ** (revised by Sidney Greenbaum and Janet Whitcut) HMSO, 1986.

Kapitel 46

Rodgers, Buck, »The IBM Way«, Harper & Row, New York 1986.

Kapitel 47

Geneen, Harold S., »Managing«, ** Granada, London 1985.

Kapitel 48

Hamblin, Robert, »Ledership and Crisis«, Sociometry, New York 1958.
Mayo, Elton, »Social Problems of an Industrial Civilization«, Harvard University Press, Cambridge, Massachusetts 1945.
Whyte, W. F., »Human Relations in the Restaurant Industry«, McGraw-Hill, New York 1948.

REGISTER